www.tredition.de

KLAUS ROSE

EINE WELTREISE ALS HOCHZEITSGESCHENK

ISBN
Paperback   978-3-347-04036-6
Hardcover   978-3-347-04037-3
e-Book   978-3-347-04038-0

Verlag und Druck: tredition GmbH
Halenreie 40-44, 22359 Hamburg

Copyright 2020: Klaus Rose
Umschlag, Illustration: Klaus Rose

KLAUS ROSE

EINE WELTREISE
ALS
HOCHZEITSGESCHENK

Ein frischverheiratetes Paar, sie 58 und er 65 Jahre jung, verbringt die siebenmonatigen Flitterwochen auf einer Reise in ferne Länder. Sie fliegen auf die Insel Bali und weiter an die Ostküste Australiens, dann fahren sie mit einem Camper durch Neuseeland. Doch damit nicht genug, sie bereisen die Inselwelt Thailands und anschließend über Bangkok weiter in alle ostasiatischen Länder. Das Schlusslicht ist Indien, wo sie die Hippiehochburg Goa aufsuchen und dort Station beziehen.

Das Buch:

In seinem Reisebericht erzählt der 65 Jahre alte Autor, wie er seine langjährige Partnerin Angela von einer Heirat überzeugt, und sie sich als Hochzeitsgeschenk eine Weltreise schenken. Nach seinem Herzinfarkt ist es an der Zeit, den Herzenswunsch der Horizonterweiterung in die Tat umzusetzen, schließlich ist das Reisen nicht verboten, oder steht gar unter Strafe.

Ausgestattet mit einem Around the World Ticket fliegen sie in ihren Flitterwochen über Dubai ins indonesische Jakarta, und weiter auf die exotische Insel Bali. Sie bleiben drei Wochen, dann fliegen sie nach Brisbane, von wo sie mit einem Camper die Ostküste Australiens bis hinauf nach Cairns bereisen. Als sie den fahrbaren Untersatz abgegeben haben, besuchen sie die Metropole Sydney.

Dort bleiben sie einige Tage, dann starten sie in das neuseeländische Auckland, und schippern abermals im Camper über die Nord- und dann die Südinsel. Anschließend düsen sie nach Thailand, um in Bangkok die Khao San Road zu erkunden. Von der machen sie sich auf den Weg auf die Inseln Ko Samui, Ko Pha Ngan und Ko Tao.

Ihren Thailandaufenthalt beenden sie hoch im Norden, und zwar in Chiang Rai. Als sie die Grenze nach Laos überquert haben, fahren sie auf dem Mekong in die wunderschöne Stadt Luang Prabang, und machen einen Abstecher in ein Elefantencamp.

Und die Fortsetzung der Tour führt sie mit dem Flugzeug nach Hanoi, wo sie das Mausoleum Ho Chi Minhs und die Ha Long Bucht besichtigen, dann reisen sie mit dem Zug entlang der vietnamesischen Küste nach Hue, um danach in die Stadt der Schneidereinen, also nach Hoi-An weiterzuziehen. Von dort setzen sie ihre Reise nach Ho Chi Minh Stadt fort, in das frühere Saigon. Und Erholung vom anstrengenden Vietnambesuch finden sie auf der Insel Phu Quoc, weit im Süden des Landes.

Ihre nächste Station ist Kambodschas Hauptstadt Phnom Penh. Die Stadt erreichen sie mit einem Überlandbus. Die ekelerregenden Gräueltaten eines Pol Pot mit seinen Roten Khmer tun sie sich bis zum Erbrechen an, dann stoßen sie auf den ehemaligen Partner von Angelas Schwester. Was für ein wahnwitziger Zufall.

Die Wiedersehensfeier war alkoholgetränkt, nichtsdestotrotz geht es den Globetrottern blendend. Mit einer Freudenträne in den Augen stellen sie fest, dass sie der Reise durch die Weltgeschichte nicht überdrüssig sind. Demnach ist Siem Reap ihr nächstes Ziel, denn mit dem Ergötzen am Tempel Angkor Wat verwirklichen sie sich ihren größten Traum, außerdem schöpfen sie die Palette der weiteren Tempelbauten in vollen Zügen aus.

Und noch berauscht von den antiken Schätzen, kehren sie nach Bangkok zurück, um sich umgehend zu dem Treffen mit ihrer La Gomera-Bekanntschaft auf den Weg nach Kao Lak zu begeben. An der Gedenkstätte für die Opfer des Tsunami überfällt sie tiefe Trauer, da zwei Mitbewohner einer Hausgemeinschaft in dem Chaos ihr Leben verloren hatten, daher prägen andächtige Gefühle ihren Besuch des Kao Sok Nationalparks.

Erst auf den Trauminseln Ko Lanta und Ko Phi-Phi verfliegt ihr Kummer, so können sie wohlgelaunt mit dem spektakulären Indien den Schlusspunkt unter ihre monatelangen Flitterwochen setzen, dabei gehören die Aufenthalte im Moloch Mumbai, in Gokarna und im Hippieparadies Goa zu ihren absoluten Highlights.

Tja, und wie lautet das Fazit der Reise? Die in die Jahre gekommenen Globetrotter haben den Beweis angetreten, dass das Leben voller Überraschungen steckt und sie beileibe noch nicht zum alten Eisen gehören.

Der Autor:

Klaus Rose, Jahrgang 1946, kommt 1955 als Flüchtling nach Aachen. Nach dem Studium lebt er in München. Er kehrt nach Aachen zurück und engagiert sich in der Kommunalpolitik. Nach dem Renteneintritt verbringt er die Freizeit mit dem Schreiben seiner Romane.

Dem Schicksal ist die Welt ein Schachbrett nur, und wir sind die Steine in des Schicksals Faust.

George Bernhard Shaw

Lesenswert für jeden Reiselustigen

Warum, wann und wohin?

Verwöhnt von den vielen Sonnenstunden in Indien, wo wir den letzten Monat verbracht hatten, ist der Tag der Rückkehr nach Düsseldorf ein Schock. Es ist ein stinknormaler Dienstag im April, und der ist durch und durch ungemütlich, denn undurchsichtig schwarze Regenwolken verdunkeln den Himmel.

Ich ruckele am Arm meiner schlafenden Frau. „Wach auf, Liebste. Wir landen", flüstere ich ihr miesepetrig ins Ohr, dabei setzt das Flugzeug der Firma Boeing auf der Landebahn hart auf. Mit an Bord sind meine Frau Angela und natürlich ich, der sechsundsechzig Jahre alte Reisefanatiker Klaus.

Während der Flüge von Mumbai nach Dubai und weiter nach Düsseldorf, haben wir kaum geschlafen, daher sind wir im miserablen Zustand. Und unser Befinden bessert sich nicht sonderlich nach dem Auschecken, denn es endet ein außergewöhnliches Reiseabenteuer, das gespickt war mit freudvollen Erlebnissen, auf die ich in meinem Reisebericht ausführlich eingehen werde. Doch erst einmal hoffen wir auf angenehme Temperaturen.

Tja, das war wohl nichts, denn es ist saukalt. Das furchterregende Sauwetter ist eine beispiellose Frechheit. Trotz des überfälligen Frühlingserwachens hat eine Regenfront das Regiment an sich gerissen. Zerknirscht verlassen wir mit unseren Rollkoffern und den Wanderrucksäcken auf dem Rücken den Airport und setzen uns in die Deutsche Bundesbahn. Mit einem ICE fahren wir zum Aachener Hauptbahnhof, von dem wir das restliche Teilstück des Heimweges zu Fuß bewältigen, dabei trotten wir unter grünsprießenden Alleebäumen in die vertraute Umgebung unseres Gemeinschaftshauses in einem Viertel mit einer prächtigen und damit prägenden Altbausubstanz.

Und schon stehen wir vor unserem Wohnhaus. Das farbenfroh leuchtende Graffiti auf der Fassade um das breite Erdgeschossfenster herum, lächelt verschmitzt. Für das Kunstwerk mit abstrakten Motiven aus unserem Alternativviertel mit der Burg, haben wir einem Graffitikünstler freie Hand gelassen, und der hat er das Bild in saftigen Blautönen angefertigt. Die scheußlichen Schmierereien auf der Fassade hatten wir schlichtweg satt.

Mit dem hervorgekramten Schlüssel schließe ich die Haustür zum Treppenhaus auf und öffne sie, danach geschieht selbiges mit der Tür zu unserem Wohnrefugium. Als wir es betreten, wirkt es fremd auf uns. Sieben Monate haben wir uns in der Ferne herumgetrieben, das hat Spuren hinterlassen. Dieser Umstand hat die Vertrautheit fast weggewischt.

Nach einer Verschnaufpause, bei der wir die angenehme Atmosphäre unserer Wohnung gierig aufsaugen, legen wir die Wanderrucksäcke ab, dann entledigen wir uns der Jeansjacken. Die sind im Rückenbereich mit Schweißflächen übersät. Zum Trocknen hängen wir sie über die Stuhllehnen der Lederstühle, die stehen um den Esstisch herum. Die ramponierten Rollkoffer haben vorerst ausgedient, doch anstatt sie auszupacken, rollen wir sie unter die Holztreppe, die das Erdgeschoss mit dem Obergeschoss verbindet. Durch zig Länder haben wir die Koffer auf ihren zuverlässigen Rädern hinter uns hergezogen.

Die Wohnung ist ausgekühlt, deshalb stelle ich die Heizung an, danach werden die Zimmer prüfenden Blicken auf deren Beschaffenheit und auf Auffälligkeiten unterworfen. Nichts macht uns stutzig, denn wir entdecken keine Veränderung. Auf den ersten Blick scheint alles in

Ordnung zu sein. Die unterwegs ab und zu aufgekommenen Sorgen waren unbegründet. Sogar die prächtigen Topfpflanzen auf den Fensterbänken machen einen hervorragenden Eindruck. Unsere Freundin, die wohnt in der Wohnung über uns, hat das uns ans Herz gewachsene Grünzeug ohne das Einschalten der Heizung ohne Mühen durch den Winter gebracht. Ausgestattet mit dem grünen Daumen hat die Gute die respektabel in die Höhe geschossenen Pflanzen perfekt versorgt.

Wegen meines Schlafmangels habe ich tiefe Furchen unter den Augenhöhlen, zudem bin ich total durch den Wind. Daher verwerfe ich die gutgemeinte Idee, mich bei meinen erwachsenen Kindern zurückzumelden, obwohl das schlechte Gewissen wegen der Schwangerschaft meiner Tochter in mir bohrt. Ich habe einen Sohn und eine Tochter aus erster Ehe, daher verschlingen zwei Telefonate viel Zeit, also beschließe ich, die Kontaktaufnahme am nächsten Tag in Ruhe anzugehen, schon ist das Thema vom Tisch. Stattdessen essen wir die Reste der mitgeführten Plätzchen und etwas Obst, denn ich bin nicht sonderlich hungrig. Die Versorgung durch die Fluggesellschaft „Emirate" war hervorragend, so reicht mir eine Kleinigkeit.

Nach dem Snack wird mir ohne Ausflüchte bewusst, was ich bisher erfolgreich verdrängt hatte. Die eingefahrenen Abläufe mit der Familie und des Wohnumfeldes werden wieder Besitz von uns ergreifen, denn die große weite Welt hat uns aus ihren Fittichen entlassen und wir sind in der Normalität zurück. Auf die gilt es sich einzustellen, ob wir es wollen oder nicht. Aber es eilt nicht, den Rhythmus des vertrauten Lebens aufzunehmen, denn das Sabbatjahr meiner Frau endet erst in vier Monaten und bis dahin läuft noch viel Wasser den ehrwürdigen Vater Rhein hinunter, außerdem steht ein Inselspringen mit den griechischen Fähren durch die Ägäis auf unserem Programm. Können wir in dem aufgekratzten Zustand überhaupt einschlafen? Wir werden es versuchen. Nach zweihundert Nächten in guten, oder weniger angenehmen Betten, aber auch auf den Matratzen der Campingbusse, freuen wir uns auf unser bequemes Doppelbett.

Ich gehe ins Schlafzimmer und ziehe mich aus. Meine Frau putzt sich derweil im Duschbad ihre Zähne. Als auch ich meine Beißer gesäubert habe, lege ich mich zu ihr ins Bett und knipse das Licht aus. Es ist stockdüster im Zimmer, trotzdem liege ich noch lange wach, denn mir schwirren die abstrusesten Geschichten aus atemberaubenden Ländern mit der Hartnäckigkeit des Wespengeschwaders durch mein Innenleben. Waren wir tatsächlich sieben Monate, zuerst auf Bali, dann an Australiens Ostküste und in Sydney, danach durch Neuseeland, im ostasiatischen Raum und als Abschluss in Indien unterwegs? Oder habe ich das Spektakel geträumt und ich bilde mir die Länder ein?

„Herr im Himmel", murmele ich im Halbschlaf. „Was soll der Quark? Unsere Erlebnisse sind Realität, sie sind keine Fata Morgana."

Gedanklich die Abenteuer der ellenlangen Fernreise vor Augen, befeuchte ich meine Lippen mit der Zunge. Das Projekt war sagenhaft, stelle ich genussvoll fest, dabei spüre das zufriedene Lächeln auf meinem entspannten Gesicht. Alles daran war einzigartig, ja wir hatten unglaubliche Monate durchlebt. Aber wie kam es zu der ungewöhnlichen Weltreise? Wer hatte mich und meine Partnerin auf die mutige Idee gebracht? Welche Anregungen hatten uns zu dem Projekt ermuntert? Und vor allem, wann hatte die Utopie der Reise in wildfremde Regionen Gestalt angenommen?

Diese Traumreise bekam ich nicht von dem mir ansonsten wohlgesonnene Schicksal geschenkt. Aber nein, ich hatte mit meinen Überredungskünsten den Reiseambitionen kräftig auf die Sprünge geholfen. Und wie hatte ich das gemacht?

Das ist eine Geschichte, die etwas unglaubhaft klingt, denn meinen Weltreisewunsch hatte ich bis dato für mich behalten, obwohl ich ihn schon lange in mir herumtrug, trotz allem hatte sich folgende Anekdote in Aachens Innenstadt zugetragen. Wir machten gerade einen Bummel durch die Geschäfte, als ich mich an die wahnwitzige Idee der Weltreise erinnerte.

„Weißt du was, mein Schatz", sagte ich zu meiner Partnerin. „Wir heiraten und nutzen die Flitterwochen zu einer Weltreise."

„Was machen wir?", fragte die erstaunt zurück. „Bist du plötzlich verrückt geworden?"

„Aber nein. Ganz im Gegenteil. Du machst bald dein Sabbatjahr. Und die Zeit nutzen wir und schenken uns die Weltreise."

Angela war die Spucke weggeblieben, und ich war vor einem Bettler stehengeblieben. Dem hatte ich eine fünfzig Cent Münze in seinen Becher geworfen, woraufhin sich meine Zukünftige echovierte: „Und wovon bezahlen wir den Spaß?"

„Kommt Zeit, kommt Rat." Mit dem Spruch war ich ihr ausgewichen. „Wir besuchen dein früheres Reisebüro und lassen die Flugkosten durchrechnen, dann machen wir einen Kassensturz."

„Mhm", brummt Angela. „Und warum das Heiraten?"

„Weil man als verheiratetes Paar in manchem Land auf weniger Widerstände stößt."

„Okay", antwortete Angela, „Das leuchtet mir ein. Außerdem kann man nach zwanzig Jahren Zusammenleben den Schritt wohl wagen."

„Natürlich. Und ich werde gut zu dir sein."

Ich zwinkerte mit den Augen, „Was Besseres, als ich es bin, wird dir nie wieder über den Weg laufen."

„Na, na, du kleiner Angeber. Aber ich habe keine Angst. Und eigentlich ist dein Geistesblitz nicht schlecht. Da wir sparsam sind, haben wir ein paar Kröten auf der hohen Kante."

Angela hat angebissen, freute ich mich, von meiner Hoffnung übermannt. Ich drückte meine Partnerin fest an mich, dabei sprudelte die Freude aus mir heraus: „Bitte, meine Liebste. Zuerst heiraten wir, dann entwickelt sich das Reisegedöns wie von selbst."

Beschwingt setzten wir unseren Spaziergang fort, ich von meinen genussvollen Gedanken an ferne Länder getragen. Von denen hatte ich oft geträumt, und nun wollte ich heiraten, um sie mit meiner Frau zu erobern.

Und so war es zu der ungewöhnlichen Hochzeitsreise gekommen. Von einer Vergleichbaren hatte ich bis dahin noch nie gehört.

Das alles geschah vor der Weltreise, denn inzwischen sind wir von dem Reisespektakel nach Aachen heimgekehrt, in eine Stadt, die einem Kühlschrank ähnelt. Und jetzt liege ich im Bett und finde keinen Schlaf. Diese Schlafproblematik hatte mich auf jeder Flughafenbank verfolgt, ja selbst im Airbus von Mumbai nach Dubai, und später nach Düsseldorf, war mir kein Minutenschlaf gegönnt. Das Dilemma liegt an meinem Brummschädel, denn in meiner Gehirnmasse knistert die abwechslungsreiche Erlebniskette wie Pergamentpapier. In mir läuft ein wunderbarer Spielfilm mit den tollsten Episoden ab, die verarbeitet werden wollen.

Elegant hatten wir mit der siebenmonatigen Mammutreise dem heimischen Winter mit seinen Wetterkapriolen
ein Schnippchen geschlagen. Noch vor fünfundzwanzig
Stunden spazierten wir in der Metropole Indiens herum,
das war in Mumbai bei fünfunddreißig Grad im Schatten,
die einem Mitteleuropäer mächtig zu schaffen machen.
Sogar die heiligen Kühe lechzten nach Abkühlung, und
gerade die armen Menschen in den Slums litten unter der
Hitzeglocke, obwohl die Temperatur jahreszeitbedingt
normal war und sie daran gewöhnt waren.

Jedenfalls war's in Indien knackig heiß und alles ging
drunter und drüber, was zum Markenzeichen für das Leben in Indien und Ostasien geworden war, und wir liebten
diese verworrene Welt. Besser das Chaos und die Hitze
ertragen zu müssen, als bibbernd durch die verschneiten
Straßen zu latschen. Allerdings war es nicht überall tro-
pisch warm. So zum Beispiel hatten wir in Neuseeland
ähnlich ungemütliche Temperaturen wie in Aachen vor-
gefunden, denn bei der Landung im Inselnorden war es
saukalt. Erst am späten Nachmittag war es wärmer geworden, aber andauernd tobte ein stürmischer Wind. Und
auch in Thailand und Laos, um zwei Länder in Ostasien
zu nennen, hatten wir unsere alternden Gelenke einigen
Wolkenbrüchen aussetzen müssen. In Thailand hatte man
sogar den Schiffsverkehr zwischen den Inseln eingestellt,
aber das war's dann auch.

Und wie bescheuert sieht's hier in Deutschland aus?
Bitteschön, was ist an einem Winter gut? Man kommt
nicht raus vor die Tür, aber Bewegungsarmut macht
krank. Ich hatte trotz eines Infarktes nie resigniert und
mich stattdessen dem Nordic Walking verschrieben. Nur
nicht verzagen und die Flinte ins Korn werfen, das war
zu meiner Devise geworden. Meine Prämisse lautete: Ich
will weiterhin eine Menge erleben und durch die große

weite Welt gondeln.

Um die Entstehungsgeschichte der Reise zu skizzieren, spule ich mein Leben zurück, denn schon als Kind bin ich kein Stubenhocker gewesen. Sobald mir der Wind um die Nase wehte und ich mit Freunden die Umgebung unsicher machen konnte, war ich in meinem Element. Durch die Flucht aus der DDR in den Westen, und dem damit verbundenen Lagerleben, war das Streben nach Anerkennung eine meiner großen Stärken. In der Zeit begann das Reisefieber in Vulkanstärke in mir zu rumoren. Ich war immerzu vom Fernweh besessen. Die Reiselust hatte sich tief in mich eingebrannt und steckte in mir wie das Herz oder die Milz.

Aber erst nach meiner gescheiterten Ehe und in der Beziehung zu Angela, also viele Jahre später, hatte ich mit meinem Heiratsantrag den Grundstein zu dem Abenteuertrip gelegt, der das Besondere werden sollte. Nur der Rahmen war unklar, aber nach meinen Vorstellungen sollte es eine Tour rund um die Welt werden, landläufig auch Weltreise genannt. Über vielfältige Varianten steht im Buchhandel eine Menge Literatur in den Regalen. Vom Begriff Modeerscheinung distanziere ich mich allerdings. Und eine weitere wegweisende Initialzündung war das Beantragen des Sabbatjahres meiner Partnerin gewesen. Ihr als Lehrerin stand ein Jahr bezahlter Urlaub zu, den sie in den fünf Jahren vorher durch Gehaltsverlust angespart hatte. Diese Einrichtung war eine geniale Erfindung, denn Angelas Antragstellung hatte meine Sinne für das Abenteuer geschärft und beförderte den in mir schlummernden Unternehmergeist endgültig ans Tageslicht. Sich ein Jahr in eine ungewisse Zukunft begeben, das war der Plan. Kennen Sie das Gefühl, etwas Großes steht an?

Von da an entwickelte sich die Weltreise zu meinem

Steckenpferd. Ohne die Partnerin einzubeziehen, dachte ich mir alle möglichen Routen aus, vor allem war die Finanzierbarkeit ein heikles Thema. Die Kosten sind enorm und die schüttelt man nicht aus dem Ärmel. Man macht sich kein Bild vom Ausmaß des Finanzvolumens, das auf Reisewillige zukommt. Außerdem stand ich noch ein halbes Jahr in Lohn und Brot eines Ingenieurbüros, in dem meine Pläne unbekannt waren. Damals lautete die mir meistgestellte Frage, wobei man mich mitleidig anlächelte: „Was machst du, wenn du nicht mehr arbeitest? Dir fällt sicher die Decke auf den Kopf."

Diese Denkweise ist typisch und weit verbreitet. Als ob das Wichtigste im Leben die Arbeit wäre, dabei sind Gesundheit, geistige Fitness und eine unbändige Reiselust das höchste Gut. Deshalb dachte ich mir meinen Teil und reagierte nicht auf die Anspielungen, denn ich hatte zwei Jahre zuvor meine zweite Chance bekommen, weil ich völlig unvorbereitet von einem Herzinfarkt überrascht wurde. Den hatte ich auf dem heimischen Sofa an der Seite meiner Lebensgefährtin durchgestanden und ihn hauchdünn überlebt. Dessen Vorboten spürte ich bei der Heimfahrt in der Höhe des Aachener Klinikums.

Zuerst waren es Atembeschwerden, und dann das verdächtige Ziehen im linken Armbereich. Doch ich kannte die Symptome bis dato nicht, daher ignorierte ich die Bedrohung. Anstatt auf dem Nachhauseweg zum Klinikum abzubiegen und mich der Obhut der Fachärzte anzuvertrauen, setzte ich die Autofahrt fort. Wie eine Dampfturbine raste mein Herz, meine Herzkranzgefäße drohten zu bersten. Seitdem ist mir der Begriff Todesangst vertraut. Und als sei nichts Gravierendes passiert, feierte ich am darauffolgenden Tag den Geburtstag meines Sohnes mit dem Fußballspielbesuch im Stadion des 1. FC Köln.

Erst zwei Tage später war ich zu meinem befreundeten

Hausarzt gegangen, der mir nach dem EKG meinen sprichwörtlichen Dusel vor Augen geführt hatte und mir damit kräftig Beine machte. „Mensch, Klaus", schimpfte er Gott zum Erbarmen. „Du hattest einen Herzinfarkt. Ab mit dir ins Klinikum."

Auf der Intensivstation wurde ich notversorgt. Und nach einer Stunde brachte man mich in den OP. Ein Stent sorgte für Entspannung in der Herzregion. Ja, ja, genauso dramatisch war der Infarkt damals abgelaufen. Aber bitte keine Mitleidsbekundungen. Die wären kontraproduktiv, schließlich war ich beteiligt an dem Dilemma, denn ich hatte so gut wie nichts gegen meine Stressanfälligkeit unternommen.

In den Krankenhaustagen hatte ich viel Zeit über meine Lebensführung nachzudenken. Instinktiv hatte ich kapiert, dass ich meine schlechten Gewohnheiten abstellen musste. Als Konsequenz machte ich einen Radikalschnitt und verabschiedete mich vom Rauchen und der Politik als Sprecher der Grünen im Rat der Stadt. Ich setzte auf gesunde Ernährung und versuchte mich durch autogenes Training in die Spur zu bringen. Ich musste jede Rolle rückwärts im Umgang mit meinen Schwächen vermeiden, und redete mir die Laster nicht schön. Endlich hatte ich durch den Herzkatheder geschnallt, dass ich mit meiner Lebensführung nicht alt werden würde und ich meine Ambitionen bezüglich des Reisens an ad acta legen könnte.

Also zog ich den Schlussstrich unter meine Lasterhaftigkeit. Zu sehr hing ich am Weiterleben. Danach hinterfragte ich meine Erwartungsperspektive, und die sah wieder rosig aus, denn ich stieß auf Wünsche voller Feuer und Leidenschaft. Prompt fiel es mir wie Schuppen von den Augen: Auf keinen Fall wollte ich ein Trauerklos wie mein Schwesterherz werden. Durch ihre Scheidung hatte sie das Lachen verlernt und lebte ohne einen Funken Lebensmut vor sich hin. Mir leuchtete ein: Ich darf mich nicht von ihrem Trübsinn anstecken lassen. Jeder ist seines Glückes Schmied, und ich lebe gern und blicke mit Karacho in die Zukunft.

Etwas ironisch, und doch mit der gebührenden Ernsthaftigkeit, nahm ich mir vor: Statt einer Kreuzfahrt auf der Aida, was viele Rentner antreibt, mache ich eine lange Radtour in meine von der Republikflucht geprägte Vergangenheit. Ich beweise mir, dass ich trotz fortgeschrittenem Alter hervorragend ticke.

„Auf geht's, das Radabenteuer wage ich", redete ich mich stark.

Ich war von mir begeistert, ohne ein Wenn oder Aber, doch es gab Freunde, die meinen Plan belächelten. Sie versuchten, mich von meinem Vorhaben abzubringen.

„Du spinnst", sagten sie. „In dir steckt ein Stent und du schluckst fünf verschiedene Tabletten, also bleib auf dem Teppich. Es ist blanker Wahnsinn, was du da vorhast."

Sprach daraus der Neid?

Natürlich hatten die Kritiker nicht unrecht, denn wäre ich vernünftig gewesen, dann hätte ich mich hinterfragt: Geht's noch? Warum mute ich mir diese Tortur zu? Wie reagiert mein Körper auf die Überbelastung, besonders mein Herz? Anderseits hatte ich null Bock auf eine Neiddebatte. Die Vernunft ist ein langweiliges Geschäft. Ich allein entscheide über meine Lebensgestaltung und die soll nicht griesgrämig und debil verlaufen, sondern spannungsgeladen und lebendig. Nur wenn man viel wagt, dann kann man auch gewinnen. Nur den Mutigen gehört die Welt.

Und genauso war es, denn mit dem Gen des Abenteurers in mir, bot ich den Zweiflern die Stirn. Das Gefühl des Heimwehs zu meiner Partnerin als Bremswirkung konnte ich mit meinem Hunger nach Erfolg verdrängen. Sollte ich wegen des Infarkts allem entsagen?

Okay, der Kraftaufwand der Arbeitswelt hatte mich gerupft, so auch der Scheidungskram mit dem Sorgerecht für die Kinder. Ich hatte jede Menge Federn gelassen, daher kam mein Infarkt nicht von ungefähr, doch nun war es an der Zeit, daraus die Lehren zu ziehen.

Ich nahm die Kritik als Ansporn und blickte zielstrebig nach vorn. Es galt, alle Herausforderungen zu meistern, das war das Richtige für mich. Bloß nicht die Hände in den Schoß legen oder gar zurückstecken, und auf keinen Fall kneifen. Diese Inkonsequenz lehnte ich ab. Noch dazu konnte ich mit der Unterstützung meine Partnerin rechnen. Und sogar mein Hausarzt hatte mich bestärkt: „Mach deine Deutschlandradtour", beschwor er mich. „Du bist mit deinem Tablettenmix gut eingestellt."

Also bitte. Es geht doch.

Mit gemischten Gefühlen hatte ich mich von meiner Liebsten verabschiedet und mich auf den Fahrradsattel eines sündhaft teuren Tourenrades geschwungen. Es war das Abschiedsgeschenk der Bürokollegen zum Rentenbeginn, das beim Gelingen der Radtour einen wichtigen Beitrag leistete.

Und lange Rede, kurzer Sinn, die drei Wochen mit dem Fahrrad waren phantastisch. Ich besuchte mein Geburtshaus in der Nähe von Bernburg an der Saale und die Flüchtlingsunterkünfte in Berlin und Lübeck, in denen ich zwei Jahre meiner Kindheit zugebracht hatte, aber der Höhepunkt war die Landeshauptstadt München. In der hatte ich die herausragenden Jahre meiner Hippiephase verbracht, deshalb ließ ich mein Kneipenleben von damals neu aufleben. Ich radelte mir auf den zweitausend Kilometern die Lunge aus dem Hals. Nur eine Heilpause hatte ich in Berlin eingelegt, wegen meines wundgefahrenen Hinterns.

Ja wunderbar, das Vorprogramm auf die Weltreise war geschafft. Und wie lautete die Auswertung des Höllenritts? Ich war topfit. Mein Befinden war im Lot, also mein Herz, die Gelenke und die Muskeln. Körperlich war ich für weitere Schandtaten gerüstet. Auch mein Kardiologe war voll des Lobes. Was konnte da für die Weltreise noch schiefgehen?

Also war das Reisemenü angerichtet, bis auf die Finanzen. Über dessen Rahmen hatte ich mir unentwegt den Kopf gemartert. Ich hatte die Negativbelastung durch die Wohnung, inclusive Nebenkosten, dann unsere Einnahmen, also das Lehrergehalt meiner Partnerin und meine Rente, den vermutlichen Reiseausgaben gegenüber gestellt, was nicht sonderlich positiv aussah. Aber um das Bild freundlicher zu gestalten, hatte ich die Ersparnisse der Habenseite hinzuaddiert. Und welches Ergebnis kam dabei raus?

Leider nur eine abgespeckte Routenplanung, doch die behielt ich erst einmal für mich. Dennoch war die Gegenüberstellung eindeutig: Der Trip würde kein Jahr dauern, sondern auf sieben Monate schrumpfen. Eine zwölfmonatige Reise hätte den Finanzrahmen gesprengt.

Mein Gott, so war es eben. Auch davon geht meine Reisewelt nicht in die Binsen. Ich konnte mit der verkürzten Variante leben, denn auch das halbe Jahr war ein Hammer. Wir werden das Beste daraus machen, sagte ich mir. Es muss ja nicht die ganze Welt sein. In Afrika war ich bereits, und Südamerika heben wir uns für spätere Reisen auf. Für mich war es ausreichend, wenn wir den australischen und asiatischen Raum mit vollen Zügen genießen würden. Besonders die Länder Ostasiens bieten erlebenswerte Schmankerl.

Und den Vorgeschmack auf die Umplanung in mich aufgesogen, löste auch die neue Route über Bali, Australien, Neuseeland, Thailand, Laos, Vietnam, Kambodscha und letztendlich Indien regelrechte Beifallsstürme in mir aus. Ich schnalze jetzt noch mit der Zunge, berücksichtige ich die kulturelle Vielfalt. Reisen bildet, sagt man sehr schön, und das war für mich ein ungeschriebenes Gesetz. Also stand das Entdecken neuer Länder mit seinen Sehenswürdigkeiten unmittelbar bevor.

Aber das Reiseleben eines Globetrotters ist nicht nur spannend, sondern auch anstrengend, demnach kam eine Verkürzung der Reisezeit meinem Gesundheitszustand entgegen. Daher fällten wir den Beschluss: Die Langstrecken werden wir mit dem Flugzeug und einem Around the World Ticket bewältigen, aber die Ostküste Australiens bereisen wir mit dem Camper, ebenfalls die Nord- und Südinseln Neuseelands. Auch die Bahn nutzen wir, ebenfalls Überland- und Minibusse, außerdem die Fähren durch Thailands Inselwelt.

Erwähnung verdient auch eine zweitägige Bootsfahrt in Laos auf dem Mekong nach Luang Prabang. Sogar kleinere Radtouren waren eingeplant, wenn möglich auch Wanderungen durch die landschaftlichen Leckerbissen Neuseelands. Zu Fuß beschnuppert man Land und Leute und deren Gewohnheiten hervorragend. Es war eine erlesene Mischung des Vorwärtskommens, und die war über alle Zweifel erhaben. Unser Hauptaugenmerk galt dabei den exotischen Ländern, denn bis dato hatten wir den asiatischen Raum nie besucht.

Vollgepackt mit Selbstvertrauen hatten wir Nägel mit Köpfen gemacht, denn gedanklich war die Reise perfekt. Nun wurde zügig geheiratet. Kurzfristig hatten wir einen Termin im Standesamt der Stadt Aachen bekommen, in dem gaben wir uns, allein mit dem Standesbeamten, das Ja-Wort. Es war nicht sonderlich romantisch, aber in unserem Alter steht man nicht mehr auf den Firlefanz mit weißem Brautkleid, Schleppe und albernen Ringen. Für mich war meine Angela in ihrer legeren Kleidung der Traum von einer Braut, das allein zählte. Für den Abend hatten wir einen Tisch für die Familienfeier im Dschingis Khan reserviert, der von der Wirtin hochzeitlich gedeckt worden war.

Als meine Kinder hereinkamen und den Tisch sahen, waren sie zwar pikiert, wegen unserer Heirat ohne ihre Anwesenheit, aber nach unserer Schilderung des Traums von der Weltreise machten sie gute Miene zum für sie bösen Spiel und freuten sich mit uns. Sie hatten weder die Hochzeit, noch unser Reisevorhaben vorausgeahnt. Und auch am Abend machten wir kein großes Fass auf, sondern wir veranstalteten einen nicht allzu üppigen Umtrunk für den engeren Freundeskreis.

Während dem Gequatsche über die Zukunftspläne bewunderten die Freunde unseren Wagemut, wegen einer Weltreise zu heiraten, dabei wiesen sie mich darauf hin, dass ich bereits Erfahrungen in der Ehe gesammelt hatte, denn es war meine Zweite. Allerdings fanden sie unsere Abenteuerlust große Klasse, und das war's. Und das mit dem Mut sah ich genauso, denn kein frisch verheiratetes Paar wagt sich mit einer Hochzeitsreise an solch ein Reiseunterfangen heran. Ich kannte keinen vergleichbaren Fall, und gerade deshalb war unsere Reise eine sprichwörtliche Sensation.

Doch bevor die Reise losgeht, mein eindringlicher Appell: Mit etwas Mut und Energie ist jedes Abenteuer machbar. Nehmen Sie diesen Ansporn ernst und hängen Sie sich diese Weisheit als Wahlspruch über ihr Bett. Sie ist eine Bereicherung, aber Irgendwann könnte es für eine Weltreise aus Altersgründen zu spät sein. Nichtsdestotrotz darf man sich nie ins Bockshorn jagen lassen. Auch als Herzgeschädigter hatte ich den Trip locker überlebt, trotz kritischer Phasen. Dass ich mich pudelwohl gefühlt habe, kann ich hundertprozentig bejahen. Ich kenne keine Person in meiner Altersklasse und mit meiner gesundheitlichen Vorgeschichte, die sich auf ein derartig wagemutiges Abenteuer bewusst eingelassen hat.

Doch zurück zu den Vorbereitungen: Nachdem mir Angela ihr Einverständnis zur Weltreise und der Reiseroute gegeben hatte, und wir die grob abgesteckt hatten, nahmen wir das Hilfsangebot einer befreundeten Reisekauffrau in Anspruch. Mit ihr tüftelten wir an einem Around the World Flugticket, das aus den Stationen Düsseldorf, Dubai, Jakarta, Bali, Brisbane, Sydney, Auckland, Hongkong, Bangkok, Mumbai und zurück nach Düsseldorf bestehen sollte. Die Inlandsflüge wollten wir an Hotelcomputern organisieren, und an dem auch preiswerte Unterkünfte buchen. Diese Vorgehensweise würde uns eine Suchaktion in fremden und gefährlichen Stadtteilen am Abend ersparen. Aber bitte planen Sie nicht alles bis ins letzte Detail, denn Spielräume für Umplanungen sind wichtig. Diesen Denkansatz sollten Sie bei ihren Überlegungen nicht außer Acht lassen. Nur nicht Festlegungen treffen, die Sie hinterher bereuen, denn eine Mammutreise muss Spielräume für Überraschungsmomente parat haben.

Alles klar?

Nun war die Reiseroute endgültig festgezurrt. Wir tanzten ausgelassen durch das uns wie ein Sahnehäubchen erscheinende Wunschbild, als sei das Reisen ein Salsa-Kurs, bei dem wir zügig vorangekommen waren. Und weil uns das Baden in der Vorfreude saumäßig viel Spaß machte, hatten wir stundenlang in der Reiseabteilung einer Buchhandelskette herumgesessen und uns über die Reiseländer schlaugemacht.

Nun noch eine Empfehlung: Vorteilhaft kann es sein. wenn man als Paar reist oder zu Mehreren. Andere Formen des Reisens bieten nicht die Sicherheit, wobei ich an Vergewaltigungen in Indien denke. Außerdem ist es eine Frage des Typs. Es gibt Einzelgänger, die benötigen das Alleinsein. Aber reist man in Begleitung, so ist es wichtig, dass man sich gut versteht. Man verbringt jede Minute gemeinsam, sei's im Flugzeug, im Bus, in der Bahn, oder auf Schiffen. In kalten Neuseelandnächten im Camper war ich meiner Frau mächtig auf die Pelle gerückt. Auch Gasthäuser und Strandhütten bieten wenige Freiräume zum Abschalten. Daher spielt das friedvolle Miteinander eine wichtige Rolle. Nie ist man sich sicher, dass alles problemlos klappt.

Nicht verschweigen will ich, dass es Überraschungsmomente gibt, die man nicht einplanen kann, und somit Improvisationen erforderlich machen. Solch ein Moment ereignete sich in Cairns. Wir warteten vergeblich auf den Flieger nach Sydney. Eine höhere Gewalt in Form eines Sturms hatte den Weiterflug verhindert.

Schlimmes passierte bei der Einreise nach Neuseeland. Ich wurde wie ein Schwerverbrecher behandelt, weil ich dummerweise ein halbes Glas Honig eingeführt hatte. Wegen des Berappens von vierhundert Dollar Strafe ärgerte ich mich grün und blau, aber über mich selbst, denn ein Ex-Arbeitskollege hatte mich vor den strengen Einreisebestimmungen gewarnt.

Allerdings gab es auch positive Überraschungen, die aufzeigen, wie klein die Welt inzwischen geworden ist. Eine total verrückte Episode ereignete sich in Phnom

Penh, der Hauptstadt Kambodschas. Beim Entlangspazieren an den Restaurants hörte ich urplötzlich den Ruf meines Namens. Mit „Hey, Klaus", drangen bekannte Laute an meine Ohren. Wem gehörte die Stimme?

Kambodschaner, die Klaus heißen, wird's nicht viele geben, rätselte ich. Der Zuruf galt mir.

Meine Augen suchten nach der rufenden Person. Und sieh an, im Eingangsbereich eines Lokals saß Richard, der langjährige Freund der Schwester meiner Frau. Zwanzigmal hatten wir uns in der Weihnachtszeit im Kreis der Familie meiner Frau im Emsland getroffen und unterhaltsame Abende verbracht. Tja, wenn das kein Zufall war?

Weitere Ereignisse aufzuzählen, das wäre ein zu großer Vorgriff auf den Reiseablauf. Es ist besser, ich schildere die Länder nacheinander und unsere Erlebnisse frei von der Leber weg. Dabei werden sich Sentimentalitäten einschleichen, bitte verzeihen Sie mir den Lapsus, aber die beeinflussen schließlich jeden Erzählerdrang, außerdem bleibe ich mein Leben lang angetörnt von der Einzigartigkeit dieses Abenteuers.

Nun gut, bei mir flutscht es gerade so schön, denn sitze ich vor dem Computer und schreibe über die Reise, dann fühle ich mich wie im Rauschzustand. Dabei klabastert das unglaubliche Spektakel wie eine Achterbahnfahrt durch meine Sinne, und das erlebt zu haben, erfüllt mich mit wahnsinniger Freude. Ich nehme Sie also mit auf meine Sensationstour. Wie erwähnt führte die mich und meine Frau auf die Insel Bali, nach Sydney und an die Ostküste Australiens, auf die Nord- und Südinseln Neuseelands, nach Thailand, Vietnam, Laos, Kambodscha, und als Krönung in das Desaster Indien. Dessen sagenumwobene Armutsregionen sind weit entfernt von einem Schlaraffenland.

Aber so wie jeder Mensch anders ist, so ist es auch mit ein fremdes Land, daher nutzen Sie die Zeit und bereisen Sie die asiatischen Landstriche. In ein paar Jahren wird die Ursprünglichkeit Ostasiens verblasst sein und die jetzige Lebensweise ist nicht mehr zu bestaunen. Durch den Raubbau der Chinesen an den Holzreserven der relativ armen Länder verändert sich Ostasien rasend schnell in eine ungewisse Zukunft.

Doch bevor Sie weiterlesen, noch ein kleiner Hinweis: Bitte verzeihen Sie mir meinen unbedarften Schreibstil. Ein Bestsellerautor fällt nicht jeden Tag vom Himmel. Und konsumieren Sie die Reisereportage mit der gebührenden Locker- und Gelassenheit, dann haben Sie mein Wort: Ihre Neugierde bleibt zügellos. Und bedenken Sie eins: Die Nachahmung unserer Reise ist keine Frage der Finanzierung, oh nein, sie ist allein eine Frage des Wollens.

Aber Hallo. Zweifeln Sie an meiner Aussage? Denken Sie, ich würde das mit dem Wollen leicht und salopp daherreden? Meinen Sie gar, ich sei altklug und neige zu Übertreibungen? Oder trauen Sie sich einen ähnlichen Reisekrimi nicht zu?

Sollte es an Letzterem liegen, dann fassen Sie sich ein Herz und wischen Sie die Zweifel weg. Angst wäre ein schlechter Berater. Ich verspreche Ihnen: Wenn Sie die Herausforderung annehmen, dann werden Sie verwundert feststellen, wie hochinteressant eine derartige Reise ist und dazu verhältnismäßig ungefährlich. Bei unserer Route treffen Sie auf den Cowboys ähnliche Australier, auf einen Neuseeländer, der Schafe schert, zudem auf die den Globetrottern und Touristen zugewandten Ostasiaten, und zum Abschluss auf die gewöhnungsbedürftigen und vor der Armut fliehenden Inder.

Natürlich ist unsere Reise keine Extremabenteuertour,

vergleichbar mit einer Hundeschlittenfahrt durch Alaska, auch kein Kletterspektakel auf einen Achttausender im Himalaja. Gegen diese heroischen Herausforderungen mutet unser Flug-, Bahn- und Schifffstrip bescheiden und bieder an. Ich bin fünfundsechzig Lenze und vergleiche mich nicht mit einem Reinhold Messner in jungen Jahren. Aber für unsere Art zu reisen muss man kein Übermensch sein. Wir zum Beispiel sind alternativ angehaucht und aus solidem Holz geschnitzt. Wir kommen aus der Mitte der Gesellschaft. Eine gute Portion Entdeckerlust gehört allerding zu der Reise in unserem Stil dazu. Immerhin führt die durch Länder mit unterschiedlichen Kulturen und Lebensformen, ebenfalls in einige von Einsamkeit geprägte Landstriche. Die zu besuchen birgt einen ungewissen Erlebnisverlauf. Noch dazu, weil es sich um eine selbst ausgewählte Reiseroute handelt, und nicht um eine dieser organisierten Pauschalreisen. Ich bin Rentner, trotzdem habe mir das Wagnis zugetraut. Darin bin ich eine Rarität und das erfüllt mich mit Stolz. Mensch, liebe Leute, macht das Ding. Diese Chance bietet sich nicht oft, vielleicht nur einmal im Leben, also schlagt beherzt zu. Wer wie wir auf den Geschmack gekommen ist, der bereut es nie.

Und nun kann's tatsächlich losgehen. Mein Körper möchte vor Freude Purzelbäume schlagen, wäre er dazu nicht zu alt. Mit dem Wanderrucksack auf dem Rücken und die Rollkoffer hinter uns herziehend, verlassen wir unser heimisches Domizil. Auf unbequeme und schwere Tourenrucksäcke haben wir bewusst verzichtet. Die belasten die Schulter- und Nackenpartie extrem, was in unserem Alter nicht guttut. Das beruht auf den Erfahrungen des Inselspringens in Griechenland vor einem Jahr.

Aber eins ist von vornherein klar: Mit unserer Reise betreten wir Neuland, denn die sprengt normale Urlaubsformen bei Weitem. Dessen Reiseumfang darf nicht wie eine Seifenblase in unseren Köpfen zerspringen, denn wochenlang hatten wir ihn mit den Fingern auf dem Kartenmaterial und auf unserem Globus durchexerziert. Noch waren wir unerfahren was Weltreisen betrifft, doch das muss kein Handicap sein. Wenn doch, dann ist es nicht zu ändern.

Gedanklich unterziehen wir unser Gepäck einer letzten Kontrolle. Haben wir alles Überlebenswichtige dabei? Schließlich handelt es sich nicht um einen Badeurlaub am Ballermann. Stattdessen müssen wir uns auf kalte Temperaturen in Neuseeland und Nordvietnam einrichten, demnach gehören wetterfeste Klamotten in die Koffer. Allerdings dürfen wir nicht zu viel Ballast mitschleppen, denn wir müssen unser Augenmerk auf gewichtslimitierte Inlandflüge legen. Aber haben wir den Besuch in Hanoi hinter uns, dann lassen wir die wärmenden Kleidungsstücke zurück. Im weiteren Verlauf brauchen wir sie nicht mehr.

In meinem Koffer befinden sich eine Reservejeans, eine dünne Regenjacke, drei Shorts, drei Paar Strümpfe, zwei Badehosen, Unterwäsche, ein Kapuzenpulli aus Baumwolle für die kälteren Regionen, dazu zwölf T-Shirts mit und ohne Arm. Bei großem Verschleiß kann man sich die Hemdchen in Asien für einen Apfel und Ei nachkaufen, außerdem sind auf den Campingplätzen in Australien und Neuseeland Waschvollautomaten installiert, und auch in Hotels kann man seine Klamotten zum Waschen geben. Diese Möglichkeiten hatten wir recherchiert. Auch Trekkingschuhe und Sandalen gehören zur Ausrüstung. Dazu meine Medikamente für die sieben Monate. Mein Hausarzt hat mich mit dem Notwendigsten ausgestattet. Und neben den Gesundheitsutensilien haben wir ein Kontingent US-Dollar in der Brusttasche, falls sich Diebe der

Rucksäcke und Rollkoffer bemächtigen. Experten empfehlen derlei Vorsichtsmaßnahmen und wir halten uns daran. Die Fotokopien persönlicher Dokumente und der Ostasienreiseführer sind ebenfalls unentbehrliche Begleiter.

Damit ist mein Koffer voll, denn ich habe mich für ein handliches Exemplar entschieden. Im kleinen Wanderrucksack transportiere ich die Digitalkamera mit recht ordentlichem Zoom, extra für die Reise erworben, und auch den e-Book Reader, auf dem ich die Reiseführer für Australien und Neuseeland gespeichert habe, sowie dreißig Kriminalromane. Die als dicke Wälzer mitzuschleppen, das hätte den limitierten Gewichtsrahmen gesprengt. Den Reiseführer für Südindien erstehe ich durch eine glückliche Fügung in Bangkok auf dem Nachtmarkt vor der Abreise nach Indien. Diese doch wissenswerte Nebensächlichkeit nur nebenbei.

Auch die Kurbeltaschenlampe, die mir mein Sohn zur Radtour geschenkt hatte, befindet sich im Rucksack, außerdem Proviant für die nächsten Stunden. Das Visum für Indien, von Deutschland aus organisiert, schmückt bereits den Reisepass. So, das war's. Hoffentlich haben wir an alles gedacht? Na, dann schauen wir mal.

Meine Nervosität kennt keine Grenzen, und die Wartezeit hat eine unbeschreibliche Glut entfacht, daher suhle ich mich in der Hitze der Vorfreude. Übernatürlich kribbelt es unter meiner Haut bis in die Fußsohlen. Zudem ist der Abreisetag ein Traum, denn den versüßt eine gönnerhaft vom Himmel lachende Sonne. Die muss einfach Glück bringen.

Als Bewohner des Viertels um die Frankenburg, nicht weit vom Aachener Stadtzentrum entfernt, ist unser fußläufiges Ziel der Hauptbahnhof. Von dem fahren wir mit dem Regionalzug nach Köln, um danach den Flughafen in Düsseldorf anzusteuern. Wir fliegen mit Emirate. Die Plätze in den Fliegern nach Dubai und weiter in die indonesische Hauptstadt Jakarta sind reserviert. Das klingt durchführbar und einfach. Ein Verschieben der Abenteuerveranstaltung kann und darf es nicht geben, denn wir haben uns mit Grillfleisch und anderem Brimborium von den Kindern, den Freunden, sowie den Mitbewohnern unserer Hausgemeinschaft verabschiedet. Leider hat das Vermieten unserer Eigentumswohnung nicht geklappt. Wer weiß, wofür es gut ist. Vielleicht wären Vandalen eingezogen und hätten die Einrichtung ruiniert? Mit der Freundin und meinen Kindern bleiben wir in Kontakt, somit ist das Wichtigste in trockenen Tüchern.

So, geliebtes Heimatland. Auf ein Wiedersehen in Old Germany. Inzwischen habe ich Sie lange genug auf die Folter gespannt. Doch die Reisegeschichte kommt nicht als Science Fiction Roman daher, sondern sie gleicht den Schilderungen in einem Reisetagebuch, deshalb hoffe ich, dass Sie der Schreibstil nicht stört. Und nun raus aus unserer heilen Welt, auch wenn im verhältnismäßig sicheren Europa nicht alles Gold ist was glänzt.

Freudig erregt fahren wir vom Aachener Hauptbahnhof zum Airport Düsseldorf und pünktlich besteigen wir den Flieger. Es ist fünfzehn Uhr, da erhebt sich die Boeing 770 mit uns an Bord in den wolkenlosen Himmel. Das Reiseabenteuer nimmt seinen mit grenzenlosen Erwartungen gespickten Verlauf. Neben uns sitzt eine junge Frau mit Ziel Bangkok. Mit ihr unterhalten wir uns über ihre und unsere Reisepläne, dann über dies und jenes, denn sie ist nett und reist allein. Dazu ist allerhand Mut nötig. Leider trennen sich unsere Wege nach sechseinhalb Stunden in Dubai, denn sie startet ihren Weiterflug von einem anderen Gate. Wir verabschieden uns nach Erfolgswünschen mit herzigen Umarmungen.

Während des Aufenthaltes ärgern wir uns über den Kauf einer Flasche Wasser für neun Dollar. Tja, das ist Dubai, aber der Preis ist typisch für viele Flughäfen. Ein Essen zu uns zu nehmen, ist unnötig. Entgegen deutscher und belgischer Fluglinien, die wir sonst für die Ferienflüge nutzen, wurden wir von der Fluggesellschaft Emirate vor dem Anflug auf Dubai fürstlich versorgt, und man wird uns auch während des Fluges nach Jakarta nicht verhungern lassen.

Ich bin vollgestopft mit Adrenalin und fühle ich mich ausgezeichnet. Mit Gelassenheit stecke ich den nun folgenden achtstündigen Flug ohne Mühe weg, obwohl alle Einschlafversuche scheitern. Und was macht man, um sich die Zeit zu vertreiben? Ich lese im Reiseführer für Ostasien, nebenbei glotzte ich auf die Mattscheibe. Der Film handelt von witzigen Drachen, mehr weiß ich allerdings nicht mehr.

Die Ankunft in der indonesischen Hauptstadt Jakarta verläuft chaotisch. Wegen eines organisatorischen Missgeschicks müssen wir unsere Rollkoffer am Gepäckband abholen, obwohl sie nach Bali durchgeleitet gehört hätten, wie's vereinbart war. Protestieren nützt gar nichts. Doch auch beim Kofferabholen gibt es Schwierigkeiten, so sind meine Nervenstränge höllisch angespannt. Glücklicherweise wird das Problem kein Dauerzustand und dass Aufgeben der Koffer am zuständigen Schalter für den Flug nach Bali klappt zu aller Zufriedenheit, außerdem haben wir bis zum Weiterflug viel Zeit. Aber ist die Prozedur damit ausgestanden?

Weit gefehlt, denn der Kauf des Visums verzögert sich aus unerfindlichen Gründen. Anscheinend gefällt dem Zollbeamten meine charmante Frau, denn ungewöhnlich lange schaut er auf ihre Erscheinung, dann auf ihren Pass, dann wieder Angela an. Schlussendlich passiert sie ohne

Beanstandung die Sperre. Leider sind die Einreiseformalitäten unverschämt teuer. Sie kosten sage und schreibe fünfunddreißig Euro pro Kopf. Und als Krönung serviert uns Jakarta den Ausreiseterminal als Irrgarten, der übermenschliche Kenntnisse im Hellsehen abverlangt. Doch mit Ach und Krach finden wir in der Unübersichtlichkeit den Abflugschalter für den Flug nach Bali.

Beim Warten treffen wir auf eine gutaussehende Frau. Die ist braungebrannt und hat sich anscheinend verirrt. Sollte sie sich auf der Rückreise nach Düsseldorf befinden, dann gehört sie überall hin, nur nicht hierher. Kann es sein, dass sie unsere Hilfe braucht?

Das braucht sie nicht, denn die flippig angezogene Frau hat den Durchblick und klärt die Ungereimtheiten auf. Sie hat bis zum Abflug nach Düsseldorf einige Stunden zur freien Verfügung und erkundet in der Wartezeit das Flughafengebäude. Also setzen wir uns zusammen auf eine Wartebank, dort macht sie uns überaus redselig die Vorzüge unserer ersten Station Bali schmackhaft.

Freudestrahlend erzählt sie uns: „Es war traumhaft. Ich bin immer noch hin und weg. Der dreiwöchige Urlaub auf Bali hat mich total angetörnt."

Aha, denke ich, denn ich bin gern gutgläubig, trotz allem frage ich dazwischen: „Ich habe entgegengesetzte Meinungen gehört. Was war so toll an Bali?"

„Nun gut", wägt sie beleidigt ab, doch danach lässt sie die Funken ihrer Begeisterung sprühen: „Vielleicht ist nicht alles wie im Paradies, aber tagtäglicher Sonnenschein und die heilsame Wärme. Was willst du mehr? Und dann die Strände, die allein sind eine Wucht."

„Das glaube ich dir", unterstütze ich ihre Schwärmerei. „Und was kannst du uns sonst noch empfehlen?"

„Phantastisch ist das Essen. Und die Balinesen sind ein angenehmes und friedfertiges Volk. Mich beeindruckt die Kritik der Klugscheißer nicht. So schön wie auf Bali ist es nirgendwo."

Es ist nicht zu übersehen, dass die Hippiefrau vom Bali-Fieber befallen ist. Sie wirkt wie beseelt, denn dem Wesen rollen dicke Kullertränen der Rührung über die Wangen. Aber ist ihre Bewertung objektiv? Wie ist ihre Meinung zu bewerten? So wie sie dahinschmilzt ist Vorsicht geboten, denn die Wahrscheinlichkeit ist groß, dass sie durch die Eroberung ihres Traummannes auf einer Wolke des Glücks schwebt.

Sei's wie es ist. Trotzdem hören wir derlei Geschichten über die Insel der Götter und Dämonen gern. Trotzdem werden wir mit Unvoreingenommenheit an das Reiseziel herangehen. Bali kann beweisen, was es draufhat. Die Insel bekommt von uns jede Möglichkeit.

Gegen acht Uhr hat die Warterei ein Ende. Wir besteigen die Boeing 770 nach Bali, übrigens ein erstaunliches Kaliber. Und in der Maschine unsere Plätze eingenommen, serviert eine Flugbegleiterin für die restliche Flugstunde ein für Fastfood-Verhältnisse verdammt leckeres Hähnchen-Curry.

Bali

Mit dem Namen Bali verbindet man Hinduzeremonien, er steht aber auch für hypnotisierende Tanzvorführungen, bezaubernde Menschen, grüne Reisterrassen, lange und weiße Strände und atemberaubende Wellen. Wir sind gespannt wie ein Flitzebogen, in wieweit die Lobhudeleien der Hochglanzbroschüren über das Inselparadies zutreffen. In uns steckt aber auch die Neugier auf die Urlauber aus Australien, die sich mehrheitlich in Bali breitgemacht haben.

Spät am Abend des 30. September landen wir auf dem Ngurah Rai Airport in Denpasar. Und das Flugzeug verlassen, holen wir unsere Rollkoffer ohne Drängelei an der Gepäckausgabe ab. Die Boeing war nur zur Hälfte besetzt. Und kaum raus aus dem Flughafengebäude, stürzt sich ein Schlepper auf uns, mit dem wir zum Taxistand rauschen, prompt bezahlen wir erstmals Lehrgeld.

Das Aushandeln des Fahrpreises für die Fahrt nach Kuta haben wir vergessen. Das wäre durch die ungewohnte balinesische Währung auch schwierig geworden, so knöpft uns der Taxifahrer siebentausend Rupien ab, umgerechnet acht Euro. Das ist eindeutig zu viel für eine Kurzstrecke. Gerechtfertigt wären fünftausend Rupien gewesen. Mehr hätte die Taxifahrt für die fünf Kilometer nicht kosten dürfen.

Nun ja, die Balinesen sind zwar sympathisch, aber auch geschäftstüchtige Halsabschneider. Doch was soll's. Die Abzocke ist in Asien normal und legal. Vergisst du in der Hektik die Preisvereinbarung, dann wirst du bestraft. Dagegen hilft nur eins: Sich das vorherige Aushandeln ein für alle Mal einzubläuen. Anderseits hat die Taxifahrt nicht mal fünf Euro gekostet. Zuhause hält für das Geld kein Taxi an. Dennoch musste die Episode über das Taxigewerbe sein. Leider wird uns das Problem während der Reise durch Ostasien wie ein Gespenst begleiten.

Wechseln wir das Thema, denn mehr als der Taxipreis schockt uns das kolossale Verkehrsaufkommen im Inselsüden. Der Lärm ist unmenschlich, denn das Kleinmotorrad ist des Asiaten liebstes Kind. Doch die Behauptung, dass den Asiaten die Hupe an die Hand gewachsen sei, oder dass sie mit der Hupe auf die Welt kommen würden, das ist ein Gerücht.

Wie auch immer, denn der enorme Lärmpegel gehört zu Bali. Die krankmachende Geräuschentwicklung durch die Liebe zum knatternden Zweirad, das ist ein asiatisches Phänomen. Wer sich für Südostasien als Reiseziel entscheidet, der plant das Getöse ein, und berücksichtigt die Quälerei für das Trommelfell.

Jedenfalls bringt uns das Taxi zum Doi-Hotel, in dem wir ein respektables Doppelzimmer beziehen und uns auffrischen. Danach machen wir uns auf die Socken zu einem Essen, bei dem wir uns als Schlummertrunk unser Standardgetränk einverleiben, ein Bier-Sprite Gemisch, anschließend sind wir reif fürs Bett. Doch wegen des Flugmarathons fällt das Einschlafen schwer, was natürlich auch am Auspufflärm und den stumpfsinnigen Huporgien liegt.

Das Frühstück ist sehr gut. Wir können wählen zwischen europäisch und asiatisch, doch viel interessanter ist die Beobachtung, die wir von unserem Esstisch tätigen. Eine Balinesin drapiert ein hübsches Spendentellerchen mitten auf die Kreuzung. Die Autos fahren einfach an ihr vorbei oder um sie herum. Ihr passiert nichts. Uns wird dabei schlagartig bewusst, welch wichtige Rolle die Religionen auf Bali einnehmen. Die praktizierte Form des

Hinduismus ist für die Balinesen der wirtschaftliche Motor. Er bestimmt die Abläufe vom frühen Morgen bis zum späten Abend. Das religiöse Leben ist den Opferritualen unterworfen. Deshalb merken Sie sich: Dem Treiben um den Hinduismus mit seinen Auswirkungen zuzuschauen, genau das macht den Reiz für eine respektable Menge an Bali-Reisenden aus. Und dazu noch eine Hintergrundinformation: Wussten Sie, dass ungefähr neunzig Prozent der Bewohner Hindus sind und vierzig Prozent des Haushaltsvolumens in die Religion fließt? Das geht zu Lasten der Infrastruktur, was wir bei der Weiterreise auf den katastrophalen Straßen hautnah zu spüren bekommen.

Tja, so ist das mit der Religion. Ich persönlich bin kein Freund von Glaubensrichtungen, noch weniger von Göttern oder Götzenverehrung, deshalb bin ich Atheist. Ich finde die Opfergaben kitschig und fragwürdig. Bitte gestatten Sie mir den Seitenhieb, obwohl der albern klingt. Und wo bitte landet der Kladderadatsch? Doch sicher auf den ausufernden Mülldeponien und im Meer. Diese Problematik zu hinterfragen, das steht mir als einem grünen Ex-Politiker zu.

Anderseits respektiere ich die Gewohnheiten der Inselbewohner. Ihr Umgang mit den Gottheiten ist zumindest interessant. Dazu ein nicht ernst gemeinter Kommentar: Mir persönlich hat der Hotelpool besser gefallen, als der Opferspuk. Den Pool hatte ich vor dem Frühstück für meinen Frühsport genutzt.

Aber nun zu unseren Kuta-Aktivitäten. Die bestehen als erstes aus einem Spaziergang zum Strand, an dem wir eine Hochzeitsvorbereitung beobachten. An dem ganz in weiß Zinnober hätte meine Tochter ihre Freude, gar keine Frage, denn sie hat vor nicht allzu langer Zeit mit allem Schnickschnack geheiratet, trotz eines heidnischen Vaters wie mich. Hier in einem imposanten Strandhotel zu heiraten, dass macht was her. Die Balinesen verstehen sich auf hübsche Dekorationen und begeisternde Darbietungen, sei's auf tänzerischer oder musikalischer Basis. Vielleicht hätten wir unsere Hochzeit nach Bali verlegen sollen?

Gott bewahre, das war nur ein Scherz.

Und nun zur Strandqualität. Der Sand des Strandes von Kuta ist über jeden Zweifel erhaben, außerdem erstrahlt die Strandlänge in einer selten erlebten Unendlichkeit. Wir waten stundenlang mit nackten Füßen durch den feinen Sand und das seichte Wasser rauf und runter, das ist ein tolles Vergnügen. Gegen die intensive Sonnenbestrahlung cremen wir uns dick ein und setzen unsere Kappen auf.

Wirklich positiv ist: Die Urlaubermasse ist überschaubar, denn es ist keine Hochsaison. Etwas störend dagegen empfinden wir die fliegenden Händler, die uns unnötigen Kram aufzuschwatzen versuchen. Leider gibt es zu viele von den Gesellen, vor denen uns der Reiseführer gewarnt hat. Dagegen wirkt jedes Strandrestaurant einladend mit seinen farbenprächtigen Ballons. Dessen Außenterrassen hat man hübsch für die berühmten Sonnenuntergänge zurechtgemacht, deshalb gönnen wir uns eine Cola in einer besonders attraktiven Lokalität.

Und wunderbar anzuschauen ist auch mancher Sarong, der von Frauen in der Landestracht feilgeboten wird, aber Angela als Opfer bleibt hart. Irgendwann gedenken wir, uns eins der dekorativen und praktischen Tücher zuzulegen, so zum Beispiel als Strandtuch, doch muss das am ersten Tag sein?

O nein, das muss es nicht. Wir warten ab und vergleichen die Angebotsvielfalt, denn was derlei Einkäufe angeht, da müssen wir sparsam bleiben und gut mit der Reisekasse umgehen.

Auf dem Weg ins Hotel mieten wir den nächsten Tag eine Mitfahrgelegenheit nach Padang Bai mit einem Kleinbus. Der Touristenschmelztiegel Kuta ist nichts für uns. Hier fühlen wir uns deplatziert, denn wir sehnen uns nach dem ursprünglichen Bali. Der Shuttlebus wird uns elf Uhr am Hotel abholen, das verspricht man uns hoch und heilig, und ich denke, dass der Glaube an die balinesische Ehrlichkeit Berge versetzen kann, tja, das hoffe ich zumindest.

Jedenfalls haben wir die Weiterreise mit dem erworbenen Busticket schriftlich und der Preis ist ein Klacks. Lausige zwölf Euro haben die Fahrkarten für uns beide gekostet. Bali ist im Finanzbereich immer noch ein Billigland. Gut, das zu wissen.

Dass wir durch den Ticketkauf den Sonnenuntergang verpassen, ist sehr schade, aber unser Bärenhunger siegt über den Augenschmaus. Obere Priorität erhält der Besuch im Smylie Frog Restaurant. In dem ist das Essen in Ordnung. Wir als Gäste lassen uns auf Wunsch des Hauses sogar fotogravieren, und wir erklären uns auch damit einverstanden, dass das Foto auf einer Bildwand gezeigt wird. Warum auch nicht?

Dann bricht die Nacht über Kuta herein, prompt dominieren die Sterne den Himmel. Was gibt es da besseres, als sich in die Hölle des Nachtlebens zu wagen. Doch das Wagnis ist eher ein Ärgernis, denn die Stadt besteht aus einer Ansammlung an hässlichen Großhotels. Die Klötze sind an Geschmacklosigkeit nicht zu überbieten. Besonders abscheulich ist das Vergnügungsangebot mit den teuren Restaurants und einer unüberschaubaren Masse an Klamottenläden und Souvenirbuden, aber wir kennen keine Resignation, denn glücklicherweise gibt es Ausnahmen. Und eine solche ist ein Nachtlokal mit Livemusik, in das wir uns trotz mäßiger Erwartungen setzen.

In dem spielt die Band die alten Klassiker der Popmusik. Der Sänger wirkt mit seiner hochgestylten Mähne wild und ungezähmt. Irgendwie sieht er phantastisch aus.

In einer Auftrittspause treffe ich ihn in der Toilette, in der der Mann seine Haarpracht in Form bringt, dabei lobe ich ihn mit dem Daumen nach oben für seine Darbietungen. Der Mann ist eine Granate und er erzählt mir, dass er Indonesier wäre, aber in Australien leben würde, wonach die Oldies auch klingen.

Nach zwei langsam getrunkenen Mixgetränken, natürlich Bier mit Sprite, bezahlen wir den Spaß für unsere Ohren und den Gaumen, dabei denke ich mit Grausen an die bevorstehende Nacht.

Und die wird deprimierend, obwohl wir unter der Mithilfe von Ohrstöpseln versuchen, dem Lärm der Mopeds beizukommen, doch das vergebens, denn mein Einschlafen misslingt. Trotz allem bin ich mit dem ersten Tag zufrieden, obwohl das Treiben in Kuta meinen Idealvorstellungen nur bedingt entspricht. An ein Urlaubsparadies stelle ich andere Anforderungen.

*

Ein Kleinbus Marke Schrottplatz holt uns am nächsten Vormittag zur Fahrt nach Padang Bai ab, natürlich eine halbe Stunde zu spät. Ich frotzele und das zynisch: „An die Unpünktlichkeit der Balinesen müssen wir uns erst gewöhnen. Verspätungen scheinen normal im Transportwesen Ostasiens zu sein."

Der Bus ist besetzt mit neun Personen verschiedenster Nationalitäten, dazu kommen meine Frau, ich und der Fahrer. Mit den 12 Personen ist die Buskapazität ausgereizt. Padang Bai ist siebzig Straßenkilometer von Kuta entfernt. Das ist ein Katzensprung, sollte man meinen.

Zuerst aber ein dreifaches Halleluja, denn ich sterbe tausend Tode. Bei riskanten Überholmanövern des Fahrers schließe ich die Augen, um nicht zu kollabieren. Mit Grausen wende ich mich von den Zuständen auf der Landstraße ab. Bei mir wechseln Angstattacken hinüber zu Schweißausbrüchen, da der Fahrer bei den schlimmen Verkehrsverhältnissen wie der letzte Henker fährt. Bei Verkehrsunfällen sterben täglich acht Personen auf Bali, eine achtmal höhere Zahl an Toten gegenüber Europa. Diese Information des Reiseführers quält mich während der Fahrt im Hinterkopf.

Wir brauchten anderthalb Stunden bis zu unserem Zielort Padang Bai, trotz der gewagten Fahrweise des verhinderten Rennfahrers, denn eine Anzahl an Staus hatte die unübersichtliche Verbindungsstraße blockiert. Aber Gott sei Dank, wir haben das Chaos überlebt. Dennoch hat sich das Busfiasko in mein Sicherheitsdenken eingebrannt.

„Ratsch", macht es, als ich aussteige. Was bedeutet das Geräusch?

Leider bin ich mit meiner beinfreien Wanderhose an irgendeinem Hebel oder Haken unter dem Sitz des Busses hängengeblieben.

„Scheiße", entfährt mir der typisch deutsche Fluch über den ekelhaften Riss im Gesäß. Aber das Beinkleid ist wichtig für den weiteren Reiseverlauf, denn ich bin nur mit einem Minimum an Shorts ausgestattet. Was demnach tun?

Kommt Zeit, kommt Rat. Vorerst befinden wir uns am Busbahnhof zur Fähre nach Lombok, von wo die meisten Mitreisenden zu den Gili Partyinseln weiterreisen. Wir dagegen haben den Ankunftsort Padang Bai als Aufenthalt auserkoren, dessen Ursprünglichkeit hat uns zu dem Schritt bewogen. Aber ist das die richtige Entscheidung?

Nach den ersten Eindrücken fällt der Ist-Zustand des Ortes bescheiden aus. Anstatt ursprünglich ist Padang Bai schmutzig. Die Straßen und die Umgebung sind zugemüllt. Wie bereits erwähnt steht Bali vor einem riesigen Müllproblem. Für mich als Bauingenieur, der sich beruflich mit der Müllproblematik beschäftigt hat, ist der Zustand auf Bali ein Schlag ins Gesicht. Old Germany ist fortschrittlicher. Unser Heimatland nimmt eine Vorreiterrolle bei der Mülltrennung und der Verwertung in Anspruch. Wann begreift die asiatische Entwicklungsregion, dass der Missbrauch beim Umgang mit Plastik, hier speziell mit Tüten, eine Gefahr für den Lebenskreislauf der Erde darstellt und eine Geisel der Menschheit werden kann? Und was macht man in Padang Bai? Man schiebt das Problem beiseite.

Trotz des Negativeindrucks bummeln wir durch die verwinkelten Gassen, denn wir brauchen eine Bleibe. So kommen wir an vielen mit elefantenähnlichen Skulpturen versehenen Häusern vorbei, denn im altertümlichen Ortsbereich tun sich die schönen Seiten des ausgewählten Städtchens auf. Die Altbausubstanz gefällt uns außerordentlich, daher lautet unser Wahlspruch: Den Dreck nicht beachten. Und dass das klappt, darauf setzen wir unsere Hoffnungen, denn wir denken positiv.

Aber etwas anderes, nicht minder unangenehmes, zeigt unser Rundgang. Es sind die vielen Kampfhähne, die in ihren Kerkern aus einem Korbgeflecht überall herumstehen, und das in der prallen Sonne. Das Veranstalten von Hahnenkämpfen sei verboten, das habe ich im Reiseführer nachgeblättert. Doch wer hält sich dran? Auf Bali niemand. Wie in Kuta den Lärm, so verdränge ich hier die Themen Dreck und Kampfhähne, prompt stellt sich der Erfolg bei der Unterkunftssuche ein. Blitzschnell ist die im Lonely Planet angepriesene Hüttenanlage mit ihren exotischen Pflanzen und Bäumen, und dem wohlklingenden Namen „Billabong" gefunden.

O Mann. Die hochhinausragenden Strohhütten sind eine optische Offenbarung mit ihren wunderschön geschwungenen Dächern und den leuchtenden Reisstrohwänden, woraus auch eine kleine Bank und ein Sekretär angefertigt sind. Ansonsten ist die Aufmachung spartanisch. Eine steile Treppe führt hinauf in den Schlafbereich mit Bett und Moskitonetz und unten ist der Sanitärtrakt, in dem ein Eimer neben der Kloschüssel steht, weil die Wasserspülung nicht funktioniert. Außerdem leckt das Waschbecken. Aber der Preis pro Nacht ist spottbillig. Das schräge Häuschen kostet acht Euro, inklusive Frühstück. Doch das ist leider weniger bombastisch, denn es besteht aus einer bescheidenen Tasse Kaffee, dazu zwei Scheiben staubtrockenem Toast und etwas Honig.

Aber die Nachteile der Hütte inclusive Frühstück nehmen wir in Kauf, denn die Anlage strahlt eine himmlische Ruhe aus und ist richtiggehend anheimelnd. Wir fühlen uns wie in Abrahams Schoß, denn nur zwei weitere Hütten sind bewohnt. Doch was bedeutet die geringe Auslastung? In Padang Bai ist nicht gerade der Teufel los.

Wir akzeptieren die Touristenarmut und beklagen uns nicht, stattdessen testen wir den Strand Blue-Lagoon. Auf den ersten Blick ist er wunderschön und einladend, also entkleide ich mich bis auf die Badehose. Dann versuche über glitschige Steine den unsichtbaren Löchern ausweichend, um so ins tiefere Wasser zu gelangen. Dabei falle ich fürchterlich auf die Fresse und gebe eine ungeschickte Figur ab, außerdem habe ich mir dabei zwei Finger der rechten Hand geprellt. Bin ich zu alt für derlei Darbietungen, und zu wackelig auf den Beinen?

„Das fängt ja gut an", murmele ich mit Groll und lege

meine Badewünsche an ad acta. Für die entgangenen Badefreuden kann mich höchstens ein gutes Essen endschädigen, welches ich mir in einem Restaurant mit relativ hohem Urlauberzuspruch erhoffe. Und das zurecht, denn hinterher stellen wir fest: Es war ein leckeres Hühnchen-Curry.

Nach dem Essen machen wir einen Rundgang durch die Botanik, dann lassen wir den Abend mit unserem Bier und Limo Gemisch in einem Lokal ausklingen. Der abwechslungsreiche und anstrengende Tag liegt hinter uns. Der zwingt uns relativ früh in unser Bett mit Moskitonetz. Doch auch hier in Padang Bai schläft meine Frau sehr schlecht. Sie wird von den Schiffssirenen der Fähren nach Lombok und zu den Gilis wachgehalten, und die tuten relativ häufig.

Den nächsten Tag beginnen wir mit Gelassenheit. Zuerst erstatten wir dem von mir nicht sonderlich geliebten Strand einen Besuch, immerhin sind die Vor-aussetzungen gut, um sich in der Sonne zu aalen. Auf den Badehandtüchern liegend und in losgelöster Stimmung, gebe ich meinen Gedanken Freigang.

Herr im Himmel, mir geht es verdammt gut, schmeichelt mir mein Kopf. Meine körperliche Verfassung ist hervorragend. Ich bin bis auf die Prellungen beschwerdefrei, mein Herz hat die Qualität eines Jungspundes und mein Kreislauf gleicht dem eines Leistungssportlers, das hoffe ich zumindest. Und weiter denke ich: Wir werden ein gutes halbes Jahr unterwegs sein, insoweit ist alles easy. Wenn nicht auf Bali, wo sonst gelingt es mir, das Leben in vollen Zügen zu genießen. Im Sonnenparadies entgehen wir dem Horror der Berichterstattungen über den Zustand der Welt. Und sehe ich über die Schwachpunkte der Insel hinweg, dann werden wir beschauliche

Tage im Einklang mit der Natur verbringen.

Als ich über den nächsten Tag nachdenke, beschließen wir einen Abstecher nach Ubud, das ist das künstlerische Mekka der Insel, prompt ordern wir die Mitfahrgelegenheit in einem Minibus mit einer Unkostenpauschale von zwölf Euro. Und die Formalitäten festgemacht, überrascht uns ein Regenschauer. Und der hat es in sich, sodass wir uns unterstellen. Doch das tun wir nicht lange, dann geht's weiter durch den Regen, wobei ich den abkühlenden Schauer als angenehm empfinde, nach dem sonnenüberfluteten Strandaufenthalt. Ja, auch auf Bali regnet es ab und an, nicht nur in der Regenzeit.

Aber nun weiter im Text, denn wir landen pitschnass in einem Restaurant mit Jamaika Flair. An der Theke nehmen wir einen Drink zu uns, dann entscheiden wir uns für den Schachzug, uns an einen Tisch zu setzen und die Speisekarte zu studieren. Und siehe da, es gibt ein Hähnchen-Curry, und das ist sogar eine Spur besser, als das des Vorabends. Es ist das bisher perfekteste Curry, so ist es nicht verwunderlich, dass wir das Jamaika-Restaurant zu unserem Stammlokal ausrufen.

Hinterher bringe ich meine kaputte Hose zur Schneiderei. In der verspricht mir die Näherin mit Händen und Füßen, der Riss sei am folgenden Abend genäht. Sie spricht kein Englisch, daher kann ich ihre asiatischen Laute nur in diese Richtung deuten, aber mein Vertrauen in die Glaubwürdigkeit des Versprechens ist noch ungebrochen. Erst einmal ist das mit der Hose erledigt, daher verbringen wir den Abend in der Kneipe am Ende unserer Straße. Es ist ein Lokal nach dem Geschmack europäischer Touristen, im balinesischen Folklorestil herausgeputzt, doch seltsamerweise spielt und singt ein spanischer Gitarrist. Wir als La Gomera Fans kennen die Gesangsstücke in und auswendig. Manchen Song haben wir so oft gehört, dass er uns schon zum Hals heraushängt. Schade ist der geringe Zuspruch, wodurch sich bestätigt: Padang Bai genießt nicht den Ruf einer Touristenhochburg. Der Ort ist nur als Durchgangsstation für die Überfahrten nach Lombok bekannt.

Früh am Morgen des nächsten Tages starten wir unseren Ausflug nach Ubud mit einer dreiviertelstündigen Verspätung. Noch dazu fährt das Taxi einen Umweg. Wir sind für die einstündige Strecke zwei Stunden unterwegs. Erschwerend kommt hinzu, dass auf der Insel ein religiöses Fest gefeiert wird, auf das sich die balinesischen Männer mit einer weißen Mütze als Kopfschmuck einstimmen.

„Das Fest des Geistes", nennt es der Fahrer. Jedenfalls ist das Verkehrsaufkommen katastrophal. Wir dringen nicht bis zum Ortskern vor, so gehen wir den Rest des Weges zu Fuß. Tja, und was bringt uns der Ausflug?

Eine Bewertung des Tages ist Geschmackssache, denn in den Galerien, die wir besichtigen, hängt ausnahmslos nur Mist. Die Bezeichnung Kunst verdient hier den Namen Ramsch. Auf unseren heimischen Flohmärkten sind oft wertvollere Schätze auffindbar. Natürlich sehen wir nur einen kleinen Teil des Kunstangebotes, denn man fühlt sich von der Masse an Galerien erschlagen, außerdem sind die vielen Menschen im Ort eine Zumutung, dazu fällt das überall herumstöbern allein aus Zeitgründen flach. Immerhin kaufe ich mir als Andenken zwei ärmellose T-Shirts mit dem Elefantensymbol, denn ich habe beim Auspacken festgestellt, dass meine Anzahl an T-Shirts knapp bemessen ist.

Danach werden wir hungrig und die Nahrungsaufnahme ist angesagt. Wir suchen nach einem Lokal uns das geht schnell, weil uns eins mit Pfannkuchen auf der Speisekarte gefällt. Unsere Gaumen freuen sich auf den Hochgenuss, da ich hoffe, dass sie ähnlich wie meine zuhause schmecken.

Und das tun sie, denn die Pfannkuchen sind gut, und ich verspeise gleich zwei mit viel Honig, daher gehen wir gesättigt zur Hauptstraße, auf der wir sogar zu Fuß viel Zeit verlieren, denn der Verkehr steht. Die Autoaufkommen rührt sich nicht vom Fleck, daher wird das Zwängen an der Blechlawine vorbei durch die verstopften Innenstadtstraßen zur Herkulessaufgabe, doch ausnahmsweise wird nicht gehupt, was für mich einer balinesischen Sensation gleichkommt. Der religiöse Feiertag macht's möglich.

Etwas außer Atem erreichen wir den Monkey Forrest Park. Der ist bekannt durch unsere ihr Unwesen treibenden Artverwandten. Die Aufpasser versuchen die Affen am Diebstahl der Handtaschen unvorsichtiger Touristinnen zu hindern, was eine Atmosphäre voller Witz und Schabernack erzeugt. Alles in allem ist der Aufenthalt ein von nicht enden wollendem Gelächter geprägt, dazu erzeugen das baumreiche Gelände und der einer Klamm in den Alpen ähnelnde Verlauf des Baches heimatliche Gefühle. Wie sich das Wasser durch die Felsen quetscht, das ist eine optisch sehr ansprechende Konstellation.

Und das war's, denn ehe wir uns versehen, ist unser Besichtigungsaufenthalt beendet. Der Tag ist, was andere Sehenswürdiges betrifft, zwar nicht ausgereizt, aber wir müssen uns um die Rückfahrt kümmern. Wie jedoch finden wir ein Taxi an diesem Feiertag? Fährt überhaupt eins?

Erste Versuche schlagen fehl, doch durch weitere Bemühungen ordern wir den Taxifahrer, der uns in einer Stunde praktisch bis vor unsere Haustür fährt. So soll es sein. Der Mann hat einen Orden verdient.

Wir eilen in unsere Hütte und machen uns frisch, dann gehen wir in unser Stammlokal, in dem wir das Nasi-Goreng auf jamaikanisch probieren. Und auch das schmeckt hervorragend. Bei weitem nicht so langweilig, wie die Fertiggerichte in den Restaurantketten europäischer Einkaufspaläste. Irgendwie ähnelt es dem Hähnchen-Curry des Vortages. Aber unser üblicher Schlaftrunk muss leider entfallen, denn der Gitarrist genießt seinen Ruhetag, daher beschäftige ich mich als Abendvergnügen mit dem Reisetagebuch und knipse kurz nach Zwölf das Licht aus.

Unser spärliches Frühstück verfeinern wir mit Butter. Trotz schlechter Englischkenntnisse der Frühstücksbeauftragten, verschaffe ich uns bei ihr die Butter für den Toast, und das mit Hand- und Fußakrobatik, was den Erfolg bemerkenswert macht. Nichtsdestotrotz wundere ich mich. Warum lernt die Frau nicht die englische Sprache? Nun ja, sie ist nicht mehr die Jüngste. Trotz allem ist die Platzherrin die Freundlichkeit in Person.

Einigermaßen satt ziehen wir los und mieten ein Taxi für die Weiterreise am nächsten Tag. Wir wollen den Norden Balis mit unserer Anwesenheit beehren. Aber bis dahin bleibt uns ein ganzer Tag, daher reagieren wir auf den Tipp des Taxivermieters, den südlichen Strand des Ortes aufzusuchen, zu Fuß eine halbe Stunde.

Somit beginnt er, der ganz normale Wahnsinn, denn als wir bei der Schneiderei vorbeieilen, sehe ich meine Hose unberührt daliegen, wie am jüngsten Tag. Wie kann das sein? Zu meinem Erstaunen höre ich, dass ich nachmittags reinschauen solle.

Aha, jetzt soll sie am Nachmittag fertig sein. Verstehe ich das richtig? Kann ich das glauben? Auf Bali herrschen ungewöhnliche Zeitvorstellungen.

Aus Frust bekomme ich Lust auf einen Glimmstängel,

was mich schmerzt. Ich war mir hundertprozentig sicher, dass ich das Verlangen überwunden habe, aber unter Stress bleibe ich anfällig für Kehrtwendungen. Bekommt die Tabakindustrie eine Chance?

Bei jedem anderen vielleicht, aber nicht bei mir, denke ich, und bleibe knochenhart. Mein Dasein als Suchtknubbel ist ausgestanden. Durch den Infarkt habe ich das Rauchen erfolgreich in die Schranken verwiesen und für allemal beendet. Zudem weiß ich nicht, woher ich eine Zigarette bekommen könnte. Meine Frau würde mir nicht dabei helfen.

Das Thema Rauchen kurz und schmerzlos abgehakt, gehen wir einen Umweg zum Strand, dadurch kommen wir durch eine sehenswerte Landschaft. Als wir den beabsichtigten Strandabschnitt erreichen, knallt die Sonne erbarmungslos vom Himmel. Es ist so heiß, sodass ich meinen Nachholbedarf an Schwimmaktivitäten sofort in die Tat umsetze, dabei bin ich beeindruckt von den Wellen, die sich am Strand brechen. Ich spiele den Seenotretter, der Angela vor dem Ertrinken bewahrt, und das tue ich so ausgelassen wie ein Kleinkind.

Als mir meines Schauspiels überdrüssig bin merke ich, dass das Badevergnügen hungrig macht, also setzen wir uns in die kleine Imbissbude hinter den von uns ausgelegten Handtüchern und essen zwei lecker aussehende Pfannkuchen. Und je eine Cola dazu getrunken, kostet das Festmahl zwei Euro siebzig. Wie können die Budenbetreiber davon leben? Wir haben nirgendwo preiswerter gespeist. Aber danach heißt es Vorsichtsmaßnahmen ergreifen. Es besteht Sonnenbrandgefahr, trotz der Sonnenmilch und des schattenspendenden Baumes. Also brechen wir das Sonnenbad ab und wählen den Heimweg bei der Schneiderin vorbei.

Stockschwere Not, was macht die gute Frau mit mir?

Ich bin am Boden zerstört, denn die Prinzessin an der Nähmaschine vertröstet mich auf den Abend. Die hat sie doch nicht mehr alle. Ist sie von allen guten Geistern verlassen? Mein Geduldsfaden ist dem reißen nahe. Aber mir sind die Hände gebunden, denn ich bin von ihr abhängig.

In angekratztem Zustand gehen wir weiter, bis wir vor einem Briefkasten stehen. Der hängt total verstaubt vor dem geschlossenen Postamt. Ist das Ding überhaupt in Betrieb? Ich nehme an, dass er seit Wochen nicht geleert wurde, daher wachsen meine Zweifel am Versand der von mir geschriebenen Karten. Mich nervt die Frage: Werfe ich die Ansichtskarten ein, oder besser nicht? Da ist viel Risikobereitschaft verlangt. Doch es gibt keine Alternative, also wage ich den Vorgang, und die Karten sind tatsächlich bei den Lieben angekommen.

Dann duschen wir in unserer imposanten Hochhütte, natürlich nur kalt, schon naht der Abend. Im Zustand der Dämmerung machen wir uns erneut auf den Marsch zur Schneiderei, denn am nächsten Tag wollen wir abreisen und da brauche ich die Hose. Doch bei der Schneiderin angekommen, liegt meine Hose wie die unbefleckte Empfängnis am selben Platz. Das Beinkleid ist alles andere als fertig.

So nicht, plustere ich mich auf. Ich bin wütend und verlege mich auf unmissverständliche Drohgebärden. Wie ein Kampfschwein beuge ich mich über die Schneiderin, bis die Nähaktion mit der Hose nach drei Minuten fertig ist. Na also. Warum nicht gleich so? Und die Aktion kostet drei Euro fünfzig. Das ist für das Machwerk viel zu viel, noch dazu ist es unbefriedigend ausgefallen, daher bin ich mächtig geladen, als wir unser Stammlokal aufsuchen, in dem wir diesmal Sate-Spieße mit Gemüse und weißem Reis essen.

Danach wechseln wir in das Lokal Sunshine hinüber. Am Strand hatte man uns einen Flyer in die Hand gedrückt, der auf den Auftritt einer Rock-Band aufmerksam macht. Was erwartet uns? Ein musikalischer Leckerbissen? Das gerade nicht. Die Band ist nicht umwerfend, dazu ist die Stimmung eher mau. Als Zeitvertreib unterhalten wir uns mit einer Frau aus München, die seit fünfzehn Jahren ihren einmonatigen Urlaub in Padang Bai verbringt. Die Grazie hat kurz vorher mit einem verknitterten Althippie angebandelt, der ebenfalls aus Bayern stammt. Bali scheint bei den Bayern hoch im Kurs zu stehen. Aber nicht nur bei den Bayern, denn auch wir verfallen dem Charme der Insel von Tag zu Tag mehr.

Leider ist die Münchnerin Kettenraucherin und sie bläst mir ihren Qualm voll ins Gesicht, was ich ekelhaft finde. Außerdem hatten wir das Thema Qualmen vor ein paar Stunden ausführlich durchgekaut. Daher befreie ich mich von den Rauchschwaden und gehe mit meiner Frau in unser Heim, wo ich auf dem Bett der Hochhütte die Tageserlebnisse verarbeite. Die schreibe ich ins Reisetagebuch, danach gehört der 5. Oktober zu einer lebhaften Vergangenheit und ich schlafe mit erfreulichen Gedanken ein.

Am nächsten Morgen stehen wir früh auf, da höre ich, dass jemand meinen Namen ruft.

„Ros", ruft ein Mann und benutzt die englische Ausdrucksweise meines Nachnamens.

Der Taxivermittler entschuldigt sich vielmals, dann unterbreitet er mir eine Fahrzeitänderung. Statt des mit uns verabredeten zehn Uhr Termins, könne er erst ab zwölf Uhr über das Taxi verfügen.

Verdammter Mist. Ich grolle zwar, doch dann finde ich mich mit der verspäteten Abreise ab, denn wenn wir etwas haben, dann ist es Zeit. Aber was macht man bis dahin?

Nicht lange überlegt, gehen wir eine Runde durch den Ort, dabei weichen wir den Vorbereitungen eines Hahnenkampfes nicht aus. Ohne uns zu beachten und direkt an einer vielbefahrenen Durchgangsstraße, machen die Besitzer der Hähne ihre gefiederten Gladiatoren scharf. Das geschieht durch streicheln und anpusten. Damit wecken sie den Stolz der Hähne und deren Kampfeslust.

Und was tue ich?

Ich ziehe den Schwanz ein und wende mich angeekelt von der Gier nach Blut und Tod ab. Nun ja, der Mensch ähnelt sich überall auf der Welt. Hier auf Bali ist es der Hahnenkampf, in Spanien der Stierkampf.

Danach muss der Magen auf die lange Taxifahrt vorbereitet werden. Als wirksam gelten Pfannkuchen, die wir an einem Imbisstand essen, dabei grüble ich über meinen Gesundheitszustand: Bisher habe ich keine Negativanzeichen im Herzbereich und Kreislaufsystem registriert. Auch bin ich nach einem langen Marsch nicht außer Puste. Mein Herz schlägt regelmäßig wie ein Uhrwerk und mein Blutdruck ist im ordentlichen Bereich. Die Sorgen über Rückschläge sind unbegründet, solange ich meine Tabletten schlucke. Doch ist das Zwischenergebnis nach einer Woche relevant?

Es ist halb Zwölf. Wir gehen zur Hütte zurück, an der uns der Taxivermittler bereits erwartet. Hastig packen wir unsere Sachen in die Rollkoffer, die wir in sein Fahrzeug laden, wobei uns der Vermittler hilft. Dann fahren wir ein Stück hinaus aus dem Ort und staunen kolossal, als uns der Taxivermittler zu einem jungen Mann in dessen altersschwaches Taxi verfrachtet. Perfekt organisiert ist das nicht, denke ich. Aber was soll's. Lamentieren hilft wenig. Wir haben schließlich keine andere Wahl.

*

Die lange Taxifahrt nach Lowina an der Nordküste Balis ist angebrochen. Im Taxiinneren laufen mir Schweißrinnsale als Sturzbäche übers Gesicht und den Nacken hinunter. „Nur nicht ausrasten", murmele ich in mich hinein, dabei bemühe ich mich, meine Nerven im Zaum zu halten.

„Sieh hinaus und genieße die Aussicht", beruhigt mich meine Angetraute.

Das hilft. Ich bin wieder in der Spur, denn ich begreife welch ein Glück es ist, dass ich mich überhaupt auf dieser Reise und auf Bali befinde. Auf der Strecke durch herrliche Reisterrassen ist Trübsal blasen ein Sündenfall.

Während einer Pause des Fahrers besichtigen wir eine Wassertempelanlage. Dessen Ambiente hatte Padang Bai nicht zu bieten. Und wieder auf der Küstenstraße in Balis Norden unterwegs lässt der Verkehr nach, daher kommen wir gut voran. Es ist geschätzt zwei Uhr, als wir den Taxifahrer bitten, an einer Apartmentanlage anzuhalten.

Eine Aachener Freundin hatte uns das Schmuckstück als Aufenthaltsort ans Herz gelegt. Doch Scheibenkleister, das hochgelobte Resort ist fest in Schweizer Hand und ausgebucht. Trotz allem zeigt uns ein Gast den herrlichen Garten mit dem geschmackvollen Wohnhaus für die Gäste, wobei ich, weil ich verwundert bin, eine Frage stelle: „Wo ist der Pool?"

„Einen Pool gibt es hier nicht", antwortet der Schweizer. „Wir baden im Meer."

Der Pool war demnach eine Fehlinformation. Auch der Strand ist nicht erwähnenswert, denn er ist zu steinig Warum hat das unsere Aachener Bekannte nicht erwähnt? Irgendwie ist die Anlage zwar schön, aber es ist nicht weiter schade, weiterfahren zu müssen, denn ich zweifle daran, dass wir uns unter einer Horde Schweizern wohlgefühlt hätten. Man hat ja keine Vorurteile.

Wir verabschieden uns von dem Mann und fahren mit unserem Taxi-Boy nach Lovina. Den Ort erreichen wir am frühen Nachmittag. Und sofort fährt er uns zu einer Anlage, die anscheinend seiner Familie gehört. Doch die missfällt uns, außerdem ist sie zu teuer ist. Erst als er uns an einer Lonely Planet Reiseführerempfehlung absetzt, sind wir zufrieden.

Die hat was, denke ich, nicht nur wegen des Pools. Sie hat einen familiären und gemütlichen Touch und die Zimmer sind riesengroß. Zwar ist die Anlage etwas in die Jahre gekommen, aber in ihr fühlten wir uns frei und beschwingt, außerdem bezahlen wir achtzehn Euro für die Nacht, das sind zwölf Euro weniger, als in der vorherigen Anlage. Den Schachzug, die Unterkünfte vor Ort auszuwählen, wollen wir beibehalten. Der ist wichtig und hat sich auf früheren Reisen bewährt. Eine Bleibe muss schließlich in allen Belangen zusagen.

Es war ein anstrengender Tag, trotz allem traben wir wohlgelaunt in ein Restaurant, in dem man den Sonnenuntergang genießen kann, dabei gelingen mir atemberaubende Fotos, die jede Fotowand bereichern würden. Und bei dem sich anschließenden Spaziergang erschreckt uns die vor Schmutz und Unrat triefende Dorfbebauung des muslimischen Zentrums. Wir treffen auf finster dreinblickende Moslems, die vom Fischfang leben, und uns wird mulmig. Erliegen wir der Beeinflussung durch die heimische Islamberichterstattung, die meist negativ ausfällt? Ist das ungute Gefühl begründet?

Das Gegenteil ist der Fall, denn die Bewohner finden schnell heraus, dass wir zwei harmlos umherstreunende Urlauber sind, die ohne schlechte Absichten durch ihr Dorf streifen. Als das klar ist, hellen sich ihre Mienen auf und sie zeigen uns ihr freundliches Gesicht.

Unsere ärgerliche Reaktion erzeugt ein lautstarkes Telefonat mitten in die Nachtruhe hinein in unserer Anlage, wahrscheinlich geführt von einem besoffenen Australier. Wir könnten die Wand hochgehen, weil seine Lautstärke unnötig ist. Am Morgen, als ich mir den Mistkerl zur Brust nehmen will, ist der Mann abgereist oder ausgeflogen. Daher sitzen wir unausgeschlafen am Frühstückstisch und essen French Toast. Der Toast ist okay, umso weniger der Kaffee, denn der schmeckt gewöhnungsbedürftig. Nur sehr selten bekommt man auf Bali einen genießbaren Kaffee aufgetischt.

Und die Brühe einverleibt, gehen wir gemütlich den Strand entlang zum Fischerdorf der Hindus. Auch die leben ärmlich und schwimmen im Dreck. Dabei geschieht eine Grausamkeit, denn wir bekommen hautnah vorgeführt, von uns sicher nicht erwünscht, wie ein lebendiges Hausschwein mit Paketband verschnürt wird, wobei die Männer dem armen Tier die Beine brechen, doch das stört sie nicht. Auch nicht das fürchterliche Quieken der geschundenen Kreatur. Tierschutzorganisationen sind im asiatischen Raum so gut wie unbekannt, aber in Europa geht es Nutztieren nicht viel besser.

Hat man die richtige Einstellung zu den Gepflogenheiten der Bewohner gefunden und kann damit umgehen, dann ist es auf der Insel Bali lebenswert. Die Menschen sind freundlich und zuvorkommend, und das Klima ist auch bei hohen Temperaturen sehr angenehm. Um also beim Schwein zu bleiben: Mir gefällt das Leben auf Bali saumäßig gut.

Und zum Wohlfühleffekt gehört auch ein fauler Nachmittag. Den verbringen wir am Pool mit unserem Lesestoff, denn an dem liegen wir allein, welch ein Luxus. Danach gehen wir in die Ecke mit den Billigrestaurants und verköstigen uns preiswert. Mein Gericht mit den Mie-Nudeln kostet ein Euro siebzig, Angelas Fischcurry drei Euro vierzig. Teuer auf Bali sind eigentlich nur die Getränke. Dagegen ist der Sarong viel zu teuer, den ich für Angela erhandele. Erhandeln ist übertrieben, eher vollbringe ich eine gute Tat, denn die acht Euro für das Stück Stoff sind alles andere als preiswert, die verkaufende Frau kommt sehr gut weg. Und den späten Abend krönen wir mit dem Besuch einer Musikkneipe. In der Bar musiziert eine für Bali typische Live Band, die uns ausschließlich Oldies um die Ohren hämmert, aber wir nehmen sie gern in uns auf.

Am folgenden Tag erleben wir das Spendenbrimborium in all seinen Facetten. Der Ablauf beginnt in unserer Anlage mit der Eigentümerfamilie vor einem Minitempel, den sie mit Opfergaben füttert. Danach bestimmen die festlich gekleideten Insulaner das farbenfrohe Bild im Ort. Wir Reisende halten uns im Hintergrund, denn wir wollen nicht provozieren. Bei den Feierlichkeiten landen gekochte Hühnerbeine, Eier, Gebäck, und was weiß ich alles, in bunten Schalen auf einem großen Altar am Meer. Doch Gläubigkeit hin oder her, letztlich enden die Spenden auf dem Müll. Übrigens hätte ich gern eins der Eier zum Frühstück verspeist.

Bei unserem sich anschließenden Strandspaziergang fotografiert uns eine Touristin aus der Schweiz. Wir waren ihr positiv aufgefallen und sie findet, wir wären ein wunderbares Paar. Als wir vom Strand in das Landesinnere abbiegen, registrieren wir bei der Bebauung einen ungeahnten Wohlstand. Ab einer Zufahrtsstraße haben sich nagelneue Reihenhäuser angesiedelt, die erinnert in ihrer holländischen Bauweise an das bei uns geläufige schlüsselfertige Bauen.

Der 9. Oktober ist unser Ausflugstag. Zuerst schwimme ich ausgiebig im Pool, dann wird gefrühstückt, diesmal gemeinsam mit zwei weiteren Pärchen, die wir leider noch nicht kennengelernt hatten. Doch für ein Schwätzchen bleibt keine Zeit, denn wir müssen uns beeilen, da der Taxifahrer wartet. Es ist der junge Mann, der uns aus Padang Bai abgeholt hatte.

Die erste Station ist der Hindutempel Whara Brama Arama. Am Eingang bindet uns der Fahrer einen von den ausgelegten Sarong um die Hüften, um unsere nackten Beine zu bedecken. Mit der Aufmachung lassen wir uns von ihm fotografieren, dabei strecken wir die Daumen in die Luft. Das Foto schicken wir meinem Töchterchen über WhatsApp zum Geburtstag. Du bist toll, Miriam, das soll das Bild symbolisieren.

Und anschließend fährt uns das Taxi nach Hot Springs. Dort steigen wir aus und nehmen ein Bad in einem Becken mit warmem Quellwasser. Wir stellen uns unter das aus allerlei Sagen stammende Getier mit seinen Rohrzuflüssen, denn die Wasserstrahlen aus deren Mäulern beruhigen und tun gut. Leider kommen Zweifel auf. Entspricht das Wasser dem Reinheitsgebot? Das betrifft auch das Wasser in den Duschen, denn die Indonesier benutzen ihren Besuch in der Anlage zur Körperpflege inklusive Kopfwäsche.

Auf dem Weg zurück zum Taxi erhandele ich an einer der vielen Verkaufsbuden einen zweiten Sarong, diesmal einen für mich. Auch den habe ich nicht preisgünstig erworben, sondern geradezu ersteigert, das ist die richtige Wortwahl. Mit zehn Euro erzielt die Verkaufsfrau den Höchstgewinn des Tages, denn der Preis ist erneut viel zu hoch. Er sei hundertprozentig aus reiner Seide, aber sicher bin ich nicht, dass das stimmt.

Und weiter fahren wir durch sattgrüne und imposante

Reisterrassen zu einer frisch angelegten Plantage, auf der das komplette Gewürzsortiment der Insel angepflanzt wurde. Während der geführten Rundwanderung erklärt uns ein Mädel die Beschaffenheit und Merkmale der unterschiedlichsten Pflanzen. Das tut sie im verständlichen Englisch. Wir schnuppern an Zimtstangen, an Nelken und an allerlei anderen Gewürzen. Auch Kaffeepflanzen sind auf Bali beheimatet. Hinterher werte ich es als Erfolg, dass ich das gesamte Grünzeug der Insel besser auseinander halten kann. Und um mich zu bedanken, lade ich das Mädel beim Abschied zu einem Glas Saft ein, dabei fotografiere ich es an der Seite meiner Frau als Erinnerung an eine informative Führung.

Die Besichtigung hat mir gefallen und wir fühlen uns gut gestärkt. In dieser Grundverfassung geht es am Lake Buyen vorbei, bis wir bei den an der Straße wild herumtollenden Affen verweilen. Die Rasselbande verhält sich wie das Kollegium in Ubud, wodurch wir köstlich über sie lachen. Dann besuchen wir eine weitere Tempelanlage, doch die zieht uns weniger in ihren Bann, trotz ihrer bombastischen Größe. Sie heißt Pura Ulan Danu, jedenfalls so ähnlich. Nun ja, wir sind müde von der langen Tour, deshalb ist es viel verlangt, sich die Namen der Sehenswürdigkeiten einzuprägen. Also was tun wir gegen das Abschlaffen? Ein Imbiss ist ratsam. Und den nehmen wir oberhalb des letzten Ausflugziels zu uns, und das ist der Wasserfall Gitgit. Dort nervt uns, dass wir uns an den unzählbaren Verkaufsbuden mit Schuldgefühlen vorbeistehlen müssen. Zu dem Thema gibt es nur eine Strategie: Abgebrüht werden.

Schlussendlich hat die beschwerliche Taxifahrt eine Menge Substanz aufgebraucht. Wir sind heilfroh, als uns der sympathische Fahrer an unserer Anlage absetzt. Doch bevor wir uns von ihm verabschieden, bedanken wir uns bei ihm mit einem ordentlichen Trinkgeld, denn der acht-stündige Autoabstecher hat Bali in ein bezauberndes Licht gerückt, außerdem nur siebzig Euro verschlungen. Welche Fahrtstrecke bietet man in der Heimat für den gleichen Preis an? Eine Besichtigungsreise über einen vollen Tag wohl kaum. Ich denke: Für diese Summe war es ein herausragender Ausflug.

Nichtsdestotrotz hat die Investition unseren Tagessatz gesprengt. Das hindert uns aber nicht daran, uns zwei Cocktails in der Rockkneipe zu genehmigen, diesmal mit Reggae-Musik und einem ausgelassen tanzenden und jungen Publikum. Die Jungspunde lassen sich von uns Greisen nicht stören. Man akzeptiert uns alterndes Paar respektvoll, denn meine Frau und ich geben eine tolle Fi-gur auf der Tanzfläche ab. Unser aller Stimmung und besonders die der Reggae Fans ist fantastisch, sodass das Tanzvergnügen an eine Art Ekstase mündet. Mit bleier-nen Knochen fallen wir in unseren an eine Totenstarre erinnernden Schlaf.

Die letzten Stunden in Lovina gehören einem Strand-marsch, bei dem man uns mit üblen Tricks in irgend-welche Verkaufsläden locken will. Doch inzwischen sind wir abgebrüht und wehren die Aufdringlichen resolut ab. Stattdessen schließt sich ein erholsamer Aufenthalt am Pool an. Ich plansche im Becken herum, und da wir allein sind, umso ausgelassener werden meine Bewegungen. Mit denen gleiche ich zwar keinem Delphin, aber die sind turbulenter als die einer lahmen Schildkröte, dennoch überkommt mich Abschiedsmelancholie. So gehen wir in gedämpfter Stimmung ins Strandrestaurant, in dem wir ein letztes Mal den schönsten Sonnenuntergang der Insel in uns aufsagen, zu dem die Fischerboote eine malerische Kulisse bilden. In meiner Euphorie bestelle ich eine Por-tion Chicken Wings, und danach einem Vanilleshake, prompt berappe ich zwölf Euro.

Der Preis ist überzogen, gar unverschämt, aber irgendwie gerechtfertigt durch die Spitzenlage des Restaurants, denn rechne ich den begeisternden Sonnenuntergang hinzu, dann besteht kein Grund zu meckern. In Anlehnung daran, dass es unser Abschiedsabend ist, schicke ich meine miesepetrige Laune ins Abseits. Mit Genugtuung stelle ich hochtrabend fest: Was ist schon Geld gegen ein ausgefülltes Leben.

Wir haben schöne Tage in Lovina verbracht, die zu einer positiven Gelassenheit geführt haben. Und die fest in uns verankert, bestellen wir als Ausklang zwei Plätze im Shuttlebus nach Sanur für den nächsten Vormittag. So haben wir die Fahrt in trockenen Tüchern und können uns einem Beach-Volleyball-Turnier widmen, bei dem sogar ein Fernsehteam anwesend ist, außerdem bewundern wir die Qualität des Spiels und trinken eine Kleinigkeit.

*

Der 11. Oktober ist ein Samstag. An dem reisen wir zur vierten und letzten Station auf Bali weiter, denn der Ort Sanur ist der Geheimtipp für geruhsame Badetage. Zu dem Aufenthalt haben wir uns ohne Not, also aus Überzeugung durchgerungen, denn die vergangenen Jahre waren sehr stressig. so kann die Ruhephase auf keinen Fall schaden.

Vier Uhr in der Nacht weckt uns ein Klopfen an der Tür. Wer will zu uns? Das wir Gäste erwarten, wäre mir neu. Wir erfahren, dass es sich um einen Irrtum handelt, der dem Skipper peinlich ist, der die Nachbarn zu einer Delphintour abholen will. Der Mann hat versehentlich an unsere Tür geklopft.

Ich fluche leise vor mich hin, aber mancher Mist passiert nun mal.

Der Shuttlebus ist pünktlich. Er hat zehn Mitreisende an Bord und fährt ein längeres Stück auf der uns vom Ausflug bekannten Strecke, dann erreichen wir die Stadt Denpasar. Dort quält sich der Bus durch das Zentrum und erreicht viel zu spät den Küstenort.

Am Endhaltepunkt eingetrudelt, verabschieden wir uns mit einem freundlichen Händedruck von den Mitreisenden und das in der prallen Mittagshitze. Mir ist von der kurvenreichen Strecke schlecht geworden. Um das Unwohlsein zu bekämpfen und halbwegs den Durchblick zu bekommen, setzen wir uns in ein Lokal. In dem verarbeiten wir die Unannehmlichkeiten der Fahrt durch Ruhe, mit einer Cola und den von uns geliebten Pfannkuchen. Aber die Zeit drängt, denn wir brauchen eine akzeptable Unterkunft.

Zuerst macht sich Angela auf die Suche. Sie klappert Adressen aus booking.com in unmittelbarer Nähe ab, doch kein Zimmer trifft ihren Geschmack. Danach ziehe ich los und komme zu einer weiter entfernten Anlage. Dort ist das Zimmer okay, aber fünfunddreißig Euro sind teuer, dazu ist die Baustelle um den Komplex herum eine Zumutung. Ich bin platt von der Hitze, als ich meine Partnerin nach einer Stunde unversehrt wiederfinde.

Nach eingehender Beratung und einer weiteren Cola, bewegen wir uns ins Ortzentrum. Die Kurzstrecke legen wir mit einem Uralttransportmittel zurück, einem museumsreifen Schrottmobil, das die Hauptstraße auf und ab fährt. Doch ab da wird's ernst, denn die in einer Traumlage angesiedelte und mit wunderbaren Zimmern ausgestattete Anlage ist ausgebucht. Wir müssen in eine Notlösung für siebzehn Euro ausweichen, obwohl die an der Straße liegt und die ist bekanntlich laut. Zu guter Letzt beseitige ich eine Kakerlake und damit ist das Zimmer bezogen.

Durch die Sucherei ist es Abend geworden. Uns quält der Hunger. Und obwohl das Essensangebot riesengroß ist, essen wir abermals balinesisch. Ein nettes Speiselokal hat kolossalen Eindruck auf uns gemacht, aber das Essen ist wenig berauschend. Woran es liegt? Eventuell an den balinesischen Gerichten oder an unserer Appetitlosigkeit? Vielleicht brauchen unsere Geschmacksnerven eine Umstellung? Morgen essen wir italienisch. Das beschließen wir hinterher, und das keineswegs entmutigt.

Vor dem Schlafengehen töte ich eine zweite Kakerlake. Und nach dieser widerlichen Beschäftigung ist der Tag gelaufen, doch ich träume vor dem Einschlafversuch von allerlei Ungeziefer, so misslingt der Versuch. Außerdem nervt mich der bombastische Lärm der Mopeds, obwohl ich die wertvolle Gabe besitze, mich überall problemlos einleben zu können. Aber andauernd drehen sich meine Gedanken in der ekelhaften Bude nur um ein Thema: Ich will keine Kakerlaken mehr töten, also werden wir in ein neues Zimmer umziehen.

Am Frühstückstisch bestelle ich einen Teller Rührei für Angela hinzu, dann druckse ich herum und stochere lustlos im Müsli. Um den Tag zu retten, gebe ich mir einen Ruck und offenbare meiner Frau die Umzugswünsche.

Doch die schüttelt erst einmal den Kopf, aber nach kurzem Überlegen willigt sie halbherzig ein: „Na gut, dann machen wir das so", sagt sie gleichgültig. „Mach dich auf die Suche."

Ich lächle zufrieden, denn ich kann mit ihrer Unlust leben. Die Hauptsache ist, dass der Weg in eine nettere Behausung frei ist. Und bevor es sich meine Frau anders überlegt, mache ich Nägel mit Köpfen, daher klopfe ich mit gedämpften Hoffnungen an die Tür des von ihr vorher besichtigten, aber ausgebuchten Putri Sanur Anur Home Stay. Dessen Vorzüge hatte mein Weib in den höchsten Tönen gelobt. Und siehe da: Zwei Zimmer sind frei geworden.

Ich schlage zu und nehme das kühlere Zimmer, prompt kehrt das Reisevergnügen zurück. Der Schachzug mit dem Umzugswunsch hat perfekt geklappt. Bali macht in der vorzüglichen Umgebung wieder grenzenlose Freude und auf die kommt es bei einer Reise an. Auch der Zimmerpreis ist stimmig. Wir bezahlen achtzehn Euro, und der Preis ähnelt der vorherigen Bleibe, aber die Neue hat ein außergewöhnliches Flair und es gibt nahezu keinen Straßenlärm.

Somit wohnen wir in einem Raum, der umgeben ist von asiatischer Gebetsmusik in atmosphärischer Kulisse. Der Tempelschmuck und allerlei Schnickschnack passen hervorragend in unsere Wahrnehmung. Im offen liegenden Frühstücksraum stehen handgefertigte Tische mit ähnlichen Stühlen, und an den Wänden reiht sich verspielte Holzschnitzkunst aneinander, die irgendwelche Gottheiten darstellt. Und als Glanzstücke prangen zwei goldene Buddha-Statuen über der ganzen Pracht. Dazu leistet uns eine süße Katze mit Halsband Gesellschaft. In dieser Anlage könnte ich biblisch alt werden, wenn ich's nicht schon wäre.

Wir packen die Koffer aus und kramen den Krempel in einen geräumigen Schrank, danach werde ich neugierig auf den Strand, denn der Badespaß hat uns nach Sanur getrieben. Die Badeklamotten und unseren Sarong in die Badetasche gesteckt, gehen wir ein Stück an der Hauptstraße entlang und biegen zum Wasser ab, genau da, wo wir vorher gewohnt hatten.

Whoouuh. Tiefblau liegt das Meer vor uns, ähnlich der

Wasserfläche in der Ägäis, und ebenso unendlich weit ist das Blickfeld. Ohne Übertreibung gleicht das Bild einer Hochglanzbroschüre. Wir ergötzen uns geradezu an der Strandidylle. Durch eine natürliche Barriere, die den Wellen Paroli bietet, ist der Wasserspiegel glatt wie ein Kinderpopo.

Wir breiten unseren Sarong unter einem ausladenden Baum aus, unter dem auch weitere Paare ihren Platz finden, denn der ist so groß, sodass man sich gegenseitig nicht stört. Ich hatte in Lovina in eine Scherbe getreten und mir eine Schnittwunde unter dem Fuß zugezogen. Die hat Angela bisher mit Pflastern verarztet.

Scheißegal, ich muss ins Wasser. Ähnlich einem Triathlet stürze ich mich Hals über Kopf in die Fluten. So wie hier am weißen Strand habe ich mir Bali überall vorgestellt, immer dann, wenn vom Badevergnügen die Rede war. Als ich aus dem Wasser zu Angela zurückkehre, liegt meine Wunde frei. Das Pflaster hat sich verflüchtigt. Aber ich bin kein Jammerlappen und ignoriere das Wehwehchen. Mit dem Strand und der Welt zufrieden, tragen wir die Sonnencreme dick auf, dann geben wir uns dem Lesestoff hin, wobei ich mich mit Australien beschäftige, unserer nächsten Reiseetappe, denn die vielen tätowierten Australier, die man auf Bali antrifft, haben meine Neugier angefacht.

Nach der zweiten Badeeinlage ist die Beseitigung des Magenknurrens unausweichlich. Wir finden ein Speiselokal, in dem ein Plakat auf eine Salsa-Tanzveranstaltung verweist. O ha, wäre das was für uns?

Momentan ruhen unsere Tanzbemühungen. Bietet die Ankündigung eine Chance, unsere Tanzkenntnisse aufzufrischen oder gar auszubauen? Den Gedankengang verschiebe ich auf später, stattdessen essen wir ein Stück Apfelkuchen, wobei Angela das Pflaster an meinem Fuß

erneuert, denn wir haben uns das Erkunden des Strand-
weges nach Norden vorgenommen, doch die Schinderei
beende ich humpelnd. Es ist eine Tortur, mehrere Stunden in geflickten Latschen zurückzulegen, nebenbei ist
der Strandweg ein belebter Treff. Jeder Balinese auf zwei
gesunden Beinen verbringt hier den Sonntag. Letztendlich lassen wir uns vor einem Thailokal nieder und essen
ein sauscharfes Currygericht.

Hinterher ziehen wir um in eine Musik-Bar, in der zu
unserer Freude fetzige Oldies Trumpf sind. Auch in
Sanur sind die groß in Mode. Die Band mit der austral-
ischen Sängerin ist top. Wir trinken zwei Cocktails und
saugen die Deep-Purple Songs in unsere Gehörgänge auf.
Als die Band den Rolling Stones Hit Honky Tonk Wo-
men anstimmt, ist es sehr spät. Trotzdem nehmen wir den
Song noch mit, dann verlassen wir gutgelaunt die Kneipe.
Das Ziel ist unser Traumzimmer, um in dem eine ruhige
Nacht ohne Straßenkrach zu verbringen.

Wohltuend ausgeschlafen fühlen wir uns, als uns eine
Balinesin zum Frühstück Müsli, Toast, und Marmelade
serviert, aber auch ein Kännchen Kaffee. Doch höre und
staune, die Brühe ist genießbar. Und auch der sich anschließende Tag wird heiß, im Grunde genommene wie
alle vorherigen, denn das Thermometer klettert über die
dreißig Grad Marke. Wir trödeln unmotiviert herum,
dann gehen wir mit zwei eisgekühlten Wasserflaschen an
den Strand, und natürlich zu unserem Baum. Unter dessen weit verzweigten Ästen fühlen wir uns wie unter
einem Zeltdach aus tausend und eine Nacht. Der Strandtag ist nicht besser zu gestalten. Ich gehe dreimal ins
Wasser und verliere mein Pflaster, aber wir haben vorge-
sorgt.

Später ist es abermals das Hungergefühl, das uns in ein

Lokal im Jamaikastil treibt. Bali und Jamaika haben anscheinend ein Arbeitsabkommen in Sachen Raumgestaltung der Kneipen abgeschlossen. Aber uns gefällt das Flair. Wir gehören zur Bob Marley Generation und finden seine Reggae Musik und das ganze Drumherum sehr angenehm. Dazu ist mein Sandwich mit gegrilltem Hühnerfleisch ein Mordsteil.

Fast genauso, zumindest ähnlich, verbringen wir die darauffolgenden Tage. Sie verlaufen in sich gekehrt und unbeschwert. Nur selten siegt die Hektik. Am dritten Tag haben wir das Glück, einem Tempeltanz beiwohnen zu können. Ein anderes Mal besuchen wir die umworbene Salsa-Veranstaltung, dabei bleiben wir passiv. Den hier praktizierten Tanzstil hat man uns zuhause nicht beigebracht. Und eine gelungene Abwechslung widerfährt uns in der Musik-Kneipe, denn wir bekommen am Geburtstag eines großzügigen Mädels ein Stück Kuchen serviert. Sie hat alle Anwesenden zu dem Kuchenspektakel eingeladen. Aber am vorletzten Abend ist es der pure Zufall, der uns in die Grillveranstaltung einer Hotelkette geraten lässt, die den Gästen ihr Fischangebot zum Schleuderpreis feilbietet. Und als fragwürdige Krönung esse ich in einem Strandlokal Fritten mit Spiegelei. Diese Kombination sehe ich auf dem Teller eines Australiers und ich habe lange Zähne bekommen. Auf solch bescheuerte Ideen kommt man in der Ferne. Dennoch gefallen uns die Abläufe in Sanur, denn wir verbringen die weiteren Stunden unter dem uns ans Herz gewachsenen Baum.

Abschließend also ein Ratschlag: Weil Sanur wunderschön ist, hat sich der Ort zu einem Rückzugsgebiet für die ruhige Klientel entwickelt, die sich vom Trubel der Nachbarstadt Kuta abgewendet hat. Bedenken Sie das, sollten Sie einen Urlaub auf Bali planen.

*

Braungebrannt verlassen wir Sanur. Es ist Mitte Oktober und ein Donnerstag. Wir bezahlen das Zimmer, gehen zur Hauptstraße und steigen ins erstbeste Taxi, das uns für sieben Euro zum Airport transportiert. Unser Flieger nach Brisbane startet aber erst am späten Abend, da wir den Nachtflug gebucht haben. Was also tun in der Wartezeit?

Eine Lautsprecherdurchsage warnt vor Gepäckdieben. Ne, ne, ihr miesen Ganoven, bei unseren Koffern bekommt ihr keine Chance. Eine sichere Lösung bietet der Aufbewahrungsschalter, was sieben Euro fünfzig kostet. Doch das sind uns die Rollkoffer mit den wichtigen Reiseutensilien wert, zudem haben wir ohne Gepäck mehr Bewegungsspielraum.

Wir geben das Gepäck auf und begeben uns zum Strand. Ein letztes Mal waten wir am Wasser entlang nach Kuta, um dort den Fehler zu begehen, uns dem Rummel der Verkaufsgassen auszusetzen. Dass daraus resultierende Spießrutenlaufen ist aufreibend, denn wir latschen missmutig durch ein total verstopftes Verkaufslabyrinth. Der Irrgarten an Souvenir- und Fressbuden ist kaum auszuhalten. Irgendwann ergreifen wir die Flucht vor den wie die Hyänen auftretenden Souvenirjägern und versuchen uns an einem abgelegenen Plätzchen von den Schikanen zu erholen, doch der gutgemeinte Versuch war ein Fehlschlag, und der wird mit einem unakzeptablen Preis für ein lieblos zubereitetes Sandwich mit undefinierbarem Inhalt bestraft. Nun ja, nicht nur das Sandwich ist eine Frechheit, auch die anderen Verkaufspreise in Kuta sind auf Nepp aufgebaut. Hier wird man das Gefühl nicht los, dass man wie eine Weihnachtsgans ausgenommen wird. Und zusätzlich der Höllenlärm, weswegen ich in Stress gerate. Mein in Sanur erworbener Erholungsfaktor gerät extrem ins Wanken. Kann ich das Tohuwabohu meinem Herzen zumuten?

Das muss ich tunlichst unterlassen, obwohl mein Herzklabastern eine Weile her ist. Dennoch sollten solche Ärgernisse a la Kuta nicht mehr zu meinem Lebensablauf gehören, das ist meine verständliche Reaktion. „Komm, liebe Frau. Schnell weg hier", sage ich zu Angela und die hat das selbige Anliegen.

Wir sind müde und geschlaucht, als wir sechs Uhr im Airport eintrudeln, in dem unsere Rollkoffer abholen und in den Toilettentrakt gehen um uns umzuziehen. In Australien werden kühle Temperaturen herrschen, daher streife ich mir meine lange Jeanshose über die Beine, aber oben herum belasse ich es beim T-Shirt.

So, das war's. Die Prozedur des Wechselns der Hose wäre erledigt, aber wir haben noch eine Menge an Zeit zu Verfügung, doch unternehmen können wir jetzt nicht mehr viel. Und schwuppdiwupp sind die Rollkoffer am Abflugschalter aufgegeben.

Doch damit hätten wir warten können, denn Nachlässigkeit wird bestraft. Um eine Art von Demenz kann es sich bei mir wohl noch nicht handeln. Jedenfalls schimpfe ich fürchterlich mit mir selbst, weil man mir bei der Eincheckkontrolle mein Schweizer Messer abnimmt.

Nachlässig, wie ich bin, hatte ich das ausgezeichnete Messer im Rucksack aufbewahrt, anstatt es im Rollkoffer zu deponieren. Und nun ist es futsch. Es ist wirklich schade um das wertvolle Teil, denn auch das war ein Geschenk, an dem ich gehangen hatte.

Leicht frustriert verprassen wir die letzten Rupien für ein Stück Pizza Margherita. Und auch das ist unnötig, wie wir später feststellen werden, denn von der Fluggesellschaft werden wir während des Fluges mit einem asiatischen Gericht bestens versorgt. Aber das weiß man vorher nicht, doch ansonsten hat alles hervorragend geklappt. Jetzt fehlt nur noch ein von uns unverschuldeter Aspekt, der Erwähnung verdient, und das ist das Schröpfen unserer Reiseersparnisse auf die dumme, balinesische Masche.

Aus unerfindlichen Gründen blechen wir achtundzwanzig Euro Ausreisegebühr für jeden von uns. Man will es nicht glauben. Warum eine Gebühr bei der Ausreise? Hat Bali die Abzocke nötig?

Ade, du Trauminsel mit mancherlei Gegensätzen. Aber alles in allem gratulieren wir uns zu der Reisestation, vor allem dazu, dass wir uns für einen Bali-Aufenthalt entschieden hatten. Es gibt Leute, die eine Menge planen, doch später verschwindet das Konstrukt in einer Schublade.

Ich frage meine Frau mit gerunzelter Stirn: „Kehren wir irgendwann nach Bali zurück?"

Und die antwortet ohne ein langes Zögern: „Schon möglich, doch dann nicht nach Kuta. Aber lassen wir den Gesamteindruck erst einmal sacken. Die Vor- und Nachteile sind noch zu frisch."

Im Moment halten sich die Fürsprache und die Ablehnung die Waage. Für einen Besuch auf der Urlaubsinsel sprechen das angenehme Klima, die sympathischen Menschen, die Landschaft zum Verlieben und die auffallend geringe Kriminalität. Aber es gibt auch Minuspunkte: Die betreffen vor allem den Lärm. Und ein weiterer Negativaspekt ist der durch den Müll verursachte Gestank. Zur Müllproblematik stehen der Sonneninsel schwere Zeiten bevor, sowie durch die Gefahren der Klimakatastrophe.

Doch dazu ist von der Politik nur wenig Einsicht zu erwarten. Die Entscheider denken nur an die nächsten

Wahlen und an den Erhalt der Macht. Wie überall auf der Welt, werden die Politiker die Hand nicht in die klaffende Wunde legen, oder die Symptome sogar heilen. Und mit Religiosität allein vollbringt man keine Wunder.

Australiens Ostküste

Während dem Flug mit der Virgin-Australia Airline nach Brisbane kann ich nicht einschlafen. Es ist eine Macke, die zieht sich wie ein roter Faden durch mein Flugverhalten. Trotz allem gehen die sechs Flugstunden relativ zügig vonstatten. Schließe ich die Zeit für die Mahlzeiten aus, dann studiere ich den Australienreiseführer. Ab und an schiele ich mit einem Auge zum Bildschirm des Sitznachbarn rüber, der einen Western verfolgt. Jedenfalls landen wir am 17. Oktober, morgens fünf Uhr, auf dem Brisbane Airport, circa zwölf Kilometer nordöstlich des Stadtzentrums, gerade geht die Sonne auf.

Die Abfertigung ist unkompliziert. Wir nehmen ein Taxi, das uns zum Ibis-Hotel bringt, doch dessen Rezeption ist früh morgens noch nicht besetzt, da nützt auch die Zimmerbuchung nichts, daher suchen wir für unser Frühstück das gegenüberliegende und von mir gehasste MacDonald auf, was ich ungern tue.

Punkt sieben Uhr stehen wir wieder im Ibis auf der Matte und dürfen die Koffer in einen Abstellraum stellen. Check in wäre zwölf Uhr, sagt uns die nette Hotelfachfrau. Was aber tun mit über sechs Stunden zur freien Verfügung in einer Großstadt wie Brisbane?

„Du als Stadtmensch bist sicher für einen Marsch ins Zentrum", schlägt meine Frau vor.

Gesagt, getan.

Vorweg ein „Welcome Down Under". Herzlich willkommen in der Hauptstadt des Bundesstaates Queensland am anderen Ende der Welt. Willkommen im Land der Kängurus und Koalas, der roten Felsen und Eukalyptusbäume. Willkommen in dem Erdteil, in das die Engländer ihre Sträflinge im 19. Jahrhundert abgeschoben hatten. Willkommen in einem Land, das zum Mythos der Fernwehgeplagten wurde. Gilt das auch für Brisbane?

Die drittgrößte Stadt Australiens ist für die aus Bali Anreisenden eine kolossale Umstellung, sozusagen ist es ein Kulturschock. Im Vergleich zu den asiatischen Städten ist Brisbane eine andere Welt, denn die moderne Millionenstadt strotzt vor Sauberkeit. Nach dem Müll auf Bali ist Brisbane eine Wohltat. Ich bin sicher kein Sauberkeitsfanatiker, aber der Dreck auf Bali kratzte haarscharf an der Schwelle zur Unzumutbarkeit vorbei.

In Brisbane sehen wir weder eine weggeworfene Plastikflaschen, noch zusammengeknüllte Tüten aus Plastik oder herumfliegendes Zeitungspapier, nichts von dem fällt negativ ins Gewicht. Werden wir von unseren Augen betrogen? Treffend loben Brisbanes Bewohner ihre Stadt gern als big, bold und beautiful. Die Bebauung erstreckt sich beidseitig des Brisbane River. Auf dessen Wasseroberfläche spiegelt sich die Skyline der Hochhäuser, und in kürzester Zeit hat man die Spuren eines Hochwassers beseitigt. Zudem wird das sonnige Klima von den Besuchern geschätzt.

Eine kauzige Kranichart ist dominant im Stadtbild. Es ist der Ibis. So wie sich die Hotelkette nennt, so heißt der Vogel im Sprachgebrauch. Mir gefällt an ihm, wie lässig er zwischen die Menschen herumschlurft, dabei klauen die frechen Tiere den Leuten ihr Essen vom Teller, sobald sie abgelenkt sind, oder nicht aufpassen, aber die Einheimischen bleiben cool, denn sie haben sich an die Zustände gewöhnt. Doch da es mittlerweile elf Uhr geworden ist, müssen wir ins Hotel zurück. Und in dem eine Stunde später angekommen, beziehen wir ein winzig kleines Zimmer, dessen Größe für Ibis-Budget Ketten üblich ist. Danach traben wir zur Bushaltestelle, um zurück ins Zentrum zu gelangen, wobei wir abermals die Sauberkeit Brisbanes bestaunen.

Auch ohne Fahrschein nimmt uns ein freundlicher Busfahrer mit. Er kann auf unsere fünfzig Dollar Banknote nicht herausgeben, somit sparen wir zwölf Dollar. Gar nicht schlecht für den Anfang. Aber der Mann hat noch andere Vorzüge, denn er erzählt uns alles Wissenswerte über die Stadt. Besser hätte es auch ein Reiseführer nicht machen können. Als wir am Brisbane-River ausgestiegen sind, suchen wir nach einem Speiselokal. Ich habe Bock auf ein stink normales Spaghetti Gericht, doch wir finden nur ein Restaurant für Gutbetuchte, wozu wir partout nicht gehören. Als Notlösung gehen wir in ein Einkaufszentrum, das sich durch seine Fressmeile mit Essensständen aller Herren Länder auszeichnet. In dem macht uns ein Stand der indischen Küche glücklich, denn wir verschlingen zwei Teller von einem Curry Madras Gericht, welches uns ausgezeichnet schmeckt, danach sind wir pappe satt. Bezahlen müssen wir sieben Dollar fünfzig für ein Gericht. Das ist für australische Verhältnisse spottbillig und gut für unseren Reiseetat, denn der ist bekanntlich begrenzt.

Am zweiten Tag schlafen wir aus, auch wegen Angelas Nebenhöhlenproblemen. Erst gegen halb Elf frühstückten wir. Zu Toast mit Orangenmarmelade gibt es ein respektables Müsli für sieben Dollar, nebenbei kaufen wir Waschpulver an der Rezeption, denn es steht der erste Waschtag an. Die Unterwäsche und T-Shirts gehen zur Neige. Als die Wäsche auch den Trockner überstanden hat, legen wir sie provisorisch aufs Bett und machen uns auf den Weg in die City.

In der Queensstreet spielt eine Band und ein Hütchenspieler versucht einige Zuschauer an sich zu binden. Wir jedoch wollen über die Viktoria-Bridge zur South-Bank auf der andern Seite des Brisbane-River. Das dortige Freizeitgelände hat eine künstliche Badelandschaft mit Sand und Spielmöglichkeiten für die Kids. Die Stadt lässt sich nicht lumpen. Und überaus spendabel ist sie gar bei der Free-River Bootslinie. Den Luxus, ohne Bezahlung zwischen den Ortsteilen herumschippern zu können, kosten wir weidlich aus.

Doch irgendwann werden wir hungrig, und wir wollen in die Fressmeile, aber wir haben nicht bedacht. dass an Samstagnachmittagen die Geschäfte geschlossen haben, damit ist mein Wunsch nach einer Portion Spaghetti oder einem Thaigericht gestorben. Stattdessen machen wir uns zu Fuß auf den Weg zu einer willkommenen Speisevariante, und die liegt vermutlich in China Town. Wir waren mit dem Bus an dem Stadtteil vorbeigefahren, daran erinnere ich mich noch gut. Leider habe ich Pech bei der Restaurantwahl, denn das Essen beim von mir ausgesuchten Billigchinesen schmeckt bescheiden. Immerhin erfreut uns eine Nachricht meiner Tochter über Wifi. Ihr und ihrem Mann geht es sehr gut, schreibt sie, was uns natürlich riesig freut. Positive Nachrichten sind bei Reisenden jederzeit willkommen.

Nach dem Essen wird es kühl. Ich friere, nur mit dem T-Shirt und der kurzen Jeans bekleidet. Nichtsdestotrotz verzichten wir auf den Bus und legen die lange Strecke ins Hotel mutig zu Fuß zurück, wobei ich beim Schlucken aufkommende Halsschmerzen verspüre. Das ist ein schlechtes Zeichen für die nächsten Tage.

Viel Action ist am 19. Oktober angesagt, denn an dem Tag holen beim Apollo-Vermieter den Camper ab. Mit dem werden wir die Ostküste Australiens beackern. Man kann in drei Wochen die Küste von Brisbane bis Byron

Bay und von dort hinauf nach Cairns bereisen, das ist ein eher lockeres Unterfangen. Und gut geeignet für den zweitausend Kilometer Trip sind die Camper der Marke Toyota, die ähneln in etwa unserem VW-Bus. Die Metropole Sydney wollen wir separat besuchen, so haben wir's beschlossen. Oft haben wir den australische Küstenlandstrich im Fernsehen bewunderte, deshalb bin ich euphorisch, außerdem freue ich mich seit Jahren auf das Leben im Camper.

Wir bestellen ein Taxi ins Hotel und bezahlen die Übernachtungen für zwei Nächte, also hundertvierzig Dollar, dann fahren wir zum Campingbus Verleiher, bei dem wir per Internet das Wohnmobil bestellt hatten. Ich fühle mich durch die Halsschmerzen angeschlagen, außerdem bringt mich die junge Angestellte auf die Palme, was nicht an ihrem französischem Akzent liegt. Sie würde den normalen und nicht den internationalen Führerschein brauchen, kalauert sie dreist daher. Die Polizei akzeptiert den internationalen Führerschein nicht.

Was labert die da? Was für ein Unsinn. Ich bin entsetzt und verlange nach ihrem Chef.

Und der korrigiert seine Angestellte, womit er meine Stimmung aufhellt. Sichtlich verlegen erklärt er uns, sie sei neu und unerfahren im Job, dadurch hätte sie die Fakten vertauscht. Natürlich würde in Australien nach dem internationalen Führerschein verlangt.

Mit dem Gefühl, es sei alles im Lot und wir haben die notwendige Zusatzausstattung an Bord, fahre ich den Camper vom Hof des Verleihers, prompt mache ich die ersten Negativerfahrungen mit dem Linksverkehr.

O Gott, o Gott, das Lenkrad rechts und. der Schalthebel links, das ist eine enorme Umstellung, außerdem habe ich das Problem die linke Fahrspur halten zu müssen, was besonders beim Abbiegen problematisch ist. Und anstatt zu blinken, betätige ich den Scheibenwischer, aber das wird auf einer unseren Autobahnen ähnelnden Straße hinaus aus Brisbane besser. Schon an der Goldcoast entlang bin ich mit meinem Fahrverhalten einen großen Schritt weiter, und das wird von Kilometer zu Kilometer stabiler.

Aber nicht Surfers Paradies zieht uns magisch an, nein, unser Ziel ist Byron Bay. Die viertausend Seelen Gemeinde ist das harmonische Zentrum der fernöstlichen Bewusstseinslehre, außerdem der östlichste Zipfel des australischen Kontinents, noch dazu genießt die Gemeinde Kultcharakter und ist ein Rummelplatz für Partyrumhänger. Besonders den Surfern, Freaks und allerlei Lebenskünstlern dient der tolle Strand Byron Bays als Hort. Wen wundert's da, dass die Stellplätze in Strandnähe überfüllt sind. Nicht ein Platz ist frei. Aber unverzagt weichen wir auf den weiter vom Ortskern entfernten Campingplatz aus. Doch auch der nimmt eine beachtliche Stellgebühr mit Strom und Wasseranschluss von achtunddreißig Dollar pro Nacht. Nicht schlecht, Herr Specht.

Wir stellen den Camper auf unserem Stellplatz ab und schließen ihn ans Stromnetz an, dann kramen den Campingtisch und die Regiestühle raus, und in null Komma nichts fühlen wir uns heimisch. Das hat nichts mit Gefühlsduselei zu tun, denn die Wohlfühlatmosphäre packt jeden, der sich auf das Zuhause auf vier Rädern einlässt, sogar meine Frau ist von dem Wohnmobil angetan. Also bezahle ich die Standgebühr für drei Nächte im Voraus, dann gehen wir zu Fuß zum Supermarkt in einer Entfernung von einem Kilometer, doch das ist mit meiner Erkältung ein Eigentor. Und mit dem Lebensnotwendigen wieder zum Camper zurückgekehrt, muss ich mich ausruhen, dann koche ich eine Portion Spaghetti Carbonara.

Nach dem Essen beehren wir den Ortskern und bummeln durch die Jonson Street zum Strand. Der ist trotz Dunkelheit recht einladend. Als wir stadteinwärts durch die Gassen schlendern, hört meine Frau ein bekanntes Musik-Stück. Sie hat Klänge gehört, die wir von unseren Urlaubsaufenthalten auf La Gomera gut kennen. Und das Lokal gefunden, setzen wir uns an einen Tisch zu einem Bier. Leider macht der Gitarrengott kurz nach unserem Eintreffen Feierabend und packt sein Instrument ein. Äußerst schade, aber man merkt an der Zuhörerzahl, dass die spanische Musik auf dem entlegenen Teil der Welt gut ankommt. Als wir beim Kellner bezahlen, haut mich der Preis glatt vom Hocker, denn der ist gesalzen. Es geht noch teurer, als wir's von Brisbane her kennen.

Die Nacht im Camper ist lausig kalt. Anders als in Queensland fällt die Temperatur hier nachts eklatant in den Keller, aber beim Frühstücken wird es angenehm. Ich bin glücklich, denn ich habe einen hervorragenden Kaffee gekocht und esse drei Scheiben Toast mit Honig, meine Frau mit Käse, dazu genieße ich das erste gekochte Ei seit langem. Das Leben im Camper ist herrlich. So beschaulich habe ich es mir vorgestellt.

Als wir die Frühstücksprozedur beendet haben, fahren wir mit dem Camper zum Supermarkt. Aber das Fahrmanöver geschieht nicht aus Faulheit, sondern wegen der unnötigen Schlepperei. Die wollen wir uns für die nächsten Tage ersparen, deshalb legen wir uns einige Vorräte an, denn Angela hat vor uns zu bekochen. Wir kaufen allerhand Gemüse und Reis ein, und für die alltäglichen Imbisse zwischendurch ein Fertigmüsli. Das Frühstück im Hotel in Brisbane hat mich auf den Geschmack gebracht. Außerdem verstauen wir mehrere Flaschen Bier und einige Dosen Sprite für unseren abendlichen Mix zum Alsterwasser im Schrank des Busses.

So, die Grundausstattung ist vorhanden, also gehen wir an den Strand, legen den Sarong aus und knallen uns in die Sonne. Ozonloch hin oder her. Gegen den eventuellen Sonnenbrand haben wir die gute Sonnenmilch mit dem Schutzfaktor dreißig aufgelegt und für den Kopf eine Kappe dabei. In der prallen Sonne ist es picke packe heiß, dagegen hat der Pazifik keine Badetemperatur. Und unangenehm sind die vielen Quallen. In dem Wasser soll ich schwimmen? Nein danke.

Und zurück auf dem Stellplatz, machen wir mehrere Fotos von uns mit dem Camper, aber auch von einer riesigen Echse, von denen wir in Brisbane ein Exemplar bewundert hatten. Sie ist zutraulich und läuft nicht weg. Als Angela von der Rezeption zurückkommt, wo sie Wifi für ihr Smartphone gekauft hat, und das funktioniert, schicken wir den Daheimgebliebenen über WhatsApp die einmaligen Aufnahmen von der Echse und unserem Camper. Wie gut es uns geht, das können die Kinder und die Freunde darauf unschwer erkennen.

Später bummeln wir ziellos durch die Stadt, dabei stoßen wir auf eine Aldi-Filiale. Zuhause bin ich kein Aldi Fan, aber hier sind wir begeistert über die für Australien untypischen Preise. Wie schon erwähnt, müssen wir haushalten. Und am Abend wird es wieder kalt und meine Erkältung dominant. Recht früh versuche ich das Bett herzurichten, wobei mein Kopf glüht. Meine Schwäche behindert mich beim Ausbreiten des Betttuches, sodass ich gereizt übles Zeug knurre, bis Angela mir endlich hilft. Doch die Lage zwischen uns ist verfahren und die Nacht wird dementsprechend beschissen. Es regnet sogar.

Am nächsten Morgen ist der Himmel bedeckt, aber es

bleibt trocken. Auch unser Knatsch ist verflogen. Wir frühstückten vor dem Bus, dabei lesen wir die Antworten aus der Heimat auf dem Smartphone, denn meine Tochter, mein Sohn, und unsere Freundin haben reagiert. In Aachen sei alles in Ordnung, schreiben sie. So soll's sein. Aber unsere Freude über die Kontakte hat nichts mit Heimweh zu tun, sondern uns erfreut jede positive Nachricht aus der Heimat.

Auf den geplanten Surfkurzlehrgang verzichteten wir wegen der Quallen, des hohen Wellengangs, und meiner Erkältung, stattdessen machen wir eine Rundwanderung zum Cap Byron. Wir latschen bis zum sehenswerten Leuchtturm und zum östlichsten Felsen des Kontinents, von wo aus man mit viel Glück vorbeiziehende Buckelwale beobachten kann. Uns ist es nicht vergönnt, und auch der Wanderweg wird kraftraubend, es geht rauf und runter, und das geht ans Eingemachte, außerdem weht ein frischer Wind. Ich habe mir mein Sweatshirt mit Kapuze über das T-Shirt gezogen.

Und kaum zurück, fängt es erneut an zu regnen. Tja, mit dem Regen im Wunderland ist es so eine Sache. Der passt nicht zur fröhlich entspannten Philosophie, für die Byron Bay steht. Die Kapriolen des Wetters ähneln mit ihrer Launenhaftigkeit denen in Aachen. Aber wohin soll die Reise am nächsten Tag führen? Als Fahrziel kristallisiert sich die Ökohochburg Nimbin im Landesinneren heraus, anderthalb Stunden entfernt. Die Öko-Oase ist ein Muss für mich als ehemaligen Bioladenbetreiber.

Am nächsten Morgen müssen wir uns beeilen, denn zehn Uhr ist Check out. Als wir einpacken, spricht uns ein Nachbar an: „Wo soll's denn hingehen?", fragt er uns, woraufhin ich ihm antworte: „Nach Nimbin zu den Alternativen."

Er lacht verächtlich, dann erklärt er uns: „Macht das

nicht. Dort ist es stinklangweilig."

Ich als Grüner sehe das natürlich anders, dennoch schaffen wir das Abmelden auf den letzten Drücker, dann benutzen wir eine schwach befahrene Straße aus dem Ort hinaus. Und die nur mit sanften Hügeln übersäte Landschaft macht das Lenken des Busses leicht und an den Linksverkehr habe ich mich inzwischen gewöhnt, daher schaffen wir das Ziel in der erhofften Zeit. Und ist es in Nimbin langweilig?

Wir parken an der Hauptstraße, und es regnet nicht. Doch nicht mal richtig aus dem Bus ausgestiegen, hallt mir ein Zuruf entgegen: „Marihuana?"

Sehe ich mit meinen fünfundsechzig Jahren wie ein Kiffer aus? Anscheinend, weshalb sonst sortiert mich der Dealer in die Sparte Freak ein. Es liegt bestimmt an meinem Outfit mit dem Ohrring im linken Ohrläppchen.

Der Ort selbst hat unbeschreiblichen Charme. Die Bewohner sind vom Kleidungsstil der 60er Jahre geprägt. Uns fällt sofort auf, dass sich im prächtigen Stadtzentrum die Alternativszene angesiedelt hat, die abfällig auch Müsli-Szene genannt wird. Ein Bioladen reiht sich an den anderen, denn alle leben von den Errungenschaften des biologischen Anbaus. In meiner Zeit als Bioladeninhaber hätte ich mir den hiesigen Zulauf gewünscht, doch damals war zahlungskräftige Kundschaft rar.

Nun gut, die Zeit kommt für mich nicht wieder. Trotzdem bummeln wir durch die kleine Anzahl an Straßen, dabei fühlen wir uns in die altvertraute Hippieepoche zurückversetzt. Außerdem riecht es lecker nach allerlei Kräutern, die mir durch meinen ehemaligen Bio-Laden vertraut vorkommen. Gegen den Hunger essen wir hervorragende Gemüsebrötchen, dazu trinken wir einen fair gehandelten Kaffee, und ich genieße das Gefühl des Eintauchens in die alte Vergangenheit.

Wir haben uns sattgegessen und alles Sehenswerte in uns aufgenommen, daher beschließen wir vom Landesinneren an die Küste zurückzukehren, außerdem hat sich die Wetterlage in unserem Besuchsort verschlechtert. Dass es nieselt, passt uns nicht in den Kram, weil es eine unangenehme Abwechslung zu unseren warmen und sonnigen Tagen auf Bali darstellt. Aber den Regen muss man akzeptieren. Auch das Verkehrsaufkommen wird stärker, also weichen wir auf eine einsame Parallelstraße aus, die zur Küste führt. Noch dazu kann man uns auf der nur schlecht überholen. Dafür haben wir ein anderes Malheur am Hals: Die Scheibe in der Beifahrertür schließt sich nicht, da die Automatik versagt. Bei dem Regenwetter eine durchaus unschöne Schweinerei. Ich bin stinksauer auf den fahrbaren Untersatz. Aber es ist nicht die einzige Schwachpunkt an der Kiste, denn ich bekomme den Wassertankverschluss nicht geöffnet, außerdem hat sich die Außenbeleuchtung am Bus verabschiedet, und nun das Versagen der Scheiben-Automatik. Das sind viele Scherereien auf einmal. Und was kommt als Nächstes?

Inzwischen sind wir in Palm Beach angekommen und suchen den Campingplatz, der sich irgendwo versteckt hält, dabei drücke ich aus Versehen auf eine Drucktaste, die ich, warum auch immer, nicht ausprobiert hatte. Und siehe da, die Automatik ist intakt, aber holla, noch dazu stehen wir vor dem gesuchten Campingplatz. Das Blatt hat sich mit Geduld zum Guten gewendet.

Wir stellen den Camper auf die angewiesene Parzelle und gehen die fünfzig Meter zum Strand zu Fuß. Ich bin hungrig, doch bevor wir unsere Mechanismen auf essen schalten, gönnen wir uns herrliche Ausblicke auf die eindrucksvolle Hochhaussilhouette des Surfers Paradise an der Gold Coast.

Aber das Bestaunen stillt nicht den Hunger, deshalb

speisen wir in einem Strandimbiss. Angela isst Fish and Ships, ich ein leider nicht heißes Nudelgericht. Inklusive Getränke bezahle ich fünfundzwanzig Dollar. Über den Preis gibt's nichts zu meckern. Doch in der Nacht rumort die Lasagne in meinem Magen. Auch meine Frau schläft unruhig. Als wir uns am Morgen aufrappeln, parkt ein junges deutsches Paar mit einem Hippiecamper direkt neben uns. Aber leider sehen sie durch uns hindurch, als gäbe es uns nicht. Warum plaudern sie nicht mit uns? Ist es Unsicherheit? Und was mache ich, der ich die Konversation liebe, mit dem Zustand?

Ich resigniere, denn ich bin machtlos gegen den Blödsinn. „Wenn sie's so wollen, dann sollen die Ignoranten allein selig werden", murmele ich. „In der Heimat rede ich auch nicht mit jedem. Warum soll das hier anders sein?"

Ich vergesse das junge Paar, denn unsere Weiterfahrt nach Queensland führt oft zum Stillstand. Der Autoverkehr auf dem Strandhighway durch die Touristenhochburg Surfers Paradise stockt alle paar Meter. Es regiert des Teufels fette Beute in Form des Massenverkehrs, ausgelöst durch einen gewaltigen Bauboom. Unansehnliche Wolkenkratzer hat man in Rekordzeit aus dem Boden gestampft. Sie sind in großer Zahl wie Pilze gen Himmel geschossen.

Und nach zwei Stunden in Southport angekommen, haben wir das Ende des Schlamassels erreicht, dann nun biegen wir zum Pacific Hwy ab. Der führt uns vorbei an Brisbane in den Norden, prompt wird's wärmer.

Als besichtigungswerte Stationen an der Ostküste des Staates Queensland haben wir Hervey Bay, Yeppoon, Airly Beach, Townsville und Mission Beach auserkoren, bevor wir nach zwei Nächten in Cairns und dem Besuch des Great Barrier Reef, den Camper abgeben werden. Ich

denke mit Schrecken an den Abschied von unserem vier-
rädrigen Freund, denn mittlerweile macht mir das Leben
in ihm viel Freude. Trotz Linksverkehr fahre ich ihn gern.
Auch manche Macke hindert mich nicht daran, das Gefährt zu lieben.

Zwei Uhr nachmittags erreichen wir in den letzten Ort
an der Sunshine Coast. Der trägt den Namen Noosa und
hat einen Traumstrand. Die schnuckelige Bebauung des
Flächenabschnitts ist picobello. Wir essen ein Sandwich
in einem Einkaufszentrum, in dem die Ibisse scharenweise über die Essensreste herfallen, dabei lache ich über
die schrägen Vögel mit ihren krummen Schnäbeln und
dem einschläfernden Gang. Danach gilt es die zweihundert Kilometer auf dem Bruce Hwy nach Hervey-Bay
herunter zu spulen. Na gut, packen wir's an.

Das Fahren auf dem Highway ist anstrengend. Hin und
wieder eine Überholspur und eine Parkbucht, ansonsten
bestimmt die Monotonie des sturen geradeaus Fahrens
unser Vorwärtskommen. Krasse Seitenwinde erfordern
große Aufmerksamkeit. Gegen das plötzliche Einschlafen hat man Tafeln mit Rätselfragen aufgestellt. Wenige
Kilometer später erfolgt die Auflösung. Eine phantastische Idee.

Es ist schon dämmrig, als wir unseren Bus in Hervey
Bay auf einem Stellplatz hinter der Uferpromenade abstellen. Nach dem Erledigen der Anmeldeformalitäten
begeben wir uns auf die Suche nach einem Speiselokal,
denn wir haben wenig Lust auf eine Kochorgie, aber im
Umfeld des Platzes herrscht tote Hose, typisch für einen
Wochentag. Zuhause tanzt mitten in der Woche auch
nicht der Bär. Erstmalig gehen wir mit knurrendem Magen zu Bett.

Am frühen Morgen und gut gefrühstückt, sieht Hervey

Bay freundlich aus. Blicken wir nach links, nur Strand, nach rechts ebenso, und das soweit das Auge reicht. Die Meeresoberfläche ist glatt, denn es weht kein Lüftchen, da bietet es sich an, die Wassertemperatur zu testen.

Brrr, nicht so warm wie auf Bali, aber doch angenehm. Als ich ein paar Minuten geschwommen bin, will ich gar nicht mehr raus aus dem Wasser.

Nach zwei Stunden am und im Wasser, setze ich mich vor den Camper in meinen Regiestuhl, während Angela mit French Toast eine Leckerei auf den Tisch zaubert. Ginge es nach mir, dann könnte das Leben als Camper bis in alle Ewigkeit weitergehen. Aber zum faul oder nutzlos Herumsitzen sind wir nicht hier. Wegen der vielen Fahrerei müssen unsere lahm gesessenen Knochen in Bewegung gebracht werden, also wandern wir am Meer entlang zum Hafen. Von dem starten die Fähren zum Fraser Island, es ist die größte Sandinsel der Welt. Die ist hundertvierundzwanzig Kilometer lang, hat Wanderdünen und ist autofrei, allerdings kann man mit einem geliehenen Jeep über die Insel brettern. Aber es liegen auch Boote für diverse Waltouren am Pier, doch der Spaß ist mordsmäßig teuer. Zum Beispiel kostet der Ausflug zu den Buckelwalen neunzig Dollar pro Nase. Ein schöner Batzen Geld. Vor Hervey Bay sollen zigtausend Wale Station machen, bevor sie zur Antarktis aufbrechen.

Auch wir brechen auf und beginnen unseren Rückmarsch. Vor dem Dunkelwerden wollen wir am Camper sein, aber die Stadt ist durch seine weiträumige Bebauung flächenmäßig größer, als wir sie eingeschätzt haben. Durch die weiten Wege sind die Australier schlechte Fußgänger. Sie machen jede Besorgung mit dem Fahrzeug.

Und schon sind wir beim Thema Essen. Wir gehen sämtliche Möglichkeiten durch, doch es bleibt nur die

Selbstversorgervariante übrig. So besteht Angela auf das Kochen ihres Gemüsegerichts mit Hackfleisch, aber wir finden keinen Laden oder gar Supermarkt, denn wir wandeln durch eine reine Wohnbebauung. Erst kurz vor dem Campingplatz treffen wir auf ein Geschäft, in dem wir die Zutaten und vor allem mehrere Flaschen Wasser kaufen, denn mein Durst sprengt jeden Rahmen.

Alsbald genieße ich Angelas Kochkünste bei aufkommender Dunkelheit, denn ihr Gemüsegericht schmeckt bombastisch. Es ist besser als all das bisherige Imbissgedöns. Und als Krönung gönnen wir uns eine Mango als Nachspeise.

Während des Verdauungsvorgangs schwelgen wir in unseren Reiseerlebnissen. Auch wenn es ab und zu geregnet hat, und der Bus leicht kränkelte, war jeder Tag ein Hochgenuss. Da bietet sich die Frage an Sie als Leser an: Kommen Sie auf den Geschmack? Können Sie sich vorstellen, mit einem Camper die Ostküste Australiens abzuklappern?

Wir sind auf den Geschmack gekommen, denn der australische Kontinent ist wunderbar. Das betrifft die herausragenden Eigenschaften des Küstenlandstrichs, aber auch die Menschen sind uns nicht mehr fremd.

Wegen einer langen Etappe sind wir früh aufgestanden, denn gegen neun Uhr wollen wir auf Tour sein. Bei der geht es von Hervey Bay über Rockhampton zum Badeort Yeppoon. Bis dorthin sind vierhundertvierzig Kilometer bei sengender Hitze zu bewältigen, und das über den geschilderten Highway, der mir die vollste Konzentration abverlangt und keinerlei Fehler verzeiht.

Erstmalig spüren wir die endlose Weite eines Kontinents mit seinen riesigen Rinderherden, von denen das karge Landschaftsbild geprägt wird. Wir sehen markante

Hügel, viele tiefrote Felsen und eine Vegetation, die spärlich ausfällt. Tieftraurig ist die Menge an überfahrenen Kängurus am Straßenrand, sogar nervig sind die aufdringlichen Trucks. Diese Ungetüme rücken uns äußerst unangenehm auf die Pelle, dabei hupen sie, als befänden wir uns im Kriegszustand. Und was ist der Grund? Wir fahren ihnen nicht schnell genug. Und alle paar Kilometer das Fragequizspiel gegen das Einschlafen. Sogar ein Imbiss mit Campingplatz hat sich in die Einöde verirrt. Hinter dieser Monotonie verbirgt sich das echte Australien mit seinen Weideflächen und einem oft spärlichen Bewuchs. Ich bin angetan von den Reizen der Ostküste, die unbeschreibliche Eindrücke bei mir hinterlässt.

Am frühen Nachmittag kommen wir nach Rockhampton. Es ist die ehemalige Rinderhauptstadt, die mit ihren imposanten Kolonialbauten eine längst vergangene Rinderherrlichkeit und den verblassten Goldrausch wachzurufen versucht. Wir essen ein leckeres Eis und buchen in einem Reisebüro die Flüge von Cairns nach Sydney. Und die buchen wir so früh, weil sie teurer werden, je später man das tut. Diese Erkenntnis soll sich in Ostasien als nützlich erweisen. Danach fahren wir knappe vierzig Kilometer weiter und schon sind wir in Yeppoon, wo wir uns an der Beschreibung im Lonely Planet Führer orientieren und den Übernachtungsplatz schnell finden. Wir nehmen eine Parzelle mit herrlichem Frontblick auf den Beach für vierunddreißig Dollar.

Dann gehen wir zu einer Imbissbude und Angela isst Fish and Chips, und ich ein halbes Hähnchen mit Fritten, die matschig sind, dabei ist es stockdunkel geworden. Zum Ausklang des beschwerlichen Tages trinken wir unsere Gläser Alsterwasser, dabei beobachten wir einen zwei Stellplätze weiter stehenden Campingbus. Sind das deutsche Nachbarn?

Beim Frühstück bewahrheitet es sich, deshalb spreche ich den Mann wegen dem klemmenden Wassertankstutzen an, worauf er sich als hilfsbereit erweist. Die Landsleute fahren das gleiche Modell, daher findet der Mann schnell heraus, dass sich mein Stutzen verkeilt hat

„Null Problem", sagt er läppisch. „Den Schwachpunkt behebe ich im Nu."

Er nimmt ein paar Eingriffe vor, und damit hat es sich mit dem Kontakt, denn die Frau erweist sich als abweisend. Was ist das für eine merkwürdige Tusse, denke ich, dann bedanke ich mich und wende mich ab.

So unternehmen wir ohne die Miesepeter einen langen Strandmarsch, denn überall an der Ostküste sind die Strände einzigartig. Bei der Vergabe dieser Kostbarkeit haben die Australier am lautesten aufgeschrien und zu viele Sandstreifen abbekommen. Als sich Angela am dicken Zeh verletzt, verarzte ich sie am Camper und kaufe uns im Store zwei Kuchenteile, dazu mache ich uns eine gute Tasse Kaffee.

Danach legen wir uns an den Strand, doch das ist von kurzer Dauer. Der Wind hat aufgefrischt. Wir werden mit Sand bedeckt und die hohen Wellen lassen das Schwimmen zur Farce werden. „Es hat keinen Zweck", sage ich zu Angela und wir kehren dem Meer den Rücken, mit Sand in jeder Körperfalte. Eine gründliche Dusche ist vonnöten.

„Heute kocht der Chef persönlich", posaune ich danach großspurig heraus. Und ich koche Spaghetti Bolognese. Hackfleisch und eine Dose geschälte Tomaten hatten wir unterwegs eingekauft, ja wir hatten sogar geriebenen Parmesan Käse aufgetrieben. Nach dem Essen frohlocke ich überschwänglich: „Das war das beste Gericht seit langem."

Worauf Angela tönt: „Mein Gemüsegericht hat um Nuancen vorzüglicher geschmeckt."

Genug des Frotzelns, denn sie hat recht. Am Herd kann ich ihr nicht das Wasser reichen, aber schlimm ist, dass der Akku meines E-book leer ist. Ich habe keinen Zugriff auf den Reiseführer für Australien und das ist besonders bedauerlich. Tja, was sieht man daran? Technischen Errungenschaften haben ihre Tücken.

Die Weiterfahrt am nächsten Morgen ist zermürbend. Auf dem Bruce-Hwy ist zwar wenig Verkehr, trotz allem wird die Zahl der überfahrenen Kängurus nicht kleiner. Es ist zum Heulen. Weiterhin fahren wir an kargen Weiden für die Rinder vorbei und durch Landstriche für den Zuckerrohranbau. Als wir die Monotonie hinter uns haben, erreichen wir eine Tankstelle in Airlie-Beach, und das mit den letzten Tropfen Sprit im Tank

Den Tank gefüllt, stoßen wir anderthalb Kilometer hinter dem Ort auf den Campingplatz Island Holiday Park Gateway. Der schöne Platz mit Pool ist schwach besucht, was uns nicht stört. Wegen der Nebensaison bevölkern ihn zehn Wohnmobile unseres Kalibers, und die Standgebühr liegt bei sechsunddreißig Dollar für die Nacht. Dagegen ist auf dem Hafenparkplatz mehr Betrieb, denn der ist der Ausgangspunkt für Ausflügler zum Besuch des Riffs und der Whitesundays, das sind malerische Inseln mit schneeweißen Sandstränden und smaragdgrünen Lagunen.

Es ist spät geworden. Wir essen eine Kleinigkeit, dafür mache ich die Reste des Vortages warm, dann stehen wir wieder voll im Saft. So begeben wir uns auf eine Erkundungsspritztour in den viel gepriesenen Ort, in dem sich herausstellt, dass Airlie-Beach einen grenzüberschreitenden Ruf als Treffpunkt für junge Deutsche genießt. Wir alten Hasen sind hier die Oberoldies. Warum wimmelt es hier an Heranwachsenden? Was sucht die junge Generation ausgerechnet hier?

WORK & TRAVEL heißt die magische Formel, wegen der sie in Heerscharen über Australien herfallen. Der Kontinent bildet das Herzstück der Bewegung, die in meiner Studienzeit noch unbekannt war. Eben von einem dieser Jungspunde in einer Tourenvermittlung lasse ich meinen E-book Reader aufladen. Ich könne das Ding am nächsten Morgen abholen, sagt er, dann schließt er den Reader an seinen Computer an.

Nach unserem Rundgang trinken wir zwei Gläser Alsterwasser vor einer Pinte und lauschen dem Alleinunterhalter mit seiner akustischen Gitarre. Elf Uhr zeigt die Uhr im Handy an, als wir den letzten Schluck zu uns genommen haben und uns auf den Heimweg machen. Eine halbe Stunde später schwingen wir uns auf die Matratze.

Es ist der 28. Oktober, und wir sind einen Monat auf der Rolle. Wir stehen auf, und ich absolviere das Schwimmen im Pool, danach frühstücken wir. Diese Reihenfolge will ich es jedem Morgen haben, wünsche ich mir. Dann füttere ich mit Feuereifer die Tiere, die sich um unseren Frühstückstisch versammeln. Eine Entenschar, die storchenartigen Vögel mit den stechenden Augen und den Stargast, einen weißen Kakadu, der sich zu meiner Frau auf die Stuhllehne setzt. Solch wundersame Gesellschaft hatten wir bisher noch nie auf der Reise.

Als nächste Handlung holen wir den E-book -Reader ab. Der junge Mann will sich nicht bezahlen lassen. Es sei ein Freundschaftsdienst unter Landsleuten, erklärt er mir grinsend. Na schön. So dicke haben wir es nicht, und aufdrängen werde ich ihm keinen Dollar.

Wir besichtigen den Strand. Vor dem ins Wasser gehen

werden wir allerdings per Hinweisschild gewarnt. Vorsicht Quallen, steht darauf. Statt des Badevergnügens legen wir uns auf eine Liegewiese in einer herrlichen Badelandschaft. Die wurde künstlich angelegt und dessen Benutzung ist kostenlos. Total überteuert hingegen ist unser Mittagssnack. Zwei Sandwiches, ein Milkshake und ein Orangensaft kosten uns vierzig Dollar. Es ist ein Horrorpreis, immerhin hat der Frevel gemundet. Doch damit ist das Geldausgeben noch nicht abgeschlossen, denn ich perfektioniere es mit dem Erwerb nagelneuer Lederlatschen der Marke Reef. Bei der Spitzenqualität sind vierzig Dollar angemessen, so landen die alten Latschen in der Mülltonne.

Am Abend besuchen wir als Testlauf für die neuen Fußbekleidungsstücke die Ortschaft. In der stellt sich heraus, dass sich in der rein gar nichts abspielt. Der Sänger des Vorabends kann einem leidtun. Wo stecken die jungen Mädel, wo die Burschen aus Deutschland? Vielleicht gibt es eine Disco oder einen Vergnügungspark? Wir erfahren nichts darüber, aber toi, toi, toi, die Latschen bestehen den Test. Ich kann sie als Glückskauf werten.

Als wir wieder am Bus sind, widme ich mich der Tierschar, denn die ist beträchtlich angewachsen. Mir gefällt das Gewusel um unseren Tisch herum. Ich als Tierfreund bin in meinem Element. Hoffentlich geht es auf den folgenden Plätzen ähnlich tierisch zu?

Für mich ist Airlie-Beach einer der schönsten Aufenthaltsorte der gesamten Ostküste. Ich mache Fotos am laufenden Band von einem an Einzigartigkeit nicht zu überbietenden Tierangebot.

Der Abreisetag nach Townsville steht an. An dem ist ein Zwischenstopp am Tierpark Billabong geplant. Wir frühstücken stinknormal, allerdings verdrücke ich mir einige

Tränen der Trauer beim Abschied von der liebgewonnenen Tierschar.

Und dann haben wir es geschafft, etwa vier Stunden sind vergangen, da erscheint das Schild des Tierparks in der Ferne. Endlich werde ich einem Känguru auf die Schulter klopfen, anstatt die toten Beuteltiere plattgefahren am Straßenrand zu zählen.

Nachdem wir unseren Obolus für das Betreten entrichtet haben, ist der erste Programmpunkt die einstimmende Krokodilshow. Die Fütterung der vierbeinigen Riesenechsen ist hochinteressant und lebt von ihrer Spannung. Eine ähnliche Faszination üben die Kragenechsen, die Emus, die Dingos, und die natürlich wie fast immer schlafenden Koala-Bären aus. Meine Frau ist vernarrt in die kuscheligen Viecher. Mich beeindrucken vor allem die vom Aussterben bedrohten, aber herrschaftlich dreinschauenden Kasuare. Einer steht etwa fünfzig Meter weit entfernt in einem Gestrüpp und beobachtet uns. Leider komme ich nicht näher an das scheue Tier heran. Immerhin kann ich das seltene Exemplar bestaunen. Meines Wissens gehören die Tiere der Straußenrasse an und das sind Laufvögel.

Doch den Vogel schießt der Wombat ab. Seine relaxte Ausstrahlung ist der blanke Wahnsinn. Sein zutrauliches Verhalten hat es mir angetan. Mein Gott, ist der herzig, wie er gelangweilt auf dem Schoß einer Wärterin hängt. Ich bin frech und kitzelte ihn unter den Hinterpranken, was man normalerweise nicht tut.

Der Aufenthalt in dem Tierpark ist ein herrlicher Spaß, daher setzen wir uns in den Eingangsbereich und gönnen uns einen Imbiss. Anschließend schlendern wir bei hervorragenden Bedingungen ein zweites Mal durch die Anlage, dabei zieht es Angela zu den Koalas, mich mehr zu den Kängurus. Wo gibt es einen Zoo, in dem man seine Zeit mit den Tieren so naturnah und ungezwungen verbringen kann? Ich bin aus dem Häuschen und fälle den originellen Beschluss, dass ich das Füttern der Tiere in meinem weiteren Leben zu einer Lieblingsbeschäftigung ausbauen werde.

Letztendlich nutzen wir die Besichtigungszeit voll aus. Erst sechzehn Uhr verlassen wir den Tierpark und fahren zum Campingpark in Townsville, wo wir uns für zwei Nächte einrichten. Ich hatte über die Stadt gelesen, dass sie eine hervorragende Strandpromenade beherbergt, die ihresgleichen sucht. Und genau das stimmt, denn die Promenade mit dem Namen The Strand ist sehenswert. Die Lebensader der Stadt sprüht vor gelungenen Verweilangeboten und witzigen Spielplätzen. Wer für diese Vielfalt die Verantwortung übernimmt, der hat den Orden für herausragende Kreativität verdient. So sind wir voll des Lobes, aber auch hungrig. Meine Frau isst wieder das Fish and Chips Angebot und ich die Calamares. Und die Portionen sind so groß, dass sie kein normaler Mensch aufgegessen bekommt.

Auf dem Rückweg fällt uns das Quietschen meiner Sandalen auf, was mich aber nicht stört, denn die Dinger sind wahnsinnig bequem. Ich habe nie bessere Latschen gekauft. Es muss wohl daran liegen, dass sie noch neu sind. Letztendlich beenden wir den informativen Tag in altbewährter Manier, also mit einem Glas Alsterwasser, wobei mir die australische Biersorte weniger zusagt.

Es ist ein wunderschöner Tag, aber auch unser zweiter Waschtag. Wir kaufen Coins für die Waschmaschine in der Rezeption und füttern damit den Waschvollautomaten, dann frühstücken wir in der prallen Sonne. Von dem Tag an verleben wir herrlich warme Tage an der Küste, denn kontinuierlich nähern wir uns der subtropischen Region Australiens.

Ins Zentrum der Stadt Townsville fahren wir mit dem Linienbus. Drei Dollar pro Person bezahlen wir für das Busticket, was ich korrekt find. Auf einer Leinwand in der Innenstadt läuft ein Musikclip. Ich verfolge den Auftritt der Kultband Guns'n Rose's und bin hin und weg. Außerdem gibt's Free WIFI, welches Angela weidlich ausnutzt. In das Reef Museum, dem Great Barier Riff in Kleinformat, gehen wir durch einen Glastunnel, in dem wir uns seelenruhig die verschiedensten Meeresbewohner hautnah und in Ruhe anschauen können. Danach sind wir Teilnehmer an einer Fütterung der Fische in den Aquarien. Und toll wirken die naturgetreuen Korallennachbildungen.

Da ich kein Tauchfreund bin, haben sich meine Augen nach drei Stunden müde gesehen. Wir verlassen das Museum und kaufen auf dem Nachhauseweg im Supermarkt ein. Somit schleppe ich die schweren Getränkeflaschen und die Lebensmittel im Rucksack durch Townsville. Für die sich häufenden Krämpfe im Nackenbereich mache ich das verspannt am Lenkrad sitzen und das Tragen des Durch die stockfinsteren Nächte wird in der Region jegliche Art der Aktivität viel zu früh eingestellt. sauschweren Rucksacks verantwortlich. So unvernünftig darf es nicht weitergehen. In Zukunft werden wir mit dem Camper zum Einkaufen fahren und uns einen größeren Vorrat zulegen, wozu hat man das Ding. Den Campingbus besser zu nutzen, das ist unser gemeinsamer Tenor.

Mission Beach ist unsere letzte Station vor Cairns. Die Etappe ist glücklicherweise nur kurz und sie führt durch ein typisch australisches Areal mit vielfältigen Aussichtspunkten aufs Meer.

Mein Rücken streikt. Irgendwas an ihm ist kaputt. Wegen der Schmerzen machen wir unterwegs eine längere Pause. Während der esse ich einen Napf voll Müsli mit Milch und lege mich so in den Bus, dass ich den herrlichen Meerblick genüsslich auskosten kann, so tut mir der Ausruheffekt gut, trotzdem horche ich in mich hinein: Mir könnte es zwar besser gehen, aber ich bin auch erleichtert, denn im Großen und Ganzen lebe ich gesund und mein Herz verkraftet die Hitze und die neuen Lebensabläufe, da ich ganz brav meine Tabletten schlucke. Ärgerlich ist nur das Rückenproblem. Womit bekämpfe ich die Verspannung? Wie wäre es, wenn ich mir eine den Nacken entspannende Sitzhaltung antrainiere?

Daran will ich zukünftig arbeiten, denn später in Neuseeland sind wir einen weiteren Monat mit dem Camper auf Tour. Ansonsten Kopf hoch. Bloß nicht vor minderschweren Problemen kapitulieren. Letztendlich habe ich schlimmere Auswirkungen überstanden.

Nach einer weiteren Stunde Fahrt entlang der Küste, fühlen wir uns wie in der Karibik, wofür der Name Mission-Beach steht. Und da uns das Südseeflair begeistert, richten wir uns auf zwei Nächte Aufenthalt auf dem Campingplatz ein, denn der Strand ist fabelhaft. Eine ähnlich malerische Kulisse habe ich von Costa Rica her in Erinnerung. Vom weißen Sandstrand wie hypnotisiert, wagen wir einen ellenlangen Marsch mit nackten Füßen durch die seichte Brandung. Das Schwimmen hat man durch mit Netzen abgetrennte Bereiche sicher gemacht, denn seit Tagen gilt der Alarm vor Quallen.

Der Aufforderung nachzukommen ist an der Ostküste angeraten, denn zum ersten Mal sehen wir eine Hilfsstation. Es ist eine einen Meter hohe und hohle Säule, in der eine Flasche Essig steht. Essig soll bei dem Befall von einer Qualle wahre Wunder verrichten, allerdings ist die

Wirkung nicht unumstritten.

Am Abend kocht Angela ihr Spaghetti Gericht mit der Gemüsehackfleischsoße, denn für einen Camper sind die Küchenverhältnisse außergewöhnlich gut. Und wie wir so verträumt mit einem Glas Alsterwasser in der Hand vor dem Camper sitzen, beschließen wir eine Wanderung durch den nahe gelegenen Regenwald am nächsten Tag. Eventuell könne man Kasuaren begegnen, steht in einer Reisebroschüre. Nur den Einstieg zum Wanderweg müssen wir noch rausbekommen. Da wird uns ein Infostand mit ausreichend Kartenmaterial weiterhelfen.

Fertig gefrühstückt, die Kappe als Sonnenschutz aufgesetzt, etwas Proviant und eine Flasche Wasser in den Rucksack gesteckt, so wagen wir uns auf den Querfeldeinmarsch mit leichtem Höhenprofil. Die Bepflanzung gleicht der eines Dschungels. Der Pfad ist zwar ungefährlich, aber der Kampf durch die wilde Botanik wird kein Husarenritt. Wunschdenken bleibt auch der Kontakt zu Australiens Wildtieren. Unsere Augen sehen weder einen Papagei noch einige Singvögel, wir sind nur von unberührter Natur umgeben.

Und da die Strecke kurz war, ist der Markt von Mission-Beach nach unserer Rückkehr in vollem Gange. Der Trubel spielt sich gegenüber dem Campingplatz ab. Es gibt nette Verkaufsstände, ansonsten wenig Herausragendes, allerdings gefallen mir zwei Warnaufkleber für das Auto, die ich kaufe. Einer ist mit dem Känguru-Motiv versehen, der andere mit einem Kasuar. Die schmücken heute unsere Küche.

Meine Nackenbeschwerden klingen ab, trotzdem bin ich nicht aufs Selberkochen eingestellt, daher essen wir in einer kleinen Restaurantansammlung, dabei lesen wir eine Ankündigung, in der sich alles um ein Livekonzert dreht. Okay, sagen wir uns, da gehen wir hin, denn die

Plakataufmachung hat uns neugierig gestimmt. Leider kommen wir zu spät zur Veranstaltung, denn wie vor Tagen in Byron-Bay packt der Gitarrist seine Gitarre in den Koffer und verschwindet. Und das ist abermals schade, denn für den Abend hatten wir uns auf einen musikalischen Auftritt eingestellt, doch durch die stockfinsteren Nächte wird in der Region jegliche Art an Aktivitäten viel zu früh eingestellt. An die ungewöhnlich frühen Auftritte der Musiker werden wir uns nie gewöhnen.

Etwas niedergeschlagen trinken wir unser Radler, denn einen Cocktail verkneifen wir uns wegen des hohen Preises, dann bezahlen wir und legen uns Schlafen, vorher müssen allerdings einige Mücken ihr Leben aushauchen.

Unser Abreisetag fällt auf den 3. November. An dem begeben wir uns auf die mit hundertzweiundvierzig Kilometer eher kurze Etappe nach Cairns, und erreichen in der Mittagszeit unser Fahrziel, einen diesmal ziemlich vollen Campingplatz. Die Stadt ist das Endziel für Ostküstenbesucher, die mit dem Camper aus dem Süden kommen und ihn hier abgeben werden. Wir schnappen uns die Parzelle am Eingang unter einer schattenspendenden Platane, denn der Baum ist ein Glücksfall, da die Sonne in Äquatornähe kein Erbarmen kennt. Sie brennt in unglaublicher Intensität und ohne Unterlass von einem wolkenlosen Himmel, wodurch die Mittagstemperatur zweiunddreißig Grad im Schatten beträgt.

Mit dem Linienbus und der Tasche mit den Badesachen fahren wir zu einer künstlichen Badelandschaft im Zentrum. Im Meer zu baden ist auch in Cairns wegen der Quallen tabu. Nachdem ich meine Badehose angezogen habe und Angela ihren Bikini, schwimmen und planschen wir eine halbe Stunde in dem flachen Badebecken herum, dann lassen wir uns von der Sonne trocknen, ohne das Ozonloch zu berücksichtigen. Die Angst vor Hautkrebs ist kein Thema.

Später finden wir beim Herumbummeln die Fressmeile im Nachtmarkt, die uns die Rezeptionsfrau des Campingplatzes zur Nahrungsaufnahme empfohlen hatte. In der essen wir asiatisch und das gut und reichlich. Ein Essen kostet zwölf Dollar, einen Spottpreis. Aber die Sparmaßnahme passt in unser Konzept, denn wir brauchen eine Menge Bares für eine andere Geldausgabe, die da heißt Great Barrier Reef. Wer an die Ostküste Australiens reist, fährt zum Reef, so auch wir. Wir können der Magie des Reefs nicht widerstehen. Geschockt sind wir allerdings von dem satten Preis für die Tickets, denn der Ausflug kostet sechsundachtzig Dollar pro Person.

Aber okay. Wir zurren die Überfahrt fest und gehen zum Ausklang in eine Kneipe, und in der ist relativ viel los. Also beenden wir den Abend und nehmen den zehn Uhr Bus, der uns in die Nähe des Campingplatzes bringt, so liegen wir elf Uhr ermattet auf der Matratze.

Wir stehen früh auf und frühstücken reichlich, denn wir brauchen eine solide Grundlage für die Überfahrt. Anschließend fahren wir mit dem Linienbus zum Anleger und betreten das Fährboot, dabei staunen wir Bauklötze. Die Fähre ist gerammelt voll mit Chinesen. Das Boot ist fest in chinesischer Hand. Sogar die Schriftzüge auf den Bootswänden sind in Englisch und Chinesisch gehalten. Haben die Chinesen das Great Barrier Reef käuflich erworben?

Die Überfahrt dauert eine dreiviertel Stunde, dann sind wir auf der Insel Green Island, wo wir auf ein Glasbodenboot umsteigen. Was wir sehen, das ist eine große Anzahl an bunten Fischen, aber es ist nicht der berauschende Augenschmaus. Wahrscheinlich sind unsere Erwartungen

zu hoch geschraubt. „Flora und Fauna, sowie die Fisch-
bestände, alles ist in seinem Bestand gefährdet", erklärt
uns der Bootsführer. So vorsichtig drückt er sich zumindest aus.

Bei mir bringt es meine Zornesader zum Vorschein,
denn die schwillt kräftig an. Im asiatischen Raum oder
bei den Indern greift die Umweltverschmutzung rabiat in
die Naturlandschaft ein, aber auch in Australien, denn
hier leidet sogar das Weltkulturerbe Great Berrier Reef
unter dem Problem des Klimawandels.

Nach einer halben Stunde Unterwasserforschung, verlassen wir das Glasbodenboot und begeben uns zu Fuß
auf eine Erkundungstour über die Insel mitten im Reef.
Schnorcheln haben wir nicht gelernt. Jetzt ist es zu spät,
das versäumte nachzuholen, zudem bin ich ein miserabler
Schwimmer. Sinnvoll ist ein Spaziergang durch einen
Bereich Regenwald. Gegen den Hunger erwirbt Angela
eine Familienportion Fritten. Die Portion kostet acht Dollar und passt in unser Finanzkonzept. Dann war's das mit
dem Sehenswürdigen, denn in Nullkommanichts ist die
Exkursion vorüber. „Für über achtzig Dollar kann man
mehr erwarten", lästert meine Frau.

Wir gehen auf das Fährboot zurück, das nach einer dreiviertel Stunde das bewölkte Cairns erreicht. Als es im
Hafen angelegt hat, steigen wir aus, dabei beschäftigen
wir uns in einer hitzigen Diskussion mit der Invasion der
Chinesen und den Inselerlebnissen, aber wir kommen auf
keinen gemeinsamen Nenner. Darüber frustriert, gehen
wir zu Fuß heimwärts, und das immer an der Küste entlang. Bisher hatten wir dem Küstenstreifen nur vom Bus
aus Beachtung geschenkt. In einem Laden vor dem Campingplatz kaufen wir Brot, Kaffee und Honig für das
nächste Frühstück ein. Dann duschen wir uns und ziehen

frische Klamotten an. Und für die Fahrt stadteinwärts benutzen wir wiederum den Linienbus, der uns punktgenau ins Stadtzentrum zur Fressmeile bringt. Und wieder ist sparsam bleiben das oberste Gebot.

Nach dem Essen kommen wir an einer fragwürdigen Lokalität mit Live-Musik und undefinierbarem Charme vorbei. In der wimmelt es von Besoffenen. „Schnell weg hier", sage ich zu meinem Weib. „Auf die Besoffenen kann ich gut und gern verzichten."

Resolut hakt sich Angela bei mir ein. Dann verschwinden wir aus dem verruchten Viertel, denn das Ausgehen in Cairns ist eine verfahrene Kiste. Letztlich landen wir in einer Art Bierkneipe, die den uns vertrauten Namen Bavaria Bierhouse trägt, aber der Ort ist nur eine Notlösung für den gewohnten Einschlaftrunk.

In der Nacht hat es geregnet. Mein Handtuch über der Leine ist pitschnass. Auch die Regiestühle und der Tisch sind feucht. Es stellt sich die berechtigte Frage: Wie bekomme ich mein Handtuch trocken? Nass kann ich es schlecht einpacken. Doch das ist kein Problem, denn das ganze Gedöns trocknet blitzschnell in der Morgensonne. Und tatsächlich, nach dem Frühstück knallt die Sonne in gewohnter Zuverlässigkeit vom Himmel und im Handumdrehen ist mein Handtuch getrocknet.

Check-out ist zehn Uhr. Das ist in Australien die Standartzeit auf Campingplätzen. Alle Anziehsachen haben wir rechtzeitig vor der Abfahrt in die Rollkoffer verstaut. Besser jetzt, als später beim Apollo-Autoverleiher unter Stress. Vergisst man etwas Unentbehrliches, dann ist es irreparabel. Unser Inlandflug nach Sydney ist auf fünf Uhr terminiert. Wir haben geraume Zeit bis zum Abflug. Tja, was machen wir mit den letzten Stunden in Cairns? Nutzen wir dafür den Camper?

Energiegeladen schmeiße ich mich ans Lenkrad, und Angela wirft sich mit ähnlichem Elan auf den Nebensitz. Und ohne uns abzusprechen, verlassen wir das Stadtgebiet und suchen die nördliche Küstenregion auf. Den Bereich haben wir aus den Aktivitäten herausgelassen. Den Lapsus, wenn es überhaupt einer ist, holen wir mit einem melancholischen Strandspaziergang in die Einsamkeit des Staates Queensland nach. Allein mit meiner Frau am Strand entlang zu tigern, ohne auf Lärm und Wohlstandsmüll zu stoßen, gefällt uns gut. In der Großstadtmetropole Sydney bleibt uns ein Strandaufenthalt versagt, so denken wir.

Mich überfällt tiefe Trauer, denn er ist da, der Moment des Abschieds von unserem Camper. Mit bescheidener Stimmung trudeln wir beim Apollo-Center ein. Ich habe Tränen in den Augen, als ich unser Wohnmobil ohne Beanstandungen in die Besitzerhände übergebe. Und ohne mich nach der Blechdose umzusehen, bestelle ich ein Taxi, das uns zum Flughafen bringt. Doch prompt beginnt ein unerwartetes Dilemma, denn an der Anzeigetafel steht, dass sich der Flieger verspätet. Okay, das kann vorkommen.

Schließlich wird der Flug gänzlich gestrichen. Was ist da los? Das fragen wir uns, und natürlich auch die anderen Wartenden.

Die letzte Meldung lautet: Das Flugzeug sei wegen eines Sturms über Sydney nicht gestartet. Ja Herrgott sakra, warum nicht gleich die Wahrheit? Doch das Lamentieren nützt nichts.

„Für den Vormittag am nächsten Tag können Sie einen Ausweichflug bekommen", sagt uns ein für den Flugverkehr Bevollmächtigter.

Natürlich nehmen wir den. Das steht außer Frage, doch

für unsere Übernachtung ist viel Improvisationstalent gefordert. Ich erinnere mich an das Ibis-Hotel in der Nähe des Zentrums. An dem sind wir mit dem Linienbus vorbeigefahren. Zu dem lassen wir uns mit dem Taxi transportieren, was die Fixkosten von zweiundzwanzig Dollar erzeugt, und für das Zimmer berappen wir einhundertneunzehn Dollar, das Frühstück inklusive.

Ich reagiere zerknirscht: „Durch die Mehrausgaben geht unser Sparhaushalt den Bach runter." Woraufhin meine Frau antwortet: „In Ostasien sanieren wir uns." Und damit beendet sie das leidige Thema.

Wir sättigen uns in den Fressarkaden, wo sonst, und trinken dort auch unseren Schlummertrunk. Dann legen wir uns zehn Uhr ins Bett. Doch bevor ich einschlafe, lese ich mir die Kapitel über Sydney intensiv durch.

*

Das Frühstück im Ibis-Hotel ist ausgezeichnet. Doch viel zu früh, das denken wir zumindest, fahren wir mit dem Taxi zum Flughafen. Mich treibt meine innere Unruhe voran. Ist auf die Virgin-Australia Airline Verlass? Klappt es diesmal? Diese Fragen stelle ich mir andauernd, denn durch die Erfahrungen bin ich besorgt.

An drei Abflugschaltern hat sich eine Menschenmenge gebildet, obwohl kein Flug an der Anzeigetafel steht. Ich frage nach und erfahre, das es sich um unseren Flug nach Sydney handele. Puh, Augen zu und durch. Wir stehen mächtig unter Zeitdruck. Jetzt nur nichts falsch machen. Wir schnappen uns das Gepäck und stellen uns an einen Schalter. Als wir einchecken, bekommen wir zwei Plätze, aber die weit voneinander entfernt. Doch das ist okay, denn es ist ja nur ein Dreistundenflug. Das wichtigste ist, wir kommen nach Sydney.

G' Day!

Liest man im Sydney Reiseführer, dann wird die traumhafte Lage der Stadt über den grünen Klee gelobt. Hervorgehoben werden die vielen verästelten Buchten und grünen Hügel. Weltweit kann keine Großstadt mit mehr Stränden und Parks aufwarten. Diese Wahrheit bestaunen wir beim Überfliegen der Stadt.

Aber zuerst spüren wir nach der Landung: Es ist windig, aber Sturm kann man das nicht nennen. Und die Koffer vom Gepäckband geholt, bringt uns ein Taxi zum vorgebuchten Ibis-Hotel, dessen Zimmerbeschreibung ich mir erspare. Sie sind klein und überall ähnlich. Direkt nebenan befindet sich das Imbisslokal der Kette KFC. In dem verspeise ich undefinierbare Hühnchen-Teile. Die entsprechen allerdings der scheußlichen Geschmacksnorm. Ich bin selbst schuld, denke ich. Warum tue ich mir den Fraß an?

Durch den Flugausfall sind wir einen Tag weniger in Sydney, demnach verfügen wir über vier Tage für die Sehenswürdigkeiten der Metropole. Und das ist wenig, denn täglich entfallen zehn Minuten auf den Fußmarsch vom Ibis zur Train Station St. Peters, und weitere dreißig Minuten zu den Anlegestellen der Fähren im Zentrum.

O Mann, der Blick hinüber zur Sydney-Harbour-Bridge ist imposant. Wer viel Geld hinblättern will, der marschiert mit einer Seilschaft zum Scheitelpunkt der Brücke hinauf. Hundert Dollar verschlingt der vermeintliche Kick, doch trotz der tollen Aussicht müssen wir passen. Der Preis ist uns zu hoch und unser Dukatenesel hat die Reise nicht mit angetreten.

Keine Kosten verursacht die Besichtigung der Sydney Opera. Ich kenne viele Fotos seiner prächtigen Architektur, aber das Monument im Original zu bewundern, das ist eine andere Hausnummer. Das Gebäude ist überwältigend. Wie wird die Oper von der Wasserseite wirken?

Um uns zu stärken, essen wir je einen Pfannkuchen mit Banane, dazu trinke ich einen Becher Milch mit Vanilleeis, und schon rumort es in meinem Magen. Leider habe ich ihn mir durch den KFC-Fraß verdorben. Zwangsläufig bekomme ich Durchfall, doch glücklicherweise geht's mir nach einer Totalentleerung besser.

Am nächsten Morgen fahren wir nach Manly. Unsere Begeisterung gilt dem herrlichen Strand am Pacific. Mit der Fähre ist es eine halbstündige Spritztour, bei der wir die Oper und die Harbour Bridge von der Seeseite fotografieren. Am Kai liegt eine Bettenburg, sie wird auch Kreuzfahrtschiff genannt. Und die Hochhaussilhouette der City vervollständigt die eindrucksvollen Fotos. Aber geradezu paradox ist die Masse an herumwuselnden Chinesen. Deren Anzahl ähnelt der am Reef.

Bitte verstehen Sie mich nicht falsch. Ich habe keine Vorurteile gegenüber Chinesen, auch wenn es sich so anhört, dennoch sehe ich sie als Gefahr, denn es ist ihnen in Australien eindrucksvoll gelungen, uns Europäern den Rang abzulaufen. Mit ihrem dominanten und geschwätzigen Auftreten, vermiesen sie mir den Genuss an den Kulturgütern und Sehenswürdigkeiten. Was zu viel ist, ist zu viel. In Australien sind's die Chinesen, auf Mallorca die Deutschen.

Den chinesischen Horden entgehen wir beim Besuch des Bondi Beach. Am Strand für die Gutbetuchten sollen sich die Berühmtheiten Australiens ein Stelldichein geben, so stand es in einer Broschüre, aber ist das so?

Als wir am Bondi eintreffen, da macht die Prominenz irgendwo auf der Welt Urlaub, nur nicht hier. Wir sichten keinen Filmstar, aber ansonsten das gleiche Bild, denn auch am Bondi Beach machen sich die „Schlitzaugen" breit. Der Begriff stammt aus der Feder des CDU-Europapolitikers Oettinger.

Ich wende mich dem Thema Kunst zu und stelle meiner Frau die Frage: „Seit wann steht die Kunst in Bondi so hoch im Kurs?" Aber die kann mir keine Antwort geben. Jedenfalls hat das Kunstvergnügen halb Sydney angelockt, denn die Kunstroute ist rappelvoll mit Menschen aus der Großstadt, trotzdem zwängen wir uns von Objekt zu Objekt. Wir bewältigen den Halbmarathon mit Siebenmeilenstiefeln bei dreiundzwanzig Grad, was gegenüber Cairns einen Kälteschock darstellt. Und am Abend, es mögen sechzehn Grad sein, ist die lange Jeans ein begehrtes Kleidungsstück.

Hoffentlich langweile ich Sie nicht mit den Details über Sydney, denn in einem ähnlichen Trott geht es weiter. Wenn man Sydney besucht, dann muss es die komplette Stadt sein. So steht auf unserer Besuchsliste das Hardrock Kaffee in Darling Harbour mit anschließendem Feuerwerk anlässlich des „Anti Aids Tages." Das findet am Hafen und um die Oper herum großen Anklang. Ein weiterer Abend gilt der Vergnügungsmeile „The Rocks". Und die Vorsichtsmaßnahmen nicht außer Acht lassend, schlendern wir durchs zwingen vorgeschriebene Kings Cross Viertel. Aber so verrucht, wie im Reiseführer beschrieben, finde ich es nicht.

Und weil's uns so gut gefallen hatte, steigen wir am vorletzten Tag noch einmal in die Fähre nach Manly. Dort essen wir den mexikanischen Teller für zwei Personen, der uns nicht mehr aus dem Kopf gegangen war, seit wir ihn am ersten Besuchstag bewundert hatten und ich nach der Gaumenfreude geschmachtet hatte. Und nach einem Verdauungstrip auf dem Südwanderweg, der ausgesprochen beschaulich verläuft, legen wir uns ein Stündchen in die Sonne, denn das Thermometer ist auf sechsundzwanzig Grad hochgeschnellt.

Tja, und was gibt's sonst noch über Sydney und seine Umgebung zu berichten? Vielleicht das, dass wir so gut wie gar nicht mit den Ureinwohnern des Kontinents in Berührung gekommen waren. Die Ausnahme bildet der am ganzen Körper bemalter Herzeige-Aborigine, der am Hafen sitzt und sich für die Touristen als Didgeridoo-Spieler und Fotoobjekt betätigt. Sein geduldig hervorgezaubertes Klangkonstrukt habe ich heute noch wohltuend im Ohr. Direkt neben ihm werden auf einer Decke ausgebreitet die in der Aborigine-Kunst bemalten Frisbees verkauft. Der Didgeridoo-Spieler wird in jeder ausführliche Reisesendung über Sydney im Fernsehen angeboten. Er ist der feste Bestandteil einer guten Berichterstattung, denn die Eroberer des 5. Kontinents haben die Urbewohner nicht gut behandelt. Sie wurden von ihnen verfolgt und gequält. Umso freundlicher behandeln Sydneys Einwohner uns Touristen im hier und jetzt, was übrigens auf alle Australier zutrifft.

Außerdem erwähnenswert sind die Vorliebe für Bier und die Grillmentalität der Australier, für das Verhalten werden sie nicht nur gerühmt, aber das macht sie nicht unsympathisch. Leider leidet die Esskultur, denn ein gutes und gleichzeitig bezahlbares Essen haben wir uns in dem Land abgeschminkt. Für uns war es wichtig, uns im Campingbus durch Eigenversorgung über die Runden zu retten. Und besonders hervorzuheben an Sydney ist das angenehme Klima. Es ist selten zu heiß und die Winter sind mild. Dazu hat die Stadt eine überwältigende Menge an Abwechslungen zu bieten. Wäre es möglich, würde ich Sydney oft besuchen, doch der Flug ist mörderisch, denn der Flug von Nordeuropa nach Sydney dauert vierundzwanzig Stunden.

Beim Kofferpacken am Abreisetag erkenne ich mit Entsetzen: Die Kurbeltaschenlampe ist unauffindbar. Was habe ich Trottel mit dem guten Stück gemacht? Alles Suchen erweist sich als zwecklos. Anscheinend habe ich sie im Camper übersehen und dadurch vergessen. Es ist unsere erste bedauernswerte Verlustmeldung der bisherigen Reise, die ich nur widerwillig akzeptieren will, schließlich handelt es bei der Taschenlampe um das gutgemeinte Geburtstagsgeschenk meines Sohnes.

Nach dem Auschecken stellen wir unsere Rollkoffer in einen Abstellraum des Hotels, wo wir sie später abholen wollen, danach fahren wir ein allerletztes Mal mit den öffentlichen Verkehrsmitteln in die City zum Pier, um uns gebührend zu verabschieden. Eine Frau hat im Train ihre Zeitung liegengelassen, dadurch kann ich auf der Sportseite die neuesten Fußballbundesligaergebnisse mit der dazugehörigen Tabelle studieren. Und das ist für mich so interessant, weil ich mit meinem Sohn am Fußballmanagerspiel der Sportzeitung Kicker teilnehme. Das ist eine Beschäftigung für Menschen, die den Sport lieben und ihm mit Haut und Haaren zugeneigt sind.

Als wir im Hafen ankommen, verabschieden wir uns gebührend mit einem stimmungsvollen Lebewohl von der Oper und der Sydney Harbour Bridge. Dann fahren wir ins Hotel zurück, wo wir an der Rezeption unsere Rollkoffer in Empfang nehmen und einen Shuttlebus bestellen, der uns in einer Stunde zu unserem Flugzeug nach Neuseeland bringen soll.

Wir sind voll im Soll. Kein Taxiservice hat bisher versagt, denn die Pünktlichkeit wird in Australien groß geschrieben. Hoffentlich bleibt das mit dem Flughafenshuttle so und auch die Abflugaktion liefert uns keine Gründe zur Klage. Bis auf den gestrichenen Flug von Cairns nach Sydney sind wir hervorragend bedient worden, deshalb lieben wir dieses Land, und daran wird sich auch nicht ändern. Trotz allem steht meine Neugier auf das neue Reiseziel in voller Blüte. Ich brenne mit meiner Gier auf Neuseeland wie ein Buschfeuer, und den Brand muss ich stillen, denn durch die bisherigen Stationen befinde ich mich endgültig im Ländersammelrausch.

Tja, der Sammelrausch muss gestillt werden, und ich hoffe, Sie haben sich in die Reiseerlebnisse hineingefunden bleiben mir bei meinen Erzählungen treu? Und das sollten Sie schon wegen der folgenden Machtdemonstration der neuseeländischen Zollbeamten tun, die ich weder als Lappalie noch als lustig empfinde, denn durch unsere Ankunft in Auckland werden Sie Zeuge einer verdammt kniffligen Situation.

Doch zu dem Einreisewirrwarr komme ich bei der Ankunft. Erst einmal stellt sich uns die Frage: Wie hat sich der Aufenthalt in Australien für uns dargestellt? Ist es das Land in dem Milch und Honig fließen?

Darauf gibt es eine klare Antwort, denn die Reise durch Australien war erfreulich in allen Belangen, und die Natur und die Tierwelt waren einzigartig, darin stimme ich mit meiner Frau überein. Die vielseitige Nation hat sich in unserer Beliebtheitsskala weit nach vorn katapultiert.

Doch das Land mit den Kängurus war gestern. Jetzt treibt es uns zu neuen Ufern, die nicht weit entfernt von Australien liegen. Wir verspeisen im Flughafengebäude die letzten verbliebenen Dollar in Form eines Kuchenteilchens, dann geht unser Reisetrip weiter nach Auckland. Nach dem Beuch Sydneys und der Ostküste Australiens freuen wir uns auf Neuseelands malerische Wiesenlandschaften und auf seine mit Schnee bedeckten Berggipfel.

Neuseeland

Zwei und eine halbe Stunde Flugzeit sind um, da landet die Maschine sicher auf der Landebahn des Flughafens in Auckland. Doch kaum haben wir den Flieger verlassen und sind an der Einreisekontrolle angekommen, da beginnt das Malheur, welches ich auf den Einleitungsseiten entsprechend angedeutet hatte. Es ist neun Uhr abends, als ein Zollbeamter mein angebrochenes Glas Honig aus dem Koffer fischt.

Mit Unschuldsmine schaue ich den Beamten an, denn irrtümlich bin ich von einer problemfreien Ankunft ausgegangen. Stattdessen werde ich von einem Uniformierten wie ein Terrorist behandelt. Der hält das Glas Honig zwischen seinem Daumen und dem Zeigefinger triumphierend in die Höhe, als handele es sich bei der Trophäe um einen hochexplosiven, Zeitzünder, dementsprechend barsch fordert er mich auf, ihm zu folgen.

Ich fühle mich am Boden zerstört und schleiche mit meiner Frau zum Aufnahmeschalter, an dem man meine Personalien dokumentiert. Innerhalb einer Stunde leiste ich zig Unterschriften unter diverse Schriftstücke, die bei grober Einschätzung eine Verhaftung oder gar Gefängnisstrafe nach sich ziehen könnten. Die Strafbemessung macht mich und meine Angetraute sprachlos. Für uns Europäer ist es ein total überzogenes Prozedere, denn in unseren Augen habe ich nichts Verwerfliches angestellt. Okay, das Honigglas hatte ich auf dem Einreiseformular nicht vermerkt. Das war nicht korrekt, aber ist es nötig, diesen Mordsaufstand zu veranstalten, wegen einem Glas Honig?

Mir steigt die Zornesröte ins Gesicht. Und obwohl ich

sonst leicht aus der Haut fahre und losdonnere, wenn ich mich ungerecht behandelt fühle, bleibe ich diesmal beherrscht. Und dieses mich Zurücknehmen rechne ich mir hinterher hoch an, denn ich zische Angela meinen Unmut nur leise zu: „Sicher wird das Arschloch unter der Rubrik Mann des Monats ausgelobt."

Glücklicherweise ist der pflichtbewusste Beamte der deutschen Sprache nicht mächtig, außerdem geht in dem Trubel unter, dass wir weitere Lebensmittel in Tütenform mit uns führen. Doch die Bestrafung ist hammermäßig. Sie endet zwar in keiner Gefängnisstrafe, aber einen Moment, was hat der bescheuerte Zollbeamte gesagt? Habe ich tatsächlich vierhundert Dollar verstanden?

Meine Gehörgänge sind intakt, denn ich werde zu einer Strafzahlung von satten vierhundert Dollar verurteilt. Ich glaube es nicht. Hat der Mann einen an der Waffel?

Die gesalzene Summe macht mich fassungslos, trotzdem berappe ich die geforderten vierhundert Dollar, als Wort VIERHUNDERT, per Visa-Karte, und rechne die Summe im Kopf um, dabei komme ich auf stattliche zweihundertfünfzig Euro.

Meine Frau und ich finden, dass es sich um einen unangemessenen oder gar unverschämten Betrag handelt. Aber ich sollte den Fehler bei mir selbst suchen und mir meinen schludrigen Umgang mit den Einfuhrbestimmungen ankreiden, denn der ehemalige Arbeitskollege, der vor zwei Jahren selbst durch Neuseeland gereist war, hatte mich vor der strengen Handhabung gewarnt.

Trotz meiner Dummheit sind wir nach zwei Stunden auf freiem Fuß, dennoch fühle ich mich flau. Die Fisimatenten sind mir auf den Magen geschlagen. Und als wir mit dem Shuttlebus am Ibis-Hotel in Aucklands City vorfahren, ist mir richtig schlecht. In dem schmalen Hochhaus fahren wir mit dem Fahrstuhl in das übliche Minizimmer hinauf, diesmal mit Kochecke, was für uns neu ist. Im Unterschrank befinden sich sogar Töpfe, Teller, Tassen und das Besteck. Die Bestückung würde für ein kleines Essen oder Frühstück ausreichen. Aber erst einmal sind wir durch den Einreiseärger aufgekratzt und machen, um uns zu beruhigen, einen Stadtrundgang, doch bei dem fange ich an zu frieren. Ich bin mit meiner kurzen Hose zu sparsam angezogen. In Auckland ist es kälter als in Sydney. Hier ist eine lange Jeans Pflicht, denn das Wetter hat Erkältungspotenzial.

Und nach dem Spaziergang in unsere Hotelumgebung zurückgekehrt, trinken wir vor dem Schlafengehen unser gewohntes Alsterwasser in einer Eckkneipe, in der ein Alleinunterhalter alte Songs zum Besten gibt, und das vor fünf oder sechs weiteren Gästen, dann verziehen wir uns in unser warmes Zimmer, mittlerweile ist es Mitternacht. Ist die Zuversicht angebracht, dass es am nächsten Tag wärmer wird? Auf eine Wetterbesserung setze ich meine Hoffnungen.

Am Morgen frühstücken wir fürstlich im Restaurant nebenan. Die hübsche Bedienung, ein Mädel aus Köln, hat Probleme mit dem neuen Job. Sie ist erst einem Monat in Neuseeland und mit den Anforderungen nicht vertraut, aber der Preis von zwanzig Dollar geht nicht auf ihre Kappe. Sie kann ihn nicht beeinflussen. Anschließend spazieren wir durch den Hafen. In dem ist ein Segelboot am Kai festgezurrt, das am berühmten Ryders-Cup teilgenommen und ihn meines Wissens sogar gewonnen hatte. Aber das erwähne ich mit Vorbehalt, denn ich bin kein Experte des Regattasegelns.

Als es uns zu windig wird, beenden den Rundgang, denn es ist auch noch lausig kalt. Um uns aufzuwärmen, gehen wir in ein Einkaufszentrum, wo wir asiatisch essen. Den Ausschlag gibt der niedrige Preis. Später kaufen wir für das Frühstück am nächsten Morgen ein, dann bringen wie den Einkauf ins Ibis-Hotel, denn erneut quälen mich Rückenschmerzen. Woher rühren die? Von der Sitzhaltung am Lenkrad des Campers? Quatsch, das ist fünf Tage her.

Ich brauche eine gründliche Massage, die mir Angela auf dem Bett des Zimmers verabreicht. Danach bleibe ich liegen, so macht Angela einen Abstecher zum Aussichtshochhaus Sky-Tower allein und fährt hinauf. Viele Fotos belegen ihren Alleingang, denn der Blick auf Aucklands riesige Fläche ist sagenhaft. Die ist, wegen der Einfamilienhausbebauung, viermal größer als die Londons.

Es regnet, als Angela zurückkommt. Derzeit ist Auckland ein ungemütlicher Fleck Erde, und der Wetterbericht verheißt wenig Besserung. Um uns die Zeit zu vertreiben, setzten wir uns an den Hotelcomputer, von dem ich Mails an meine Kinder schicke, Angela bedient ihre Schwestern. In Auckland haben wir uns nicht verliebt, was ich teilweise dem Wetter zuschreibe dagegen hatten wir uns in Sydney sauwohl gefühlt, denn die Weltmetropole mit dem interessanten Flair hatte uns gefesselt. Aber verurteilen wir Auckland und Neuseeland nicht vorschnell, sondern warten wir das Leben im Camper ab, welchen wir am nächsten Vormittag abholen werden.

*

Den Start in den 12. November haben wir verschlafen, also frühstücken wir im Rekordtempo, denn wir müssen uns beeilen. Telefonisch hatten wir einen Termin um elf Uhr am Drop out Stand des Flughafens mit dem Verleiher des Campers verabredet. Und dort treffen wir zur verabredeten Zeit in einem Taxi mitsamt unserer Roll-koffer ein, aber kein Verleiher ist in Sicht. Bis zwölf Uhr müssen wir auf den Typ warten, dann erscheint er endlich. Da haben wir uns längst den Arsch abgefroren, denn es ist weiterhin stürmisch und kalt.

Und in die Zentrale des Verleihers gefahren. bekommen wir unseren Eurocamper, doch das Modell entpuppt sich zwar als Toyota, aber als alter Klepper. Unser Vorgängermodell in Australien war neueren Datums. Trotzdem erfolgt eine minimale Einweisung, die eigentlich unnötig ist, danach rauschen wir los. Zu Angelas Freude hat man uns ein Navigationsgerät mitgegeben, das uns in ein Einkaufszentrum lotst, in dem wir einen sinnvollen Großeinkauf tätigen. Dann führt uns das Navi problemlos durch das Straßengewirr Aucklands auf die Ausfallstraße nach Norden. Unser Ziel ist die Bay of Islands.

Auf einer autobahnähnlichen Straße wird uns das Vorwärtskommen durch sturmähnliche Windverhältnisse erschwert, dennoch genießen wir die wunderbare Landschaft, die uns an die Regionen Niederbayerns und an ähnliche in Süddeutschland erinnern. Auffällig sind die saftig grünen Hügel und die waldreichen und nicht allzu hohen Berge. Die Verhältnisse sind ideal für eine erfolgreiche Schafzucht.

Als wir sieben Uhr am Abend in Paihia eintrudeln, regnet es nicht mehr. Dort halten wir Ausschau nach einem schön gelegenen Campingplatz. Und den gefunden, haben wir die freie Wahl, da uns eine breite Palette an Stellplatzangeboten ungenutzt zur Verfügung steht. Von dem Platz, den wir uns ausgesucht haben, versetzt uns der freie Ausblick auf die Bay of Islands in eine Ekstase. „O Gott, was ist es hier schön", jubele ich, dann besuchen wir zur Essenseinnahme den zu Fuß zwanzig Minuten entfernten Ort. In einem Restaurant nimmt eine junge deutsche Bedienung unsere Bestellung auf. Sie lebt seit drei Monaten in Neuseeland und erzählt mir, dass sie aus Itzehoe stamme und zuletzt drei Jahre in München gelebt habe, worüber ich mich als ehemaliger Münchner gern intensiv mit ihr unterhalten hätte, doch das Lokal schließt viel zu früh seine Pforten. Schon zehn Uhr ist in Neuseeland Schicht.

Die Nacht ist kalt, aber die Decke, die wir zusätzlich über uns ausgebreitet haben, wärmt ausreichend, sodass wir relativ fest schlafen können und das ziemlich lange. Wegen des heftigen Regenschauers, der über unser Gefährt hinwegfegt, wollen wir ungern aufstehen. Doch irgendwann reißt mir der Geduldsfaden und ich renne in den Waschtrakt, um eine Katzenwäsche vorzunehmen. Als ich damit fertig bin, baue ich das Innere des Busses zur Wohnlandschaft um, so können wir bequem am Tisch frühstücken. Den Toast mache ich in der Campingplatzküche, da ein Toaster im Camper fehlt. Es wäre eine Überlegung wert, sich einen Toaster zu kaufen.
Wir sind satt und das Regnen hat nachgelassen, deshalb gehen wir nach Paihia und fahren mit einer Kleinfähre zur Landzunge mit dem Örtchen Russel hinüber. Durch den starken Wind ist der Wellengang ungemütlich, so wird uns mulmig, doch als Hoffnungsschimmer blinzeln ab und zu einige Sonnenstrahlen durch die Wolken. Und in dem netten Ort angekommen, ist dort tote Hose. Es ist Vorsaison, dadurch fehlen die Besucher, was die Gegend einsam erscheinen lässt. Wir stiegen über einen Berg zur Strandseite hinüber, aber auch dort ist das Windaufkommen so mächtig, dass es uns glatt umweht. Es regnet auch wieder stärker, daher kehren wir kurzentschlossen nach Paihia zurück und tätigten im Supermarkt den Einkauf für ein Risotto-Gericht.

Es ist sieben Uhr, als wir zum Campingplatz heimkehren und zwei deutsche Mädel kennenlernen. Sie haben als Putzkolonne beim Besitzer des Campingplatzes angeheuert, aber das ohne Bezahlung, nur der Unkostenbeitrag für das Essen und Schlafen wird ihnen erlassen. Ein perfekter Deal für den Halsabschneider. Nach dem Gespräch essen wir und bauen den Bus für die Nacht um, dann legen wir uns hin, decken uns zu und lesen. Es ist zehn Uhr, als unerwartete Geräusche auf dem Platz unsere Aufmerksamkeit wachrufen.

Hinter unserem Bus wird ein Zelt aufgebaut und am Eingang steht ein Polizeiwagen. Das sehe ich durch einen Spalt in der Fenstergardine, zu mehr reicht meine Sicht nicht aus. Wer sind die Leute mit dem Zelt und was macht die Polizei auf dem Platz. Wird nach einem Verbrecher gefahndet?

Am nächsten Morgen sind die Neuankömmlinge und das Zelt verschwunden. Warum so früh? Darüber erfahren wir nichts, nur, dass die Mädel fürchterlich gefroren haben. Der Platzbesitzer hatte vergessen, ihnen Decken bereitzustellen. Sie mussten mehre Klamotten übereinander anziehen, um die Nacht zu überstehen.

Obwohl es die bisher kälteste Nacht unserer Reise war, gewöhnen wir uns an die Temperaturen, denn Kälte härtet bekanntlich ab. Anderseits könnte es wärmer werden, aber die Tage bleiben unbeständig, aber abwechslungsreich. Dennoch wird der Wandertag in Trekking Schuhen nach Waikiki ein Flop. Das Gelände ist in Privathand, nirgendwo gibt es ein Durchkommen. Augenscheinlich ist heute ein Maorifeiertag, denn es wimmelt von Veranstaltungen der eingewanderten Volksgruppe. Die hat bunte Pfähle und Tore festlich geschmückt, und ihre Häuptlinge schwingen Festtagsreden, trotz allem wirkt das Maoritreiben sympathisch auf uns. Letztendlich wandern wir auf einem Weg über unwegsame Klippen am Wasser entlang zurück. Der Weg ist ein willkommener Ausgleich zu den seichten und pflegeleichten Strandwanderungen auf Bali.

Um uns von dem strapaziösen Marsch zu erholen, setzten wir uns auf eine Bank im Zentrum. Endlich hat die Sonne die Oberhand gewonnen. Auch die deutschen Mädel sind vor Ort. Die Hübschere setzt sich an ein Klavier, das man bunt bemalt hat und für uns Gäste aufgestellt wurde. Sie spielt musikalische Leckereien, denn aus gängigen Oldies besteht ihr Repertoire, wofür ich sie lobe.

Trotz des wankelmütigen Wetters ist es wunderbar in der Bay of Island. Das Herzstück der Nordinsel verfehlt nicht seine magnetische Anziehungskraft auf Besucher, die sich zur Natur hingezogen fühlen. Jetzt verstehen wir, warum Neuseelandreisende auf den Abstecher an den Nordzipfel der Insel schwören.

Wir gehen zum Camper zurück, der die Gesellschaft zweier Wohnmobile mit Holländern bekommen hat. Außerdem hat ein deutsches Paar hinter unserem Bus sein Zelt aufgebaut, aber anschließend sind sie verschwunden. Wahrscheinlich sind zum Essen in den Ort gegangen. Und auch wir wollen essen, denn meine Frau begibt sich an den Campingkocher, danach stellt sie uns ein leckeres Spaghetti Gericht auf den Tisch. Dazu kramt sie den im Bus versteckten Heizer hervor. Warum haben wir ihn nicht gesehen? Und warum sind wir nicht früher auf die Idee gekommen, ihn intensiver zu suchen?

Drei Nächte auf dem Campingplatz in der Bay of Islands haben uns fast zermürbt, denn mittlerweile hat uns das Wetter total im Stich gelassen. Wir fahren weiter.

Und als ob die Regenkapriolen nicht schlimm genug wären, verfolgen uns die gefährlichen Seitenwinde Neuseelands. Eine willkommene Unterbrechung ist eine Pause im Ort Whangarei.

In der unscheinbaren Ortschaft benutzen wir die Hundertwasser-Toilettenanlage. Sie ist ein Meisterstück des Künstlers, der hier die letzten Lebensjahre verbracht hat, und auch verstorben ist. Sein Ableben am anderen Ende der Welt hatte ich nicht auf dem Schirm. Zumindest hat er Neuseeland ein witziges Denkmal hinterlassen und wir haben was dazugelernt.

Und wieder nach Auckland unterwegs, geht das Sturm- und Regendebakel weiter. Die Fahrerei ist anstrengend, nichts für schwache Nerven. Kreidebleich klammere ich mich auf der Auckland-Bridge ans Lenkrad des schlingernden Campingbusses, der zum Spielball der tobenden Naturgewalt geworden ist. Habe ich sogar gebetet?

Meine Frau neben mir schreit mich an: „Dreh um! Du bringst uns um." Doch dafür ist es zu spät, weshalb sie sich mit ihren Händen die Augen zuhält.

Es war meine Fehlentscheidung, beim stärksten Windaufkommen seit zehn Jahren, die Route über die kilometerlange Brücke zu nehmen, aber das stempelt mich noch lange nicht zu einem Bruder Leichtfuß ab, denn zu meiner Entschuldigung halte ich fest, dass ich diese Hiobsbotschaft erst aus einer Zeitung erfahren habe, die ich hinterher gelesen hatte. In der wurde vom Benutzen der Brücke ausdrücklich abgeraten. Nichtsdestotrotz wäre der Preis für meine Unwissenheit verdammt hoch gewesen.

Nun gut, wir haben das Himmelfahrtskommando überlebt, trotzdem muss ich solch ein Nervenflattern nicht wieder erleben, denn ich bin physisch total zerfleddert, als wir auf der letzten Rille Roturua erreichen. Es ist eine

Siebzigtausendeinwohnerstadt, über der ein beißender Schwefelgeruch liegt, an den man sich gewöhnen muss. Aber es ist nicht unser Instinkt, sondern das Navigationsgerät, das uns den Weg zu einem Campingplatz weist, der versteckt liegt. Der Anteil an Maoris in der Gemeinde beträgt dreißig Prozent, das entnehme ich dem Reiseführer. Neben den dampfenden Schwefellöchern imponiert das Lebensumfeld der Maori in einem auffällig gestalteten Maoridorf. Die uns von der Bay of Islands bekannten, buntbemalten Torvorrichtungen und Pfähle, die Marterpfählen der Indianer ähneln, bestimmen das malerische Ortsbild. Die Ureinwanderer haben mit der Kirche als Mittelpunkt ihre eigene Kultur bewahrt. Mehrmals pro Woche werden Tanzveranstaltungen für Touristen aufgeführt, aber die Eintrittspreise zu den Vorführungen sind teuer. Den Hinweis auf eine der Veranstaltungen entnehme ich einem Plakat mit Preisangaben, als wir einen Spaziergang als Kontaktaufnahme zum Stadtbild unternehmen. Auch das Essen bei einem Thai im Zentrum hat seinen stolzen Preis, denn das bezahlen wir mit satten sechzig Dollar für zwei Curry-Gerichte, einen Wein und eine Cola. Die Summe knöpft man uns ohne mit der Wimper zu zucken ab.

Als wir zum Campingplatz zurückkehren, ist es spät, außerdem ist unser Tagesetat überschritten. Rechts neben unserem Campingbus steht ein Wohnmobil und links daneben haben zwei junge Australierinnen mit einem Kombi ihr Domizil aufgeschlagen. Die haben uns durch das Ausstöpseln des Stromkabels unserer Elektrik beraubt. Warum? War's Unwissenheit?

Ich will mich nicht mit ihnen anlegen und beschlagnahme eine der anderen Steckdosen, um unser Heizgerät anzuschließen und mit dem den Bus aufzuwärmen, da die Nächte weiterhin eklig kalt werden.

Am nächsten Morgen wärmen wir uns in einem lauwarmen Schwefelwasserbecken auf. Es hätte eine Idee heißer sein dürfen, trotzdem ist es eine nicht alltägliche Badeeinheit. Danach duschen wir das Schwefelwasser ab und waschen uns die Haare. So sind wir bereit für ein leckeres Frühstück. Ich gönne mir ein gekochtes Ei und als Luxus ein Glas Orangensaft.

Und als hätte Angela es geahnt, ist diesmal ihrem E-book Reader der Saft ausgegangen. Aber da die Sonne scheint und ordentliche Morgentemperaturen herrschen, gehen wir in die Stadt und finden beim Besichtigen einen Internetshop, in dem wir den Reader zum Aufladen anschließen, nebenher surfen wir im Internet und erkunden das Weltgeschehen. Ich erfahre, dass die deutsche Fußballnationalmannschaft ein Trauerspiel mit 4:0 gegen Gibraltar gewonnen hat. Okay, da habe ich nichts verpasst.

Es könnte alles easy sein, wäre da nicht das ärgerliche Rätsel mit dem Aufladen. Es will nicht funktionieren, obwohl der Reader auf Aufladen steht. Aus Verzweiflung versuchen wir es später im Camper mit dem USB-Kabel, worauf wir früher hätten kommen können, denn das klappt problemlos.

Doch bevor es dazu kommt, genießen wir das schöne Wetter und schlendern zum See, an dem eine Gruppe Chinesen mit wachsender Begeisterung die Schwäne füttert. Ein Bild für die Götter beim veranstaltetem Fotoaufwand. Danach verspeisen wir auf einem Flohmarkt ein Hot Dog. Und als Abschluss zieht es uns in ein hübsch gestaltetes Museum, in dem ich mich für die Geschichte der Maori interessiere, denn mich fesseln die Umstände ihrer Einwanderung. Ein origineller Filmvortrag zeigt einen Vulkanausbruch, der die Maori fast ausgerottet hätte. Aber dass es in den Weltkriegen ein

Maori Schwadron gegeben haben soll, das war mir gänzlich unbekannt. Und nach unserem Erklimmen des hohen Museumsturms mit dem hervorragenden Ausblick über die Stadt und Umgebung, schließt das Museum seine Pforten, so machen wir uns auf den Heimweg.

Unterwegs fotografieren wir spektakulär qualmende Löcher, erzeugt durch den schwefelhaltigen Schlamm. Wenn ich heute an die Dämpfe denke, kehrt der ätzende Geruch in meine Nase zurück. Und ein weiteres Opfer unserer Lust auf das Fotografieren ist ein uns unbekanntes Huhn mit Nachwuchs. Das originelle Familienmotiv bereichert unsere Fotosammlung, denn wie Australien, so hat auch Neuseeland einen reichhaltigen Schatz an Federvieh.

Der Tag war aufschlussreich, deshalb schicke ich zum Abschluss mit einer Sammel-WhatsApp die neusten Bilder in die Heimat, danach bringe ich das Tagebuch auf den aktuellen Stand, wobei ich auf wärmere Nächte und einen sonnigen Tag hoffe.

*

Im Morgengrauen regnet es unerbittlich. Die Wettergötter der Maoris haben sich gegen uns verschworen. Die Weiterfahrt nach Napier ist bei dem Dreckswetter grauenvoll, so wird es durch die eingeengte und schlechte Sicht ein trostloser Tag. Viel bleibt von der wunderschönen Landschaft verborgen. Die Umgebung erinnert mich an die Filme mit dem kleinen Hobbit, denn die hat man tatsächlich hier gedreht.

Die Südwesterli's, so nennen die Einheimischen ihre kräftigen Winde aus Südwesten, was viel zu liebevoll klingt, toben geradezu über das Land und führen hartnäckig Regie. Doch trotz des oft verregneten Klimas schwärmen die deutschen Besucher vom Zweiinselstaat. Leider hat uns die Nordinsel, was das Wetter betrifft, während unserer Anwesenheit schlecht bedient. Die Neuseeländer haben was an uns gutzumachen.

In der schmucken Hafenstadt Napier an der Ostküste angekommen, es ist die sonnigste Gegend der Nordinsel, lässt sich nach langer Zeit die Sonne blicken. Wir atmen auf, denn die Sonne gibt es noch. Und im Ort den Tank gefüllt, fahren wir zum Supermarkt, denn ich habe mir vorgenommen, für den Abend Spaghetti-Napoli zu kochen, denn finanziell ist ein Restaurantbesuch nach dem teuren Stopp beim Burger-King nicht mehr drin.

Als wir durch die Innenstadt flanieren, knipsen wir die berühmten Art-Deco Fassaden, um danach ein Stück am langen Strand entlang zu bummeln, und das, obwohl die Windstärke zugelegt hat, aber wenigstens scheint die Sonne. Um die Wettervorhersage zu studieren, suchen wir nach einem Zeitungsladen, aber wir finden keinen. Die Prognose der Presse für die nächsten Tage hätte uns brennend interessiert.

Halb fünf müssen wir unseren Parkplatz verlassen. Der Parkschein ist abgelaufen. Wir fahren zum einzigen Übernachtungsplatz in der Stadt, und das ist der Holiday Park, der pro Nacht achtundvierzig Dollar kostet. Es ist ein Preis, den ich nur unter Protest akzeptieren will, immerhin ist das Schwimmen in einer riesigen Poollandschaft inklusive, und von dem Angebot mache ich sofort Gebrauch, wodurch sich mein Unmut über die Campinggebühr schnell entschärft.

Anschließend ergänze ich meine Tagebucheintragungen und Angela liest in einem Krimi ihrer Lieblingsautorin, dann koche ich, und wir essen das frisch zubereitete Reisgericht. Und da es nicht regnet, trinken wir den Einschlaftrunk vor unserem Bus, dabei freuen wir uns auf unser zu Bett gehen, denn uns steht die wärmste Nacht unseres vom Regen geprägten Neuseelandaufenthaltes bevor.

In der Nacht hat der Sturm nicht nachgelassen, trotzdem fällen wir den Entschluss, uns Fahrräder auszuleihen. Da die des Campingplatzes unbrauchbar sind, hilft uns ein Fahrradverleih im Ort aus. Bei dem bezahlen wir eine Ausleihgebühr von fünfzig Dollar, dann schwingen wir uns auf den Sattel und fahren nach Norden. Wir kommen verhältnismäßig gut voran, doch nach drei Kilometern ist's vorbei mit der Herrlichkeit. Die Grausamkeit der Seitenwinde schmeißt uns regelrecht um. Also kehren wir auf ein Stück Apfelkuchen in eine Bäckerei ein. Dazu trinke ich einen Milchshake mit Karamell Geschmack, und das führt prompt zum Durchfall. Um größeren Schaden abzuwenden, finden wir eine Toilettenanlage.

Als wir wieder auf dem Sattel sitzen, macht uns der Sturm immer mehr zu schaffen, also geben wir entkräftet auf und legen uns an einem vor dem Wind geschützten Platz ins saftige Gras. Mit geschlossenen Augen träume ich, dass der Wind abgeschafft wird und stattdessen an jedem Tag die Sonne vom Himmel lacht. Schön wär's, denn unseren ersten Radausflug in Neuseeland hatte ich mir anders vorgestellt, dazu ist der Sattel ungeeignet für mein Hinterteil. Immerhin entschädigen uns die Sonnenstrahlen für die entgangene Freude am Radfahren. In unserer Mulde ist es so schön, sodass ich beim Dösen sogar kurz einschlafe.

Nach zwei Stunden geben wir die Räder ab und ich entleere mich in einem öffentlichen Toilettenhäuschen, dem Durchfall geschuldet. Danach diskutieren wir über den weiteren Verlauf der Reise, dabei fällen wir die Entscheidung, unseren Aufenthalt trotz des Windes zu verlängern.

Das prognostizierte Hoch über Napier hat den Ausschlag gegeben, denn nirgendwo wird uns eine bessere Wetterlage garantiert. Leider wird unser Spaziergang nach dem Essen in die Umgebung des Campingplatzes keine großartige Attraktion. Ab neun Uhr klappt man in Napier die Bürgersteige hoch und es herrscht Hängen im Schacht. Nur dem Geldautomat auf unserer Wegstrecke wiederfährt Aufmerksamkeit. Den Inbegriff für ein fetziges Nachtleben bleibt uns Neuseeland schuldig.

Am nächsten Tag stehen der Te Mata Peak, das ist ein Berg im Süden Napiers, und eine Wanderung zum Cape Kidnappers, dem Brutplatz für Tölpel, auf der To-Do-Liste, doch der Marsch zu den Tölpeln scheitert an der Flut. Deren Brutplätze sind nur bei Ebbe erreichbar. Das ist sehr bedauerlich, doch manchen Tölpel gibt es auch in unserer Heimatstadt zu bestaunen. So bleibt uns der Aufstieg auf den Te Mata Peak, aber auch der stockt auf halber Strecke, und das liegt am böigen Wind, trotzdem ist der Berg eine Wucht. Die Aussicht auf die Landschaft mit Napier ist genial. Wir wollen von dort gar nicht weg. Allerdings ist es gefährlich bis an die Spitze des Berges hinaufzusteigen, denn der Sturm würde uns packen und uns in einen Schlund hinabwehen, und es stürmt nun schon tagelang über Neuseeland. Wie halten die Einheimischen solche Wetterbedingungen bloß aus?

Auch sich am Meer in eine geschützte Mulde zu legen ist an dem Tag eine Totgeburt. Entgegengesetzt zum vorherigen Tag findet sich kein passender Platz. Stattdessen machen wir am Supermarkt einen Stopp, und kaufen die Zutaten zu meinen Spaghetti-Carbonara ein. Das Maggi-Tütchen dafür habe ich aus der Heimat nach Neuseeland eingeschmuggelt. Doch bevor ich mein Kochen beginne, rufe ich von einem Münzautomaten des Campingplatzes meinen Sohn an und gratulierte ihm, auch im Namen Angelas, zum Geburtstag. Doch leider rattern die Coins viel zu schnell durch das Zählwerk und sind bald aufgebraucht, dennoch hat er sich riesig gefreut. Und mit einem Leseabend, bei dem ich mich auf die Südinsel vorbereite, schließen wir das Kapitel Napier. Das war, trotz der unangenehmen Windverhältnisse, ein hochinteressanter Besuch und hat uns bei den Erkenntnissen über Neuseeland weitergebracht.

Die Sonne scheint beständig, daher ist die Fahrstrecke von Napier nach Wellington ein landschaftlicher Genuss. Man könnte meinen, man fahre durch eine Fotogalerie oder durch die Bebilderung eines Märchenbandes. Es ist die Gegend, in der viele Sequenzen zum Film „Herr der Ringe" gedreht wurden. Und da auch die Windturbulenzen stetig nachlassen, macht das Fahren endlich wieder Freude.

Aber eine Pause muss sein. Und die legen wir im MacDonald in Masterton ein. Angela verzichtet auf das Fastfood Gedöns, ich jedoch esse einen Cheesburger, denn dann und wann komme ich um die Sauerei nicht herum. Zum Einkaufen finden wir einen Supermarkt der Kette Countdown, ansonsten ist der Ort langweilig und wir fahren weiter. Unterwegs sehe ich ein Warnschild mit dem Kiwi-Emblem, doch da ich nicht anhalten kann, verpasse ich ein Foto von dem Motiv, das ich mir schon vor der Reise gewünscht hatte.

Nach mehreren Stunden kommen wir in die Umgebung Wellingtons, aber die Suche nach dem Schlafplatz, der zwanzig Kilometer vor der Hauptstadt liegen soll, brechen wir ab, da er unauffindbar ist, stattdessen landen wir auf einem befestigten Parkplatz mitten im Zentrum der

Großstadt, der sich Motorhome-Park nennt. Wir bestaunen auf der Landseite eine Anreihung an respektablen Hochhäusern, die den Stellplatz winzig erscheinen lassen, auf der anderen Seite starren wir hinaus auf den Ozean. Für Campingromantiker ist der Platz eine schallende Ohrfeige. Außerdem bezahlen wir unverschämte fünfzig Dollar für die Benutzung der Wasch- und Toilettencontainer, dafür sollten sich die Verantwortlichen schämen. Aber einen Vorteil hat der Platz, und das ist seine zentrale Lage, sodass man einen abendlichen Bummel durch die City Wellingtons ohne längere Anreise unternehmen kann, dazu ist es bis zum Fähranleger zur Südinsel nicht weit.

Wir essen ein Schnellgericht im Camper, denn den Restaurantbesuch haben wir aus Gründen der Sparsamkeit gestrichen. Nach der Nahrungsaufnahme spülen wir das Geschirr und führen uns die sehenswerte Innenstadt zu Gemüte. Der Ex-Arbeitskollege hatte sich abfällig über die Hauptstadt geäußert, aber mir gefällt die eigenwillige Bebauung mit den ungewöhnlichen Gebäuden und dazu passenden Denkmälern, denn die Stadt hat einen amerikanischen Touch.

Als wir müde werden und vorerst genug gesehen haben, setzen wir uns zum Durchschnaufen in eine Musikkneipe, in der wir zwei Gläser Alsterwasser trinken. Es ist elf Uhr, als wir den Stadtbummel beenden und uns zu unserem Nachtlager begeben. Und sogar die Nacht in der Großstadt ist ungemütlich kalt, aber die Anzahl der Frostbeulen hält sich in Grenzen.

*

Am 21. November wollen wir die Nordinsel und damit auch Wellington verlassen. Und obwohl die Nacht kalt war, habe ich ordentlich geschlafen. Sogar die in den Kocher integrierte Toastvorrichtung habe ich entdeckt und sie in den Griff bekommen. Und das ist nötig, da der Platz keine Campingküche bietet. Der von mir erzeugte Toast ist zwar leicht angeröstet, immerhin genießbar, aber die Duschen sind okay. Nun bleibt uns ein zweistündiger Aufenthalt, bis die Autofähre mit uns zur Südinsel ablegen wird. Diese Zeit nutzten wir für unsere Sightseeing-Aktivitäten, die bei mir einen nachhaltigen Eindruck hinterlassen. Danach kann ich die negative Einschätzung meines Ex-Arbeitskollegen, die Hauptstadt Wellington sei ein Flop, energisch zurückweisen. Für mich beruht sie auf einer fehlgeleiteten Grundlage. Aber wer von uns hat die falschen Vorstellungen?

Beim Warten auf die Fähre gerate ich in ein Gespräch mit dem Ehepaar, das eine Nacht in dem Schwefelort unsere Nachbarn waren, nur hatten wir damals nicht mit ihnen gesprochen. Sie wohnen in Oberhausen, und der Mann ist Sozialarbeiter von Beruf, jetzt aber in Rente. Dummerweise ist er ein Fan des Fußballclubs FC Schalke 04. Das spricht nicht für ihn. Dass die Frau sechzig Jahre alt ist und als Krankenschwester arbeitet, erfahre ich so nebenbei, denn er ist der Wortführer. Er nuschelt zwar, weswegen ich ihn schlecht verstehe, aber alles in allem sind sie sympathische Landsleute und ähneln uns in der Altersstruktur, doch während der Überfahrt verlieren wir sie aus den Augen.

Das Übersetzen zur Südinsel dauert drei Stunden und zwanzig Minuten. Es verläuft ruhig, entgegen anderslautenden Informationen, in denen von heftigen Unwettern geschrieben wird. Bei glatter See gleiten wir sanft durch einen sehenswerten Fjord, der sich Queen Charlotte Sound nennt. Das Passagieraufkommen ist groß, denn es herrscht reger Wochenendreiseverkehr von Insel zu Insel. Zur Stärkung kaufe ich uns eine Familienportion Fritten. Aber was ist das plötzlich für ein Wetter? Unbarmherzig prasseln die Sonnenstrahlen auf uns herab. Zwölf Tage sind wir jetzt in Neuseeland auf Tour, aber diese milden Temperaturen sind neu. Hält in dem vom Wind strapazierten Land endlich der Sommer Einzug, der jahreszeitlich eine Normalität wäre?

Wir fahren mit unserem Camper in Picton an Land und nehmen den Top 10 Platz Holiday Park. Der liegt günstig zu den von uns geplanten Aktivitäten. Er hat einen Pool und unsere Parzelle ist mit einer Holzsitzgarnitur versehen, wie man sie oft in Neuseeland auf Campingplätzen vorfindet. An den Sitzgestellen kann man wunderbar essen, ohne die eigene Tischgruppe rauskramen zu müssen, aber wir haben keine Lust sie zu benutzen, stattdessen spazieren wir in den Ort und essen eine Pizza, das ist die beste Alternative zum Selberbrutzeln. Doch anstatt unseren Abendgetränk in Picton zu uns zu nehmen, kauft sich Angela eine Flasche Wein. Ich begnüge mich mit Bier und Sprite. Beides haben wir im Kühlschrank.

Es ist nicht die Sonne, die uns früh aufwachen lässt, aber nein, es nieselt. So feucht wurden uns die Marlborough Sounds nicht geschildert. Der Reiseführer preist die Region um Picton als sonnenüberflutete Wunderwelt an, doch die momentanen Wetterbedingungen zwingen uns zu einem Aktivitätsstopp, womit ich nicht die dreckige Wäsche meine, denn die stecken wir in einen der Waschvollautomaten im Waschraum. Während der läuft, kaufen wir mit dem Camper im Supermarkt ein.

Und den Einkauf erledigt, lockert sich die Bewölkung auf und es wird warm, denn wie erhofft nimmt die Sonne das Heft in die Hand. Unsere logische Reaktion ist eine

Wanderung in die Waikawa Bay. Doch bevor die steigt, essen wir ein Schinkenbrot, dann schnappen wir uns die Wanderrucksäcke und stürzen uns in ein außergewöhnliches Wandervergnügen. Bei dem Vergnügen handelt es sich um eins der schönsten naturreservate Neuseelands, daher stellen die herrliche Panoramabilder, die sich vor uns auftun, jede noch so schöne Ansichtskarte in den Schatten, die ich vorher käuflich erworben hatte.

Nach der Rückkehr und einer Portion Chili-Concarne intus, von mir gekocht, schreibe ich die Ansichtskarten an die Kinder, an meine Ex-Frau und an die Schwester. Die stecken wir später in den Briefkasten am Fährschalter. So ist der Anfang für weitere Karten gemacht. Und in der Nacht, als wir uns im Bett aneinander kuscheln, hören wir eine Horde Motorradfahrer, die sich auf dem Campingplatz einquartiert. Hoffentlich machen sie keinen Rabatz.

Am nächsten Tag ereilt uns ein Schock, denn als wir aufwachen ist der Himmel abermals wolkenverhangen und es ist kühl. „Was haben wir Neuseeland angetan?“, fluche ich ehrlich empört. Nichts ist es mit einem Frühstück an der Holzsitzgarnitur, denn wir müssen mit dem Businnenraum vorlieb nehmen, wonach wir uns zu der vernünftige Endscheidung für einen Museumsbesuch durchringen. Glücklicherweise ist der Eintritt an Sonn- und Feiertagen frei.

Im Museum schieße ich Fotos von blauen Pinguinen, die leider schlecht werden, danach besichtigen wir mit dem Edwin Fox Ship eins der ältesten Segelschiffe der Welt. Es wurde 1853 in Indien aus Teakholz gebaut und wird in mühsamer Kleinarbeit restauriert, dazu hat es eine abenteuerliche Geschichte hinter sich, unter anderem durch den Transport der Sträflinge von Australien nach Neuseeland. Aber sobald der Dreimaster wieder aufgemotzt ist, wird aus ihm wieder ein stolzes Boot. Als wir aus dem Museum ins Freie treten, strahlt die Sonne wie ein Honigkuchenpferd vom Himmel. Da kann es nur eine Endscheidung geben: Wir schnappen uns die Wanderrucksäcke, packen etwas Essbares ein und dringen bis an die Spitze der Marlboro Sounds vor. Und das machen wir.

Als wir eine Stunde unterwegs sind, stellen wir zufrieden fest: Die Wanderungen werden immer eindrucksvoller. Wir stoßen auf Aussichtsplattformen, von denen wir auf den nicht enden wollenden Fjord mit seinem tiefblauen Wasserspiegel hinabblicken, dabei kommt uns ein Fährschiff entgegen, weshalb wir verweilen. Mit strahlenden Augen lassen wir die wunderschöne Filmkulisse in Kombination mit einer dahingleitenden Fähre auf uns einwirken. Puh, wie ist das schön. Kann es wundervollere Tage in Neuseeland geben?

Wir treffen zwei junge Männer. Einer ist Deutscher, der andere Österreicher. Wir unterhalten uns über ihre Neuseelanderfahrungen, wobei wir den weiteren Verlauf der Reise nach Ostasien und Indien schildern. Sie staunen über unseren Wagemut. Ich denke aber, dass sie uns für zu alt für solch eine Reise halten. Der Deutsche macht mit unserem Smartphone ein Foto von mir und Angela und dem Fjord im Hintergrund. Und nach etwas amüsantem Smalltalk, wünschen wir ihnen und sie uns viel Glück, und weiter geht's.

Als wir die Wanderung erfolgreich abgeschlossen haben, kocht meine Frau in der Campingküche, um unsere Gasflasche zu entlasten. Ihr Hackfleischgericht mundet prächtig. Und ebenso erfreulich sind die brandneuen Nachrichten über WhatsApp. Meine Tochter schickt uns ein Foto vom verschneiten Aachener Weihnachtsmarkt, und die Freundin meines Sohnes eine Aufnahme von einem Fußballspielbesuch auf dem Tivoli. Der Kontrast zu den Marlborough Sounds ist beträchtlich. Dass wir uns bald von der Schönheit des Fjordes losreißen müssen, das wird uns einige Tränen kosten.

Der Abreisetag fällt auf unseren Hochzeitstag. Es ist unser erster und dazu scheint die Sonne, wie es sich für einen Festtag gehört. Wir frühstücken im Freien und das etwas üppiger als sonst. Besonders erfreut sind wir darüber, dass aus uns ein hervorragend eingespieltes Team geworden ist.

Überaus vielseitig ist die Weiterfahrt nach Nelson. Zuerst fahren wir durch das riesige Weinanbaugebiet Blenheim, darauf folgen saftige Kuhweiden und später die Weiden zur Schafzucht, wonach wir uns in die Bergregion bewegen. Nur hundertvierzig Kilometer beträgt die Gesamtstrecke. Gegenüber auf der Nordinsel sieht man die schneebedeckten und fast zweitausend Meter hohen Berggipfel, die sich majestätisch erheben.

Es ist ungefähr zwölf Uhr, als wir den Camper auf einen Parkplatz der Supermarktkette Countdown in der Innenstadt abstellen. Viel kaufen wir nicht ein, denn ich habe meine Frau zur Feier unseres Hochzeitstages zu einem opulenten Essen in ein Lokal der Extraklasse eingeladen. Doch bevor wir den Campingplatz aufsuchen, testen wir den Tahunanui Beach. Dort können wir uns aber nicht in die Sonne am Strand legen, denn dafür müsste man dem Wind den Saft abdrehen, also verzehren wir eine Brotzeit in unserem Bus, und anschließend kuscheln wir uns im Windschatten einer schützenden Düne aneinander, bis es uns zu heiß wird. Trotzdem ist unsere Gesichtshaut leicht gerötet, als wir das Wohnmobilcamp außerhalb des Ortskerns erreichen. Neben uns Neuankömmlingen zähle ich zwei weitere Wohnmobile.

Wir machen kein großes Aufhebens und schließen unseren Bus ab, dann machen wir uns auf den Weg zum Ortskern. Es ist eine lange Fußstrecke zu unserem Hochzeitsgelage, aber laufen ist bekanntlich gesund. Aber verflixt und zugenäht, wo sind die Restaurants?

Wir latschen bis zum Jachthafen hinunter. Nichts. Überall tote Hose. Als wir uns mit einem Lokal für Burger abfinden wollen, sehen wir ihn, den absoluten Lichtblick des Abends. Wir stehen vor einem indischen Restaurant, und das ist keine Sinnestäuschung.

Im Restaurant einen ordentlichen Tisch gefunden und uns hingesetzt, rät mir der Kellner von dem gewünschten Goa-Gericht ab. Es sei zu scharf. Er benutzt das Wort spicy als Abschreckung. Und ich bin so naiv und glaube es ihm, daher nehmen wir das Reisgericht mit Mango, und es schmeckt hervorragend. So schweben wir auf der berühmten Wolke sieben, denn uns bekommt das verheiratet sein ausgezeichnet, obwohl uns die zwanzig Jahre, die wir uns kennen, als Einheit zusammengeschweißt hatten. Wir sind weiterhin verliebt wie am ersten Tag und schwelgen in wunderbaren Erinnerungen. Und das Essen bildet den würdigen Rahmen.

Doch irgendwann kommt der Punkt, da werde ich unsicher. Mich bedrückt das ungute Gefühl, dass man uns loswerden will, um unseren Tisch anderweitig vergeben zu können. Das Getue des Personals, das uns nicht mehr beachtet, stimmt mich sauer, denn so geht man nicht mit feiernden Gästen um. Lasse ich mir die Unverschämtheit gefallen?

Es fällt mir zwar schwer, aber ich habe mich unter Kontrolle und bleibe ruhig, denn etwas habe durch den Einreisestress gelernt: Immer schön gelassen bleiben in einem fremden Land und sich nichts anmerken lassen.

Also mache ich keinen Aufstand, stattdessen verlassen wir das Lokal ohne ein Trinkgeld dazulassen, dann gehen um die Ecke in die Spiel- und Musikkneipe. Dort trinken wir zwei Baileys, natürlich in Kleinformat, wobei zwei Gläser sechzehn Dollar kosten. Bei unserem Wirt Pepe auf La Gomera bekommen wir einen Doppelten für den halben Preis.

„Scheißegal", sage ich zu meiner Frau, schon leicht beschwipst. „Ich bin heilfroh, dass ich dich für mich gewonnen habe. Du bist mein größtes Glück."

Elf Uhr sind wir auf dem Campingplatz, um auf ihm zu nächtigen. Auf dem haben sich noch weitere Camper eingefunden.

Ein Frühstück unter Sonnenschein. Diese Hoffnung erfüllt sich nicht, denn die Wolkendecke ist zäh. Nichtsdestotrotz machen wir unsere Wanderung zu einem Denkmal, welches das Zentrum Neuseelands symbolisieren soll. Das steht auf einer Bergkuppe, von der wir bei einsetzendem Regen am Bergkamm entlang durch einen japanischen Garten zur Ortsmitte zurücklatschen. Mein Kapuzenshirt, über das ich eine federleichte Regenjacke gezogen habe, schützt ausreichend.

Nach der Zeitanzeige auf dem Display des Handys ist es vier Uhr. Viel können wir an dem Tag nicht mehr unternehmen. Wir gehen in einen Buchladen und kaufen Ansichtskarten, danach kehren wir zum Camper zurück und ziehen die durchnässten Klamotten aus. Anschließend machen wir es uns gemütlich, dabei stören die auf das Dach des Busses trommelnden Regentropfen keinesfalls. Eher ist das Gegenteil der Fall, denn für mich romantisch Veranlagten, was ich tatsächlich bin, wird das Kartenschreiben ein Genuss. In der Regenatmosphäre fühle ich mich im Wohngefährt besonders heimelig.

Am Abend koche ich in der Campingplatzküche, wobei ich mich über die schlechten, weil langsamen Kochplatten ärgere, dann verspeisen wir im Camper das von mir zubereitete Nudelgericht. Und als Höhepunkt essen wir eine Mandarine, die lecker schmeckt. Aber was kann man wetterbedingt noch machen? Noch mal ausgehen? O nein, der gestrige Hochzeitstag war teuer genug.

Die nächste Etappe führte uns nach Marahau, dort wollen wir ein Stück des Abel Tasman Coast Track beackern, der durch den Tasman Nationalpark führt. Den haben wir uns als Wanderhöhepunkt für den Norden der Südinsel vorgenommen. Zuvor haben wir das Problem, dass wir uns zwischen zwei Campingplätzen entscheiden müssen. Den abgelegenen Platz umgibt ein Hauch Alternativromantik, unter anderem beheimatet er eine Gruppe Lamas, doch unsere Wahl fällt auf den Stellplatz am Hauptstandort in sehr günstiger Lage, denn der unterstützt unsere Ausflugaktivität, zudem ist er fast leer.

Früh morgens besteigen wir ein Wassertaxi, das bei Ebbe von einem Traktor ins tiefe Wasser gezogen wird. Dann sticht der Skipper mit uns und vierzehn Leuten an Bord in See und macht seine Späße. An einem Felsen mit Kormoranen stoppt er, ebenso an einer Sandbank mit Seehunden, danach beschleunigt er das Tempo des Bootes, sodass uns Hören und Sehen vergeht. Bald sind die hinten im Boot sitzenden pitschnass gespritzt, doch das stört ihn nicht.

Nach zwanzig Minuten am Startpunkt des Wandervergnügens angekommen, macht der Wassertaxifahrer den Motor aus. Wir ziehen die Schuhe aus und springen barfuß ins Wasser, dann waten wir an Land. Mir ist etwas schwindelig. Das Tempo des Wassertaxis ist mir auf den Magen geschlagen, deshalb setzen wir uns auf eine Bank vor einem luxuriösen Übernachtungshaus. Ich trockne mir die Füße ab, ziehe mir die Socken und die Treckingschuhe an, dann beginnt der fünf Sterne Wandertrip.

Und tatsächlich. Es ist eine Wanderung der Extraklasse. Sie ist genial und hat das, was sich Wanderer wünschen. Zuerst geht's stur bergauf, das aber moderat. Und danach, wir befinden uns weit über den Wasserspiegel, gibt der Weg unglaubliche Ausblicke auf den tiefblauen Pazifik mit seinen abwechslungsreichen Küstenabschnitten frei. Dazu genießen wir ein vielstimmiges und artenreiches Vogelgezwitscher. Die Vielfalt des Nationalparks ist unbeschreiblich. Außerdem haben wir viel Dusel mit dem Schokoladentag, an dem uns die Sonne mit einer ganztägigen Bestrahlung verwöhnt.

Zwei Müsliriegel essen wir bei der ersten Rast in einer kleinen Sandbucht, dazu trinken wir viel Wasser, was mich unsicher macht. Wird unser Vorrat reichen?

Und weiter wandern wir bis zu einem langen Strandstück, an dem wir uns in die Sonne knallen. Wegen der totalen Ruhe schlafe ich sogar ein kleines Weilchen. Als ich aufwache, müssen wir aufbrechen, denn wir haben noch zwei Stunden vor uns. Die Zeitspanne für die Wanderung ist auf fünf Stunden ausgelegt. Und wir schaffen es vor Einbruch der Dunkelheit, aber den Genuss der Wanderung, genauso die Anstrengung, sieht man uns an, als wir am Camper eintreffen, und Angela zwei Tassen Tee aufbrüht. Und mit einer Portion Penne-Arrabiata setzen wir uns an den Tisch im Camper, an dem ich meine Tagebucheinträge mache. Dann haben wir uns auf eine sternklare und kalte Nacht einzustellen.

Als wir morgens aufwachen, ist die Sonne verschwunden und der Temperatursturz enorm. Ich friere, deshalb will ich nach Takaka fahren. In der nächsten Bucht hoffe ich auf eine Wetterbesserung.

Gesagt, getan, nieselt es beständig, also fahren wir nach Pohara zu einem Monstercampingplatz. Und wie das Leben so spielt, glänzt der mit seiner totalen Leere. Aber der Platz ist in Betrieb, trotz seines öden Erscheinungsbildes, und die Rezeption ist geöffnet. Doch bevor wir uns zum Bleiben durchringen, warten wir auf dem Vorplatz auf den Wetterumschwung. Und der kommt. Zwar trauen wir dem Braten nicht so richtig, doch der Himmel hat ein Einsehen. Mit verbesserter Laune melden wir uns an der Rezeption für zwei Nächte an.

Tja, so ist es oft. Kaum ist der Anfang gemacht, füllt sich der Platz. Schlussendlich hat sich die Zahl auf sieben Wohnmobile erhöht. Und ein Spaziergang zu einem Hafen in unmittelbarer Nähe, bei dem man auf Pinguine stoßen könnte, schließt sich der Anmeldung an. Und wo sind die Pinguine? Trotz eifrigen Suchens bleiben sie unsichtbar. Wir sehen nur ein hübsches Toilettenhäuschen, auf dessen Türen lustig angezogene Pinguinkarikaturen prangen.

Der Spaziergang hat Spaß gemacht. Und zum Camper zurückgekehrt, kocht meine Frau. Und die hat der Mut gepackt, denn sie wagt sich an eine Paella heran. Als Fleischersatz nimmt sie neuseeländische Würstchen. Wie mag ihre Version schmecken?

Die Würstchenversion hat geschmeckt. Die Zutaten gab's übrigens im Campingplatzshop, in dem ein erstaunliches Sortiment an Lebensmitteln in den Regalen steht. Ich bitte meine Frau, das Gericht als Bereicherung in die Bordküche aufzunehmen. Doch danach folgt die Nacht, und die wird bitterkalt, wie die vorherigen Nächte. Obwohl wir uns aneinander Kuscheln kommt sie mir kälter vor, als in Zeitungsartikeln angegeben. Für mich sind es höchstens zwei Grad, mehr nicht, noch dazu ist keine

Erwärmung in Sicht, glaubt man den Prognosen der Wetterprofeten.

Bei unserem Frühstück am Holztischgestell scheint die Sonne, aber es ist Vorsicht geboten, denn freche Möwen wollen uns das Essen aus der Hand rauben. Vom Teller sowieso. Darin sind sie sehr geschickt. Danach beginnt unser emotional ausgewogenes Tagwerk. Das besteht aus dem Wandertrip zu einem Wasserfall, den Wainui-Falls, denn die Kletterpartie ist mit ihrem Schwierigkeitsgrad ein Knaller. Erstens ist der Weg herausragend schön und zweitens führt er über eine wild wippende Hängebrücke, die gefährlich wirkt, doch ich verspüre weder Leistungsdruck noch Höhenangst, obwohl ein beträchtliches Maß an Schwindelfreiheit verlangt wird. Und zusätzlich führt der Marsch unentwegt an einem tosenden Gebirgsbach entlang. An eine anspruchsvollere Wanderung kann ich mich schwerlich erinnern, und wir kennen durch La Gomera viele Höhepunkte.

Zufrieden zum Camper zurückgekehrt, ruhen wir uns aus. Meine Waden zwicken. Und was essen wir? Ich verspüre keine Kochgelüste, daher fahren wir in die Kleinstadt Takaka, in der die Alternativszene beheimatet sein soll. Vieles erinnert an Nimbin, nur alles ein paar Nummern kleiner. Wir machen einen Bummel durch den Ort, dann gehen wir in ein Restaurant und ich esse eine Pizza, Angela einen Salat. Das kostet uns mit einem Glas Alsterwasser und einem Glas Wein satte neunundfünfzig Dollar.

„Wieviel will der Kellner haben?" Ich schaue meine Frau ratlos an, denn für mich ist die Forderung ein Witz. „Habe ich neunundfünfzig Dollar vernommen? Ein ähnliches Problem hatten wir doch schon mal", stammele ich. „Mein Gott, das glaube ich jetzt nicht."

Geschockt von dem Betrag, den ich nicht wahrhaben

will, frage ich nach, aber der Inhaber bleibt hart. Ich könne den Preis mit der Speisekarte vergleichen, weist er mich unfreundlich in die Schranken, was ich wenig alternativ finde. „Na gut, ich passe", gebe ich klein bei, denn da ist nichts zu machen. Zu unserem Glück folgen nach Neuseeland die asiatischen Länder, in denen man preiswerter über die Runden kommt. Als die Erkenntnis in uns gesiegt hat, fahren wir zurück zum Campingbus und machen einen Leseabend. Dass es in der Nacht lausig kalt wird, ist dementsprechend logisch, und verdient kaum Beachtung.

Am nächsten Tag stehen wir früh auf und frühstücken im Freien, da die Sonne an Wiedergutmachung denkt. Dann geht Angela bezahlen und kommt ernüchtert zurück, denn ihr DKB-Konto ist nicht gedeckt.

„Stell dir vor, es steckt sogar mit fünfhundert Euro in den Miesen", sagt sie und schüttelt den Kopf.

Der Sache müssen wir am Computer nachgehen, doch vorerst bezahlen wir mit meiner Karte, denn mein Konto ist mit dreitausend Euro gut ausgestattet. Aber wegen der unsicheren Voraussetzungen setzen wir uns vor den Campingplatzcomputer. Woran hakt es beim Konto meiner Frau? Hat sie in Neuseeland zu viel Geld berappt? Hat sie die Übersicht verloren? Das sind die Fragen, die sich uns stellen, denn auf den ersten Blick scheint Angela pleite zu sein. Anderseits besteht kein Grund zur Panik, denn in den nächsten Tagen wird ihr Konto automatisch aufgefrischt.

*

Es ist Ende November, als wir zur Ostküste zurückkehren. Eine Fahrt zur Westküste fällt flach, da es dort ununterbrochen regnet, wie das der Wetterbericht in der

Zeitung behauptet, also ist ein Besuch indiskutabel. Unser nächstes Ziel Blenheim hatten wir, als wir von Picton aufgebrochen waren, damals dicht vor Augen, doch wir sind nach Nelson abgebogen. Jedenfalls umgibt die dreißigtausend Einwohnerstadt ein riesiges Weinanbaugebiet. Es ist die sonnigste Region der Südinsel, steht im Reiseführer. Über hundert Weingüter soll es um Blenheim herum geben, doch die Schönheit der Stadt ist über-schaubar. Eine ansehnliche City, das muss reichen.

Wir steuern den Top Zehn Park an, einen Campingplatz der Extraklasse, der jedoch das Niveau des letzten Platzes nicht erreicht. Und weiterhin ist es windig und kalt. Ich bekomme den Gefrierzustand nicht mehr aus meinem Körper. Meine Frau kocht mexikanisch in der Campingplatzküche und ich sitze im Aufenthaltsraum am Computer und surfe im Internet. Der EHC München, meine Lieblingseishockeymannschaft, führt die Tabelle vor den Mannheimern an. So soll es sein.

Angela hat zwei Jahre in Mexiko gelebt, daher kennt sie deren Küche, wie keine andere. Als sie mir ihr pikantes Gericht mundgerecht serviert, schmeckt es, wie man sich ein mexikanisches Essen vorstellt, daher esse ich zwei Teller. Danach erleben wir die kälteste Nacht der Reise. Die Kälte ist nahezu unmenschlich für den endenden November. Minus zwei Grad zeigt die Temperatur auf dem Thermometer an der Rezeption an und das im Sommer Neuseelands, weshalb wir wieder eng aneinander gekuschelt einschlafen.

Am dritten Tag verlängern wir unseren Aufenthalt um einen Tag, denn endlich geschieht das Wunder. Urplötzlich will's die Sonne wissen, und es wird warm, deshalb eilen wir zum Fahrradverleiher und lassen uns mitsamt der Räder von der Verkaufskraft mit unserem Handy fotografieren, dann beginnen wir den vierstündigen Trip entlang des Tayler-River bis zum Damm. Zwölf Kilometer radeln wir auf einer Schotterpiste, wobei wir das Flussbett oft überqueren müssen. Und das ist ein holperiges Unterfangen, das viel Geschick erfordert. Das Ende bildet die Rast an einem Stausee. Der liegt in der unendlichen Weite einer Weinanbaufläche.

Wir essen einen Müsliriegel, dann legen wir uns zur Erholung in die Sonne. Und das Vergnügen eine halbe Stunde genossen, treten wir den Rückweg an. Trotz der angenehmen Wegführung stufe ich die Radtour als mittelprächtig ein. Wir geben die Räder ab und bedanken uns vielmals, dann kaufen wir im Countdown Seelachs und Bandnudeln, denn anschließend koche ich in der Campingplatzküche mein Supergericht, das sich Bandnudeln mit Lachs nennt. Zuhause hat sich allzeit bewährt.

Einige deutsche Jüngelchen machen sich an den Kochplatten zu schaffen, dabei hinterlassen die Ferkel einen Saustall. Ich vermute, denen putzt die Mutter daheim den Arsch ab. Als sich einer der Schweineigel im Waschraum die Haare schneiden lässt und die Schweinerei einfach liegenbleibt, bin ich außer mir. Ich bin bestimmt nicht altmodisch, aber denen gehört kräftig der Marsch geblasen. Aber das ist nicht meine Aufgabe, daher halte ich mich bedeckt. Für erzieherische Maßnahmen bin ich nicht zuständig. Dagegen erfreut uns die Weiterentwicklung der Wetterbedingungen, denn es soll sogar am Abend deutlich wärmer werden. Auf den Wärmeausbruch stoße ich mit Angela an und das mit einem Glas Wein, denn ausnahmsweise trinke ich kein Alsterwasser.

Nach einer Nacht ohne Frostbeulen, frühstücken wir sogar in der Sonne. So brechen wir gegen zehn Uhr nach Kaikura auf. Das ist ein Ort, der berühmt ist durch sein in

Schnee gehülltes Bergkuppen-Panorama. Und den zu den Top Zehn gehörenden Platz finden wir mit dem Navi im Handumdrehen. Wir stellen den Bus auf die Parzelle, die uns durch seine Lage am frühen Morgen viel Sonnenschein garantiert, und sofort fabriziert Angela in der Küche herzhafte Pfannkuchen. So gehen wir gestärkt in den Ort, der eine außerordentliche Ausstrahlung auf uns ausübt. In einem Infogebäude besorgen wir uns eine Wanderkarte, die uns bei einer zehn Kilometer langen Rundwanderung helfen soll, denn die haben wir uns für den nächsten Morgen vorgenommen. Bei der gehören Seehundbänke und die Brutstätten einiger Seevögel zu den Sehenswürdigkeiten.

Abends essen wir den Rest der Bandnudeln, mehrere Spiegeleier und Aprikosen aus der Dose im Bus. Es ist eine genießbare Billigmahlzeit, dann gehen wir in die Stadt, um den Live-Auftritt einer Band mitzuerleben, dessen Plakat wir gelesen hatten. Die jungen Burschen spielen hervorragende Rock-Musik. Als nach ihnen eine langweilige Gitarristin auftritt, ist es spät. Wir brechen unsere Zelte ab und gehen zu Bett.

Mitten in der Nacht stellen sich zwei Frauen im Alter meiner Angela mit ihrem Wohnmobil neben uns. In dem Zusammenhang breche ich eine längst überfällige Lanze für das Campingplatzleben, denn die meisten Nächte sind weder laut, noch stören irgendwelche Nebengeräusche. So zum Beispiel haben wir das Eintreffen des Wohnmobils nur am Rande bemerkt. In vielen Hotels geht es lauter zu. Auch mit dem nächtlichen Benutzen der Toilettenanlage können wir gut leben. Und wie vorteilhaft es ist, sich einen Stellplatz aussuchen zu können, das genießen wir in vollen Zügen. Ein besonderer Luxus des Lebens mit dem Camper ist das mögliche Vorfahren und Einladen der Einkäufe direkt vor dem Supermarkt, denn sofort landet alles da, wo er hingehört. Nach der Eingewöhnungszeit fühlt man sich mit dem Wohnmobil locker und frei. In Australien und Neuseeland ist der Camper das ideale Fortbewegungsmittel, nur in der Hauptsaison sind die Schlafmöglichkeiten durch überfüllte Campingplätze rar und oft sind die Plätze gesperrt. Mein Ex-Kollege kann ein trauriges Lied davon singen, weil er beim Besuch der Bay of Islands vor verschlossen Pforten gestanden hatte. So, das war's. Ich glaube, mit dem Loblied auf den Camper habe ich das Thema „Leben mit dem Camper" ins rechte Licht gerückt.

Die Ladys reisen früh am Morgen ab und wir frühstücken allein an der Holzsitzgarnitur. Dann führt uns die beschlossene Wandertour stadtauswärts zum Point Kean, aber von dem sieht man die Robben nur aus der Ferne. Man erahnt sie als winzig kleine Punkte, also erklimmen wir über den Track nach Whalers Bay ein Hochplateau, und das kinderleicht. Das Plateau einet sich durch sein saftiges Gras hervorragend für die Schafszucht. Danach sehen wir von einem anderen Aussichtspunkt, wie sich eine große Robbe den unten gebliebenen Touristen nähert. Ich finde deren Verhalten leichtsinnig, denn sie halten sich nicht an die wünschenswerten zwanzig Meter Abstand zur Robbe. Aber wir können die Leute nicht maßregeln, dafür sind wir zu weit entfernt, allerdings hätte die Robbe ein tolles Fotomotiv abgegeben.

Endtäuscht schüttele ich den Kopf, dann wandern wir weiter am oberen Kamm entlang zu einem Brutgebiet für Seevögel, das sein Revier weit unten zwischen den Klippen hat, prompt fängt es an zu regnen. Herrgott sakra, muss das schon wieder sein?

Miesepetrig geworden, streifen wir uns die Regenjacken über und stapfen weiter, aber bis zur Marina an der

South Bay ist es weit. Dort kommen wir erst nach einer Stunde an, doch dann bewundern wir die Whalewatching Flotte, die im Hafen angelegt hat. Nur eins von den vier Booten ist ausgelaufen. Im Hochsommer geht das hier sicher lebhafter zu.

Dann gehen wir auf dem Tom's Track, der nicht meinem Schwiegersohn Tom gewidmet ist, sondern einem mutigen Umweltschützer, der bei einer Walrettungsaktion sein Leben verloren hatte, in den Ort zurück. Wir sehen beim Marsch zu unserem Camper ein Schild, das uns auf die Veranstaltung einer Schafschur aufmerksam macht, die wir am folgenden Tag aufsuchen wollen. Wir knobeln aus, wer am Abend kochen darf, und ich gewinne, also kauft meine Frau alle benötigten Zutaten für ihr Reisgericht mit Gemüse ein.

Am drauffolgenden Morgen sieht der Himmel unerfreulich aus. Wir kaufen WIFI an der Rezeption und bezahlen sieben Dollar, was sich aber lohnt, denn wir erfreuen uns an einem Lebenszeichen meiner Tochter. Die gute Seele bleibt eine treue Kontaktperson. Wir antworten und schicken ihr ein Foto von uns, das vor der Fahrradausleihe entstanden war.

Der Wind pfeift um alle Ecken, als wir auf der Farm zur Schafschur eintreffen. Nichts Neues für uns, eher das gewohnte Bild. Neuseeland ist und bleibt ein rauer Inselstaat. Der Schafschur beizuwohnen kostet den für Neuseeland spottbilligen Betrag von zwölf Dollar. Das ist ein Klacks gegenüber einem Schiffsausflug hinaus zu Walrouten. Bei der Schurveranstaltung sind zehn Personen anwesend, ohne den Besitzer der Farm. Das sind vier Deutsche, zwei Österreicher und vier Neuseeländer. Und als Einführung füttert der Chef ein Lämmchen mit der Flasche. Mein Gott, ist das putzig. Danach darf jeder Anwesende das Lämmchen streicheln. Das ist ein bisschen viel Schmu. Dann gehen wir in eine Halle, wo uns der Besitzer einen strammen Schafsbock vorführt, den er scheren wird. Wie er das Tier an den Hörnern packt, das sieht brutaler aus, als es ist.

Der eigentliche Schervorgang geht relativ unproblematisch vonstatten, denn im Handumdrehen steht das Schaf nackt neben einem Haufen Wolle. Dass das so schnell geht, war nicht zu erwarten. Ein weiterer Programmpunkt ist das Erklären der Scherwerkzeuge, die aus der Steinzeit stammen könnten. Er führt uns aber auch die kaum zu unterscheidende Qualität der Wollsorten vor, bevor uns seine Frau eine Salbe gegen trockene Haut überreichen will, die die meisten Teilnehmer auch annehmen und bezahlen. Und weiter wird uns vermittelt, dass der Besitzer von den Scherveranstaltungen leben kann, was uns sein schmuckes Farmwohnhaus beweist. Zur Schafaufzucht im großen Stil wäre die Fläche seiner Schafweiden allerdings zu klein, behauptet er. Na ja, ein armer Mann bist du nicht, denke ich. Das lasse ich mir jedoch nicht anmerken.

Auf dem Heimweg begegnen wir einer Robbe. Völlig unerwartet und zum Anfassen nah, watschelt sie auf ihren Flossen seelenruhig an uns vorbei. Insgeheim hatte ich mir die Begegnung gewünscht, deshalb zücke ich die Kamera und mache blitzschnell eine hervorragende Nahaufnahme. Und die im Kasten, gehen wir unverzüglich heim zu unserem Camper. Damit geht ein informativer und höhepunktreicher Tag zu Ende, der uns gezeigt hat, dass man bei bescheidenem Wetter wunderbare Tage in Kaikura verbringen kann. Somit vermerke ich den Aufenthalt als positiv in meinem Reisetagebuch, um danach zu grübeln: Morgen werden wir in aller Herrgottsfrühe aufstehen, denn mit der letzten Station in Neuseeland erwartet uns die spannende Wiederaufbaugeschichte der

Stadt Christchurch, die von einem schlimmen Erdbeben zerstört wurde.

Als wir aufstehen und frühstücken, vermissen wir den Sonnenschein, deshalb schaue ich im Smartphone nach dem Wetter. Und das sieht erstaunlich gut aus, was uns erwartungsfroh stimmt. Also verlassen wir den Platz und fahren über die Ortsumgehungsstraße hinaus aus Kaikura, denn wir wollen schnellstmöglich ein beliebtes Tiergehege kurz vor Christchurch aufsuchen.

Es ist eine kurvenreiche Bergstrecke, auf der wir uns bewegen. Und was passiert? Die Sonne blinzelt immer öfter durch die Wolkendecke. Als wir voller Vorfreude am Tiergehege Willowbank Wildlife Reserve Park eintreffen, hat sich die Sonne durchgesetzt. Wir stellen den Camper auf den schwachgefüllten Parkplatz, dann brutzelt uns Angela ihre Spezialpfannkuchen. Die mögen wir wie am ersten Tag. Und mehr als gesättigt, starten wir für den Eintrittspreis von fünfundzwanzig Dollar unseren geplanten Rundgang. Erstmalig werden wir einen Kiwi zu Gesicht bekommen, den Wunsch habe ich dabei im Hinterkopf. Das Nationalsymbol der Neuseeländer zu sehen wird höchste Zeit.

Neben diversem Vogelvieh, also Gänse- und einige Entenarten, beherbergt der Park auch einen naturgetreu nachgebildeten Bauernhof mit anderen interessanten Tierarten. Von manchen Tier haben wir bei uns noch nie gehört. Wir aber sind fixiert auf eine ganz spezielle Tiergattung, nämlich auf den Kiwi. Im Fachgebrauch nennt man ihn auch Schnepfenstrauß. Die Kiwis sind flugunfähige und nachtaktive Vögel, die in kleiner Zahl in den Wäldern des Inselstaates leben. In ihrem bräunlich, strähnigem Gefieder sehen sie aus, als trügen sie einen Pelz. Haben Sie das gewusst?

Und genau diese Gesellen halten sich in einer finsteren Halle des Tiergeheges auf, die wir ohne lange zu suchen finden. Der meistbenutzte Pfad führt uns direkt zu der dunklen Unterkunft der Kiwis, denn die scheuen das Tageslicht. Sie verkriechen sich sofort, sobald auch nur der kleinste Lichtstrahl in die total abgedunkelte Halle fällt, oder ein ungewohntes Geräusch ertönt. Es ist schlimm für die Kiwis, wenn ihr Blick auf einen Menschen stößt, aber wir sind ausnahmsweise allein in ihrem Gehege und vermeiden jede Art von Bewegungen, die zu Geräuschen führen könnten. Doch unverhofft raschelt es an der hinteren Hallenwand.

„Da, hörst du es?", flüstert meine Frau.

„Ja, ich höre es. Das muss ein Kiwi sein", antworte ich ihr. „Leider kann ich nicht viel erkennen."

Ehrfürchtig schauen wir zu dem Geräuschverursacher hinüber, und tatsächlich huscht ein Kiwi hin und her an der Wand entlang. Er verhält sich wie ein Gefangener, der nach dem Ausgang aus einem Gefängnis sucht. Danach verkriecht sich das Geschöpf wieder im Unterholz. Und als eine lärmende Familie die Halle betritt, ist der Spuk vorbei.

Mit vor Stolz angeschwollener Brust verlassen wir die Halle. „Juhu", jubelt meine Frau. „Wir haben einen leibhaftigen Kiwi gesehen." Und auch ich posaune meine Freude lauthals in die Welt hinaus, denn endlich ist aus meinem Wunsch Wirklichkeit geworden.

Wir gehen an mehreren anderen Tiergehegen entlang zum Eingangsbereich zurück. In dem kauft Angela ein Neuseeland T-Shirt und einen Schlüsselanhänger mit dem Kiwi-Symbol für mich. Beides soll meine Erinnerung an das Wunschereignis wachhalten. Außerdem will sie mich mit den Requisiten an meinem morgigen Geburtstag beglücken.

Am Nachmittag ist der Besuch abgeschlossen und wir fahren nach Christchurch, wo es nicht lange dauert, bis die Campingplatzsuche von Erfolg gekrönt ist. Ausgesucht haben wir uns einen Platz der Kiwi-Kette nahe dem Zentrum, und der ist mit einem wunderschönen Rosenspalier geschmückt. Angela bleibt lange bei dem Rosenkavalier in der Rezeption, dann weist er uns den hervorragenden Platz am Waschhaus und Küchentrakt zu. Das passt uns gut, aber womit hat sie den Mann bezirzt?

Nach dem Essen und Geschirrabspülen machen wir's uns im Camper gemütlich. Mit einem Glas Alsterwasser und einer Nussmischung mit Rosinen, Studentenfutter nennt man das wohl. Heute scheißen wir auf die vielen Kalorien.

Am 7. Dezember, an meinem sechsundsechzigsten Geburtstag, nehme ich Angelas Geschenke und ihre Umarmung entgegen. Mit dem Erfüllen meines Wunsches, dass wir Australien und Neuseeland mit dem Camper bereisen, hatte mich meine Frau schon vor der Abreise aus Deutschland reich beschenkt.

Noch zwei Nächte, dann gehört das Kapitel „Leben im Camper" zu meiner reichhaltigen Vergangenheit. So wie für die Muslime die Pilgerhochburg Mekka der Nabel der Welt ist, so ist es für einen Deutschen der Inselstaat im Pazifik, da jeder, der was auf sich hält, per Camper durch Neuseeland reist. Anders ist die große Anzahl an Landsleuten nicht zu erklären.

Es ist ein Sonntag, daher fahren wir mit dem Camper in die Stadt, denn an Sonntagen ist das Parken kostenbefreit. War der Außenbezirk mit dem Campingplatz bei dem Erdbeben relativ unversehrt geblieben, so erschreckt uns das trostlose Gesamtbild der Innenstadt umso mehr. Das Beben von 2011 hatte verheerende Schäden hinterlassen, denn geschätzte achtzig Prozent der Bebauung sind eingestürzt oder sie ist abbruchreif. Christchurch hatte einhundertfünfundachtzig Tote zu beklagen. Und jetzt, vier Jahre nach dem tragischen Ereignis, prägt das Nebeneinander von Ruinen und ultramoderner Architektur, aber auch von Brachflächen und Pop-up Projekten, das geschundene Stadtbild. In einem provisorisch hergerichteten Bereich aus originellen Containern, die Läden und Imbissbuden beherbergen, erfahren wir bei einem Vortrag, dass die Bewohner nach der Katastrophe ein Jahr mit dem Wiederaufbau gewartet haben, wegen der befürchteten Nachbeben. Nun schreiten die Wiederaufbauarbeiten zügig voran, aber es werden noch viele Jahre vergehen, bis die Stadt die Schäden verdaut hat.

Als Imbiss gönnen wir eine Box mit Fritten vor einem dieser Container. Erst am Abend soll ein fulminantes Festessen anlässlich meines Geburtstages in einem Spitzenrestaurant folgen. Kennen Sie den Spruch mit dem Satz mit x? Das wird wohl nix?

Wir latschen etliche Stunden durch Christchurch und können kein verheißungsvolles Restaurant auftreiben, das meinen Vorstellungen auch nur annähernd entspricht. Es ist zum Haare raufen. Wer aber verzweifelt schon gern an seinem Festtag? Als ob es von oben gewollt ist, fliegt mir ein roter, herzförmiger Luftballon mit der Aufschrift „Happy Birthday" zu. Ich schnappe mir das Ding mit einem Freudensprung, schon ist der Flop mit der verunglückten Restaurantsuche verdaut. So, und was machen wir jetzt?

Wir setzen meine Idee um und fahren raus aus der Stadt auf den Parkplatz einer Einkaufsmeile mit Imbissläden, die auch am Sonntag geöffnet haben. Dort essen wir thailändisch im provisorisch geschmückten Camper. Und damit nicht genug, besorgt Angela eine Flasche Baileys,

die wir uns zur Brust nehmen. Wie erwähnt ist der Ka-
kaolikör mein Leibgetränk. Nebenher erreichen mich
Geburtstagsgrüße der Kinder und einiger enger Freunde,
was mich glücklich macht, denn bombastischer wäre die
Feier zuhause auch nicht ausgefallen.

Okay, der aufreibende Tag ist gelaufen. Ich setze mich
ans Lenkrad, was für ein Frevel, wegen des Alkoholzu-
spruchs, dann manövriere ich den Camper sehr sicher auf
den zwei Kilometer entfernten Stellplatz im Campingpark. Dann trinken wir weitere Gläser Baileys, wobei mir
Angela einige Lobhudeleien ins Ohr säuselt, wie diese:
„Du bist der Glücksfall meines Lebens. Einen besseren
Mann kann's für mich nicht geben." Danach schlafe ich
ein und fühle mich wie im siebten Himmel.

Am Morgen darauf habe ich einen fürchterlichen Kater.
Und alles andere ist schnell erzählt. Wir besuchen Lyttel-
ton, Christchurchs Hafenstadt, deren Hauptmerkmal ist
ein gewaltiger Verladeterminal für Holztransporte nach
China, aber der Ort ist stark von den Erdbebenschäden
gezeichnet. Danach fahren wir zur Seilbahn mit dem Namen Gondola. Eine schwankende Gondel bringt uns in
ein imposantes Gebäude auf einen Berg, von wo das Ausmaß an Zerstörung der Stadt unverfälscht zu Tage tritt.
Auch der vorgeführte Film über Neuseelands Entstehung
und die Erdbebensituation im Pacific ist spannend und
informativ. Und zurückgekehrt in die Stadt, schließt sich
eine Besichtigung der neuen, supermodernen Kirche an,
die als Übergangslösung für die zerstörte Kathedrale
dient. Überproportionierte Papprollen bilden das Gerüst
der Kirchenarchitektur. Sogar mir als Heiden gefällt das
äußerst gewagte Experiment.

Damit ist der Ausklang unseres Aufenthaltes in Neuseeland erreicht, was mich traurig macht, denn wir müssen

die Abgabe des Campers ins Auge fassen. Die alte Klapperkiste hat uns vier Wochen nie im Stich gelassen. Vielen Dank, du zuverlässige Blechdose. Und damit uns der Abschied noch schwerer fällt, haben wir in der allerletzten Nacht phantastisch in ihr geschlafen. Doch alles hat ein Ende, nur die Wurst hat zwei, so lautet der Text eines Karnevalsliedes, was ich aber nicht auf den Camper projektieren will, denn der wird noch so manchen Urlauber durch Neuseeland transportieren.

Als ich acht Uhr aus dem Bett springe, gibt es viel zu tun. Wir müssen unsere Koffer packen, den Camper abgabefertig machen und duschen. Und mit nassem Haar in den Bus zurückgekehrt, zucke ich zusammen. Die letzten Scheiben Toastbrot sind schimmlig und damit ungenießbar. Aber was macht man da?

Ich denke nicht lange nach und renne los. Vorn an der Straße, zwei Kilometer entfernt, hatte ich einen Einkaufsschuppen gesehen. Gibt es in dem Brot? Ich weiß es nicht. Also versuche ich mein Glück, dabei hetze ich wie ein wildgewordener Handfeger durch die Warengänge an den vollen Regalen entlang. Als ich eine Kundin frage, schickt die mich in die Küchenabteilung. Und wo sind die Lebensmittel? Die sind eine totale Fehlanzeige. Erst die Nachfrage bei einer Bedienung hat Erfolg, denn die schickt mich zurück zur Kasse. Und dort bin ich gerettet, denn vor der liegt ein Haufen Toastbrot, dem Himmel sei Dank. Als meine Frau vom Duschen kommt, bin ich noch außer Atem, aber zurück im Bus. Sie staunt über das frische Toastbrot, denn sie hatte von meiner Aktion mit dem Einkaufsjogging nichts mitbekommen.

Fertig mit dem Frühstück, fahren wir zur Ablassvorrichtung und leeren unseren Gebrauchtwassertank. Dann bezahlen wir in der Rezeption die Stellgebühr und tanken an der Tankstelle den Camper voll, ebenso füllen wir die

Propangasflasche. Und unsere Pflichtaufgaben erledigt, führt uns das Navi zur Eurocamper-Vertretung weit außerhalb der Stadt, bei der ein junger Deutscher seit drei Monaten angestellt ist. Der nimmt uns den Camper ohne Beanstandung ab und fährt uns zu unserem gebuchten Hotel Southwark in die Stadt zurück. Es ist eins von den stabilen und einsturzsicheren Häusern, das dem Erdbeben getrotzt hatte.

Alles läuft wie am Schnürchen, doch die gute Ausstattung des Hotelzimmers für die letzte Nacht ist vergeudet, denn der Standard ist viel zu komfortabel. Wir haben einen Wasserkocher, einen Toaster, eine Spüle, und den Kühlschrank in der Küche. Und das Bett ist ein Traum. Ich strecke mich genüsslich aus und will nicht mehr aufstehen, wäre da nicht der Hunger. Der treibt uns in die Containeransammlung, wo wir diesmal keine Fritten, sondern ein Hot Dog im Bavarian-Stile essen, und das ist mit Senf und BBQ-Soße garniert. Was daran bayrisch sein soll, das konnte sich mir nicht erschließen.

Auf dem Heimweg kaufen wir Lebensmittel ein. Die Superküche hat meine Frau zum Kochen ihres Reisegerichts mit Gemüse inspiriert. Bitte entschuldigen Sie das andauernde Erwähnen der Kochvorbereitungen, womit ich Sie sicher nerve, doch es ist das letzte selbstgebrutzelte Essen für lange Zeit.

Der zehnte Dezember ist unser Abreisetag. Bereits neun Uhr haben wir das Frühstück beendet und sitzen auf gepackten Koffern. An der Rezeption bestellen wir einen Shuttlebus für zwölf Uhr zum Airport und stellen die Rollkoffer und unsere Rucksäcke unter.

Der Flug nach Auckland kommt uns wesentlich billiger, als eine Rückreise mit dem Camper über die Nord- und Südinsel, inclusive der Fährüberfahrt, und ist weniger zeitintensiv. Wir haben also Zeit, und die nutzen wir für einen Aufenthalt im Canterbury-Museum. Es ist genau das Wetter für Museumsbesuche, denn es regnet. Leider können wir darin nur zwei Stunden verbringen, obwohl mich das Museumsangebot überzeugt. Auf dem Rückweg zum Hotel setzt sich Angela in eine Wohlfühloase. Diese Oasen mit ihren Verweilbänken in einem hübschen Blumenmeer entwickeln eine wohltuende Wirkung. Die ähnelt den Nadelstichen bei einer Akupunktur. Das Errichten dieser Zonen ist eine glänzende Idee der vom Erdbeben gebeutelten Stadtbewohner.

Danach lassen wir uns in der Containerstation eine Portion Fritten schmecken, und als wir am Hotel ankommen fährt der Shuttlebus vor. Der bringt uns umgehend zum Airport, zusammen mit zwei jungen Frauen aus Deutschland und zwei Neuseeländern. Und da es sich um einen Inlandflug handelt, geht die Abfertigung schnell, zum Beispiel die Leibesvisite bei der Kontrolle. Trotz allem habe ich noch Zeit für den Kauf einer Kette mit einem kunstvollen Anhänger, der ein magisches Symbol der Maori darstellt. Diesen ungewöhnlichen Glücksbringer trage ich auch heute noch um meinen Hals.

So, das war's dann, aber einen Rückblick auf Neuseeland gönne ich mir zum Abschied: Land und Leute des Zweiinselstaates haben uns hervorragend gefallen. Neuseeland war, trotz kalter Nächte und tobender Stürme, der innig erhoffte Traum. Gut war vor allem die Wahl des Monats für unseren Aufenthalt, denn durch die Nebensaison hatten wir die freie Wahl bei den Stellplätzen. So war alles easy und ich kann unseren Besuch bedenkenlos als Erfolgsgeschichte schildern, obwohl in Christchurch das Lachen und das Weinen dicht beieinander lagen, aber wie die Bewohner mit der beklemmenden Situation umgehen, das fordert Respekt ab. Gute Beispiele habe ich

mit den Wandgemälden auf den Fassaden der Abbruch-
häuser, und den mit Raffinesse ausgestalteten Verkaufs-
containern geschildert, und auch die mit viel Herzblut an-
gepflanzten Wohlfühloasen sind einzigartig auf der Welt.
Wir kehren gern zu dir zurück, liebes Neuseeland. Vielen
Dank. Du hast uns zwar kalte, dennoch wunderschöne
Wochen beschert. Mach's gut und tschüss

Nach dem Flug in Auckland angekommen, wechseln
wir mit einem Marsch von zehn Minuten vom Inland-
zum Internationalen Flughafen. Und was sehe ich bei der
Ankunft? Die Abfertigungshalle ist vollgestopft mit Chinesen, die nach Shanghai und Peking zurückfliegen.
Unser Abflug nach Hongkong steht erst für einen späte-
ren Zeitpunkt an der Anzeigetafel. Doch was wäre Neuseeland ohne ein zusätzliches Bonbon. Und das schenken
mir die Sicherheitsbeamten, als wir mit dem Handgepäck
durch die Kontrolle schreiten. Ich lache aus vollem Hals,
als mir ein Beamter eine Tube Zahnpasta abnimmt.

Mit Hongkong als Ziel erheben wir uns in einer Boeing
770 in die Lüfte, die mit einem hervorragenden Sitzkom-
fort ausgestattet ist, drei Sitze an den Außenseiten und
vier Sitze mittig zwischen den Gängen. Dann dauert der
Flug acht Stunden. Und in Hongkong umgestiegen, legen
wir drei weitere Flugstunden nach Bangkok zurück. Erst
neun Uhr morgens betreten wir thailändischen Boden.

Thailand

Der 11. Dezember ist ein Donnerstag. An dem treibt es uns fünf Stunden durch Bangkoks Flughafengebäude und über dessen Gelände, bis der Flug auf die Ferieninsel Ko Samui aufgerufen wird, von der wir uns Nahrung für den Kopf und den Geist erhoffen. Wir denken dabei an meditierende Buddhas, aber auch an feuriges Curry's. In einer Wartezone verspeisen wir ein Blätterteig-Kuchenteil, anstatt einem Curry, und da wir Zeit haben, horche ich auf mein Herz. Was funkt mir meine Pumpe?

Alarmsignale sind's jedenfalls nicht, trotz der vierzigtausend Flugkilometer, die in der Summe hinter uns liegen. Beruhigt lehne ich mich mit ausgestreckten Beinen auf der Wartebank zurück und denke an meine Frau. Wie geht es ihr? Sie ist der ruhige Typ, der sich selten beklagt und sich mit allen Situationen arrangiert.

Auf meine Frage: „Ist alles in Ordnung?", bekomme ich keine Antwort, ja sie hebt nicht mal den Kopf. Angela ist total vertieft in ihren Kriminalroman.

Nun gut, dann eben nicht. Wenn sie geistig abwesend ist, dann zettele ich besser kein Gespräch an. Also stürze ich mich mit viel Enthusiasmus auf die Kapitel über die Inselwelt Thailands im Reiseführer über Ostasien.

Als unser Weiterflug nach Ko Samui aufgerufen wird, mache ich Fotos von der einmaligen Architektur des Riesenairports, dann gehen wir zum Terminal für Inlandflüge. Dort sitzen fast nur Deutsche und Russen herum. Wir bekommen die Flugtickets, und wo setzt man mich hin? Natürlich neben eine Russin mit ihrem Säugling.

Au backe. Das Kind ist eine Nervensäge, gelinde ausgedrückt. Da ich übermüdet bin, will ich mir dessen Geschrei nicht antun. Zum Glück ist die Maschine nicht ausgebucht, also setze ich mich auf einen Sitz, an dem es ruhiger zugeht. Nichts gegen die Russin.

Nach einstündigem Flug landen wir auf Ko Samui, wo wir sofort feststellen, wie groß die Umstellung vom kalten und nassen Neuseeland auf die Inselwelt Thailands ist. Auf Ko Samui steht dem Wunsch nach unbeschwertem Sonnenbaden nichts im Weg, doch um das zu verwirklichen, fehlt das auf uns wartende Taxi. Wir hatten es mit dem von uns gebuchten Resort vereinbart, aber wo steckt die Karre?

Statt dem Taxi nehme ich etwas anderes wahr. Es ist die Wärme, die mich schlagartig überfällt, prompt fange ich an zu schwitzen. Achtundzwanzig Grad sind es, dazu Sonnenschein pur. Ein ähnliches Wetter hatten wir uns in Neuseeland gewünscht.

Als das bestellte Taxi nicht erscheint, nehmen wir ein x-beliebiges. Das bringt uns in zwanzig Minuten über eine schlaglochreiche Straße in unsere Wohnanlage an der Nordküste. Wir bezahlen den Taxifahrer, dann suchen wir den australischen Inhaber in der Rezeption auf. Seine thailändische Frau weist uns eine Stelzenhütte zu, deren Bedeutung wir später schätzen werden, und die spartanische Einrichtung macht uns nichts aus. Wir sind karge Zustände vom Campingbus gewöhnt, zum Beispiel fehlt ein Schrank. Auch das Bad hat viel erlebt, nur keine Modernisierung. Aber alles in allem ist die Hütte romantisch und liegt unweit vom Strand.

Um mich einzugewöhnen, gehe ich ins Wasser und schwimme zehn Minuten, dann setzen wir uns an einen Tisch in die Beach Bar, wo uns eine junge unerfahrene Crew bedient. Ausgehungert von der Flugreise schlagen wir uns den Bauch voll. Und auf den Zapfenstreich verzichten wir, denn anstatt schlapp zu machen, was für mich als Weltenbummler dem Offenbarungseid gleichkäme, besuchen wir den wöchentlich im Nachbarort angesiedelten Nachtmarkt. Trotz Schlafdefizit lassen wir uns die Feuerakrobaten, Klamottenstände und Fressbuden nicht entgehen, denn das asiatische Kauffieber ergreift von uns Besitz. Ich suche nach einem landestypischen T-Shirt als Andenken für meine Reisesammlung. Ob's hier an den Ständen klappt?

Der Nachtmarkt ist ein Renner. Es wuseln viele Urlauber und Einheimische gemeinsam durch die bis zum Bersten gefüllten Gassen, sodass ich bald aufgekratzt bin, denn das Gedränge zerrt an den Nerven. Warum legen wir uns nicht einfach ins Bett? Wir sind noch sechs weitere Tage auf Ko Samui, und danach eine Woche auf Ko Pha Ngan. Dieser Zeitablauf fährt mir angenehm wie der Schmelzkäse durch die Gedankenstränge. Es bleibt also noch genügend Zeit für das Besuchen diverser Märkte, stattdessen tun wir uns den Stress an. Und die Überlegungen zu Ende gedacht, weicht die Hektik. Von da an übernimmt die Realität das Regiment, denn durch die Müdigkeit vernünftig geworden, will ich nur noch in unser Bett und schlafen.

Acht Uhr ist es, als ich aufstehe und ins Wasser springe. Wochenlang hatte die Sehnsucht nach dem Badevergnügen mein Wunschdenken beschäftigt. Jetzt liegt das Meer warm und mit spiegelglatter Oberfläche vor mir, sozusagen das Schwimmparadies auf Erden. Ich schwimme bis zur Erschöpfung, dann frühstücken wir in der zur Anlage gehörenden Beach-Bar und essen zwei Spiegeleier auf Toast, dazu trinken wir ein Kännchen Kaffee und ein Glas Orangensaft. Als wir uns an den Strand legen, kippt die Wetterlage. Die Wellen werden borstig, außerdem tröpfelt es beständig. Wo sind wir denn hier gelandet. Das soll Thailand sein?

Dem Unwillen des Wetters trotzend, erfülle ich mir den langgehegten Wunsch einer Thai-Massage, eine Stunde für dreihundert Bhat, das sind acht Euro. Das Angebot hört sich gut an, also lege ich mich erwartungsfroh auf die Massagematte und blicke dabei aufs Meer hinaus. So passiert es, dass sich zwei junge Thaimädchen auf mich stürzen, natürlich abwechselnd, dabei suchen sie die Unterhaltung, trotz ihrer bescheidenen Englischkenntnisse. Hinterher sind meine Rückenschmerzen abgeklungen, dafür spüre ich jeden gekneteten Muskel und jeden Quadratzentimeter Haut am Leib. Die Massage hat einen runderneuerten Mann aus mir gemacht.

Am Nachmittag suchen wir einen Supermarkt, doch so wie wir uns den vorstellen, gibt es ihn in der Umgebung nicht. Stattdessen kaufen wir Sonnenmilch im Seven-Eleven ein. Im Moment brauchen wir sie zwar nicht dringend, da es die Sonne im Paradies Thailand nicht gut mit uns meint, aber man weiß ja nie, wie's kommt. Besser meinen es die schnuckeligen Thaimäuschen, die mich in eine Kaschemme locken wollen. Meine Frau schüttelt vor Unverständnis den Kopf.

In der Nacht wird aus dem Regen ein Wolkenbruch. Auf Ko Samui regiert der Ausnahmezustand. Gleißend helle Blitze machen die Nacht zum Tag. Auf die folgt ein unvorstellbares Donnergrollen, denn die Auswüchse des Gewitters haben Katastrophencharakter, oder nennt man das Naturschauspiel einen Monsunsturm? Nicht anders stelle ich mir den Weltuntergang vor. In meinen schaurigsten Gedanken frage ich mich: Hält die Hütte den Wassermassen stand?

Als Angela früh morgens aus dem Fenster blinzelt, steht

das komplette Resort unter Wasser. „Land unter", ruft sie mir zu. Und wieder fragen wir uns. Sind wir tatsächlich auf Ko Samui? O ja, auch das ist Thailand.

Wir steigen die Leiter von unserem Schlafbereich hinab und landen im Regenwasser. Da wir frühstücken wollen, waten wir durch den unter Wasser stehenden Platz zum Strandrestaurant, dabei reicht uns das Wasser stellenweise bis zu den Knien. Vom Untergrund sieht man nichts. Wohin man tritt, das ist Glückssache. Ich habe Angst vor Schlangen und anderem Getier.

Am Nachmittag ist die Regenpracht versickert und das Gelände halbwegs trocken. Wir können zur Normalität übergehen, und zwar zum Sonnenbaden und Schwimmen im Meer. Aber wie soll das funktionieren? Die Wellen des Ozeans am Sandstrand sind aufgewühlt und badefeindlich, dazu bleibt der Himmel bedeckt. Aber an einem Besuch des Nachbarortes Pho Put hindert uns das Wetter nicht.

Mit dem Songthaeo, das ist ein Pickup mit zwei seitlich angeordneten Sitzreihen auf der Ladefläche, der auf der Verbindungsstraße zwischen den Küstenorten hin und her pendelt, fahren wir in den Nachbarort Pho Put. Hundert Bhat bezahle ich pro Kopf, als wir durch mein Klopfzeichen unser Aussteigen signalisiert haben. Doch was ist das? Hier hat das Unwetter noch drastischer gewütet, denn der Anlegesteg hat sich losgerissen und wurde weggeschwemmt. Und als Nebenwirkung der Malaise hat das Wassertaxi seinen Betrieb eingestellt.

Obwohl wir konsterniert sind, machen wir einem Einkaufsbummel, dann gehen wir mit den gekauften Ansichtskarten, sowie den notwendigen Briefmarken, in ein indisches Restaurant. Wenigstens eine gute Mahlzeit braucht der Mensch bei dem schlechten Wetter. Und es schmeckt wie beim Inder. Als wir zum Verdauen durch die Gassen flanieren, ist das erhoffte T-Shirt nicht zu finden. Ich habe Resignationserscheinungen, so machen wir uns zu Fuß am Strand entlang auf den Heimweg.

Aber wir kommen nicht weit, denn an einer Engstelle hat das tobende Meer erhebliche Schäden angerichtet. Das Weiterkommen ist blockiert. Uns bleibt nur die Möglichkeit an die Verbindungsstraße zurückzukehren. Doch an der verkehrt momentan kein Taxi, also begeben wir uns zu Fuß über die verhasste Straße auf den Rückweg. Prost Mahlzeit.

Irgendwas stimmt nicht in Thailand, denn die Wetterabläufe bleiben bescheiden. Die Tiefausläufer aus dem Golf von Thailand treiben massive Wolkenbänke über die Insel hinweg. Das Meer bleibt unberechenbar und boshaft aufgewühlt. Immerhin bleibt uns die Alternative, nach der wir Besichtigungsausflüge zu Touristenattraktionen unternehmen können, was wir nutzen. Wir fahren mit dem Billig-Pickup an der Nordküste entlang zum Tempel mit dem goldenen Buddha. Zweihundert Bhat pro Kopf Fahrgeld löhnen wir, also knappe fünf Euro. Das ist ein preiswerter und lohnender Ausflug. Ein weiteres Ziel ist Chaweng, das touristische Zentrum der Insel, mit den größten Hotelanlagen und viel Remmidemmi. Hier ist die See, entgegen der Orte an der Nordküste, durch eine Barriere einladend und glatt. Ich kann dem Badevergnügen nicht wiederstehen und fühle mich wie ein Fisch im Wasser. Aber baden macht bekanntlich hungrig und ich bin seit langem neugierig auf eine echte Thaisuppe. Und die bestelle ich in einem Beach Restaurant.

Boorrrr, was ist die scharf. Mit Tränen in den Augen speie ich Feuer.

Die Serviererin lacht. „Ich entschärfe sie sofort", sagt

sie in thailändischem Englisch, was lustig klingt. Als ich eifrig nicke, denn ich kann nicht sprechen, zu stark habe ich mir die Zunge verbrannt, nimmt die Bedienung die Suppe mit und stellt sie mir zwei Minuten später wieder vor die Nase, dabei fragt sie abermals: „Jetzt schmeckt sie besser, nicht wahr?"

Sie hat die Thaisuppe mit der Milch der Kokosnuss neu abgeschmeckt. Dadurch ist die Suppe gut genießbar und hat von ihrem edlen Geschmack wenig eingebüßt.

Chaweng ist durch die vielen Pauschalurlauber ein total versauter Ort, eine typische Hotelkettenenklave. Um die Jahrtausendwende wurde mit dem Bau der Luxusanlagen begonnen und damit die Phase des Wohlstandes eingeläutet. Und die haben Ko Samui zum Star der Inselgruppe gemacht. Außerdem tummeln sich hier Vergnügungslokalitäten, wo man hinschaut, dann Souvenirbuden, die nur Schund verkaufen, und zusätzlich reihen sich T-Shirt Läden in unüberschaubarer Menge aneinander.

„Der Rummelplatz ist was für Nullachtfünfzehn Urlauber", seufzt Angela. „Wir haben hier nichts verloren." Und ich verstehe, warum sie das gesagt hat, ja ich kaufe mir nicht mal ein T-Shirt.

Die Heimfahrt gestaltet sich schwierig, denn wir haben die falsche Ausfallstraße gewählt. Die Songthaeo-Taxen halten nicht in unsere Richtung, obwohl wir turbulent winken. In der Not müssen wir auf ein herkömmliches Taxi ausweichen, das uns für vierhundert Bhat (10 Euro) in unser Resort fährt. Okay, der Preis ist zu hoch, aber Schwamm drüber, gut dagegen ist der Gutenachttrunk in unserer Bar, bestehend aus einem leckeren Cocktail.

Am folgenden Tag wollen wir den Wunschzettel abarbeiten. Auf dem steht Lamai. Der Besuch im Reisebüro für die Flüge nach Bangkok und Chiang Rai kann warten.

Mit welchen Schwierigkeiten wir uns deswegen herum-
schlagen werden, können wir zu dem Zeitpunkt nicht mal
ansatzweise erahnen.

Nach dem Frühstücksverzehr hinter Windschutzplanen
im Strandrestaurant, nehmen wir an der Verbindungsstraße das erste Songthaeo, doch wir müssen in Chaweng
umsteigen, was so nicht von uns eingeplant war. Dadurch
bezahlen wir mit fünfhundert Bhat zu viel. Die Welt ist
schlecht. Besser als der Haupttouristikort ist die Ortschaft
Lamai. Das einzige Manko ist, dass die Struktur der Ortschaft zu sehr auf die deutschen Urlauber zugeschnitten
ist, was an den Speisekarten sichtbar wird. Die sind in
thailändisch und deutsch gehalten, und es stehen sogar
deutsche Gerichte wie Schnitzel drauf. Wir aber ignorie-
ren die Deutschhörigkeit und setzen wir uns in ein
einfaches Restaurant, da es anfängt zu regnen. Die Ur-
laubsbroschüren versprechen Sonne pur, also genau das
Gegenteil von dem stattfindenden. Langsam könnte ich
Ko Samui verfluchen, dennoch versuche ich nicht auszu-
flippen, denn Gott sei Dank ist das bestellte Gericht okay.
Ich esse eine Portion Reis mit einer suppenähnlichen
Soße, die currygeprägt ist. Kostenpunkt neunzig Bhat.
Das ist preiswert, denn wir bezahlen gerade mal zwei
Euro. Wo isst man heutzutage billiger? Nach den teuren
Ländern Australien und Neuseeland verbessert sich un-
sere Finanzlage enorm

Als es aufgehört hat zu regnen, inspizieren wir den Ort,
der wenige Reize aufweist. Erwähnen will ich den langen
Strand, und unter anderem eine nette Wohnanlage mit
blauen Spitzdächern, die originell wirken. Ansonsten
biete der Badeort keine Attraktionen. Dass meine Hose
beim Überqueren einer Flusseinmündung pitschnass
wird, zählt nicht als solche. Mich hatte eine hohe Welle
erwischt, weil ich tief in den Sand eingesunken war und

dadurch nur langsam vorwärtskam. Ich betrachte den Vorgang als eine Art Künstlerpech. Würde die Sonne scheinen, wäre die Hose in Nullkommanichts trocken

Leicht angesäuert brechen wir unseren Besuch ab und warten auf ein Billigtaxi. Endlich hält eine Frau mit ihrer nagelneuen Kiste, doch die bringt uns nur bis Chaweng und setzt uns an einem Einkaufszentrum ab, wo ich in dessen Supermarkt endlich neue Schaber für meine Rasur finde. Und eben dieses Einkaufszentrum geht später in Nachrichtensendungen rund um die Welt, denn es erlangt durch ein Bombenattentat negative Berühmtheit.

Mit dem nächsten Billigtaxi fahren wir bis zum Abzweig zu unserem Resort. Dort steigen wir aus und gehen in das ansässige Reisebüro. Wir brauchen eine Flugverbindung von Ko Samui nach Bangkok am 2. Januar, aber da stehen wir vor einem Riesenproblem. Von der Tauchinsel Ko Tao nach Ko Samui per Fähre zurückzufahren, das wäre einfach, doch es gibt keine Flüge von Ko Samui nach Bangkok. Alle sind ausgebucht. Oje, da haben wir uns ein Kuckucksei ins Nest gelegt. Welches Weiterkommen bietet sich an?

Die Reisefachfrau ist ein Kracher. Hartnäckig sucht sie nach anderen Lösungen und hat Erfolg. Im Computer fischt sie die Verbindung mit der Fähre von Ko Tao ans Festland heraus. Von dort fährt ein Bus nach Surat Thani zu dessen Airport und weiter geht's mit einem Inlandflug nach Bangkok. Ja super, das ist das Ei des Columbus.

Liebend gern würde ich die hübsche Frau herzen, doch das unterlasse ich besser, aber das ändert nichts daran, dass ich ihre Hartnäckigkeit bewundere. Ich eile zum Automaten und ziehe das benötigte Geld, um die Rechnung zu begleichen, denn bar zu bezahlen ist billiger, als die Visa-Karte einzusetzen und schont den Reiseetat. Somit ist die Weiterreise geritzt und unser Flugproblem gelöst.

Trotz allem war eine Schnapsidee, in der Neujahrszeit nach Bangkok fliegen zu wollen.

Als wir uns verabschieden, wünscht sie uns eine gute Zeit, dabei erklärt sie uns: „Die momentane Wetterlage ist in Thailand nicht ungewöhnlich. Häufig kommt es im Dezember zu solchen Regentagen."

„Da haben wir was hinzugelernt", antworte ich ihr mit meinem bescheidenen Englisch und denke dabei an die Arschkarte, die wir gezogen haben. Auch ein Friedessabkommen haben wir mit den Wetterbeauftragten nicht vereinbart. Solange es Bindfäden regnet, wird sich unsere Meinung nicht positiv verändern. Unser Tenor lautet: Einen zweiten Besuch auf der Urlaubsinsel wird es nicht geben.

Unseren Abschiedsabend von Ko Samui genießen wir mit dem besten Essen des Strandrestaurants. Es ist das Spitzenreisgericht mit Chashewnüssen und kostet über zweihundert Bhat. Danach trinken wir zwei Cocktails, die uns den Abschied vom Resort erleichtern, denn wir haben uns bei dem Besitzerehepaar und der bemühten und herzlichen Bedienungscrew rundherum wohlgefühlt, trotz mancher Widrigkeiten.

*

Es ist der 18. Dezember, und an dem ist das Wetter unverändert mies. Wir quatschen beim Frühstück mit einem Pärchen aus Tirol, das uns die Äußerungen der Büroreisefachfrau in Bezug auf das Wetter bestätigt. Sie hätten ein ähnliches Dilemma vor zwei Jahren hier auf der Insel erlebt. „Macht euch keine Illusionen für Ko Pha Ngan", sagt der junge Mann. „Dort wird es nicht anders sein."

Trotz seiner Hiobsbotschaft sind uns die Tiroler sympathisch. Gern hätten wir sie früher getroffen.

Doch urplötzlich kommt eine Nachricht von der Rezeption: Unsere Taxifahrt ist vorverlegt worden. Wir müssen einen Zahn zulegen, denn statt zum Anleger im Ort nebenan, wird uns unser Taxi zum Haupthafen in Naton bringen. Alle weiteren Anlegestellen haben den Betrieb eingestellt. Die raue See lässt nur Überfahrten mit der Großfähre nach Ko Pha Ngan zu.

Okay, wenn's so sein soll?

Hastig bezahlen wir unsere Unterkunft und das Frühstück, dann verabschieden wir uns von den Besitzern und Gesprächspartnern und steigen ins bereitstehende Taxi. Dem Personal winken wir freundlich zu, danach führt uns die Fahrt durch eine uns fremd gebliebene Landschaft zum Zielort, in dem es eine Stunde bis zur Abfahrt zu überbrücken gilt. Beim Gedanken an die raue Überfahrt stülpt sich mir bereits vorher der Magen um.

Am Hafen wundern wir uns über eine Menschenmenge, die mit Plakaten auf sich aufmerksam macht. Was wollen die damit bewirken? Es ist eine Demonstration für bessere Gehälter, die wir miterleben. Während des Wartens auf die Fähre essen wir nur leichte Reiswaffeln, denn den Möwen wollen wir nur wenig Mageninhalt zum Fraß anbieten. Und die intus, heißt es abwarten. Wir warten und warten. Nirgendwo am Horizont taucht unser Fährschiff auf.

„Verflixt und Zugenäht", schimpfe ich. „Kommt die Fähre überhaupt?"

Als die Fähre anlegt und man uns in sie hineinklamüsert hat, soll die Überfahrtszeit eine Stunde betragen und die Bedingungen sind hart. Da im Moment nur die eine Fährverbindung existiert, ist das Boot proppenvoll. Es ist total überladen. Sinkt die Fähre, dann geistert eine Schreckensnachricht mehr durch die Welt. Ich schließe wegen des brutalen Seegangs die Augen und konzentriere mich innerlich auf einen fiktiven Punkt. Trotz allem quält mich der Brechreiz.

„Komm bitte bald an, liebe Fähre", flehe ich leise. „Bitte, bitte, leg bald an."

Es ist geschafft. Die Überfahrt ist ohne Magenentleerung über die Bühne gegangen. Als wir in der Hauptstadt Thong Sala von Bord gehen, lotst uns ein Schlepper zu einem adretten Songthaeo Taxi, das uns in unsere Zwillingsbucht an der Ostküste bringen soll. Es ist frisch und es zieht auf der Ladefläche während der fünfundvierzigminütigen Fahrt. Währenddessen können wir uns an einer wunderschönen Landschaft berauschen, dann bezahlen wir bei der Ankunft die ausgehandelten dreihundert Bhat pro Person. Das ist der ganz normale Preis.

Als wir vor dem gebuchten Bungalow im Paradise-Resort stehen, ist es bewölkt und uns ist unwohl. Teils vom Seeweg, aber auch vom Auf und Ab auf der Ladefläche. Und unser Zustand bessert sich nicht, da es in unserem Resort weit und breit keine Rezeption gibt. Ein plötzlich auftauchender Bursche reicht uns den Schlüssel zum vermutlich unseren Bungalow. Welche Funktion hat der Jüngling? Ist er der Verwalter?

In unserem neuen Zuhause stinkt es aus dem Duschablauf, das ist das erste Manko. Dann müssen die Vorhänge der Fenster abgenommen, oder besser erneuert werden, denn die sind verschimmelt. Und die dreckige Badewanne gehört gereinigt, ebenso die schmuddelige Spüle, zusätzlich gehören weitere Unzulänglichkeiten beseitigt.

„Wann haben Sie der Bungalow zuletzt gesäubert?", frage ich den Mann. „Das muss eine Ewigkeit her sein."

Doch der vermutliche Verwalter antwortet nicht, denn er hat mich nicht verstanden, da ich deutsch gesprochen hatte. Der einzige Lichtblick am Bungalow ist die riesengroße Terrasse.

Der verkommene Anblick zieht mich runter und mein Frust steckt metertief in mir. Warum ist das Drecksloch teurer als unsere Hütte auf Ko Samui? Ginge es nach mir, würde ich sie gar nicht beziehen.

Der Bursche, der uns den Schlüssel gegeben hat, ist der Verwalter. Und der weiß, was Sache ist, denn er nimmt die Vorhänge ab und verspricht uns, sie zu waschen und wieder aufzuhängen. Dann dichte ich den Duschablauf ab und wir putzen die Räumlichkeit inklusive Spüle und Badewanne, wobei uns die Nachbarn zur Rechten anfeuern. Es sind freundliche Dauerbewohner aus Irland, die sich über unsere Betriebsamkeit wundern, was die Nachbarn linksseitig nicht tun. Die vier jungen Männer aus Frankreich verhalten sich uninteressiert. Ich vermute, es ist Unsicherheit. Jedenfalls kann sich unser Bungalow hinter sehen lassen.

Mit der Leistung zufrieden, machen wir unseren Abendspaziergang, dabei hellt sich unsere Stimmung aber nur minimal auf, denn der vielgerühmte Strand ist in miserablem Zustand. Der Müll wird nicht weggeräumt, ein langer Strandabschnitt besteht aus einem Zaun mit einer Baustelle dahinter. Die Wellen schwappen über die Sandsackbarrieren, und auch ansonsten ist im Ort die Zeit stehen geblieben. Es ist das Thailand, wie es vor hundert Jahren ausgesehen haben muss. Wäre der Himmel nicht so bewölkt, könnte man romantische Anwandlungen bekommen. Besänftigen tut uns ein überzeugendes Essen bei einer sehr netten Thailänderin.

Am nächsten Morgen frühstücken wir in der Bakery. Zwar hapert es mit der Verständigung beim Bestellen, aber im Großen und Ganzen ist das Frühstück okay, nur das Ei ist zu weich. Und da an das Baden im Meer nicht zu denken ist, spazieren wir rüber zum Nachbarort, der in seiner Struktur deutlich touristischer ist, und von einer

Nobelanlage dominiert wird, was uns weniger gefällt, allerdings ist der Sandstrand aufgeräumt.

Glaubt man dem Reiseführer, dann sind die Sandstrandabschnitte in der Zwillingsbucht wunderschön, und das mag auch stimmen, aber nicht bei dieser Wetterlage. Und ein weiteres Dilemma fällt uns in unserem Aufenthaltsumfeld auf: Es fehlt eine Internetstation. An manchem Laden steht High-Speed-Internet dran, aber auf mein Nachfragen winkt man beschämt ab. Sogar die Straßenbeleuchtung ist ausgefallen. In der Nacht wird's stockdüster. So können wir unser Skypen am Heiligen Abend vergessen.

Na gut, dann behelfen wir uns eben mit WhatsApp. Eine Klasseaufnahme mit dem Handy gemacht und den passenden Text dazu verfasst, dann schicken wir das Machwerk an die Lieben zuhause. Ich wette, auch darüber werden sie sich ausgelassen freuen.

Oh, was ist das? Die Sonne bricht durch. Wir eilen über die steile Ortsverbindungsstraße zurück in unseren Bungalow. In der hat der Geselle, auch Verwalter genannt, die frisch gewaschenen Vorhänge aufgehängt. Mit denen wirkt die Villa richtig freundlich. Hastig ziehen wir die Badesachen an, schnappen uns unseren Sarong und sausen zum Strand, an dem wir ein gutes Plätzchen finden. Aber ich bin nicht tapfer genug für ein Bad bei dem Wellengang. Es wagen sich nur die Wagemutigen in die Fluten. Daher lesen wir eine halbe Stunde, dann ist es mit der Herrlichkeit vorbei, denn die Sonne ist wieder hinter den Wolken verschwunden. Okay, das ist so. Warum sich ärgern? Das Wichtigste ist doch, dass es Angela und mir gutgeht und mein Herz nicht rebelliert. Mit der Angst, mein Stent könnte sich zusetzen und meine Blutzirkulation blockieren, lebe ich täglich. Nichtsdestotrotz genieße ich die wunderbare Reisezeit mit meiner Frau.

Den Snack am Nachmittag essen wir im Longtail. Es ist ein Restaurant am Ende des Strandes, dessen strahlende Bedienung uns sofort wiedererkennt. Sie ist Australierin und wohnt in unserer Anlage zwei Villen neben uns. Vier Jahre lebt sie schon auf der Insel, erzählt sie uns. Bei so viel Freundlichkeit suchen wir das Lokal am Abend nochmals auf, aber auch wegen der guten Küche. Ich esse ein Gericht mit Limonen Gras. Und unser abendliches Gutenachtgetränk nehmen wir in einer Strandkneipe mit bunten Ballons und zu Reggae Klängen zu uns, doch beim Bezahlen kräuseln sich mir die Nackenhaare. Bescheidenheit sieht anders aus. Und als sei das alles nicht ärgerlich genug, lassen die Franzosen in der Nacht die Sau raus, dazu jaulen die Hunde, und das stundenlang. Es ist zum Heulen. Wann hört unsere Pechsträhne endlich auf?

Wegen der Schlafschwierigkeiten schläft Angela etwas länger, ich schreibe derweil im Tagebuch. Dann dusche ich, nehme die Tabletten ein, und anschließend frühstücken wir wie am Vortag in der Bakery, wobei mein Ei natürlich zu weich ausfällt. Mein Hinweis, es mit sechs Minuten zu versuchen, stößt auf taube Ohren, aber ich habe keine Lust, einen Kochkurs für Eier zu veranstalten, deshalb ärgere ich mich nicht.

Ich bin auch nicht sauer, als die Suche nach einer Wäscheleine in unserer Villa negativ ausfällt. Spontan eile ich zum einzigen Laden im Ort, einem Seven Eleven, der rund um die Uhr geöffnet ist, doch sogar der hat nichts Schnurähnliches im Angebot. Letztlich helfen uns die irischen Nachbarn mit einem dicken Seil aus.

Auch am folgenden Tag ändert sich nichts. Die Bewölkung hält an der Blockade der Sonne fest, denn die steht auf der Liste der Verschollenen. Es ist der 21. Dezember und in drei Tagen ist Heilig Abend. Erst am 27. Dezember, also in sechs Tagen, werden wir nach Ko Tao weitertingeln. Doch da das noch eine geraume Weile hin ist, erklimmen wir als Zwischenintermezzo den Berg oberhalb der Zwillingsbucht, und oben auf der Bergspitze ist es toll. Wir machen herrliche Fotos von einem wunderbaren Küstenpanorama. Allerdings spiegeln die Bilder zu wenig von dem Waldreichtum wider, der eine malerische Kulisse bildet, anderseits zeigt der wolkenreiche Himmel, wie wir unter den momentanen Wetterbedingungen leiden. Trotzdem verweilen wir auf einem liegenden Baumstamm, dabei male ich mir aus, wie umwerfend die Aussicht bei Sonnenschein sein muss.

Auf dem Rückweg zum Ort kreuzt eine Schlange unseren Weg. Die schlängelt sich blitzschnell ins Gestrüpp, als sie unsere Schritte hört. War es eine Giftschlange?

Und den Schreck verarbeitet, unternehmen wir einen Trip in die Hauptstadt Thong Sala mit dem Taxi. Dort ist das Wetter deutlich besser. Wir verbringen eine herrliche Stunde mit Sonnenbaden am Strand, dabei powere ich mich im Wasser intensiv aus. Ach ja, es wäre badetechnisch besser verlaufen, wäre die Wahl unserer Unterkunft auf Thong Sala gefallen. Aber es ist anders gekommen, da hilft kein Nachkarren. Murren bringt nichts.

Ansonsten ist die Hauptstadt so lala. Es gibt ein Hotelrestaurant mit dem bescheuerten Namen „Tölzer Hütte". Uns zieht es jedoch zu einem Freiluftmarkt mit einer unerschöpflichen Anzahl Essensständen, wo wir uns mit thailändischen Spezialitäten verköstigen, und das preiswert. Der erweiterte Ortskern besteht aus T-Shirt Läden, dazu Fisch, Obst, Gemüse und allerlei andere Stände, demnach kauft man dort die Waren des täglichen Gebrauchs. Rein zufällig stoßen wir auf ein Geschäft, vor dem ein künstlicher Weihnachtsbaum als Dekoration steht. Der ist ein gefundenes Fressen für ein Foto. Wir platzieren uns vor den Baum und lassen uns von einem Passanten mit unserem Handy knipsen. Ja, wunderbar. Schon ist das Foto für die WhatsApp-Nachricht an Heiligabend an meine Kinder im Kasten.

Auf mein Zureden kauft sich Angela ein sehr kurzes, buntes Höschen, wie es die jungen Frauen bevorzugt tragen. Sie sieht gut damit aus, denn sie ist schlank und hat die richtige Figur. Meine Suche nach einem geschmackvollen T-Shirt stagniert. Dann eben nicht, denke ich und rümpfe die Nase. Vielleicht liegt's an mir und ich bin zu wählerisch. Doch da ich keinen Kaufzwang empfinde, außerdem der Heimweg ansteht, rufe ich den Taxifahrer an, der uns hergebracht hatte. Zu dem Zweck der Heimfahrt hatte er uns seine Karte mit seiner Telefonnummer gegeben. Mit ihm kommen wir überein, dass er uns in einer halben Stunde abholt.

Und das klappt, denn das Taxi kommt zum verabredeten Platz. Und mit dem düsen wir quer über die Insel zum Ausgangspunkt des Ausfluges zurück. Für Hin- und Rückfahrt haben wir tausendzweihundert Bhat bezahlt, das sind sage und schreibe dreißig Euro. Oft können wir uns Ausgaben in der Größenordnung nicht leisten, bei unserem limitierten Etat. Für den Thailandaufenthalt sind wir von geringen Unkosten ausgegangen. Und in unserer Bleibe zu Bett gegangen, verleben wir eine schlaflose Nacht, da zum Paradise-Ressort eine Disco gehört. Die liegt gegenüber unserer Villa und hat erstmals Hochbetrieb. Kennen sie die monoton dröhnenden Bässe der Techno-Musik? Wir nach der Nacht auch. Aber mich stört weniger die Musik, o nein, mich stört das Gekreische, mit dem die Tanz- und Feierwütigen die Nacht zum Tag machen. Und natürlich das fürchterliche Geknatter der abfahrenden Mopeds.

*

Es ist Heiligabend, also der 24. Dezember. Wir stehen wegen unseres Schlafmangels spät auf. Dann frühstücken wir und buchen das Ticket für die Überfahrt nach Ko Tao. Und das in der Tasche, chartern wir einen altersschwachen Songthaeo zur Fahrt nach Haad Rin. Das Gefährt ächzt und stöhnt. In den Kurven bricht es fast auseinander. Wir sehen einen umgekippten Pkw auf der Fahrbahn liegen, an dem uns der Fahrer vorbeimanövriert. Trotz der Erschwernisse bringt er uns in einer dreiviertel Stunde und für den stolzen Preis von achthundert Bhat nach Haad Rin.

Der Ort ist bekannt wie ein bunter Hund durch seine berühmten Vollmondpartys. Unseren Geschmack trifft dessen Außenerscheinung nicht. Das Drumherum ist mehr was für die Freaks, die wegen der Eimersauferei nach Ko Pha Ngan gekommen sind. Fertigmischungen im Eimer mit Billigfusel für fünfhundert Bhat stehen hier haufenweise in den Läden. Nur einen Vorteil gegenüber der Zwillingsbucht hat Haad Rin, und das ist das Internet. So setzen wir uns an einen Computer, an dem wir das altbewehrte booking.com Portal nutzen, um ein Zimmer in Bangkok für drei Nächte zu mieten. Nach dem beschaulichen Ko Tao wollen wir uns in den brodelnden Moloch begeben. Das Hotel liegt mitten in der spannenden Altstadt, die man wegen seiner Paläste und Tempel unbedingt auskundschaften muss. Wir sind mächtig gespannt auf die Sehenswürdigkeiten der Hauptstadt.

Doch noch befinden wir uns in Haad Rin, wo wir die Partymeile aufsuchen. Dort sehen uns die Plätze an, auf denen nachts die Vollmondpartys toben, danach stärke ich mich in einem Lokal mit einem verwässerten

Milchshake. Und den getrunken, ordern wir an der Ausfallstraße durch heftiges Winken einen Pickup, der uns für zweihundert Bhat in die Hauptstadt bringt. Das dauert schlappe zehn Minuten. Und da dort mal wieder die Sonne vom Himmel lacht, schwimmen wir, um anschließend zu lesen. Das war uns viel zu selten vergönnt. Ich schmökere in einem Reisebericht von Andreas Altmann. Der Abenteurer führt mich mit seiner Erzählung durch Thailand, dann nach Kambodscha und schließlich ins Nachkriegsvietnam, also durch die Länder, die auf unserer Besuchsliste stehen. Der Preis der Leichtigkeit ist ein faszinierend geschriebener, aber auch erschütternder Reiseroman, deshalb möchte ich Ihnen das Werk dringlich ans Herz legen.

Und die noch ungelesenen Seiten geschafft, essen wir wieder in der Fressmeile, ich die Hähnchenspieße für achtzig Bhat. Angela gönnt sich ein Reisgericht und trinkt die Milch einer Kokosnuss, danach wollen wir in unsere Zwillingsbucht zurück. Doch das klappt diesmal nicht sonderlich gut, denn das nun folgende Hickhack ist wahrlich nichts für schwache Nerven. Wir haben uns in einen wartenden Pickup gesetzt und wollen heimfahren, aber der Fahrer weigert sich, mit nur zwei Passagieren loszufahren. Wir warten und ärgern uns. Ich beschimpfe den Typ, das natürlich auf Deutsch. Erst als ein russisches Paar zu uns in das Billigtaxi einsteigt, nimmt der Bursche Fahrt auf, bei der wir wieder dem umgekippten Pkw begegnen, der nicht weggeräumt wurde. Und abermals berappen wir sechshundert Bhat. Langsam geht es auf keine Kuhhaut, was wir auf der Insel Ko Pha Ngan für Verkehrsmittel ausgeben.

Doch dann ist er endlich da, der Heilige Abend. Erstmalig verbringe ich ihn mit Angela allein. Auf den Genuss einer Aachener Printe, oder auf ein Stück Christstollen, aber auch auf den Duft von Lebkuchengebäck, müssen wir in diesem Jahr verzichten. Unsere Bakery hat derlei Leckereien nicht im Angebot, doch der Schmerz wegen des Verzichts bleibt überschaubar.

Unsere persönliche Weihnachtsfeier bestreiten wir im Longtail. Wegen unserer netten Nachbarin bietet sich die Lokalität für den Zweck an. Ich esse leider ein Gericht, das meine Geschmacksnerven nicht überzeugt, und das passiert ausgerechnet am Heiligen Abend. Unangenehm ist auch ein besoffener Mitbürger. Der schmeißt mit Hundert-Bhat Banknoten für die Lokalcrew nur so um sich. Sein Verhalten ist zumindest fragwürdig, trotz allem trinken wir an dem Abend mehr als sonst. Dann bezahlen wir sechshundert Bhat und verabschieden uns.

Als wir am Seven-Eleven vorbeikommen, nehmen wir vier Flaschen Coca-Cola mit in unsere Villa. Der Rum zum Mixen unserer Cuba Libre steht im Kühlschrank. Und wie wir das Getränk genüsslich in uns hineinkippen und den Oldies der Disco lauschen, wird es dreiundzwanzig Uhr.

O ja, es ist soweit. Berücksichtige ich die Zeitverschiebung, dann ist es in Aachen später Nachmittag. Bei meiner Ex-Frau sitzen meine Kinder und die Schwester feiernd in feuchtfröhlicher Runde, davon gehe ich aus. Wir schicken unsere WhatsApp ab, dabei betätige ich aus Versehen die Anruftaste, prompt habe ich meine Tochter auf Empfang. Die juchzt vor Freude und reicht den Hörer weiter, dadurch hat jeder was von meiner Stimme. Es kommt mir so vor, als säßen wir mitten unter den Lieben. Dann dauert es wenige Minuten, schon erreicht uns eine WhatsApp mit einem Bild von den Feiernden. Und was schließt man daraus? Auch in der Ferne kann man mit den Daheimgebliebenen das Weihnachtsfest feiern.

Die Kontaktaufnahme mit der Familie war ein Erfolg.

Ich bin selig. Und als hätte uns eine Himmelsmacht erhört, geschieht am nächsten Tag ein Wunder, denn der erste Weihnachtsfeiertag ist auch der erste Strandtag in der Zwillingsbucht. Den Wind nehmen wir gelassen hin, denn die Sonne scheint. Erst als sich der Himmel zuzieht, was zur Normalität ausgeartet ist, legen wir uns auf unsere Terrasse vor der Villa und lesen, bis der Abend anbricht. Hungrig spazieren wir in den Nachbarort, dort essen wir hervorragende Sate-Spieße, dann gehen zurück auf unsere Terrasse. Bei den Musikstücken aus der Disco trinken wir mehrere Gläser Radler. Doch viel zu früh schließt die Disco und aus ist es mit der Musik. Nichts, aber rein gar nichts, ist auf der Insel planbar.

Von den Hähnen der Nachbarschaft geweckt stellen wir fest: Es regnet. Als wir aufstehen steht der Platz vor unserer Terrasse unter Wasser. Zwar nicht knietief wie vor einer Woche auf Ko Samui, aber das Gelände ist mit Pfützen übersät. Gestaltet sich unser letzter Tag auf Ko Pha Ngan wie die vorherigen? Anders allerdings gestaltet sich der Frühstücksablauf, denn die Bakery ist gerammelt voll. Aus heiterem Himmel ist eine Ladung Touristen über den Ort hergefallen. Wir reden mit einem Paar aus Bayern über Thailand, denn sie kennen sich aus. Die Gesprächspartner kommen jedes Jahr hierher und diesmal besonders gern, denn der Besuch gilt einer Vermählung. Ihr Sohn lebt vor Ort und heiratet eine Thailänderin. Und neben dem Gespräch beobachten wir den Aufbau eines Tiergeheges.

Mensch, was für ein Affentheater. An der Fertigstellung sind zehn Thais beteiligt. Aber die Fixesten sind die nicht, und mit deutscher Arbeitsweise hat das Gebotene weiß Gott nichts zu tun. Okay, die Arbeitsleistung daheim ist schwer zu übertreffen.

Der deutsche Eifer und die Gründlichkeit setzen Maß-
stäbe, von der die Thais nur träumen können, dennoch
kommen sie mit Gemütlichkeit an ihr Ziel, und das hat
manchen Vorteil, ich erwähne nur den Stress. Wir aber
machen uns keinen Stress, obwohl es Abschiednehmen
heißt vom hochgelobten Ko Pha Ngan, doch das fällt uns
leicht. Wir brauchen uns nur die Pfützen vor unserer Terrasse anzusehen. Ich unke so ähnlich wie auf Ko Samui:
„Die Insel und ich werden wohl nie echte Freundschaft
schließen."

Aber wir sind nicht verbittert, als wir das Taxi für den
nächsten Morgen inclusive dem Ticket für die Überfahrt
nach Ko Tao bestellen. Damit ist alles für die Abreise angerichtet. So gehen wir ein allerletztes Mal ins Longtail
und essen ausreichend und lecker, dann verabschieden
uns von der netten Nachbarin, mit der wir oft und herzlich gelacht haben, und begeben uns auf den Nachhauseweg, prompt überrascht uns der nächste Regenschauer.
Also setzen wir uns schutzsuchend in ein Lokal der Kon-
kurrenz, und ich trinke einen Cocktail mit dem passenden
Namen Swimmingpool, dann lässt der Regen nach. So
gehen wir zum Seven-Eleven, wo wir eine Nussmischung
zum Naschen kaufen, dazu diverse Flaschen Cola. Mit
dem noch vorhandenen Rum mixen wir uns auf der Terrasse unseren Abschiedstrunk.

*

Das Taxi ist überpünktlich. Wir verstauen unsere Rollkoffer und Rucksäcke in den Kofferraum, und das war's.
Ade, du angenehme aber auch ungewöhnliche Villa. Du
warst, trotz mancher Widrigkeit, eine erstaunlich nette
Bleibe. Nun ja, sich würdig aller zu verabschieden, das
war nie mein Ding. Mir wird schlecht bei dem Gedanken

an die Fährüberfahrt. Dazu rast der bekloppte Fahrer wie die Feuerwehr über die geflickten Straßen, sodass mir Hören und Sehen vergeht. Bei der Ankunft fühle ich mich zum Kotzen, doch eine Cola beruhigt meinen Magen und ich fühle mich wohler, noch dazu ist der Himmel wolkenlos und die See ruhig. Erleben wir den Wetterumschwung im Golf von Thailand?

Der Hype mit dem Tourismus auf den Inseln begann mit Ko Samui, danach war Ko Pha Ngan dran, und nun ist Ko Tao an Thailands kristallklarer Golfküste an der Reihe. Dessen Strände locken abertausend Besucher auf die Trauminsel. Nach den Backpackern entdeckten die Fans des Tauchsports mit knappem Reisebudget das Paradies, prompt zogen die Einrichtungen für die Touristen nach. Doch keine Angst, denn authentische Erlebnisse, beispielsweise lustige Kajakfahrten, warten immer noch zuhauf auf die Besucher. Das verspricht der Reiseführer. Und was erwartet uns tatsächlich?

Während der anderthalb Stunden Überfahrt nach Ko Tao ziehen abermals bedrohliche Wolken auf, die uns bis zur Ankunft begleiten. Für uns ein gewohnter Anblick, denn zu oft hatte uns der Wettergott betrogen. Ich Wetterpessimist werte das als schlechtes Zeichen. Doch zuerst betrügt uns ein Taxifahrer, der uns für die Kurzstrecke ins Asia-Diving Resort fünfhundert Bhat abnimmt. Die miese Abzocke ist eine Unverschämtheit, und auch in Thailand an der Tagesordnung. Wie schon auf Bali hatten wir beim Trubel des Aussteigens vergessen, einen adäquaten Preis für die Taxifahrt auszuhandeln.

Da es zu regnen beginnt, legen wir uns in unserem Zimmer aufs Ohr. Die Räumlichkeit ist hübsch ausgestattet und hat einen großen Balkon. In einem vergleichbaren Zimmer hatten wir auf der Reise bisher nie gewohnt. Inzwischen ist draußen ein heftiges Gewitter am Werk. Als

174

es abzieht, werfen wir uns die Regenjacken über und setzen uns ins erstbeste Restaurant. Das Essen ist okay, auch der sich anschließende Spaziergang zum nicht weit entfernten Strand. Dort bewundern wir die riesige Armada an Tauchschiffen, die vor der Küste ankert. Für einen Schwimmversuch wäre das wellenarme Wasser ideal. Nun gut, der Schnupperkurs in Sachen Strandqualität genügt für den Anfang, so kaufen wir auf dem Heimweg eine Flasche Bacardi im Seven-Eleven, dann machen wir es uns auf dem Balkon gemütlich. Ist endlich der Wetterumschwung in Sicht, oder soll's bis in alle Ewigkeit so weitergehen?

Früh morgens schwimme ich im Pool und komme den Tauchschülern in die Quere, aber das ist mir egal. Der Pool gehört allen. Dann nehmen wir das erste Frühstück auf Ko Tao im Hotelrestaurant zu uns, doch das Bestellen ist kompliziert. Das Personal spricht kein Englisch, aber wir bekommen das Gewünschte aufgetischt und es ist preiswert. Fünf Euro bezahlen wir für uns beide. Sieben Euro hatten wir auf der Nachbarinsel bezahlt. Sobald man Haushalten muss, achtet man auf jede Ausgabe.

Danach treibt es uns zum Strand, denn urplötzlich hat die Sonne ihre Liebe zu uns entdeckt. Wir schwimmen beherzt wegen des Nachholbedarfs. Doch was passiert? Der nächste Regenschauer kündigt sich mit neuen Wolkenbergen an. „Komm, Angela, machen wir die Fliege", fordere ich meine Frau auf, ihren Sarong einzupacken.

Auf dem Heimweg kaufe ich mir ein T-Shirt mit einem VW-Bus-Aufdruck. Und warum kaufe ich den Quatsch? Es war anscheinend eine Verzweiflungstat, denn das Hemdchen ist von schlechter Qualität und sieht irgendwie spießig aus. Man nennt es auch Frustkauf.

Spät nachmittags siegt wieder die Sonne. Diesmal machen wir einen Strandmarsch bis zur Hauptstadt Ban Mae Haad, Gesamtstrecke etwas über zwei Kilometer. Wir bummeln durch das Städtchen, aber dessen Besonderheiten kann man an fünf Fingern abzählen. Na ja, der große Wurf ist die Hafenstadt nicht. Immerhin nutzen wir den Ausflug zum Kauf der Tickets für die Fähre zum Festland am 2. Januar, dann machen wir uns auf dem Heimweg. Auf dem wird uns drastisch vor Augen geführt, welche Reize Ko Tao auf die Wassersporturlauber ausübt. Für Tauchanfänger ist Ko Tao das ideale Terrain. Mehr als vierzig Tauchzentren stellen die entsprechende Ausrüstung zur Verfügung und vermitteln in dreitägigen Kursen die gewünschten Grundkenntnisse. So ist die Menge an Tauchschulen verständlich und es gibt nirgends so viele auf der Welt.

Doch das Tauchen interessiert uns weniger, dagegen ein preiswertes Restaurant. Und das Geeignete gefunden und darin platzgenommen, bittet man uns höflich, wir mögen uns an einen anderen Tisch setzen, um einer Tauchgruppe Platz zu machen. Wir stehen auf und setzen uns an einen kleineren Tisch, denn wir haben kein Problem mit dem Umsetzen, dafür werden wir mit einem guten Essen belohnt. Mein Tintenfischgericht ist zum Feuerspeien, aber lecker.

Feuerspeien tun allerdings die Akrobaten am Strand. Bei höllisch lauter Techno-Musik bricht ein Feuerspektakel über uns herein. Drei Tauchclubs mit den dazugehörigen Strandabschnitten sind in der Hand der Feuerakrobaten, und die übersteuerte und ruppige Musik der Freaks bringt die Trommelfelle in die Gefahr zu platzen. Lange halte ich das nicht aus. Auch das aus Eimern saufen nervt. Halb elf gehen wir zurück zu unserem Balkon. Von dem beobachtet Angela, wie der junge Mann von nebenan selbst Hand anlegt. Er holt sich kräftig einen runter, und das auf einer Partyinsel. Wozu Einsamkeit führen kann. Und die Nachbarn rechts hindern uns mit ihrem Beischlafgestöhne an unserem wohlverdienten Schlaf. Ja, wo sind wir denn hier? Ist Ko Tao eine Freudeninsel. Das passt so gar nicht zu einer Trauminsel, eher zu einem Albtraum. Unterwegs hatten wir ruhigere Unterkünfte, regelrecht friedlich war's im Campingbus.

Beim Frühstücken fühlen wir uns von der Schlaflosigkeit erschlagen. Und das umso mehr, als wir über das Internet von den Überschwemmungen in Südthailand erfahren. Da bleibt es nicht aus, dass uns meine Kinder ihre Sorge über WhatsApp zutragen, woraufhin ich sie über das gleiche Forum beruhige. Wir sind außerhalb der Gefahrenzone, erstatte ich Bericht, aber danach lasse ich meine Wut auf das Wetter freien Lauf. Doch mein Anfall ist ein laues Lüftchen, aber er zeigt meine Ungeduld auf den erwünschten Sonnenschein. Die Thais würden die Wetterkapriolen sicher abstellen, könnten sie das.

Ich bin gedanklich noch in meiner Privatsphäre, als urplötzlich die Sonne scheint. Na sowas, denke ich, es geht doch. Schnell sausen wir zum Strand und finden einen Liegeplatz, auf dem wir uns ausbreiten und uns ausgiebigen Badefreuden hingeben, prompt schüttet es wie aus einer Gießkanne. Wann geschieht das Wunder, das zur Wetteränderung führt? Ohne Sonne macht die erfolgsverwöhnte Insel keinen Spaß. Glücklicherweise gehören wir nicht zur Sparte derjenigen, die vom Strandherumliegen abhängig sind, um sich knackig braun brennen zu lassen. Wir zwei sind aus einem anderen Holz geschnitzt. Aber nun zur Sensation, denn die ereignet sich am 30. Dezember. Ab da wendet sich das Blatt und die Wetterlage wird beständig. Nirgendwo am Horizont erscheint eine Wolke. In Vorfreude auf den Tag springe ich in den Pool, dann

177

frühstücken wir, dabei spüre ich ein Unwohlsein. Es ist eine Art Sodbrennen. Liegt es am Frühstück? Und wenn ja, was ändere ich daran? Statt meiner zwei Scheiben Toast mit Honig und den zwei gekochten Eiern, dazu eine Kanne Kaffee und ein Glas Orangensaft, sollte ich öfter ein Müsli essen und den Orangensaft weglassen. Das Aufstoßen von der Magensäure ist unangenehm.

Dagegen ist es am Strand sehr angenehm, aber diesmal beenden wir das Anbeten der Sonne nicht wegen der Gewitterwolken, sondern wegen der Sonnenbrandgefahr. Dennoch sind wir unvernünftig und machen die einstündige Kajakfahrt, die wir uns vorgenommen hatten. Ein Hoch auf das Paddeln. Doch die Paddelei in ungewohnt gebückter Sitzhaltung strengt an, aber der Preis von fünf Euro für uns zusammen ist annehmbar. Alles in allem ist die Aktion die pure Lebensfreude.

Und was machen wir am Abend? Den verbringen wir aus Kostengründen in dem Lokal, in dem man uns umgesetzt hatte und ich verspeise erneut das leckere Tintenfischgericht. Von den vielarmigen Viechern bin ich abermals begeistert. Danach beenden wir den Tag, denn für die Silvesterfete ist Schonung angesagt.

Der Silvestertag ist angebrochen. Ich beginne ihn mit einem Müsli. Anschließend ziehe ich meine Trekkingschuhe an, denn unsere Wanderung soll uns quer über die Insel zur Ostküste führen. Der Anstieg über einen Berg ist steil und anstrengend. Uns rinnt der Schweiß aus den Poren, als seien es Sturzbäche. Ich merke daran, dass ich während der Reise nicht jünger werde. Außerdem läuft uns keine Menschenseele bei der Bullenhitze über den Weg, obwohl wir durch eine wunderschöne Bergkette wandern. Bei der Ankunft werden wir belohnt mit einer naturbelassenen Bucht, mit einem Restaurant, einigen wenigen Ferienhäusern und zwei Tauchbooten, die in der

Bucht ankern.

Wir trinken eine Cola, denn ich bin süchtig nach dem Zeug. Dadurch gestärkt, wandern wir auf dem gekommenen Weg zurück und wechseln im Hotel die schweißnassen T-Shirts. Anderthalb Stunden hatte der Marsch gedauert. Und damit nicht genug, latschen wir in trocknen Shirts zur Nordspitze der Insel. Für die leichte Strecke brauchen wir fünfunddreißig Minuten. Und das alles in der Mittagshitze

Gegenüber den Zwillingsinseln Ko Nang Yuan setzen wir uns in ein sauteures Restaurant mit Blick auf die Sehenswürdigkeit und trinken zwei Flaschen Mineralwasser, denn ein Essen kommt nicht in Frage, schließlich sind wir keine Millionäre. Ich überlege: Zu den Inseln hätten wir mit einem Longtailboot fahren sollen, doch dafür ist es zu spät, aber die Ansichtskartenattraktion aus der Ferne zu betrachten, das ist auch sehr schön. An sechs Aufenthaltstagen kann man nicht alles machen.

Beim Zurückgehen fällt uns auf, dass es bei den Thais Unverständnis hervorruft, sich zu Fuß fortzubewegen. Sogar in der hintersten Ecke will man uns das Mieten eines Mopeds einreden, was irgendwie nachvollziehbar ist, denn es ist höllisch heiß. Und im Hotelzimmer zurück, wechseln wir abermals die Klamotten. Doch bevor wir zum Essen gehen und uns in den Silvestertrubel stürzen, bekommen wir einen überraschenden Anruf. Es ist unser Freund Stefan, der uns herzliche Silvestergrüße in seinem und Annes Namen übermittelt. Mit dem Anruf hatten wir weiß Gott nicht gerechnet. Dann verspeisen wir zum Ausklang des alten Jahres in gehobener Preisklasse zwei superlange Hähnchenspieße vom Grill. Das ist mehr als ein Armeleuteessen und widerspricht unserem Sparprinzip. Aber heute ist das egal. Daheim hätten wir mit Freunden rund um ein Raclette gesessen, und die Zutaten hätte einen Batzen Geld verschlungen. So verspeisen wir die Spieße ohne ein schlechtes Gewissen, und testen anschließend die Stimmung in einer Strandlokalität, die zur Silvesterfete einlädt.

Herrgott im Himmel, was sagt man zu dem Wahnsinn. Die Techno- und House-Musik ist ohrenbetäubend laut. Zu der tanzt das Jungvolk wie in einen Rausch, vor allem wird das aus Eimern saufen hemmungslos übertrieben. Und erst die Feuerakrobaten. Deren Show mit erlaubten und unerlaubten Hilfsmitteln ist der Silvesternacht durchaus angemessen. Meine Sinne sind von den eingeölten Artisten und der aufgeheizten Atmosphäre hin und her gerissen. Meine Frau ist das weniger, denn die quälen stechende Kopfschmerzen.

Wegen derlei Unannehmlichkeiten gehen wir ins Hotel, wo sie eine Schmerztablette runterspült. Sie hofft, dass das Medikament hilft, damit wir noch viel von der Silvesternacht mitbekommen. Also unternehmen wir einen neuen Versuch, und eilen zum Sunset-Beach, an dem die Feier im Schweiß der Feuerkünstler ihren Siedepunkt erreicht, denn das Spiel mit dem Feuer hat die Menschen seit jeher fasziniert. Auf dem Höhepunkt des Spektakels mischen wir uns unter die Menschenmasse. Es ist kurz vor Zwölf und das Tanzen hat Ähnlichkeit mit einer Ekstase. Und dazu die allgegenwärtig kreisenden Schnapseimer, die wir allerdings links liegen lassen.

Doch dann ist es zwölf Uhr und es ertönt ein Gong. Der gleicht einem Paukenschlag, denn was sich dann ereignet ist urgewaltig. Das Tohuwabohu raubt einem den Atem. Ein gigantisches Feuerwerk erleuchtet den Nachthimmel über Ko Tao. Raketen, Kanonenschläge, Böller und viele andere Krachmacher erzeugen einen Schwefelgestank, von dem sich mir der Hals zuschnürt. Das führt zu Atembeschwerden, und das aufwühlende Spektakel ritzt sich mir in die Gedächtniswände ein, so sehr erstaunt es mich. Aber was kostet der fragwürdige Spaß, und wer bezahlt ihn? Wie ist eine solch kleine Insel zu diesem Aufwand fähig?

Einerseits erfreut uns die extreme Feiersituation, andererseits erzeugt sie Kopfschütteln. Weshalb machen die jungen Leute ihren Körper mit teuer bezahltem Billigfusel kaputt und ruinieren sich die Gehörgänge mit dem Krach? Ich werde alt, das merke ich an den Fragen. Als wir einen Ballon ins sternenklare Himmelszelt mit unseren Wünschen für das neue Jahr aufsteigen lassen, ist das der positive Nebeneffekt einer total abgefahrenen Nacht. Und was haben wir Verliebte uns vorgenommen? Dass es erfolgreich wie im vollendeten Jahr weitergehen soll, denn wir schlendern glücklich Hand in Hand in unser Hotel zurück. Es ist ein Glücksfall für uns Landratten, eine solch ungewöhnliche Silvesterfete miterlebt zu haben. Das ganze Drumherum war verrückt und wird uns bis in die Ewigkeit verfolgen.

Am Neujahrstag unternehmen wir wenig. Wir fühlen uns gelähmt von den Auswirkungen der Silvesternacht. Zudem müssen wir am darauffolgenden Tag früh raus. Die Überfahrt ans Festland ist auf sechs Uhr angesetzt. Das heißt vier Uhr in der Frühe aufstehen, uns frisch machen und so schnell als möglich den Hafen ansteuern. Aber womit? Mit der Taximaffia? Uns wird nichts anderes übrig bleiben.

Wir kramen uns vier Uhr aus dem Bett und machen uns nach einer Katzenwäsche auf den Weg. Doch dann wird es spannend. Ich handele am Taxistand zweihundert Bhat mit einem Typ aus, der alkoholisiert auf mich wirkt. Aber der Kerl pokert und bittet uns zehn Minuten zu warten. Die übrigen Fahrer lachen dreckig, denn es ist tatsächlich ein billiger Trick. Nach einer Viertelstunde erhalten wir ein neues Angebot für dreihundert Bhat. Eine Frau ist bereit, uns unverzüglich für den Preis zum Pier zu bringen, so willige ich ein. Nur nicht lange herumeiern, geht mir durch den Kopf, schließlich wartet die Fähre nicht auf uns. Immerhin haben wir gegenüber der Herfahrt zweihundert Bhat gespart. So gesehen ist der Preis fair. Ich darf nicht nur schlecht über die taxifahrenden Thais denken. Auch das Taxigewerbe will leben. Reich wird man mit der Fahrerei gewiss nicht.

Spitz auf Knopf genäht kommen wir im Hafen an und klettern mit unserem Gepäck und bei dem großen Andrang auf die Fähre, da legt sie auch schon ab, zum Glück verspätet. Hoffentlich klappt es zeitlich mit der Anbindung zum Airport?

Auf der Strecke nach Ko Samui schaukelt das Boot bedenklich, aber nachdem es wieder abgelegt hat und auf dem Weg zum Festland ist, läuft alles wie ein Uhrwerk ab. Nur das Anlegen ähnelt einem Trauerspiel. Die Fähre wechselt zweimal den Pier, dann erst macht sie fest. Wir steigen aus und wetzen wie die Irren zum auf uns wartenden Bus nach Suat Thani. Mit dem Rollkoffer in der Hand gleicht unsere Rennerei einem Hindernislauf. Und während der Busfahrt sehen wir sie. Wir fahren mitten durch das Überschwemmungsgebiet. Samt und sonders stehen alle Felder, Wiesen und Wälder auf dem Weg zum Airport unter Wasser. Das ist mehr Niederschlagswasser, als es sonst in einem Jahr auf den Landstrich niederprasselt. Als wir am Airport aus dem Bus steigen, ist es zwölf Uhr dreißig, wir sind demnach viel zu früh eingetroffen, denn der Flug nach Bangkok startet in zwei Stunden. Meine Sorgen waren unbegründet. Uns bleibt eine Menge Verschnaufzeit. Aber das ist eine meiner Macken. Manchmal sehe ich zeitbedingte Aktionen nicht locker genug. Ob ich das noch lerne auf meine alten Tage? Die Zweifel meiner Frau sind berechtigt.

Wir kaufen zwei Stücke Kuchen und essen sie vor dem Flughafengebäude, dann packen wir unsere Reiseutensilien um. Inlandsflüge sind gewichtslimitiert, das berücksichtigen wir. Ich muss das Gewicht des Rollkoffers unter die Höchstgrenze von zehn Kilo drücken, daher lasse ich ein Kapuzenshirt und anderen Krempel bewusst zurück. Nun verlagere ich das Gewicht aus dem Koffer ins Handgepäck. Und es funktioniert. Wir marschieren ohne Beanstandungen durch die Kontrolle. Schwein gehabt, kann man da nur sagen.

*

Der kurze Flug verläuft reibungslos, dann landen wir auf der Landebahn des Großflughafens in Bangkok, den wir zur Genüge kennen. Um vom Flughafen in die Altstadt zu kommen, müssen wir uns an einer von mehreren Schlangen Wartender anstellen, dann weist man uns ein Taxi zu. Sowas sollte Bangkok-Besucher wissen.

Der Fahrer des Taxis kann mit unserem gebuchten Hotel Warehouse nichts anfangen, aber mit Hilfe des Navis kämpft er sich durch die Wirren der Stadt und setzt uns nach anderthalb Stunden am Hoteleingang ab. Wir bezahlen sechshundert Bhat, was ich wegen der Fahrzeit als angemessen erachte. Oder ist es wie so oft zu viel? Man ist sich da nie sicher.

Bangkok ist die Stadt der Superlative, doch stellenweise so arm wie eine Kirchenmaus. Unser Hotel steht in der unmittelbaren Nähe der Tempelbauten, dennoch ist es das Armenviertel. Die Fassade und das Innere des Hotels sind in Sichtbeton gehalten, das wirkt kalt, aber auch interessant. Die neckischen Schriftzüge auf den Wänden

verwischen jeden Negativeindruck. Im Kontrast zu lang-
weiligen Hotels ist es ein architektonisches Meisterwerk.
Wie hat der Architekt die Baugenehmigung für den modernen Klotz in der Altstadt bekommen? Mit welchem
Trick hat er die freiliegenden Lüftungsrohre und Elektro-
leitungen durchgeboxt? Brandschutztechnisch bleibt mir
das Hotel ein Rätsel. Unsere Behörden hätten das Bau-
werk nicht abgenommen, denke ich an den Skandalflug-
hafen in der Berlin.

Wir sind in unserer Bleibe, und das Gute ist, unsere Nerven sind intakt. Da trifft es sich gut, dass wir die Lust auf
einen Spaziergang verspüren. Kurzentschlossen nutzen
wir den Vorteil, dass wir in der Nähe der berühmten Khao
San Road wohnen. Die Straße ist die Heimat der Backpacker und gleichzeitig eine Vergnügungsmeile. Unterwegs dorthin registrieren wir viele Prostituierte. Wieso
reift in mir die Vorahnung, dass sich die Freudenmädchen auf unsere Nachtruhe auswirken könnten?

Trotz des bösen Gedankens, bummeln wir die Khao San
Road rauf und runter, dabei fühlt man sich wie in einem
Irrenhaus. Was hier los ist, das ähnelt einem Panoptikum.
Bald sind wir müde von der Drängelei, also setzen wir
uns vor ein Lokal und nehmen einen Imbiss zu uns, dazu
trinken wir zwei Alsterwasser. Das dauert eine Stunde,
danach staksen wir zurück in unser Hotel. Man soll die
Jagd nach Eindrücken nicht übertreiben.

Kurz nach Mitternacht bewahrheitet sich meine Vorahnung, denn der Geräuschpegel ist katastrophal. In einem
Zimmer neben oder über uns ist der Teufel los. Ist der
Mann sexsüchtig, der sich mit einem oder mehreren
Freudenmädchen vergnügt? Eine Hure stöhnt und gurrt,
dann kreischt sie wie eine angestochene Sau. Wer verlangt das von der Frau? Ist der Mann pervers? Die Lust-
schreie verleiden uns die erste Nacht in Bangkok.

Nach einem mittelmäßigen Frühstück im Hotel begeben wir uns auf eine Besichtigungstour, wobei man Bangkok in Alt- und Neustadt unterteilt. Zwingend zu besichtigen ist der große Palast, die ehemalige königliche Residenz, und das Wat Pho. In dem stehen die stattlichsten Tempel Bangkoks. Der Glanz der Kuppeln und verzierten Säulen blendet den Besucher. Wir sind überwältigt von den Ornamenten und den prunkvollen Altären, die alle Vergleiche übertreffen. Aber der Besuchermagnet ist der liegende Buddha. Geht man an dem vergoldeten Prachtstück vorbei, dann versteht man, warum ihn die Buddhisten anbeten. Und obwohl es heiß ist, durchforsten wir die entlegensten Paläste und jeden abgelegen Tempelbau. Hätten wir die Fassetten der monströsen Tempelbaukunst nicht bewundert, dann wären wir um viele Erfahrungen ärmer, was einer Todsünde gleichkäme.

Doch mit dem Bewundern der Tempelkunst in unserer Nähe ist der Ausflug nicht beendet, denn wir besteigen die Fähre über den Mae-Nam Fluss, das ist die Lebensader Bangkoks, und fahren auf die gegenüberliegende Flussseite, dort nehmen wir das Wat Arun in Augenschein. Uns begeistern die verschwenderische Eleganz des Bauwerks, und der Einfallsreichtum der Tempelerbauer. Erwähnenswert ist auch die verspielte Darstellung eines Gottes in Elefantengestalt. Danach folgt eine kraftraubende Plackerei, denn schweißgebadet kraxeln wir die zweihundert Stufen eines prächtigen Turms in der Anlage hinauf. Und von oben knipsen wir, was das Zeug hält. Beharrlich halten wir das Großstadtpanorama Bangkoks mit der Digitalkamera im Bild fest.

Bei mir sind die Worte wie Wohltätigkeit und Hilfsbereitschaft keine leeren Phrasen, denn ich bin bekannt für meine soziale Ader. Als ein Flüchtlingskind aus der Ex-DDR hat mich die Armut und Ablehnung lange begleitet.

Und diese Ader kommt bei meiner großzügigen Spende an einen Behinderten zum Vorschein, wobei ich die nicht an die große Glocke hängen will. Der Körperbehinderte hat sich in gekrümmter Haltung wirksam in Szene gesetzt, indem er an eine Pfütze liegt, als wolle er aus der trinken. Hinterher sehe ich aus den Augenwinkeln, wie er aufsteht und sich zügig vom Acker macht. Ist das wahr? Kann man diese Elendshaltung antrainieren? Ich weiß nicht, was ich denken soll. Danach erzeugt eine Vogelhändlerin mein Aufsehen. Die Frau verkauft Miniaturkäfige inklusive eines Vögelchens, das man in die Freiheit entlassen kann, was Glück bringen soll. Na ja, wer's glaubt?

Mit dem Fährboot wieder auf der Wat Pho Seite angelangt, nehmen wir ein Tuk-Tuk und handeln zweihundert Bath aus. Unser Ziel ist eine angesagte Shoppingmall etwas außerhalb der Altstadt. Der Fahrer rast mit dem Ding, als ginge es ums nackte Überleben. Welche Geschwindigkeit man aus dem Gefährt mit Hilfsmotor herauskitzeln kann, das ist erstaunlich. Doch es geht gut, allerdings geraten wir in einen für Bangkok stinknormalen Stau. Nichts geht mehr, aber der Fahrer bleibt heiter. Er nimmt den stehenden Verkehr mit Humor. Dennoch erreichen wir den Verkaufstempel noch am selben Tag, dann bummeln wir zwei Stunden durch das Labyrinth an Gängen mit allem, was das Herz eines Kaufwütigen erfreut. Wir aber finden nicht das Schnäppchen, das uns reizt. Den üblichen Kram kann man überall in Bangkok kaufen.

Ernüchtert fahren wir mit einem anderen Tuk-Tuk ins Hotel, wo ich meinen Sohn anrufe und über dies und das mit ihm rede. Er sei mit der Freundin in eine neue Wohnung gezogen, erzählt er überschwänglich. Jetzt wohnen sie am Waldrand, wo unsere Nordic-Walking Strecke beginnt. Ich freue mich für ihn und für mich, denn mir ist der Kladderadatsch mit dem Umzug erspart geblieben. Nur unser altersschwacher Berlingo hat für einige Kleintransporte herhalten müssen.

So ist es Abend geworden, also versuche ich meine Frau zu einem Essen an einer Garküche zu überreden, doch sie kann sich nicht dazu überwinden, und dabei bleibt es. Die Straßenstände sind ihr zu dreckig, viele auch zu düster und damit abschreckend. Angela reagiert empfindlich auf Schmutz. Allerdings gebe ich zu, dass auch mir die hygienischen Zustände in den Garküchen tüchtig zu schaffen machen. Hinzu kommt, dass wir schockiert sind über die Masse an Menschen, die auf Bürgersteigen schlafen. Wie erwähnt befinden wir uns im Armeleuteviertel. Schlussendlich essen wir auf einem Balkon in der Kao San Road, und das ausgesprochen gut.

Dann geschieht das Wunder von Bangkok. Meine Frau kauft sich einen bunten, zweiteiligen Badeanzug. Viele Jahre versuche ich sie zu einem derartigen Bikinikauf zu überreden. Bisher ohne Erfolg. Und jetzt, mitten in Bangkok, passiert es. Das Badebekleidungsstück hat man in wunderschöne Farben getränkt und gut geformt, so ist es wie für sie gemacht. Meine Frau wird am Strand die Queen sein, das spüre ich als Mann, obwohl es in der Straße keine Möglichkeit zur Anprobe gibt. Danach lauschen wir einem sympathischen Duo, das spielt Oldies. Und später im Hotel liefern wir uns abermals dem Sexsüchtigen aus, denn wiederum gelingt es dem Ferkel uns die Nacht zu vermiesen.

*

Der 4. Januar bedeutet für uns, dass der Schiedsrichter

zur Halbzeit im Reisespektakel gepfiffen hat, wie's im Fußballjargon heißt. Es beginnt die 2. Halbzeit, Und wie lautet der Spielstand? Mindestens Zehn zu Null für die Reise, denn die hat meine Erwartungen übertroffen, und auch meine körperliche Bilanz stimmt. Fürs Bäume ausreißen reicht es zwar nicht mehr, aber das will ich auch gar nicht, denn die sind viel zu wichtig für das Weltklima. Und von schwerwiegenden Reisekrankheiten, vor denen wir gewarnt wurden, sind wir Gott sei Dank verschont geblieben. Und wie steht es um die Finanzkraft? Zu dem Thema gebe ich Ihnen einen gutgemeinten Rat. Sollten Sie eine ähnliche Reise ins Auge fassen, dann machen Sie es wie wir. Richten Sie ein DKB-Konto ein, schmeißen Sie Ihre Ersparnisse drauf und ab geht's in die weite Welt. Durch das Konto behalten Sie den Überblick und so werden Sie die Reise nicht bereuen.

Nun aber weiter im Text, denn es stellt sich die Frage: Kann in Bangkok Langeweile aufkommen? Das zu glauben wäre ein schlechter Witz. Nehmen wir da die Gegensätze durch die Armut und die Religionen. Die werden sie mehr als Ihnen lieb ist beschäftigen. Vor allem füllt die Auswahl an Sehenswürdigkeiten die Programmseiten für mehrere Tage. Außerdem stehen in dieser energiegeladenen Stadt die Räder niemals still, denn Bangkok liebt den Lärm, das grelle Neonlicht und viele neue Betonbauten. Für uns ist die Stadt ein undurchdringliches und wildes Durcheinander.

Wir starten den letzten Tag mit einer Fährfahrt nach China Town, um uns dort durch eine unüberschaubare Menschenmasse zu wühlen. In dem Trubel kann man den Thais tief in die Seele blicken. Man stößt auf eine Vielzahl von Eindrücken, die eventuell Ekel erzeugen, man bekommt aber auch ein authentisches Bild von den Gewohnheiten der einfachen Menschen, denn die geben uns

Europäern oft Rätsel auf. Und das geht soweit, dass uns durch eine schmale Gasse für die Menschen ein Motorradfahrer seelenruhig entgegen kommt. Zwischen ihn und uns passt keine Zeitung, er fährt uns fast in Grund und Boden. Daran sehen Sie, dass es Bekloppte überall auf der Welt gibt.

Die Rückfahrt endet mi einem Missgeschick. Wir verpassen das Aussteigen am Pier unseres Wohnbezirks und fahren dadurch zu weit. Daher machen wir einen Fußmarsch durch ein uns unbekanntes Gebiet, in dem nicht der Dreck überwiegt, aber nein, die Bürgersteige sind gefegt und aufgeräumt, fast steril. Worin liegt die Erklärung für diese Sauberkeit? Die Antwort ist einfach, denn in dem Viertel stehen die Regierungsgebäude und die für die öffentlichen Einrichtungen, aber auch die betuchten Touristen haben sich in dem Wohnumfeld angesiedelt. Deren Hotels sind nobel, allerdings ohne Charme. Als wir an denen vorbei sind, sehen wir in unserem Hotelbereich zwei Kleinkinder mit ihrer Mutter auf dem Bürgersteig liegen, und das notdürftig eingehüllt. Viele leben nicht besser wie die Tiere. Rigoroser, als es dieses aufrüttelnde Dilemma zeigt, können sich die Gegensätze der Thaimetropole nicht ausdrücken.

Aber unsere Zeit in Bangkok ist um. Zwei lebhafte Tage genügen erst einmal. Wir haben irrsinnige Eindrücke von dem Großstadttreiben gesammelt, dabei war jede Aktivität interessant. Die Klongs, die ebenfalls auf unserer Besichtigungsliste stehen, heben wir uns für unseren zweiten Aufenthalt auf, wahrscheinlich in drei Monaten, aber wir pfuschen der Zukunft nicht Handwerk.

Am Abend essen wir im Urlauberdistrikt. Angela verspricht sich viel von einem französischen Restaurant, aber in dem schmeckt so la, la. Dann bummeln wir vorbei an angenehmen Unterkünften, wobei wir beschließen, das nächste Mal in der Umgebung abzusteigen, denn unser Hotel beschert uns auch in der letzten Nacht das verhasste Sexgeplänkel. Bangkok erfordert Stehvermögen. Verschont uns unser nächstes Reiseziel Chiang Rai vor derlei Exzessen?

*

Noch müde steigen wir zehn Uhr ins bestellte Taxi, das uns in fünfunddreißig Minuten Fahrzeit zum Flughafen bringt. Uns bleibt eine Stunde bis zum Abflug, daher lasse ich Bangkok Revue passieren: Wie hat mir das Drehkreuz Ostasiens gefallen?

Mal so, mal so, könnte ich auf die Frage erwidern, denn darin bin ich ähnlich widersprüchlich, wie es die Stadt Bangkok selbst ist. Wer den Tempelbaukünsten verfallen ist, und das städtische Chaos liebt, das keine Gnade kennt, der ist in dem Spektakel gut aufgehoben und sollte sich viel Zeit für das Leben am Rande des Wahnsinns nehmen. Das ist mein kurzes, aber treffendes Fazit.

Der Flug mit der Fluggesellschaft Air-Asia nach Chiang Rai ist kurz, denn nach einer Stunde landet die Maschine im Norden Thailands. Die Rollkoffer werden aus Sicherheitsgründen ein zweites Mal durchleuchtet, dann bezahlt meine Frau an einem Schalter zweihundert Bhat Taxigebühr. Das ist ein funktionierendes System, da es zu hohe Forderungen der Taxifahrer unterbindet. Und einer der Fahrer bringt uns zum Hotel Anaya, in der Nähe des Stadtkerns, doch das vorbestellte Zimmer ist nicht bezugsfertig. Es wird geputzt. Daher deponieren wir die Rollkoffer in der Bleibe und machen einen Abstecher in die Stadt. Ziel ist das Blumenfest zu Ehren des Königs.

Na ja, dessen Ausstattung ist Ansichtssache. Auf mich wirkt das Glitzergedöns an den Büschen und Bäumen zu künstlich und naturfremd. Auch die Verehrung der Königsfamilie schießt in Chiang Rai den Vogel ab und grenzt an Totenkult, obwohl der alte Mann noch leben soll. An allen größeren Straßen und Plätzen stehen riesige Schautafeln, auf denen das Konterfei eines noch jungen Königs abgebildet ist. Mit dem Mann wird eine fürchterliche Augenwischerei betrieben. Ich sage dazu: Mitglied der Clique um den altersschwachen König zu sein, das wäre der Clou.

Zur Abendessenszeit finden wir uns am Wahrzeichen Chiang Rais ein, dem Clock Tower. In den Abendstunden erklingt ein klassisches Musikstück, bei dem das angestrahlte Monument die Färbung von knallrot über violett und blau ins grün wechselt. Das Spiel mit dem Anstrahlen ist phantastisch. Ich habe selten ein Denkmal mit solch farbenprächtiger Ausstattung gesehen. Wir genießen das eigenwillige Drum und Dran auf einem Sitzplatz in vorderster Reihe, und das mit einem guten und wohlschmeckenden Essen. Danach endet der Abend endet in einem fragwürdigen Etablissement. Rose-Bar heißt die Absteige. Die wurde nicht nach mir so benannt, trotz des gleichlautenden Nachnamens. Bedient werden wir von einem sehr jungen und freizügig bekleideten Thaimäuschen. Und wie die mich aufdringlich anlächelt. Das Kind ist zuckersüß. Nun ja, es ist kein Geheimnis, dass ältere Männer aus Deutschland ihr Glück im fernen Ostasien bei sehr jungen Schönheiten suchen. Ich stehe aber nicht auf derlei Abwechslungen, schon gar nicht in Anwesenheit meiner Frau. Viel mehr beschäftigt mich die in zwei Tagen geplante Mekong Tour. Bei der kribbelte es mir in den Fingern, denn für mich ist die Flussfahrt auf dem Mekong ein wichtiger Bestandteil jeder Ostasienreise. Das Spektakel ist ein Muss.

Es ist der 6. Januar, und ich habe gut geschlafen, trotz des Lärms aus einer Bar. Nach dem Frühstück an einem Bistrotisch vor unserem Zimmer, gehen wir in ein Reisebüro. Wir wissen sehr wenig über den Standard des Reisens auf dem Mekong, deshalb nehmen wir die Variante mit der Zwischenübernachtung. Die kostet tausenddreihundert Bhat, inklusive der Anreise im Shuttlebus. Okay, den Betrag ist uns die außergewöhnliche Kahnfahrt wert.

Wir sind gut gelaunt, als wir das Reisebüro zum Besichtigen der sauberen Innenstadt verlassen. Der Norden Thailands hebt sich in punkto Sauberkeit deutlich vom Süden des Landes ab. Bausünden und planerische Verfehlungen sind aber auch hier an der Tagesordnung. Zum Beispiel wandern wir über eine großklotzig gestaltete Brücke mit goldverzierten Laternen, die sprichwörtlich ins nichts führt. Wir vermuten, sie ist eine Investition der mächtigen Chinesen, die ihre Fühler überallhin in Ostasien ausstrecken. Und als es Abend geworden ist, werden die Zufahrtsstraßen zum Clock Tower für den Autoverkehr gesperrt. Vorneweg rauschen Luxuskarossen über die leergefegte Allee. Was soll das werden? Hat sich ein Mitglied der Königsfamilie angesagt? Des Rätsels Lösung ist eine Parade anlässlich des Blumenfestes, an der sich kostümierte Gruppen beteiligen. Die Vorhut bildet eine Marschmusik spielende Kapelle, dahinter reihen sich die Prunkwagen und Fahnenträger aneinander. Uns gefällt das Schauspiel, deshalb marschieren wir bis ans Ende der Parade mit, bis wir an einer Prominententribüne mit einer irrsinnig lauten Beschallung landen, denn völlig unpassend läuft der Disco Hit der Village People „young man" rauf und runter, dann folgt das Stück „YMCA". Heutzutage mag ich den Pipifax nicht mehr, deswegen setzen wir uns in eine Reggae-Kneipe, und danach geht's ab ins Bett, denn wir müssen am nächsten Tag früh raus.

Der Shuttlebus zum Mekong ist pünktlich. Hastig vernichten wir eine Tasse Kaffee und steigen ein. Dann dreht der Bus zum Auflesen anderer Mitreisender eine Runde im Ort, danach jagt er in einem Affenzahn zur Grenze. Uns überfällt eine innere Unruhe: Wie lange zieht sich der Grenzübertritt mit dem Visa-Brimborium hin?

Schnell geht in Ostasien prinzipiell gar nichts. Das haben wir gelernt: Bewegst du dich durch Asien, dann ist Geduld erstrebenswert. Und so ist es auch diesmal, denn am ersten Schalter knallt uns der Uniformierte den Ausreisestempel in den Pass, und am Nächsten bezahlen wir dreißig Dollar für die Einreise. Warum man zwei Schalter braucht, ist nicht nachvollziehbar. Schlussendlich war es unser fünfter Grenzübergang, wodurch sich die Reisepässe mit Stempeln füllen.

Laos

Ist das tatsächlich Laos? Ich reibe mir die Augen vor Erstaunen, denn nach dem ersten landschaftlichen Eindruck ist das Land karg und unwirklich, dabei gilt Laos als ein schönes und umweltbewusstes Land. Aber die Umwelt leidet, denn Laos hat sich in die Hände der Chinesen begeben. Und jene Barbaren holzen die Wälder großflächig ab und transportieren den Rohstoff auf dem Mekong ins Reich der Mitte. Noch donnert Chinas Hochgeschwindigkeitszug nicht durch das ausgebeutete Land, aber die Entwicklung dahin ist nicht aufzuhalten.

Doch erst einmal sind wir an der Grenze und ich weiß nicht recht, ob und wie ich mich mit der Umgebung anfreunden kann. Meine Frau redet wohlwollend auf mich ein: „Das sieht am Mekong sicher anders aus", sagt sie. „Nicht so trostlos wie an einem Grenzübergang."

Wir ziehen Geld in der landesüblichen Währung an einem Automaten, Kip nennt sie sich, und fragen uns: Wie geht es weiter? Ist auf die Organisatoren Verlass? Womit erreichen wir das Boot für die Mekong Tour?

Ein Minilastkraftwagen fährt vor, ein Fahrzeug mit Sitzbankreihen auf der Ladefläche, wie wir's von Thailand kennen. Der bringt uns an einen Haltepunkt, an dem die Tickets kontrolliert werden, natürlich auch zum Zweck um Proviant einzukaufen und ein Zimmer für die Zwischenstation zu reservieren. Das riecht nach Abzocke, trotzdem machen wir und die Mitreisenden regen Gebrauch davon, obwohl das Misstrauen überwiegt. Ich erkenne in deren Augen die bangen Fragen: Worauf lassen wir uns da ein? Hat das mit den Zimmern auch seine Richtigkeit?

Weitere fünf Minuten im Lkw zurückgelegt und am Mekong Anleger angekommen, bin ich hibbelig. Im Wasser sehe ich eine Menge alter Kähne, die zwar interessant aussehen, die ich aber als unsicher einstufe. Gedanklich habe ich das Geschehen auf dem Mekong oft durchgespielt, dadurch bin ich ein Fan des Abenteuers geworden. Ich habe auch eine Menge Dokumentarfilme über den Mekong am Fernseher mit Interesse verfolgt und in mich eingesogen. Und nach der Theorie folgt die Tat.

Darüber unterhalte ich mich mit einem Mann, der die Tour vor Jahren mit seiner Frau durchgezogen hatte. Die Frau hatte sich dabei am Bein verletzt und konnte nur unter Schmerzen das Begonnene vollenden. Die neuerliche Mekong Fahrt unter gesunden Voraussetzungen ist sein Geschenk zum Hochzeitstag. Sie heißen Harm und Maren, und sind aus Paderborn. Wir schließen Freundschaft mit ihnen, außerdem machen wir die Bekanntschaft mit Liselotte und Fritz aus der Schweiz. Die sind ein reiselustiges Paar in unserem Alter, das ähnlich gestrickt ist wie wir. Zusammen mit den neugewonnenen Freunden, einer Horde Backpackern und einigen Laoten, betreten wir das vorbereitete Boot. Aber was ist das für ein Boot? Ist es ein Seelenverkäufer?

„Auf unseren Flüssen in der Heimat sehen die Boote anders aus", bezweifle ich die Qualität des Kahns, sodass meine Frau schimpft: „Nun warte ab. Der erste Eindruck kann trügen."

Fünfzig Personen finden auf dem schwimmenden Untersatz Platz, ohne dass es eine Überkapazität gäbe, heißt es, doch das Boot hat Ähnlichkeit mit einem maroden Lastkahn. Jedenfalls beginnt ein spannendes Experiment, denn als alle sitzen, legt das Boot viel zu spät und unter ohrenbetäubendem Lärm des freiliegenden Motors vom Anleger ab. Angela und ich sitzen auf eine Zweierbank weit weg vom Motor, was sich als genial herausstellt, denn der Kahn ist proppenvoll. Und wichtig ist, dass wir unsere neuen Freunde in der Nähe haben. So kann man sich besser kennenlernen und in anspruchsvollen Gesprächen den Kontakt vertiefen.

Wir sind eine Weile unterwegs, als mich das Gleiten auf dem Wasser gefangen nimmt. Dann kommen die Stellen, an denen sich der Kahn durch die Stromschnellen winden muss und um Sandbänke herumkurvt. Ich bin von den Manövern beeindruckt. Oft wechselt das Boot die Flussseite, was für eine Landratte abenteuerlich wirkt.

Am Flussrand sehen wir kleine Dörfer, viel Wald und die Holzlastkähne der Chinesen, die das Land ausplündern, auch einige Wasserbüffel, ab und an einen Fischer in seinem kleinen Boot, der sein Netz auswirft. Aber auch Leute, die am Fluss ihre Körperpflege betreiben und ihre Wäsche waschen. Und als Höhepunkt einige Arbeitselefanten. Leider bilden die Kolosse eine Seltenheit, zum Glück auch die Speed Boote, die in unregelmäßigen Zeitabständen und im atemberaubenden Tempo an uns vorbei donnern. Diese Variante, um nach Luang Prabang zu gelangen, haben wir uns erspart, Gott sei's gedankt. Dieser Gefahr wollten wir uns nicht aussetzen.

Trotz des dröhnenden Motors unseres Kahns könnte es angenehm zugehen, wären da nicht die feiersüchtigen Backpacker. Deren Verhalten gefällt uns nicht. Wie sie die Schnapsflaschen kreisen lassen, das artet unweigerlich zu einem Saufgelage aus. Zusätzlich erhöhen sie den Lärmpegel mit ihrem ätzenden Gegröle, das mit dem Lärm des Motors konkurriert. Zuerst bleiben sie bei harmlosen Alltagssongs, doch mit gestiegenem Alkoholkonsum wird es ein Gejaule unerträglicher Sauflieder. Dermaßen feuchtfröhlich habe ich mir das Treiben auf dem Mekong nicht vorgestellt. Ich wollte mit meine Frau und der wunderschönen Umgebung zu einer Einheit verschmelzen, aber das bleibt Wunschdenken. Die Burschen werden eher aufsässig, als das sie sich von ihrem Treiben ablassen ließen. Also werten wir die Sauferei als eine böse Erfahrung, denn gegen den Alkoholkonsum der Barbaren sind wir quasi machtlos. Die Ignoranz von Besoffenen ist bekannt.

Bei der Ankunft in Pak Beng, dem Ort der Zwischenübernachtung, bleibt mir nach dem Anlegen eine weitere Unachtsamkeit nicht erspart, die zum folgenden Missgeschick führt: Ich bin an die neue Währung nicht gewöhnt, daher drücke ich einem Träger, der meinen Koffer eine Böschung hinaufgeschleppt hat, sage und schreibe fünfzigtausend Kip in die Hand. Und der trollt sich freudestrahlend, wodurch ich meinen Lapsus registriere und ihn korrigieren will. Also gebe ich dem Träger für Angelas Gepäckstück sechstausend Kip, doch der weigert sich hartnäckig, das Geld anzunehmen. Er weicht mir nicht von der Seite. Natürlich hat er die fünfzigtausend Kip seines Kollegen im Hinterkopf und erwartet die gleiche Summe. Erst als ich wütend werde und schimpfe, nimmt er die Scheine und verzieht sich. Mit sage und schreibe fünfzigtausend Kip, umgerechnet fünf Euro, habe ich einem Glückspilz das Leben versüßt. In Laos bedeutet der Betrag ein stattliches Vermögen. Hoffentlich versäuft er den unverhofften Reichtum nicht, sondern lässt seine Familie daran teilhaben.

Mein Missgeschick hat für Gelächter gesorgt, was kein Trostpflaster für mich ist. Dennoch habe ich den Lapsus abgehakt, als uns ein Lastkraftwagen in die gebuchte Behausung bringt. Aber für die wäre Bruchbude die richtige Bezeichnung, denn mehr als ein schäbiges Loch ist es nicht. Wir sind in einer Kaschemme mit katastrophalen

Zimmern gelandet. Das Bettgestell und die Waschvor-
richtungen strahlen Wanzengefahr aus. Hätten wir uns
bloß die angeratenen Seidenschlafsäcke gekauft.

Meine Frau zieht mit Maren los. Sie wollen frisches
Bettzeug organisieren und kommen auch nicht mit leeren
Händen zurück, aber gewaschen wirken die Laken nicht.
Und was machen wir mit der Situation?

Ohnmächtig geben Angela und ich uns mit der Schmud-
del Bettwäsche zufrieden und gehen im Ort indisch
Essen, dabei stoßen wir auf die Backpacker-Clique, die
ihr alkoholisiertes Treiben ungeniert fortsetzt. Ich werde
gehässig und sage zu ihnen: „Macht nur so weiter", dabei
habe ich deren Kater am nächsten Morgen im Hinterkopf.
„Bei eurem Zustand nach der Sauferei sieht die Welt sicher höchst unfreundlich aus."

Und wieder heimgekehrt an den Übernachtungsfleck,
verbringen auch wir einen feuchtfröhlichen Abend in Gesellschaft der gesprächsfreudigen Freunde. Wir graulen
uns davor, das Bett aufzusuchen, wodurch es spät wird,
als wir uns in die nebeneinander angeordneten Zimmer
verkriechen, um es mit wenigen Stunden Schlaf zu versuchen.

„He, du Langschläferin. Steh auf. Wir sind spät dran."
Ich ruckle an meiner Frau, die erstaunlicherweise fest
schläft, ich dagegen hatte erst früh morgens ein Auge zu-
gemacht. Und um die Folgen der Nacht zu begutachten,
begucke ich mich von oben bis unten. Mein Zustand
scheint okay zu sein. Wanzen oder Flöhe haben uns nicht
befallen, nur sind wir die Letzten, die am Frühstückstisch
erscheinen. Maren und Harm befinden sich im Aufbruch
und Liselotte und Fritz sind zum Kahn unterwegs. Hier
in der Kaschemme weiß kein Mensch, wann das Boot abfährt. Der Informationsfluss ist unter aller Sau. Uns kann

niemand sagen, ob uns der LKW abholt, der uns hergebracht hatte, und uns zum Anleger fährt. Mängel in der
Organisation gehören in Ostasien zum Alltag.

Ich schlinge mein Omelett hinunter, das durch das Zimmer bezahlt ist, Angela packt das Ihrige als Proviant für
unterwegs ein, dann schütte ich den Kaffee hinunter und
wir eilen mit Sack und Pack zum Bootsanleger. Dort warten diesmal zwei Kähne, denn man hat deren Anzahl
verdoppelt. Auf dem einen sehe ich Liselotte und Fritz,
auf dem anderen Maren und Harm.

Wir steigen zu den Paderbornern ins Boot, prompt legt
es ab. Glück gehabt, denke ich. Hinterher erfahren wir,
dass die Abfahrtszeit auf neun Uhr festgesetzt war.

An Bord herrscht eine himmlische Ruhe, bis auf das oh-
renbetäubende Röhren des Motors. Die Sauftruppe hängt
in den Seilen. Keinen Pieps geben die Bachpacker von
sich. Mancher hat sich, statt der Flöhe und Wanzen, eine
Alkoholvergiftung eingefangen. Gut so, denke ich. Sie
hätten es nicht übertreiben müssen.

Und was ist mit dem Mekong? Der führt im Januar wenig Wasser. Er wirkt gebändigt. Aber in der Jahreszeit
des Monsuns, wenn die Pegel rasant steigen, wird er zum
reißenden, unbändigen Strom. Dann gibt es die Flussfahrt, wie wir sie machen, nicht mehr. Aber was wird aus
den Booten? Wie die gesichert werden, darüber stand
nichts im Reiseführer. Schleppt man sie mit großem Aufwand an Land?

Diese Frage beschäftigt mich, als das Boot während der
Fahrt mehrmals anlegt. Beim ersten Stopp steigen einige
Einheimische zu, die zwei Körbe mit sich führen. Die
stellen sie am Bug ab. Darin eingeschnürt haben sie
kleine Ferkel, die fürchterlich quieken und mein Mitleid
erwecken. Ich würde den Ferkeln gern zu Hilfe eilen,
doch ein Eingriff in Privatangelegenheiten der Laoten

geht natürlich nicht. Ein anderes Mal ist eine alte Frau zugestiegen, die sich mitten in den Kahn pflanzt. Wie ein heißbegehrtes Fotomodell fuchtelt sie mit ihrem vorsintflutlichen Handy herum. Das sieht aus wie ein Funkgerät der Wehrmacht im zweiten Weltkrieg. Manchmal hört es sich an, als telefoniere sie mit dem Ding. Ob sie jemanden damit erreicht?

In den Stunden auf dem Mekong sehen wir ausgemergelte Arbeiter, die die chinesischen Lastkähne mit frisch geschlagenen Baumstämmen beladen. Dicke Menschen gibt es wenige in Laos. Wir begegnen ausschließlich arm wirkenden Laoten, die sind klein und fasst schon dünn, trotzdem schauen sie freundlich zu uns rüber. Manche winken sogar. Man sieht es den Einheimischen an, dass sie von der Hand in den Mund leben.

In unseren an Konsum orientierten Wohlstandsländern ist es eine Modeerscheinung, die vom Buddhismus geprägte Lebensweise der Asiaten anzuhimmeln, aber real gesehen würde kein Europäer mit einem Laoten tauschen. Auch mir gefällt ihre Gelassenheit, denn die ist es, worum ich sie als Infarktgeschädigter beneide. Doch stehen sie wirklich mit beiden Beinen mitten im Leben? Sind sie so ausgeglichen, wie es den Anschein erweckt? Würden sie nicht lieber erfolgsorientiert wie wir Deutsche leben? Diese Fragen zu den Lebensumständen in armen Regionen der Welt sind legitim zu Zeiten der ansteigenden Flüchtlingsströme.

Ich bin zurückgekehrt aus meinen Gedanken und beobachte die Bewegungen am Ufer. Achtsam registriere ich alles, was mir vom Boot aus sehenswert erscheint, dabei verfliegt die Zeit. Meine Frau wendet sich ab, dabei liest sie in ihrem Krimi, danach schaltet sie ganz ab, denn ihr gelingt ein Nickerchen. Ich unterhalte mich mit Harm und Maren, so verstreichen die Stunden. Jede Minute hat andere Reize. Hat man die Mekong Tour gemacht, dann versteht man die geistigen Regungen, die tief ins Innere der Seele eindringen können. Das Phänomen Mekong übt eine Langzeitwirkung aus. Dessen Wahrnehmbarkeit ist ein wichtiger Bestandteil dieser Reise. Mit Traurigkeit wird mir beim Beobachten der Landschaft und deren Natürlichkeit bewusst, dass mir eine emotionale Flussfahrt wie diese nie wieder vergönnt sein wird. Ich werde die herzberührenden Eindrücke nie vergessen.

*

Luang Prabang ist eine Bilderbuchstadt. Schon der Klang des Namens lässt mein Herz eine Spur schneller schlagen. Die alte Stadt mit ihren tollen Tempeln und einer von der Monarchie geprägten Geschichte ist das Paradies für Traveller. Der französische Einschlag hat sich gepaart mit indonesischem Chic. Hervorzuheben ist die Masse an orangefarbenen Mönchen, und gar überwältigend ist der Blick von einem Bergtempel hinunter auf den Ort und den Mekong. Schön sind die vielen Kolonialbauten, sodass man an jeder Ecke seinen Fotoapparat zückt. Damit hat sich die Halbinsel mit den etwa dreißig buddhistischen Tempeln die Aufnahme in das UNESCO Welterbe wahrlich verdient, denn Luang Prabang legt eine besondere Mischung aus altertümlichem Charme und neuartiger Raffinesse an den Tag.

Da unser Kahn außerhalb der Stadt angelegt hat, fahren wir zusammen mit den Paderbornern in einem angeheuerten Taxi zum Guesthouse Rattana, in dem hat Harm für sich und seine Frau ein Doppelzimmer gebucht. Wir wollen versuchen, da wir ohne Bleibe sind, uns ebenfalls in dem Haus einzuquartieren. Die Hoffnung stirbt zuletzt, dass ein Zimmer frei ist. Und tatsächlich haben wir Dusel, denn wir bekommen problemlos ein Dreibettzimmer, weil wir uns gleich für sieben Tage einmieten. In dem Zimmer hatten die Paderborner vor Jahren gewohnt. Die Pension ist eine alte Villa mit eben erwähntem Charme und macht einen respektablen Eindruck. Ich habe von Anfang an das Gefühl, dass wir uns mit dem Personal und unter den Gästen wohlfühlen werden.

Nach dem Begutachten der Pension richten wir uns häuslich ein, dann ziehen wir uns wärmere Klamotten an, denn das ist durch die kühlen Temperaturen notwendig. Danach machen wir uns auf zu einem Spaziergang durch die Stadt, mit dem eine wunderbare Woche beginnt, denn der Ort ist phantastisch. Die Begeisterung reißt uns hin und her. Wir kommen aus dem Staunen nicht heraus.

In unserem Freudentaumel treffen wir die Schweizer, mit denen wir einen Treffpunkt auf ein Essen am nächsten Abend verabreden, worin wir Maren und Harm einbeziehen wollen. Danach latschen wir zu einer wackeligen Fußgängerbrücke über den Nebenfluss und bezahlen umgerechnet fünfzig Cent. Beim Überqueren der aus Bambusstäben bestehenden Konstruktion bekommen wir Magengrummeln. Hält das gewagte Konstrukt?

Wir kehren mit wackeligen Beinen zurück und ich atme tief durch. „Das ist noch mal gut gegangen", lache ich und Angela stimmt mit ein.

Weil das Bambusskelett den reißenden Wassermassen des Monsuns nicht standhält, wird sie später abgebaut, demnach sind wir in der besten Jahreszeit nach Luang Prabang gereist. Das erfahren wir erst hinterher, sonst hätten wir uns vielleicht nicht auf die Brücke getraut.

Obwohl die Temperatur alles andere als sommerlich ist, sind wir gutgelaunt. Dennoch treibt uns der Hunger in die Hauptstraße mit den ansehnlichen Restaurants. Angela isst ein Green-Curry und ich das Red-Curry Gericht. Beide sind okay. Wir bezahlen für das Essen inklusive zweier Radler hunderttausend Kip, umgerechnet zehn Euro. Für Reisende mit schmalem Budget ist Laos wie gemalt. Und da wir vom wenig Schlaf in der Zwischenunterbringung müde sind, dazu wegen des langen Sitzens auf dem Kahn, bummeln wir zum Ausklang nur kurz über den Nachtmarkt, danach beginnt die Schlafenszeit.

Beim Frühstück gesellen sich Maren und Harm zu uns. Wir berichten ihnen von dem Treffen mit den Schweizern und beschließen, das Hot-Pot-Restaurant zum Abendessen zusammen aufzusuchen. Es ist vergleichbar mit den in der Heimat beliebten Barbecue-Restaurants. Wir stehen zu dem Beschluss, den Fritz und Liselotte ebenso gut finden werden, da bin ich sicher.

Wenig begeistert sind wir von der Wetterlage. In der Nacht hat es geregnet und es ist kühler geworden. Erstmals nach Neuseeland ziehe ich die lange Jeans an, dann beginnen wir unseren Erkundungsgang entlang des Mekongs. Wir sehen, wie mehrere Männer ein schlachtreifes Schwein auf einen Mini-Lkw verladen und ein Mann mit seinem Schwein einen Spaziergang macht. Seine Art mit dem Tier umzugehen, gibt der Situation einen absurden Anstrich. Als weitere Merkwürdigkeit springt uns ein Tuk-Tuk in grellbunten Farben ins Auge, auf dessen Frontscheibe ein Aufkleber des Revolutionsführer Che Guevara prangt. Der Fahrer gönnt sich eine Pause, in der er mit anderen Fahrern um seine Einnahmen zockt. Die Spielleidenschaft ist in Laos leider allgegenwärtig. Später kommen wir abermals an den Zipfel der Halbinsel, wo der Nebenfluss in den Mekong mündet. Dort gehen wir ein zweites Mal über das einsturzgefährdete Bambusbrückengestell, womit wir das Glück herausfordern. Ein

Foto belegt unsere mutige Tat.

Aber in Nullkommanichts kippt das Wetter von annehmbar in den Bereich schlecht, denn es regnet. In der Not kaufe ich mir einen Ganzkörper-Regenumhang. Der sieht zwar scheiße aus, aber er erfüllt den Zweck. Damit beweist sich mal wieder, dass es schlechtes Wetter nicht gibt, es ist halt eine Frage der Bekleidung.

Ja, ja, der Regen bleibt ein ständiger Begleiter auf der Reise. Und wie vertreibt man sich die Zeit? Wir verzagen nicht, sondern gehen in ein Reisebüro und buchen den Flug nach Hanoi für den 15. Januar. Je früher wir buchen, umso günstiger ist der Preis. Das haben wir in uns eingepaukt, durch den Schlamassel in Thailand. Und praktisch ist auch, dass die Reisekauffrau die Visa-Einreiseformalitäten für Vietnam für uns erledigt. Besser geht es nicht. Als wir wieder durch den Ort streifen, und der Regen noch extremer auf uns herabprasselt, setzen wir uns in ein Internetcafe und checken unsere Mails.

Doch das den lieben langen Tag in dem Cafe zu verbringen wird langweilig, daher gehen wir zurück in unser Gästehaus, das sich als überaus sympathische Privatpension entpuppt. Mittlerweile bin ich pitschnass, trotz des Regenumhangs. Wir legen uns trocken, dann erledigt Angela mit dem Smart Phone den Finanzkram. Auch eine passable Unterkunft für uns finden wir in Hanoi mit Booking.com, was einfach ist. Uns steht eine riesige Auswahl zur Verfügung. Unsere Wahl fällt auf ein Zimmer in einem Hotel des Namens Indochina-Hotel im Zentrum der Altstadt. Der Airport Hanois liegt weit außerhalb der Stadt, deshalb geht eine Zimmersuche am späten Abend gar nicht. Das zu dem Thema Zimmersuche. Jedenfalls sind wir zufrieden mit der Wahl, so gehen wir heim, um Maren und Harm abzuholen. Beim Quatschen im Aufenthaltsraum über den Tag zieht eine geschlagene Stunde ins

Land, dann erfahren wir mehr beiläufig, dass die Zwei schon zu Abend gegessen haben. „Macht für morgen am Abend einen neuen Termin aus", geben sie uns kleinlaut mit auf den Weg, denn aus gutem Grund haben sie ein schlechtes Gewissen. schließlich hätten sie früher mit der Absage rausrücken können.

„Na gut. Machen wir's so. Das ist ja kein Beinbruch", reagiere ich dennoch pikiert.

Wir treffen Liselotte und Fritz zu einem Green Curry und das schmeckt hervorragend, sogar der Regen lässt nach. So wird es auch ohne Maren und Harm ein angenehmer Abend, denn wir verstehen uns blendend mit den Schweizern. Beiden sieht man ihre sechzig Jahre nicht an, außerdem sind sie zuvorkommend und witzig. Speziell erfreut uns, dass sie das Reise-Gen zusammen geführt hat, was hervorragend zu uns passt. Und wo sie überall waren?

Wir schnacken über die Eindrücke, die sie in Bali, in Thailand und in Indien gesammelt haben, dabei ist das Gespräch offen und ehrlich. Tabus kennen sie genauso wenig wie wir. Besonders aufschlussreich sind ihre Infos über Indien, denn Mumbai und Goa wollen wir im letzten Monat unserer Reise besuchen. Es ist eine wunderbare Errungenschaft für jedem Weltenbummler, enge Freundschaften während einer Reise zu schließen.

Tja, liebe Leute, braucht ihr immer noch einen Tritt in den Hintern, um sich an das Planen einer ähnlichen Reise zu begeben? Kann ich davon ausgehen, dass unsere Reiseerlebnisse überzeugend waren?

Es ist richtig spät geworden, als wir einen Termin für den kommenden Abend vereinbaren und danach unter einsetzendem Regen nachhause trotten. Außerdem sind wir viel zu müde, um noch einen Blick auf die Stände des Nachtmarktes zu werfen.

Was sich in den weiteren Tagen der Anwesenheit in Luang Prabang abspielt, fasse ich der Einfachheit halber zusammen. Erst einmal regnet es weiter, nichtsdestotrotz findet das Essen in großer Runde statt. Aber nicht in dem beabsichtigten Hot-Pot-Restaurant, denn in dem einen Tisch zu bekommen, das scheitert kläglich. Das Lokal ist vollgestopft mit einer Unmenge an Chinesen.

„Manchmal sind sie eine Plage", seufzt Fritz.

Bei unseren angeregten Gesprächen erfahren wir von Harm, dass Joe Cocker gestorben ist. Der alte Haudegen hatte Angela und mich vor nicht allzu langer Zeit in Aachen mit einem Liveauftritt begeistert, so legen wir eine Gedenkminute für ihn ein. Und als Harm von den Gesangsqualitäten seiner Frau schwärmt: „Maren ist die beste Joe Cocker Interpretin im Sauerland", bekommt Maren einen roten Kopf. Ist da was dran, oder übertreibt Harm aus Liebe zu seiner Frau?

Der darauf folgende Tag gehört dem Treffen mit dem Ex-Schauspieler Claus. Die Freundin eines Ex-Arbeitskollegen hat uns auf seine Spur gebracht, denn sie hat mit ihm in Kassel ein und dieselbe Schulklasse besucht, und hat uns seine Kontaktdaten mitgegeben, die wir nutzen sollten. Claus hatte sich vor zwölf Jahren bei seiner Durchreise durch Luang Prabang für sein Dableiben endschieden, weil riesiger Bedarf an der Unterrichtung in der englischen Sprache nicht zu übersehen war. Aus dem Grund hatte er die Englischschule MEC (Mekong English Center) aufgebaut.

Wir treffen ihn zu einem Kaffee am Mekong. Dort quasseln wir über dies und das, aber meine Neugierde wird nicht befriedigt, denn er verrät uns nicht, warum er in Laos sesshaft wurde. Welche Gründe waren ausschlaggebend? Sind sie auf der persönlichen Schiene zu suchen? Kam es zur Trennung von seiner Frau? Sollte er eventuell sogar schwul sein, dann geht uns das nichts an. Claus gefällt es anscheinend super in der Stadt. Der Ort ist zu seinem Lebensmittelpunkt geworden. Und um den zu stabilisieren, hat er sich ein kleines Häuschen außerhalb der Stadt gebaut.

Wir hocken lange zusammen und verabreden den Besuch seiner Schule, dann verabschiedet er sich, da uns ein überraschender Anruf erreicht. Es ist der liebe Mathias, der sich meldet, da er gerade unsere Karte aus Thailand bekommen hat. Wir erzählen ihm, dass alles wunschgemäß klappt, dass wir kerngesund und putzmunter sind, und dass wir uns im verregneten Laos aufhalten, dann beenden wir den Plausch. Auslandsgespräche mit dem Handy sind teuer.

Selbstverständlich gibt es, neben dem schlechten Wetter, auch andere unangenehme Erlebnisse. Zu denen zählt der Vorfall mit einem Bettler. Nichts ahnend stehe ich an einem Grillspießstand, als sich mir ein körperlich stark eingeschränkter Mann vor die Füße wirft, und mir über meine Zehen schleckt, wodurch ich vor Endsetzen erstarre. Was geschieht mit mir? Das sich ein Mensch vor mir erniedrigt, das ist mir bisher noch nie untergekommen. Tja, da ist guter Rat teuer, denn mir ist der Vorfall peinlich und ich weiß nicht so recht, warum mir das widerfährt.

Der Spießverkäufer lacht und sagt in etwa folgendes, und das in schlechtem Englisch: „O ja, der Mann kennt die Pappenheimer, bei denen seine Masche Erfolg verspricht."

Als ich sein Kauderwelsch mit der dazugehörigen Mimik gedeutet habe, lache auch ich. Aber um die verquere Situation zu beenden, packe ich den Krüppel an den Schultern und ziehe ihn hoch, dann drücke ich ihm zweitausend Kip in die mir entgegengestreckten Hände. Danach verziehe ich mich zu Angela auf die andere Seite der Straße, von wo wir beobachten, wie sich der Bettler von der Spende einen Spieß kauft, den er hungrig runterschlingt. Ich habe ein gutes Werk getan, denke ich. Und das genügt mir, um zu den schönen Seiten des Stadtbummels zurückzukehren, denn die Stadt bietet Sehenswertes wo man auch hinschaut.

Eine weitere Aktivität unternehmen wir mit dem Besteigen der Bergkuppe hoch über Luang Prabang. Auf dem Weg hinauf zu dem Tempel schenke ich einem Vogel die Freiheit, indem ich ihn aus dem Käfig freikaufe und fliegen lasse. Hinterher erklärt mir Harm, den wir oben treffen, dass die Vögel zurückkehren würden. Sie kennen es nicht anders.

Ich schlucke die Nachricht runter, dann genieße ich den Ausblick über die Perle am Mekong. Mit seiner Schönheit hebt sich die Stadt wie ein Schmuckstück am Ausschnitt einer betörenden Frau aus anderen Städten Ostasiens heraus. Die Tempel, alle Klosteranlagen, die Altstadt, alles liegt gestochen scharf vor uns, denn ausnahmsweise macht der Regen eine Pause. Bahnt sich die überfällige Wetterwende an?

Zwar ist es noch nicht sommerlich warm, aber immer öfter zeigt sich die Sonne. Und die scheint während unserer Stippvisite in Chinatown, bei der wir uns durch die Gänge schlängeln, dabei wird ein Huhn direkt vor unseren Augen abgemurkst, dann lässt man das zappelnde Federvieh ausbluten. Wahrlich kein appetitliches Schauspiel für Tierliebende. Aus Frust kaufe ich mir für zwei Euro ein grünes T-Shirt mit dem Emblem der Nationalflagge des Staates Laos. Es passt mir gut, deshalb werde ich es stolz durch die weiteren Reiseländer tragen. Angela kauft sich eine lila Pumphose, die etwas mehr kostet, nämlich acht Euro.

Auf dem Heimweg denken wir an meine Ex-Frau, der wir per WhatsApp zum 56. Geburtstag gratulieren und ihr die besten Wünsche für ihr weiteres Leben vermitteln. Und ein wenig später kommt eine WhatsApp bei uns an. Mit der bedankt sie sich und schickt uns einige Bilder von sich im Kreis meiner Kinder. Und eine Mail von unserer La Gomera Freundin Ute bekommen wir zusätzlich.

So verbringen wir weitere Abende im Kreis der liebgewonnenen Freunde, doch wenn's am schönsten ist, naht das Ende. Diese Binsenweisheit bewahrheitet sich, denn Liselotte und Fritz ziehen mit dem Überlandbus weiter nach Vientiane. „Macht's gut, ihr Ulknudeln. Ihr habt unsere Reise mit einem Sahnehäubchen versehen."

Mit viel Überschwang verabschiede ich die Schweizer und umarme sie zum Abschied. Aber auch Maren und Harm verlassen unsere Pension, denn sie fliegen nach Chiang Mai zurück. Mit Wehmut tauschen wir die Mail-Adressen aus. „Wir machen in Vietnam regen Gebrauch davon", verspreche ich ihnen. „Wahrscheinlich besuchen wir euch in Paderborn?"

Und damit sind wir allein.

Doch bevor wir unsere Tour nach Hanoi fortsetzen, besuchen wir ein Weberdorf auf der gegenüberliegenden Seite des Nebenflusses, dazu überqueren wir eine andere, ebenfalls wacklige Bambusbrücke. Drüben im Dorf beobachten wir das Herstellen edler Seidentücher live am Webstuhl, wodurch Angela dermaßen begeistert von der Qualität und Farbgebung eines Schals ist, dass sie das gute Stück gleich kauft.

Und zurück auf der Halbinsel, begutachten wir die Englischschule des liebenswerten Claus. Der führt uns durch die Schulräume und meine Frau als Lehrerin schaut sich die Struktur der Schule ganz genau an. Versucht Claus sie anzuwerben und zum Dableiben zu überreden? Habe ich Grund zur Eifersucht? Das ist Gott sei Dank ein Hirngespinst, denn er verhält sich kollegial und hätte wohl auch wenig Erfolg damit.

Nun fehlt noch die Besichtigung des interessantesten Tempels in Luang Prabang, denn das Glanzstück haben wir uns bis zum Schluss aufgehoben. Und dem Tempel widmen wir uns mit andächtiger Demut, denn für seine phänomenale Außendarstellung und sein Innenleben verdient er die Note Eins mit Stern. Unser wievielter Tempel war das? Das frage ich mich, denn ich habe sie nicht gezählt.

Ach ja, und da ist noch der Besuch eines Elefantencamps, denn eins der Highlights in Laos ist zweifellos der Ritt auf einem sanften Dickhäuter. Doch bevor es zur Spitzenattraktion kommt, wird uns aus Nachlässigkeit, anstatt der Tasse Nescafe, die ekelhafte Lao-Plörre zum Frühstück serviert, und das wegen der fehlenden Englischkenntnisse des Personals, dennoch würgen wir das Gesöff hinunter. Danach brechen wir mit einer Kleingruppe von acht Touristen zum Elefantencamp auf. Wir fahren über eine schlaglochreiche Straßen in das zwanzig Minuten entfernten Camp, wobei wir kräftig durchgeschüttelt werden.

Aus dem Bus ausgestiegen, warten die sanften Kolosse mit ihren Trainern bereits auf uns. Die Dickhäuter sind liebenswerte Geschöpfe. Wären sie nicht so groß, würde man sie immerzu knuddeln. Allerdings wecken sie bei uns die Ängste um den weiteren Fortbestand, denn sie gehören zu den bedrohten Tierarten. Die Mahuts schicken uns auf ein drei Meter hohes Holzpodest, von dem wir in Zweiergruppen in die Bambuskonstruktionen auf dem Rücken der Elefanten steigen. Wir lachen, denn der von meiner Frau ausgesuchte sanfte Brocken genießt unsere uneingeschränkte Sympathie. Dann schaukelt uns das Prachtexemplar, ohne Angst vor dem Wegrutschen des Tiers bei uns zu erzeugen, also trittsicher, durch das an Gestrüpp reiche Gelände und den schlammigen Flusslauf. Wie überzeugend der Elefant das macht ist aller Ehren wert und zeugt von viel Gefühl für seine eigene Geschicklichkeit. Ich kann nicht beschreiben, was mir dabei durch den Kopf geht. Es fühlt sich an, als wäre man gerade aus dem Schoß der Mutter geschlüpft und würde an das Leben herangeführt.

Nach dem Ritt füttern wir den Freudenspender mit den großen Ohren mit Bananen, denn er hat uns ein herausragendes Reiterlebnis beschert, außerdem ist der Besuch im Camp ein sinnvoller Beitrag zum verhindern des Aussterbens der Kolosse, denn als Arbeitstiere verschwinden sie peu a peu aus dem täglichen Leben der Laoten, daher ist solch ein Camp die einzige Überlebenschance der Dickhäuter. Wäre der Flug nach Hanoi nicht gebucht, hätten wir den Aufenthalt im Camp verlängert. So aber bleibt der Besuch die letzte Berührung mit einem bedrohten Tier, das ich zu den phantastischsten Lebewesen Ostasiens zähle. Seit dem Tag im Camp sehe ich die Elefanten mit einfühlsameren Augen. Wir haben die sechzig Dollar für das Zusammensein mit ihnen gern bezahlt. Es hat sich gelohnt, das Geld in die Hand nehmen.

Über das Erlebnis nachdenkend, fahren wir in die Stadt zurück und nehmen unseren Mittagsimbiss in einer französischen Bäckerei ein, in der man uns unverschämt übers Ohr haut. Es wäre ein doppelt so großes Käsekuchenteil, so wird mein Protest lapidar abgeschmettert, den das mickrige Stück bei mir erzeugt hat.

„Ihr spinnt ja", schimpfe ich, und deute mit einer Handbewegung an, dass ich stinksauer bin, weil ich nicht satt geworden bin. Hinterher muss ich mir auf dem Weg zur Pension zwei Schokoriegel kaufen.

In der Unterkunft bestelle ich die Rechnung, dann bezahle ich einhundertfünfzig Euro für die sieben Nächte. Pro Nacht sind das zweiundzwanzig Euro. Für diese bescheidene Summe haben wir hervorragend gewohnt. Und wer fährt uns mit dem Auto zu dem von den Chinesen frisch aus dem Boden gestampften Airport? Natürlich unsere Pensionswirtin.

Von der sympathischen Laotin, die das Unternehmen gemeinsam mit der Schwester leitet, verabschieden wir uns mit einer Träne im Knopfloch. Und damit ist der Besuch in Laos abgeschlossen, der in unserer Bewertung, ganz weit oben landet. Trotz des Regens hat ansonsten alles gestimmt. Die Abende mit den Reisebekanntschaften und die Gespräche mit Claus werden uns für alle Zeit an eine wunderbare Reiseepoche erinnern. Von diesen Erlebnissen werden wir der Familie und den Freunden daheim mit viel Adrenalin vorschwärmen. Es war zwar nur eine sehr kurze Reiseetappe, aber eine, die uns beeindruckt hat.

Als wir relaxend auf einer Bank in der Flughafenwartehalle sitzen, denke ich über meinen Gesundheitszustand nach, den ich seit Tagen ignoriere: Wie hat sich mein Befinden entwickelt? Wie steht es um mein gebeuteltes Herz? Und ist auch sonst alles okay?

Wegen meiner guten Konstitution gehe ich von einem perfekt schlagenden Herz aus. Wäre der Zustand meiner Herzkranzgefäße bedenklich, dann hätten sich meine Pumpe längst gemeldet und ich wäre in ein Krankenhaus eingeliefert worden. Danach denke ich an den hinter uns liegenden Reiseverlauf. Bei dem war jeder Tag ein buntes Gemisch an unbeschreiblichen Erfolgserlebnissen, sodass ich mich unsterblich in Luang Prabang verliebt habe. Durch den stimmungsvollen und abwechslungsreichen Gesprächsaustausch mit den neuen Freunden, und die Bekanntschaft des Englischlehrers Claus, war der Aufenthalt von phänomenaler Freude geprägt.

Doch weil das Ende unserer Reiseaktivitäten noch außer Sichtweite ist, unterlasse ich es, die besondere Stellung des Ortes am Mekong für mein Leben hervorzuheben. Dass die Fülle an Abenteuern in allen bisherigen Ländern einzigartig war, das können Sie meinen Schilderungen leicht entnehmen, aber die Station Luang Prabang mit der angenehmen Gelassenheit und menschlichen Wärme lege ich Ihnen für zukünftige Ostasienreisen besonders und wärmstens ans Herz.

Wir warten zwei Stunden, dann steigen wir in eine Propellermaschine der Laos-Airlines, und unser Flug nach Hanoi beginnt, dabei fliegen wir über nur spärlich am Himmel vertretenen Wolken. Ist das ein Zeichen für eine Wetterbesserung? Es wird auch Zeit.

Vietnam

Aus dem Flugzeugfenster bewundern wir eine imposante Gebirgslandschaft, ehe wir nach einer Stunde auf Hanois Flughafen landen. Ohne Flugturbolenzen sind wir im quirligen Vietnam angekommen. Den besinnlichen Tagen in Laos steht das von Hektik geprägte Hanoi im totalen Kontrast. Aber weshalb zieht sich die Kontrolle bei meiner Frau in die Länge? Das hatten wir doch schon mal. Ist irgendetwas mit ihrem Pass?

Vermutlich ist die Pingeligkeit der Vietnamesen nach ihrer vom Krieg geprägten Vergangenheit daran schuld. Dennoch, herzlich willkommen in Vietnam, denn auf uns wartet ein phantastisches Land.

Schlussendlich bekommt Angela ihren Reisepass ausgehändigt, und den hat man mit einem weiteren Einreisestempel versehen. Doch jetzt heißt es Geld ziehen, was ich auch tue. Leider spuckt der Automat nur achtzig Euro in Dong aus. Zehn Euro sind zweihundertvierzigtausend Dong. „Herr im Himmel", fluche ich empört. „Was soll der Quatsch? Mit den Kröten stellen wir nicht mal die Bettler zufrieden."

Doch meine Frau reagiert überlegter und hebt ebenfalls ihr Kontingent mit den achtzig Euro ab, so sind wir erst einmal flüssig.

Nach dem Geldziehen fährt uns ein Taxi in die Altstadt zum Indochina Hotel, wo uns ein Boy in Uniform empfängt. Oho, wie nobel. Diese Aufmerksamkeit ist für uns neu auf der Reise. Und derselbe Boy bringt das Gepäck auf unser Zimmer, wo wir ihn mit einem Trinkgeld belohnen.

Das Zimmer ist geräumig und solide ausgestattet, leider

hat es nur ein Fenster zum Flur, wovor im Reiseführer gewarnt wird. Bei einem Brand kann der fehlende Ausgang nach draußen zur Falle werden. Aber das Zubehör im Bad übertrifft alle bisher erlebten Bäder. Zahnbürsten mit Paste stehen auf der Spiegelablage, daneben liegt ein Schaber für die Rasur, und das Haarwaschmittel und die Seife vervollständigen das imposante Repertoire zur Körperpflege. Body, was willst du mehr? Dazu liegen zwei Handtücher parat. Die Vietnamesen haben sich auf die Wünsche der Touristen perfekt eingestellt.

Doch nun einige Informationen über die Historie der Stadt. So zum Beispiel schreibt der Reiseführer über Hanoi: Die altehrwürdige Dame des Orients ist eine elegante, stimmungsvolle und faszinierende Metropole. In Hanoi vermischt sich das exotische Asien mit dem dynamischen Gesicht des Kontinents, und die Architektur legt Zeugnis ab über dessen stolze Geschichte. In den Köpfen mancher Stadtentwickler sollen Pläne existieren, die Altbausubstanz von Bulldozern niederreißen zu lassen, aber das schändliche Werk wird im Sande verlaufen, denn die Altstadt ist der beste Ort, um der auflebenden Metropole auf den Puls zu fühlen. Hanoi bietet ein koloniales Erbe, das sich mit einem modernen Erscheinungsbild abwechselt. Die Widersprüche des heutigen Vietnam kann man nirgendwo ähnlich gut entwirren.

Und weiter steht in dem Reiseführer: Das alte Hanoi ist das Herz und die Seele des Schmelztiegels. Hier pulsiert das Leben und blüht der Handel. An jeder Ecke wehen den Besuchern exotische Düfte in die Nase. An Straßen und Plätzen versprechen brutzelnde und dampfende Imbissstände eine billige Mahlzeit, dabei tauschen die Einheimischen den neusten Klatsch und Tratsch aus.

Diese Umschreibungen scheinen ihre Richtigkeit zu haben, denn um die Tratschenden herum donnern die Mopeds in der Stärke eines Geschwaders durch die verwinkelten Gassen. So hecheln wir mit dem Hintergrund, ein respektables Restaurant zu finden, an ellenlangen Motoradkolonnen entlang durch den selbstmörderischen Verkehr der Altstadt.

„Wechselt einfach die Straßenseite. Bloß nicht stehen bleiben und zögern. Augen zu und durch. So bewegt man sich durch Hanoi."

Den Tipp bekamen wir von Freunden aus Köln. Die hatten Vietnam vor zwei Jahren bereist.

„Ampeln gibt es zwar, aber die werden von den Vietnamesen ignoriert. Es zählt das Recht des Stärkeren", hatten sie mit mahnendem Zeigefinger ergänzt.

Den Rat beherzigen wir bei der Suche, trotzdem ist die Angst unter die Räder zu geraten, nur schwer abzulegen, doch mit geraumer Zeit gewöhnen wir uns an den Verkehrsstress. Und das entsprechende Lokal gefunden, übrigens eine Lonely-Planet Empfehlung, essen wir vietnamesisch, allerdings auf die Gaumen der Europäer zugeschnitten. Im Hintergrund läuft spanische Musik Ich schärfe mein Reisgericht mit Sambal Oleg nach, dadurch schmeckt es hervorragend.

Nach der Thaiküche ist mir die vietnamesische Kochvariante willkommen. Wir prägen uns die Lage des Lokals ein, was uns bei dem Gassengewirr schier unmöglich erscheint, dann runden wir den ersten Abend in Hanoi mit einem Spaziergang um den Hoan-Kiem See ab, dabei landen wir in einer Salsa-Veranstaltung. In Hanoi sind spanische Gepflogenheiten „in", aber das Mittanzen verkneifen wir uns, denn wir sind aus der Übung. Als die Stunde zehn Uhr schlägt, stirbt das Leben in Hanoi. Das ist zwar früh, aber wir sind müde und gehen ins Hotel, wo wir eine angenehme Nacht verbringen. So ruhig wie um den See herum kann's weitergehen, denke ich.

Wir stehen spät auf und frühstücken im Obergeschoss mit Panoramaausblick. Das Büffet ist perfekt. Es gibt das auf Europäer Zugeschnittene, aber auch das asiatische Frühstück. Wir essen das Continental Frühstück nach Herzenslaune, also gut und reichlich. Selbstverständlich ist das Frühstück im Zimmerpreis inbegriffen.

Danach begeben wir uns mit vollem Bauch auf einen Rundgang. Den haben wir mit dem Reiseführer ausgearbeitet. Wir registrieren keinerlei Verkehrsunfälle, was geradezu an ein Wunder grenzt, aber noch mehr wundern wir uns über die Darbietungen der Schreckensherrschaft der Franzosen, welche wir im Museum Hanoi Hilton vorgeführt bekommen. Uns widert die Grausamkeit an, zu der Menschen seit jeher fähig sind. Als Besatzer hatten die Franzosen unglaubliche Massaker an den vietnamesischen Freiheitskämpfern angerichtet. Pfui Teufel kann man dazu nur sagen.

Doch damit nicht genug des Besichtigens, knöpfen wir uns das Women-Museum vor. Die sorgsam ausgewählten Ausstellungsstücke über die Weiterentwicklung der Frau schaue ich mir kritisch an, denn der große Knüller ist der Museumsbesuch für mich nicht. Immerhin gefällt meiner Frau der Sinn der Veranstaltung, also darf ich nicht meckern. Ich dagegen habe mehr Power und Brisanz erwartet. Mehr in die Richtung, wie sich die Frau im gesellschaftlichen Leben durchgesetzt hat.

Nun ja, damit ist unser Museumsbedarf erschöpft, und das sind wir auch. Unser Abendessen nehmen wir daher etwas früher ein und gehen abermals in das Klassenlokal, das uns am ersten Abend mit seiner hervorragenden Küche beglückt hatte. Ich esse das Gericht mit Hähnchen in Limonen Gras und mit sehr viel Chili. Das schmeckt herzhaft, ist aber teuflisch scharf. Doch anstatt mit spanischen Klängen, unterhält uns das Lokal diesmal mit den

Songs der Band Creedance Clearwater Revival. Erfreut stellen wir immer wieder fest, wie sehr man in Ostasien auf Oldies steht.

Danach bummeln wir über einen Nachtmarkt, doch wir finden nichts, was uns zu einem Kauf anregt. Auch die grellen und lauten Bars reißen uns nicht vom Hocker. Tja, und was tun wir da? Aus Müdigkeit gehen wir ins Hotel und ich schreibe in meinem Reisetagebuch, meine Frau stürzt sich auf ihre Krimilektüre. Danach entschwinden wir ins Reich asiatischer Träume.

Meine Tabletten zu mir genommen, so rauschen wir mit dem Taxi durch die verwinkelten Straßen zum Ho Chi Minh Mausoleum. Vor dem Eingang sprengt die Menschenansammlung jede Vorstellungskraft. Meine Frau schaut andauernd auf ihre Armbanduhr, denn bis zu einer bestimmten Zeit werden die Pforten verschlossen, und bis dahin müssen wir noch mehrere Kontrollen durchstehen, dann erst gewährt man uns den Eintritt in die Welt des Revolutionsführers. Die straffe Organisation lässt uns in Zweierreihen am einbalsamierten Onkel Ho vorbei marschieren, dabei hallen mir meine eigenen „Ho, Ho, Ho Chi Minh" Rufe bei einer Demo in München in den Ohren.

Fotografieren ist nicht erlaubt und die Prozedur dauert zwei Minuten, schon sind wir wieder draußen. Der von der politischen Linken angehimmelte Revoluzzer würde sich im Grab umdrehen, könnte er den übertriebenen Kult und Pomp um seine Person miterleben. Ho Chi Minh war ein bescheidener Mann, so steht es in seinen Memoiren. Aber das, was wir hier erleben, das lässt eher das Gegenteil vermuten. Nach der Ehrerweisung besichtigen wir Ho Chi Minhs Wohnresidenz und das Sommer- oder Stelzenhaus mit den Arbeitsräumen des bewundernswerten

Kämpfers für die Freiheit, danach seinen Fuhrpark, bestehend aus vier bescheidenen Karossen, dann verlassen wir das Gelände zu Fuß in Richtung Altstadt.

Unterwegs knipst meine Frau viele Häuser und Villen aus der Kolonialzeit, ich dagegen esse ein Würstchen, das ähnlich wie unsere Bockwurst schmeckt, dann finde und kaufe ich ein T-Shirt mit der Aufschrift Good Morning Vietnam. Der Kauf für meine Trophäensammlung hat geklappt. Ich bin zufrieden. Und bevor das Abendessen ansteht, gehen wir ins Hotel. An dessen Rezeption machen wir die Ha-Long-Bucht Kreuzfahrt mit einer Zwischenübernachtung an Bord einer Dschunke perfekt, wobei wir uns vom geschäftstüchtigen Hotelportier übertölpelt fühlen, der den Trip als das beste Angebot in Hanoi anpreist. War dessen Akzeptanz ohne zu handeln voreilig? Ist der Preis in Ordnung?

Ich finde, die zweihundertvierzig Dollar für uns beide bleiben im normalen Rahmen. Okay, der Portier ist mit seiner charmanten Art ein cleverer Zeitgenosse, aber kein Schlitzohr, so ist unser Misstrauen unbegründet. Der Preis steht und fällt mit dem Zustand der Dschunke, daher vermute ich, dass es sich bei den Billigangeboten, die auf Bildern anderer Anbieter zu sehen sind, um reine Lockangebote handelt. Aber wir lassen uns überraschen, ob unsere Buchung gut ist.

Jetzt fehlt nur noch die Bahnfahrt von Hanoi nach Hue. Und auch die buchen wir über das Hotel. Wir nehmen statt der Holzklasse die bessere Kategorie. Dafür bezahlen wir zusammen dreihundert Dollar, wobei ich sehe, wie der Charmeur schmunzelt. Dann setzen wir uns an den Hotelcomputer und finden ein ansprechendes Hotel in Hue. In der alten Kaiserstadt wollen wir uns zwei Nächte Aufenthalt gönnen. Eine Verlängerung sollte jederzeit möglich sein, doch die Buchung muss klappen, weil wir nach der vierzehnstündiger Zugfahrt erst sehr spät in Hue eintreffen. Aber zuerst zählt der Trip in die Ha-Long-Bucht. Dieses Schmankerl genießt absoluten Vorrang. Alles andere ist Zukunftsmusik.

Noch sind wir also in Hanoi und die Tagestemperatur beträgt achtzehn Grad. Die ist nicht sonderlich hoch für einen Sommertag. Leider raubt einem das die Ohren betäubende Hupkonzert den letzten Nerv. Das in seiner Lautstärke kaum zu überbietende Tröten durch die Gassen kann zum Tinnitus führen, vermute ich, allerdings sprüht der Abend am Hoan Kiem See vor nicht erwarteter Romantik. Und warum das?

Als wir ein zweites Mal um den See bummeln, wimmelt es von Liebespaaren. Es mögen Hunderte sein, die sich engumschlungen tief in die Augen schauen. Nach Überlieferungen soll der See Reichtum und Glück für die Zukunft bringen. Und das Glück fordern die hübsch und aufwändig zurechtgemachten Hochzeitspaare heraus, die mit witzigen Grimassen und akrobatischen Verrenkungen in die Kameras der Fotografen blicken, die das von ihnen verlangen.

Ich habe meine Frau kurz und schmerzlos auf dem Standesamt geheiratet, wir ganz allein mit dem Standesbeamten. Erst an der hübsch dekorierten Abendessenstafel bei unserem Lieblingschinesen wurde der Familienclan in die Eheschließung eingeweiht, wobei meine Kinder aus allen Wolken gefallen waren. Sorry, die Story zum Entstehen unserer Ehe kennen Sie schon.

Eigentlich fehlt nur noch die in Hanoi übliche Fahrt mit einer Rikscha, denn von den Dingern kurven in den Straßen Tausende herum. Doch das Vergnügen verschieben wir auf später. Für das Wegstück zum Lokal nehmen wir unsere Beine. Dort verspeise ich das bewährte Gericht, dann bummeln wir durch die Altstadt.

Hanoi wurde wegen der Übersichtlichkeit in einzelne Bereiche unterteilt, je nach der Handwerkszunft. Die Blumenhändler haben ihr Viertel, dann die Seidenverarbeitung, die Vogelkäfighersteller, der Elektrohandel und die Reparaturwerkstätten, um nur wenige Beispiele zu erwähnen. Es gibt sogar einen Bereich für T-Shirt Läden. Und unerbittlich erschließen sich uns die Folgen durch die Motorräder, denn die Gehwege sind zugeparkt. Erwähnenswert ist die Masse an Billiglohnhändlerinnen. Die tragen ihre Körbe geschickt ausbalanciert mit einer Stange über der Schulter, was meine Frau ausprobiert. Alles in allem ist Hanoi eine lebendige Stadt, die man erleben muss.

*

Der 18. und 19. Januar gehören der Ha Long Bucht, was übersetzt die Bucht des untertauchenden Drachens bedeutet. Die atemberaubende Meereslandschaft im Golf von Tonkin wurde im Jahr 1994 zum UNESCO-Welterbe erklärt. Majestätisch, mysteriös und inspirierend, mit den vielsagenden Eigenschaften erheben sich die dreitausend Kalksteininseln aus dem smaragdgrünen Wasser.

Der Tag verspricht sonnig zu werden, als uns der Wecker sechs Uhr in der Frühe weckt. Wir frühstücken im Eiltempo, dann stellen wir unsere Rollkoffer bis zu unserer Rückkehr in einen Abstellraum, doch wir haben noch viel Zeit, da sich der Bus nach Ha-Long verspätet. In der Pünktlichkeit unterscheiden sich Bali, Thailand und Vietnam keinen Deut. Als der Bus endlich vorfährt, beginnt die lange Fahrt auf einer schlaglochreichen Straße, deren Zustand himmelschreiend ist. So erreichen wir erst gegen zwölf Uhr dreißig den Anleger in Ha Long, von dem uns die bildhübsche Reiseleiterin zackig zum Zubringerboot dirigiert. In das steigen wir und legen die Schwimmwesten an, dann fahren wir hinaus und besteigen in Null-Komma-Nichts die Ausflugsdschunke.

Es ist ein prächtiges Boot für achtzehn Personen, das wegen der stattfindenden Säuberung noch nicht Fahrt in die Bucht aufnehmen kann. Zur Zeitüberbrückung serviert man uns eine Tasse Begrüßungstee und daran anschließend einen üppigen Lunch. Ich hatte mich bei der Essenbestellung für Fleisch entschieden, die anderen hatten Fisch ausgewählt, daher bekomme ich drei Fleischteller mit Reis vorgesetzt, die ausgezeichnet schmecken. Und hervorragend ist auch unsere Kajüte, die wir beziehen. Sie ist luxuriös ausgestattet mit einer nagelneuen Dusch- und Toilettenkabine. Soll ich ehrlich sein? Ich war skeptisch, denn diese hervorragende Ausstattung hatte nicht in den kühnsten Träumen erwartet.

Auf der Fahrt in die Bucht scheint die Sonne, daher legen wir uns auf das Sonnendeck. Von dem erweisen sich die Sichtverhältnisse auf die emporragenden Kalksteinnadeln als ein Augenschmaus. Der wunderbare Ausflug mit der Dschunke führt uns mitten in die Bucht, die auch von anderen Booten aufgesucht wird. Inzwischen haben wir uns mit zwei sympathischen Frauen angefreundet. Das sind Claudia aus dem Bundesland Mecklenburg und Katrin aus Ingolstadt.

Als wir mit ihnen erstmals das Schiff verlassen, erwartet uns eine Kajakfahrt, und der zweite Stopp ist die Besichtigung einer zu durchwandernden Tropfsteinhöhle. Die Ingolstädterin nimmt sich unsere Kamera und schießt wahllos Bilder von mir und Angela in den unterschiedlichsten Situationen.

„Man soll euch schließlich zusammen sehen, wenn ihr die Bilder vorführt." Das ist ihre überaus nett gemeinte Begründung.

Wieder zurück auf der Dschunke, stellt uns die Reisebegleiterin die Crew vor. Alle sind sie Vietnamesen, dazu freundlich und fleißig. Es fehlt an nichts. Und abermals verwöhnt man uns mit einem reichlichen Abendessen, dabei quatschen wir mit den neugewonnenen Freunden und schaukeln uns mit dem festlich beleuchteten Schiff in eine Dämmerungsmelancholie an einem magischen Abend. Leider geben sich drei junge Leute dem Alkohol hemmungslos hin, sodass sie den Weg ins Bett nach unseren Vorstellungen viel zu spät finden. Und das mit dem bedauerlichen Ergebnis? Es wird eine kurze und schlaflose Nacht.

Erwartungsschwanger sind wir früh aufgestanden und haben gefrühstückt, dann geht's mit dem großen Beiboot auf eine Zuchtperlenfarm mit Verkauf. Diese Station ist für die weiblichen Mitreisenden interessant, denn die sind von der Perlenpracht wie hypnotisiert. Als eine hübsche Französin von ihrem Mann ein besonders wertvolles Exemplar geschenkt bekommt, ist das den anderen einen Applaus wert.

Wir kehren zur Dschunke zurück, schon naht der Abschied. Claudia und Katrin, mit denen wir viel Spaß hatten, haben einen dreitägigen Ha-Long Bucht Aufenthalt gebucht, deshalb bringt man sie mit einem Beiboot zu einer anderen Dschunke. Uns bleibt als Erinnerung an die Frauen eine Ansichtskarte mit den Unterschriften aller Teilnehmer, die ich in Hanoi für Katrin in den Briefkasten werfen soll, was ich selbstverständlich erledige.

Während der Rückfahrt in den Hafen macht Angela einen Kochkurs für Frühlingsrollen, danach legen wir uns aufs Sonnendeck, wobei ich leicht schwulstig auf die Besinnungsphase reagiere: „Genießen wir die wunderbaren

Karstfelsen ein letztes Mal", fordere ich die entsprechende Andacht von meiner Frau, denn im Angesicht der herzerfrischenden Kulisse ist die Fahrt mit der Dschunke eins der phänomenalsten Erlebnisse in Nordvietnam.

In Träume versunken naht der der Abschluss des Trips. Als Nahrungsaufnahme vor der Busheimfahrt verspeisen wir die selbstgefertigten Frühlingsrollen, die Angela mit einer Vietnamesin und ihrem schwedischen Partner gefüllt und anschließend gerollt hatte. Danach checken wir aus, worauf uns ein Vielvölkergemisch zum wartenden Bus begleitet. Es sind Polen, Amerikaner, Australier, Franzosen und natürlich auch Vietnamesen. Und in den eingestiegen, bringt er uns auf der scheußlichen Straße in vier Stunden nach Hanoi zurück, trotz der Pinkelpause und einer lästigen Einkaufsveranstaltung. Was für ein Chaos wird sich in der Sommersaison auf der Zubringerstraße abspielen? Das werden wir in diesem Leben nicht mehr erfahren, wahrscheinlich ähneln die katastrophalen Zustände denen bei einem Erdbeben.

Als wir vor unserem Hotel aus dem Bus ausgestiegen und hineingegangen sind, bekommen wir ein Zweizimmerapartment für den vorherigen Preis zugewiesen. In dem ruhen wir uns aus, da bei meiner Frau eine Erkältung im Anflug ist. Sie braucht ein Medikament, weshalb ich eine Apotheke aufsuche. Man gibt mir ein wunderbewirkendes Pulver, das ihr helfen soll. Und es ist nicht zu glauben, denn mit und mit geht es ihr besser, stattdessen leidet sie nun an Appetitlosigkeit. Wir behelfen uns zur Abwechslung mit einem Imbiss. Ich esse den Döner auf vietnamesische Art für zwei Euro, meine Frau bevorzugt undefinierbar süße Quarkbällchen. Doch deren Qualität zu beurteilen ist schwer. Sagen wir mal so: Der Hunger treibt sie runter. Dann gehen wir in die Nähe des Hotels und setzen uns vor ein Lokal auf Miniaturstühle, die sind allgegenwärtig in Hanoi. Es ist ein Lokal für die Einheimische, wodurch wir das wahre asiatische Leben auf der Straße hautnah miterleben, und das mit zwei Radler.

Während wir die Menschen beobachten wird uns bewusst, dass die Tage in Hanoi gezählt sind, deshalb unterhalten wir uns über alles, was in unseren Köpfen hängen geblieben ist. Als Angelas Smartphone zehn Uhr anzeigt, bezahlen wir die vier Radler, die wir selbst gemixt hatten, dann verlassen wir das interessante Plätzchen. In Anbetracht der Erkältung meiner Frau war's ein bedächtiger Abend. Dann gehen hinüber ins Hotel und fahren mit dem Lift in unser Appartement hinauf, woraufhin wir zu Bett gehen. Doch bevor ich einschlafe, schnappe ich mir das Tagebuch, um den Ausflug in die Ha-Long Bucht in wohlgeformten Sätzen zu Papier zu bringen.

*

Wir frühstücken, dann steigen wir mit unseren Rollkoffern und unseren Wanderrucksäcken in ein von dem Boy an der Rezeption bestelltes Taxi, das uns durch die Stadt in Richtung Bahnhof fährt.

„Au Mann", spotte ich, als das unscheinbare Gebäude des Bahnhofs vor uns auftaucht. „Das soll der Hauptbahnhof sein?"

Ich will es gar nicht glauben. Anscheinend ist der Zug in Vietnam ein unterprofiligiertes Fortbewegungsmittel. Das ist uns an den verrosteten Gleisen aufgefallen, die abenteuerlich dicht zu den Häusern durch die Altstadtbebauung führen. Und abschreckend verblichen wirkt das wartende Zugungeheuer mit den schäbigen Waggons. Mich befällt eine undefinierbare Schockstarre. Ist das schäbige Gleismonstrum der Zug nach Hue? Sind wir auf dem richtigen Bahnsteig? Aber der Zug muss der Richtige sein, denn so steht es auf dem Ticket.

Ich frage einen Bahnbediensteten und erhalte die Bestätigung. Das Monster ist unser Zug.

„Herrgott noch mal! Jeder Bummelzug der Deutschen Bundesbahn strahlt mehr Modernität aus", lästere ich. „Gut, dass wir uns für die Softsitze entschieden haben und nicht für die Holzklasse."

Bis dahin habe ich das Innenleben der Waggons nicht mal gesehen.

Als wir die reservierten Plätze finden und ich die Rollkoffer verstaut habe, bin ich zu Tode betrübt. „In dem Zug halte ich es keine vierzehn Stunden aus", jammere ich in einem Anfall von Resignation. Und Angela, der es leider immer noch schlecht geht, stimmt in die Klageorgie ein: „Die Sitze sind okay, aber schau dir die Toilette an. In die bekommen mich keine zehn Pferde rein."

„Eine Bahnfahrt die ist lustig, eine Bahnfahrt die ist fein", trällere ich einen bösen Refrain, der mir dazu eingefallen ist.

Ausgiebig nutzen die Vietnamesen das Angebot der Staatsbahn augenscheinlich nicht, denn die Waggons sind nur zur Hälfte gefüllt. Und was gibt es vor der Abfahrt sonst noch zu vermerken? Höchstens, dass einige Backpacker mit im Wagon sitzen und zwei junge Chinesinnen mit ihren Koffern den Gang versperren. Die kommen nicht auf die Idee, ihre Scheißdinger beiseite zu schieben. Oft haben die Mädel derartige Zugreise noch nicht gemacht, wird mir als Beobachter klar. Da ist einiger Ärger vorprogrammiert.

Der Zug setzt sich tatsächlich in Bewegung und wir rattern im gemächlichen Tempo durch Hanois Randgebiete, dabei wundern wir uns darüber, wie gefährlich dicht die Gleise an die Häuser gebaut wurden. Spielende Kinder haben sich in Sicherheit gebracht, danach erwartet uns eine wenig abwechslungsreiche Reisanbaulandschaft.

In Reiseartikeln wird der Ausblick auf das Meer und manche Lagune gelobt, doch derlei Leckerbissen weist die Bahnstrecke leider viel zu selten auf. Darin hat uns der Reiseführer einen Floh in den Kopf gesetzt. Trotzdem wird uns diese Bummelzugfahrt, wegen der widrigen Begleiterscheinungen, noch lange im Gedächtnis bleiben.

Zum Beispiel wegen Angelas Gesundheit, denn die bekämpft ihren Schnupfen, indem sie zu schlafen versucht. Ich begnüge mich mit der Aussicht auf die Reisanbauflächen und die arbeitende Bevölkerung. Streckenweise ist die Arbeitsweise der Reisbauern sehenswert, besonders dann, wenn sie Wasserbüffel einsetzen.

Später regt mich ein Alkoholiker auf. Der wippt unentwegt mit den Beinen und kommt nicht zur Ruhe. Dann steht er auf, und setzt er sich wieder. Das ist nervenaufreibend, aber ich kann dem Trauerspiel nicht entgehen, denn der Kerl sitzt in der benachbarten Sitzreihe. Außerdem stinkt er abstoßend, was an der abgewirtschafteten Kleidung und an seinem Waschmangel liegen wird. Ein ästhetisches Bild gibt der unrasiert und schmutzig aussehende Geselle keinesfalls ab.

Aber es kann auch erfreulich im Zug zugehen. Eine bemerkenswerte Anekdote liefert eine vietnamesische Dame, die ich auf achtzig Jahre schätze. Die steht auf und reicht Angela ein Döschen, wegen deren Schnupfen. Ist es Tigerbalsam? Es riecht stark danach, deshalb reibt sich Angela die Paste unter die Nase und bedankt sich vielmals. Angela und die alte Frau übertreffen sich mit netten Gesten.

Mit dem Beobachten der Landschaft schreitet die Zeit dem Abend entgegen, als mich der Hunger ans Essen zu denken zwingt. Obwohl gewarnt durch andere Mitreisende, die das Wagnis einer Bestellung eingegangen waren, bestelle ich das Hühnchen-Reisgericht, was ich besser nicht getan hätte. Das Fleisch ist mit Knochensplittern durchsetzt. Das ekelhafte Mischmasch ist so was von ungenießbar, das glaubt einem keiner. Hat man das Huhn komplett durch den Wolf gedreht?

Ich bin stark im Nehmen, doch die Hähnchenmasse bekomme ich nicht runtergewürgt. Da mache ich es beim Kauf einer Tüte Popcorn besser. Das Zeug widerspricht zwar meinem Gesundheitsprinzip, noch dazu schmecken die klebrigen Reisklumpen salzig, doch der Hunger treibt sie rein. Ich wüsste zu gern, wie viele Reisende im Zug nach Hue verhungert sind?

Um mich von Frage des Ablebens durch Ernährungsmangelerscheinungen und der Monotonie der Fahrt abzulenken, schreibe ich Ansichtskarten. Es war schwer genug, überhaupt welche zu finden. Die Läden für den Verkauf von Ansichtskarten sind nicht in Hanois Geschäftsstruktur integriert. Nur Ortsansässige kennen die für Karten zuständige Gasse.

Doch nun zu meiner Frau, denn der ist hundeelend. Inzwischen ähnelt sie dem Leiden Christi. Als zusätzliches Ärgernis hat sich zum Schnupfen der Durchfall hinzugesellt, wodurch sie in der Bredouille steckt, denn abartig ist der Besuch der stinkenden Zugtoilette. Ich übertreibe nicht, wenn ich behaupte: Für vom Durchfall Geschädigte ist das stille Örtchen in vietnamesischen Zügen die größte Grausamkeit seit dem Holocaust. Halleluja, was für ein Vergleich.

Aber auch diese Marterqualen gehen vorbei und meine Frau hat die Tragik überlebt, denn die Erlösung von dem Übel ist die Ankunft auf dem Bahnsteig in Hue. Es ist stockfinstere Nacht, als uns ein Taxi schnurstracks zum gebuchten Hotel bringt, wo man uns erwartet. Wir sausen auf unser Zimmer hinauf, und Angela geht sofort auf die Toilette. Als sie danach vor mir steht ist das wie eine Auferstehung.

Wieder einmal haben wir ein Schmuckstück unter den Hotels in unserer Preisklasse erwischt. Die booking.com Infos halten ihr Versprechen, denn es ist ein Volltreffer. Und die vierzehn durchwachsenen Stunden im Zug hinter uns, stelle ich die berechtigte Frage an meine Frau: „Wiederholen wir irgendwann eine ähnliche Bahnfahrt?"

Angela, der die Erschöpfung ins Gesicht geschrieben ist, antwortet: „Bei den billigen Inlandsflügen muss ich die Tortur nicht noch einmal erleben."

Wir haben wunderbar in dem supermodernen Hotel geschlafen, trotz des Schnupfens und der Darmgeschichte meiner Frau. Dennoch bin ich noch müde, als wir uns in den Frühstücksraum bewegen und wir einen der vielen Stromausfälle Ostasiens miterleben. Ein Notstromaggregat beschert uns zumindest eine heiße Tasse Kaffee.

Danach, ich bin mit meiner Frau auf einem Spaziergang und nicht weit entfernt von unserem Hotel, fange ich an zu frieren. Was macht mein Körper mit mir? Ereilt auch mich die Krankheit meiner Frau?

Ich mache kehrt und ziehe mir die lange Jeans an, dann sause ich zu meiner Frau zurück, doch die ist verschwunden. Wo hält sich Angela versteckt?

Suchend trabe ich die verabredete Straße auf und ab. Sie ist nicht da. Ich gerate in Rage und fluche vorwurfvoll: „Immer die gleiche Scheiße mit dir."

Nach mehreren Minuten taucht Angela aus heiterem Himmel auf. Sie war in die Parterre-Toilette des Hotels geflutscht, während ich mich im Zimmer umgezogen hatte, und ich ahnungsloser Depp hatte mich auf den Weg zur Straße gemacht, wo ich sie vermutete. Natürlich hatten wir uns verpasst. Meine Frau ist gedankenlos, wenn sie krank ist. Aber mein Wutausbruch ist unnötig, deshalb ziehen wir los und nehmen die Brücke über den Parfümfluss zur Zitadelle der Nguyen Herrscher.

Auf dem Weg dorthin bedrängen uns hartnäckige Rikscha Fahrer. Die sind in Hue aufdringlicher als anderswo. Wir besichtigen große Teile der von den Amerikanern durch Luftangriffe zerstörten Anlage, die nur teilweise wieder aufgebaut wurde, dabei genießen wir die riesige Freifläche, weil uns keine herumtrampelnde Touristenmasse nervt. Würde ich die Anlage bis ins letzte Detail beschreiben, dann wäre das eine Überbewertung, außerdem müssen wir heim, denn meine Frau gehört ins Bett. Sie leidet weiter an ihren verstopften Nebenhöhlen und an Durchfallkrämpfen.

Im Hotelzimmer hüllt sie sich bis zum Hals in unsere Schlafdecken, derweil regele ich an der Rezeption die Verlängerung des Aufenthaltes um einen Tag. Danach gehe ich allein auf die Piste und verlaufe mich, denn ohne Stadtplan ist Hue ein unübersichtliches Labyrinth. Nur mit Hilfe eines alten Mannes, der erstaunlicherweise etwas Englisch beherrscht, finde ich den Parfümfluss, an dem ich mich orientiere. Immerhin komme ich an einer Poststelle vorbei, an der ich die im Zug geschriebenen Ansichtskarten in den Briefschlitz werfe. Eine Packung Taschentücher finde ich in eine Art Supermarkt. Aber der Tag hält ein Überraschungsmoment für mich parat, denn plötzlich hält ein Motorrad neben mir an und der Fahrer quatscht mich an, indem er schwach vernehmbar raunt: „Mariuhana?"

Ich schlucke kräftig und mache überraschte Augen, dann winke ich ab, so braust der Motorradfahrer weiter, ohne ein Geschäft gemacht zu haben. Ja, was war das eben? Sehe ich mit dem Ring im Ohrläppchen wie ein Kiffer aus? Anscheinend ja, trotzdem war das Anbaggern eines Fremden sehr leichtsinnig von dem jungen Mann, denn in Vietnam drohen lange Haftstrafen auf den Handel mit Drogen.

Am nächsten Morgen geht es Angela ein klitzekleines Häppchen besser. Die Antidurchfalltabletten, die uns ein befreundeter Arzt mitgegeben hatte, scheinen anzuschlagen. Und diese erfreuliche Erkenntnis reicht aus, um eine Fahrt mit dem Drachenboot auf dem Parfümfluss anzugehen, aber das Drum und Dran wird zum Balanceakt, denn trotz meines fleißigen Handelns beharrt die Skipperin auf ihrer Preisvorstellung von fünfhunderttausend Kip bis zur ersten Pagode, was mir teuer erscheint. Ein Engländer mit seiner Frau bezahlt die gleiche Summe für drei Pagoden bei einem anderen Drachenboot, also für den doppelten Zeitaufwand. Es ist jener Engländer, der mit seiner Frau im Kleinbus nach Hoi An sitzen wird, und den wir in Ho Chi Minh Stadt unverhofft wiedertreffen werden.

Die Skipperin bleibt hartnäckig, daher akzeptieren wir die Summe und machen uns allein mit der Lenkerin des Bootes auf den Weg zur ersten Pagode. Und wie gefällt sie uns? Nun ja, das nicht sehr große aber malerische Türmchen ist ganz nett. Viel interessanter ist die Lebenssituation der uns transportierenden Bootsherrin, die sie uns frei heraus im passablen Englisch auftischt. Sie ernährt mit dem Drachenboot den Mann und ihre fünf Kinder, dazu die Großeltern. Das Boot bildet praktisch ihre Lebensgrundlage. O ja, die Vietnamesen sind ein zähes Volk. Da ist es nicht verwunderlich, dass sich die Amerikaner im Krieg an ihnen die Zähne ausgebissen haben.

Auf der Rückfahrt verlassen wir das Drachenboot an einem riesigen Gelände mit Verkaufsständen, bei uns nennt man es Wochenmarkt. Auf dem bummeln wir zu den Lebensmitteln, wo ich mich kräftig blamiere. Wie so oft verspekuliere ich mich beim Handeln, denn beim Versuch eine geschälte Kokosnuss zu kaufen, auf die ich Appetit habe, versage ich kläglich. Statt der geforderten zehntausend Kip, biete ich der Verkaufsfrau dreitausend. O Gott, das ist verwegen, daher scheitere ich sang und klanglos. Wie man's macht, ist es verkehrt. Als Ersatzbefriedigung für den entgangenen Kokosnussgenuss esse ich ein Baguette mit Würstchen und allerlei Gemüse.

Anschließend kehren wir zurück ins Hotel und setzen uns an den Computer. Nach einer Weile der Sucherei buchen das Hotel Prince in Hoi An. „So, die Unterkunft haben wir", strahle ich Zuversicht aus. „Jetzt fehlt nur noch das Weiterkommen nach Hoi An."

Auch das bekommen wir an der Rezeption in trockene Tücher, denn eine Managerin schwatzt uns eine Fahrt mit dem Kleinbus auf. Die soll vierundzwanzig Dollar für zwei Personen kosten, und das sei preiswert, behauptet sie, was glaubhaft klingt. Im Preis enthalten wäre der Besuch einer Lagune, eine Exkursion zum umkämpften Grenzpass zwischen Nord- und Südvietnam hinauf und die Besichtigung des Marmordorfes. Wer kann da schon nein sagen.

Das Abendessen fällt diesmal nicht vietnamesisch aus. Auch ich habe Durchfall, aber wovon? Vom Essen auf dem Markt? War es unsauber und voller Keime?

Ich weiß es nicht, aber um meinen Darm zu beruhigen, esse ich in einem Restaurant eine Portion Spaghetti mit einer Arrabiata Soße, obwohl die Schärfe bei Durchfallerkrankungen eher schadet, dafür schmeckt es passabel.

Zu meinen üblichen Herztabletten schlucke ich eine gegen den Durchfall, dann gehen wir gegen zehn Uhr ins Hotel und legen uns Schlafen.

*

Eigentlich geht es uns am 23. Januar nicht gut genug für einen Reisetag, und dann auch noch in einem Kleinbus. Aber wir wollen weiter und werden von dem herzlichen Hotelpersonal mit viel Brimborium verabschiedet. Das herausragende Merkmal der Vietnamesen ist die Freundlichkeit. Nach dem Abschied sind wir die Ersten, die der Bus abholt und nach uns die Engländer, die wir am Drachenboot trafen, dann steigt ein französisches Paar hinzu, und letztendlich eine dicke Rumänin, die sich mit ihrer Fleischmasse neben meine Frau quetscht, sodass ihr die Spucke wegbleibt. Ich fühle mich im Bereich der Beine stark eingeengt.

Die erste Station ist eine hübsche Lagune, zu der wir ein paar Meter zu Fuß gehen. Das tut meinen abgestorbenen Beinen gut. Außerdem finde ich eine Stelle, an der ich unbemerkt pinkeln kann. Aber die für uns wichtigere Station ist der auf einem Gebirgskamm gelegene ehemalige Grenzübergang zwischen dem Norden und dem Süden Vietnams, denn der war im Vietnamkrieg hart umkämpft, und das hatte viele Menschenleben gefordert. Durch die Opferbereitschaft der Vietkong hatte die Passstraße eine große Rolle im Befreiungskampf gespielt und zum Sieg der Nordvietnamesen beigetragen. Ich bin so ergriffen, dass wir an einer großen Tafel als Mahnmal verweilen, die an das Sterben für die Wiedervereinigung erinnert. Unangenehm empfinde ich die uns belagernde Traube Andenkenverkäufer. Sie als aufdringlich zu bezeichnen, das wäre eine Verharmlosung. Sie stürzen sich wie die

Hyänen auf uns, so bin ich froh, als wir nach Danang weiterfahren.

In der modernen Großstadt mit einem Nobelstrand steigen die Franzosen aus und wir haben endlich Platz im Bus. Leider misslingen mir die Fotos der weltberühmten Drachenbrücke. Gut dagegen werden die Bilder im Marmordorf, das wir danach aufsuchen. Wir schießen Fotos von den fünf Marmorbergen und von pompösen Skulpturen in einer riesigen Höhle im Inneren eines der Berge. Als wir uns in der verlaufen, führen uns andere Besucher hinaus. Danach machen wir Aufnahmen von der Staubglocke, die über dem Dorf hängt.

Und weiter geht die Fahrt an teuren Resorts vorbei und entlang des schönsten Strandes der Welt, das behauptet zumindest der vietnamesische Fahrer. Und am Nachmittag setzt er uns an unserem Hotel in Hoi-An ab. Das Hotel nennt sich Prince. Es ist unsere neue Bleibe, in der wir einen mehrtägigen Stopp beabsichtigen. Der Ort Hoi-An wird uns gefallen, folgen wir den Ratschlägen des Reiseführers. Nach knapp vier Monaten auf Reisen stellt sich uns die Frage: Wann haben wir genug von dem Herumvagabundieren? Irgendwann hat doch jeder die Schnauze voll?

Hätten wir sie voll, würde ich es zugeben, aber das Gegenteil trifft zu. Uns geht es ordentlich und unser Tatendrang ist weiter uneingeschränkt vorhanden, ja er steigt. Von Durchfallquerelen oder Schnupfen lassen wir uns nicht unterkriegen. Krankheiten dieser Art haben wir einkalkuliert. Solche Phasen des Unwohlseins hat man auch in der Heimat. Wichtig ist, dass mein Herz nicht in Mitleidenschaft gezogen wird, doch bisher erweist es sich als überaus widerstandsfähig. Ihm bekommt die Reise durch fremde Kulturen.

Zufrieden mit meinem Zustand, überkommt mich das

wundersame Gefühl: Je mehr Selbstvertrauen ich tanke, umso mehr Lebensfreude sauge ich in mich ein. Auf die Untersuchungsergebnisse des Kardiologen nach der Rückkehr bin ich gespannt.

Nach der Anmeldung weist uns die akkurate Chefin in dessen Gepflogenheiten des Hotels ein. Sie empfiehlt uns den kostenlosen Fahrradverleih ihres Hauses, aber auch ihren Onkel, denn der besitzt in der Altstadt ein hervorragendes Schneideratelier. In der Schneidermetropole Hoi-An werden auf den Leib geschneiderte Anzüge und andere Kleider zum Spottpreis feilgeboten. Diese Maßanfertigungen sind der absolute Renner in der Region. Aber für mich ist eine Maßanfertigung kein Thema. Wohin mit dem Kleidungsstück? Unsere Rollkoffer lassen Einkäufe dieser Größenordnung nicht zu, und die ständigen Anproben würden mir das Interesse an Hoi-An vermasseln. Ein möglicher Ausweg wäre, man verschickt den Anzug als Postsendung, was Pauschalreisetouristen in Scharen machen.

Hier in Hoi-An klettern die Temperaturen ständig. In der Mittagszeit nähern wir uns der Dreißiggradmarke. Endlich haben wir geiles Badewetter. Nur am Abend gehört eine Jacke zur Grundausstattung. Und die nehme ich mit, als wir noch am selben Tag die Altstadt besuchen, und die ist ein Kracher. Hoi-An ist mit seiner Atmosphäre ein Werk der Götter. Seine verheißungsvolle Lage am Flussufer ist zauberhaft, dazu die imposanten Brückenbauten und die historische Architektur. Die Menge an vorbildlichen Eindrücken berauscht, denn die Schattenseiten des 21. Jahrhundert, wie den Verkehr und die zunehmende Umweltverschmutzung, erlebt man in Hoi-An nur am Rande. Umwerfend ist die Masse an bunten und leuchtenden Lampions in den unterschiedlichsten Größen, die den Ort in den dunklen Abendstunden in ein

Farbenspiel unfassbarer Qualität verwandeln. Das sich im Fluss spiegelnde Farbspektakel verdient höchste Beachtung. Das einzig Störende ist die unüberschaubare Anzahl an Busreisenden aus China, die sich in ellenlangen Rikscha Kolonnen durch die Altstadt karren lassen. Manchmal wird allein das Wechseln der Straßenseite eine Herausforderung. So sehe ich die Weiterentwicklung der Stadt Hoi-An zu einem der spektakulärsten Orte der Touristikbranche mehr als problematisch.

Wir haben einen Imbiss zu uns genommen und die Stadt stundenlang abgegrast, so ist es spät, als wir uns auf den Rückweg machen. Wir kaufen Bier und Sprite in einem Friseursalon in Hotelnähe, dabei kritisiert die Friseurfachfrau meine Haarlänge. Ich wäre ein so schöner Mann, lobt sie mich. Sie könnte mir einen modernen Kurzhaarschnitt verpassen, seufzt sie betörend. Und was tue ich? Ich vertröste sie auf ein anderes Mal, denn für die Haarlänge ist mein Weib zuständig.

Während des Frühstückens lernen wir eine Berlinerin kennen, die in der Finanzverwaltung des Cornelsen Verlages arbeitet. Das ist ein Schulbuchverlag, den meine Frau gut kennt, da sie von ihm mit Werbematerial bombardiert wird. Die Reise der Frau ähnelt der unsrigen, aber nicht Bali sondern die Fidschi Inseln hat sie besucht. Sie lässt sich einen Anzug schneidern, doch bevor sie zur letzten Anprobe eilt, gibt sie uns den bedenkenswerten Tipp. „Besucht Phu Quoc vor der Küste Kambodschas", rät sie uns euphorisch. „Die Insel ist eins der letzten Paradiese dieser Welt. Ihr bereut es bestimmt nicht."

Dann geht sie zu den Rädern und rauscht zur Schneiderei davon.

Ich frage Angela: „Wie findest du den Vorschlag?"
Und die antwortet: „Ich weiß es nicht."

Woraufhin ich mich positiv äußere: „Ich finde ihn gut, denn wir haben nach dem Aufenthalt in Saigon noch eine Woche zur freien Verfügung, also sind wir flexibel."

Meine Frau zieht die Stirn in Falten. „Lass mich in Ruhe darüber nachdenken", antwortet sie. „Vielleicht kann ich mich mit Phu Quoc anfreunden."

Wir vertagen die Entscheidung, so beginnt unser Tag mit der Ausleihe der Räder, mit denen wir zum Beach fahren. Zehn Minuten brauchen wir für die Kurzstrecke. Der Strand ist ruhig und nicht überlaufen, nur das Wasser des südchinesischen Meeres ist kälter als erwartet. Ich halte den Fuß rein und weiß Bescheid. Brrr, für diese Wassertemperatur bin ich nicht gemacht. Aber der warme Sand ist für das gewünschte Sonnenbad und einen Strandmarsch ideal. Und auch zum Bekämpfen der Nebenhöhlenverstopfung Angelas ist der Strand das beste Patentrezept. Leider besteht nach den sonnenärmeren Aufenthalten in Laos und Nordvietnam Sonnenbrandgefahr, also cremen wir uns dick ein.

Und genug Sonne getankt, schnappen wir uns die Fahrräder und klappern andere Strandabschnitte ab. Danach radeln wir durch die Reisfelder und beobachten den Reisanbau mit Wasserbüffeleinsatz, um anschließend in einem großen Bogen um Hoi-An herum zu radeln, wobei wir uns verfahren. Aber nach einem Orientierungsgespräch finden wir in die Altstadt zurück und damit auch zu unserem Hotel.

Wir sind abgekämpft von der Radtour und ruhen uns auf der Terrasse aus, dann gehen wir zu Fuß in die Altstadt. Meine Frau ist mit der Auswahl des Esstempels dran. Bei der Vorauslese hat ein im Lonely Planet angepriesenes Restaurant Pluspunkte bei ihr ergattert. Ich jedoch bin skeptisch und das aus gutem Grund. Oft stimmen die Angaben nicht oder sie sind veraltet. Ist mein Misstrauen berechtigt? Das Preis-Leistungsverhältnis in der von ihr ausgewählten Lokalität stimmt tatsächlich nicht. Und als weiteres Ärgernis sitzen nur schnatternde Nullachtfünfzehn Touristen an den Tischen. Ich höre österreichischen Schmäh heraus. Noch dazu ist mein Gericht, das nach Ginger schmecken soll, sehr blass, weshalb ich lästere: „Mein Essen hat höchstens am Ginger gerochen."

„So, jetzt reicht's mir", schimpft meine Frau. Ihre Gesichtsverfärbung lässt Unheil erahnen, denn sie will sich keine Blöße geben und sagt rotzfrech: „Mein Fischgericht ist total lecker."

„Na ja, bei dem Preis kann man mehr erwarten", erwidere ich. Mich kann nichts von meiner Meinung abbringen.

O je, der Abend ist in Gefahr, denn zwischen Angela und mir herrscht Funkstille, anstatt eitel Sonnenschein. Doch ich will die Stimmung retten und mache guten Wind: „Vielleicht liegt mein Negativeindruck an meinem verwöhnten Gaumen. Eventuell hatte ich die Erwartung an mein Gericht zu hoch geschraubt."

Und damit bin ich aus dem Schneider, denn mit meiner Redegewandtheit habe ich einen anhaltenden Knatsch verhindert, daher machen wir uns friedfertig auf den Nachhauseweg, ja wir verschmerzen es sogar, das uns ein Stromtotalausfall überrascht, durch den wir nicht die Hand vor Augen sehen. Doch jetzt kommt's. Zum ersten Mal auf der Reise begrüßen wir den Motorradverkehr, da wir uns an den Scheinwerferkegeln und Rücklichtern der knatternden Blechgestelle orientieren können. Halleluja, endlich hat die moderne Errungenschaft der Technik auch mal einen positiven Nebeneffekt.

Ähnlich beschaulich und geruhsam vergehen weitere vier Tage in Hoi-An. Angelas Durchfall fällt kaum ins Gewicht, und ihre Nebenhöhlen sind weitestgehend frei von Befall. Die täglichen Fahrradtouren durch die Reisterrassen mit einem ausgiebigen Strandaufenthalt und die abendlichen Spaziergänge durch den Ort bescheren uns neuen Elan, durch den wir wunderschöne und informative Erlebnistage in Hoi-An verleben. Beispielsweise sehen wir eine Vorführung des Wasserpuppentheaters im Stadion. Dann verpassen wir uns einen Haarschnitt auf dem Balkon, und führen eine Unterhaltung mit zwei jungen Frauen aus Deutschland in der Altstadt. Auch die befinden sich vier Monate auf der Walz. Zum Versüßen des Zubettgehens haben wir eine Flasche Brandy der Marke Napoleon gekauft. Die mixen wir auf dem Balkon mit Cola zu unserem Cuba Libre.

Zwischendurch haben wir uns die Zeit und Muße zum Relaxen genommen. Unsere Auszeit in Hoi-An hat Platz für neue Aktivitäten freigesetzt, so fühlen wir uns vor der Abreise so frisch und munter, wie wir uns beim Antritt der Tour in Aachen gefühlt hatten. Und auch weiterhin ist mein Erlebnishunger nicht gestillt.

Am Tag vor der Abreise buchen wir ein Hotelzimmer in Ho Chi Minh Stadt und einen Bungalow auf der Insel Phu Quoc, für den leider keine Bestätigung eingeht, aber deswegen machen wir uns keinen Kopf. Immerhin haben wir den Flug nach Saigon in der Tasche, dazu die Hin- und Rückflüge zwischen der Hauptstad und der Insel. Für die drei Flüge haben wir die Summe von zehn Millionen Dong hingeblättert. Das sind insgesamt vierhundert Euro, nicht mehr und nicht weniger. Ja, so preiswert reist man heutzutage in den ostasiatischen Ländern und gut ist, dass die Hotels Computer mit Internetanschluss zur Verfügung stellen.

*

Er ist da, der 28. Januar, der Morgen unserer Abreise nach Ho Chi Minh Stadt. Meine Frau hat zum Zweck, die Gewichtsüberschreitung ihres Rollkoffers zu verhindern, die grüne Jeans, die sie bisher selten getragen hatte, im Zimmer zurückgelassen. Und was passiert? Die Reinemachfrau kommt rasant die Treppe heruntergeeilt und überreicht ihr das gute Stück. Ich schmunzele, denn das war anders geplant.

Nach dem landestypischen Verabschieden holt uns ein Kleinbus zum Flughafen in Danang ab. Aber dort heißt es warten, denn der Flug mit der Maschine einer vietnamesischen Fluggesellschaft verspätet sich um eine halbe Stunde, dann starten wir durch und landen wohlbehalten in der Hauptstadt, wo es heiß ist, jedenfalls viele Grade wärmer als in Hoi-An. Ich habe die kurze Jeans angezogen, und dazu ein ärmelloses T-Shirt. Die reparierte Wanderhose trage ich selten, denn sie zieht den Schmutz magisch an, aber wie aus dem Ei gepellt sehe ich eh nicht gern aus.

Nach kürzester Zeit kommen wir uns vor wie in einem Brutofen. Und gar gekocht fühlen wir uns im Taxi bei der Fahrt durch den überquellenden Schmelztiegel. Das Verkehrsaufkommen ist der Wahnsinn schlechthin, was in der Mehrzahl an den Mopeds liegt, die Mensch und Tier die Atemluft nehmen und die Umwelt verpesten. Gegenüber dem Verkehr in Hanoi ist der in der Landeshauptstadt mehrere Stufen intensiver. Wir stehen mehr mit dem Taxi, als das wir uns fortbewegen, so vollgepfropft sind die Straßen. Letztendlich halten wir vor einer Seitengasse im Backpackerviertel, zu der das Taxi keine Zufahrt hat, aber in der unser Hotel liegt. Der Taxifahrer entlädt die Rollkoffer aus seinem Kofferraum und wir gehen den Rest der Strecke zu Fuß.

Auf den ersten Blick begeistert uns unsere Absteige

nicht sonderlich. Es fehlt an Welten zum Ambiente des Hotels in Hoi-An, doch auf den zweiten Blick erweist sich das schmale, hochgeschossene Haus als annehmbar. Hervorragend sind seine Lage und der Preis. Schlappe fünfundzwanzig Dollar bezahlen wir für das Zimmer, das sich beim Einzug als grundsolide herausstellt.

Nachdem wir ausgepackt haben, es ist vier Uhr, grasen wir unser Viertel ab. Eine Frau hat ihren Grill direkt im Rinnstein an der Ecke einer Kreuzung aufgebaut. Es ist ein Selbstmordunterfangen bei dem Verkehrsgewimmel. Neben den Mopeds sind die unzählbaren Massagesalons dominant. Ansonsten ist es ein pulsierendes Gewirr aus herumeilenden Menschen, und aus einer Geschäftswelt mit kleinen Läden aller Art, und natürlich aus preiswerten Restaurants. Außerdem sehen wir den Engländer mit seiner Frau durch die Gassen streifen.

Wir essen ein Teilchen und kaufen in einem Supermarkt Zahnpasta ein. In dem scheitert die Suche nach Sonnenmilch, denn sowas kennt man nicht in Vietnam. Als wir die Jahrmarkthalle am Rande unseres Viertels aufsuchen, bricht dort die Aufdringlichkeit alle Rekorde. Es ist so unerträglich, dass wir uns schnell aus dem Staub machen und uns in einen Park zurückziehen, in dem man die Körperertüchtigung groß schreibt. Mit Erstaunen beobachten wir organisierte Gymnastikverbände, die sich mit taktvollen Musikstücken in Form bringen. Disziplin nimmt in Vietnam eine der obersten Stellen der Rangordnung ein. Und brandneu für uns ist das Spiel in Gruppen, das Ähnlichkeit mit dem Fußball hat. Die Spieler halten mit der Hacke und dem Vollspann einen Federball in der Luft, ohne dass er den Boden berührt. Wir staunen über die Künste der jungen Spieler, denn das Spiel gelingt ihnen perfekt.

Als die Essenszeit herannaht, gehen wir in unser Viertel

zurück und finden ein qualitativ annehmbares Lokal mit einer bemerkenswerten Preisstruktur. Danach wechseln wir die Lokalität für den Nachtrunk, dabei handele ich mir Ärger ein, denn ohne Vorwarnung stellt mir die Servierkraft zwei Milkshake vor die Nase. Was soll das? Zwei Getränke gleichzeitig sind doch keine Selbstverständlichkeit. Aber als sie das Geld für beide Getränke verlangt, wird es haarig, denn ich will das partout nicht akzeptiere und frage ungläubig: „Wieso haben sie mir das gleiche Getränk zweimal gebracht?"

Die Bedienung hat meine Bestellung falsch interpretiert. Das ist die einfachste Erklärung und der Irrtum ist schnell korrigiert, indem ich den bösen Blick der Kellnerin ignoriere und nur ein Getränk bezahle. Und auch meine Frau ist unzufrieden mit der Lokalität, denn ihr Tequila Sunrise ist ein schlechter Witz. In der Qualität der Cocktails ist Vietnam ein Entwicklungsland.

Am nächsten Morgen frühstücken wir im Hotel, aber das Bestellen gerät zur Farce. Ich bekomme kein gekochtes Ei, stattdessen Rührei, und Angela, anstatt Rührei, zwei Spiegeleier, immerhin ist der Kaffee hervorragend. Wir tauschen die Eibestellung untereinander aus und können damit leben, danach fühlen wir uns gerüstet für die Gräueltaten, die sie im Vietnamkrieg angerichtet wurden. Ganz oben auf der Besuchsagenda steht der Besuch des abstoßenden Kriegsrestemuseums. Fünfzehntausend Dong Eintritt, nicht mal einen Euro, das ist uns der Anschauungsunterricht wert. Viele Jahre habe ich mich mit dem Vietnamkrieg beschäftigt, da ist eine Aufarbeitung vor Ort eine zwingende Notwendigkeit. Im Angesicht der Vietnamesen bekommen die Kriegshandlungen und die Rolle der Amerikaner einen realistischen Beigeschmack, und der ist mehr als fad.

Die Besichtigung ist ergreifend und wühlt auf. Ich leide mit den Opfern, weil ich die Grausamkeiten eines Krieges anhand brutalster Filmdokumente nachvollziehen kann. Für sensible Menschen ist es ein grauenhaftes, ja erschütterndes Erlebnis. Nahezu akribisch haben die Macher des Museums die unglaublichen Zerstörungen und Verwüstungen eines bis dahin wunderschönen Landes in Bild und Ton festhalten. Und als geradezu pervers empfinden wir den Einsatz der Chemiewaffe Agent Orange. Das Entlaubungsmittel hatten die Amerikaner großflächig über Vietnam abgeworfen, um freie Sicht für ihre Bombardierungen zu schaffen. Damit hatten sie den Waldreichtum und einen Großteil der Nutzpflanzen zerstört. Billigend in Kauf nahmen die Verbündeten der südvietnamesischen Regierung den Tod und die Missbildungen zigtausender Vietnamesen, die meisten davon in der Zivilbevölkerung. Was waren das für erbärmliche Kreaturen, die das Massaker angeordnet hatten? Wer bekennt sich schuldig am Verbrechen wider die Menschlichkeit? Was sich im Vietnamkrieg abspielt hat, das war ein Kriegsverbrechen der übelsten Sorte, ähnlich dem der Deutschen an den Juden im 2. Weltkrieg. Wo bei guten Menschen das Herz wummert, an der Stelle haben böse Menschen eine Handgranate. Hinterher hat niemand die Verantwortung für den Einsatz der Chemiewaffen übernommen. Bis heute haben sich die damaligen Machthaber nie öffentlich zu ihren Kriegsverbrechen bekannt.

Mir wird mulmig und mir brummt der Schädel beim Gedenken an die verkrüppelten Kreaturen, und meine Frau ist bei den Bildern den Tränen nahe. Das Elend begleitet uns über den Museumsausgang hinaus, durch den wir an allerhand Kriegsgerät vorbei das Gelände verlassen. Und um Abstand zu gewinnen, setzen wir uns auf eine Bank in einem Park. So geht es uns nach einer geraumen Weile etwas besser und wir können den Tag fortsetzen. Und wo landen wir? Vor der Notre Dame.

Wo bitte? Vor der Kathedrale Notre-Dame? Sind wir im Stadtzentrum von Paris gelandet?

Selbstverständlich ist es nur die verkleinerte Nachbildung der in Paris erbauten Kirche, dessen Pforten noch dazu geschlossen sind. Direkt gegenüber liegt ein Gebäude, in dem sich früher das Telegrafenamt befand, heute beherbergen die ehemaligen Telefonzellen nagelneue Geldautomaten. Daran sieht man, wie rasant sich die Zeit wandelt. Später kommt uns ein mehrgeschossiges Kaufhaus mit Rolltreppen und allem Pipapo gelegen. In dem muss es Sonnenmilch geben. Wenn nicht hier, wo sonst? Leider fehlt die Sonnenmilch im Sortiment. Es ist wie verhext. Doch langsam begreife ich, was dahintersteckt. Die Vietnamesen sind keine Sonnenanbeter. Man sieht es daran, dass sie sich ungern ausziehen und größtenteils mit den Klamotten ins Wasser gehen. Sich bloß nicht braun brennen lassen, ist ihre Devise. Weiße Haut gilt als chic. Bei den Ostasiaten ist die braune Haut ein Zeichen niedriger Herkunft, also von Armut.

Jedenfalls ist die dringend benötigte Sonnenmilch nicht aufzutreiben. Vielleicht klappt's auf der Insel Phu Quoc? Dort machen internationale Gäste Urlaub und die sind sonnensüchtig. Die Touristikbranche will sicher vermeiden, dass sich ihre Gäste die Haut verbrennen und den Vietnamesen die Schuld daran geben.

Und in Gedanken noch bei der Sonnenmilch, stehen wir vor dem vom Stararchitekten Zapata geplanten Bitexco Financial Tower. Mich beindruckt der über zweihundertachtzig Meter hohe Wolkenkratzer mit seiner aus der Fassade herausstechende Plattform. Seit der Ankunft in der Hauptstadt beschäftigt mich der Wunsch, zu der Plattform des Towers mit dem Fahrstuhl hinaufzufahren, deshalb frage ich Angela: „Wollen wir einige Blicke auf das komplette Saigon werfen?"

Und die erwidert begeistert: „Okay, das machen wir. Vom neunundvierzigsten Stockwerk lassen sich tolle Fotos vom gesamten Stadtbild schießen."

Gesagt, getan. Aber der Eintritt hat's in sich. Zweihunderttausend Dong bezahlt Angela, ich nur hundertvierzigtausend, denn ich bekomme Rentnerermäßigung. Vietnam liebt soziale Errungenschaften. Trotzdem ist es ein teures Vergnügen, denn dreizehn Dollar sind zwar für uns erschwinglich, aber für vietnamesische Verhältnisse eine Menge Geld.

Auf dem Rückweg zum Hotel setzen wir uns in einer Bäckerei auf die Terrasse mit Blick auf eine verkehrsreiche Kreuzung. Wir essen Kuchenteile und trinken eine Kanne Kaffee dazu. Mit Interesse beobachten wir das Verkehrschaos, denn das ist der phänomenale Wahnsinn. Was sich vor unseren Augen abspielt ist unbegreiflich. Wie die Verkehrsteilnehmer den Gegenverkehr kreuzen, ohne einen Crash zu verursachen, grenzt an Magie. Wir drehen von dem Verwirrspiel sogar einen Film mit dem Handy. Besonders über die Szene mit der alten Frau, die die Kreuzung mit einem Karren überquert, wird man sich in der Heimat kringelig lachen. Aber ein Erlebnis fehlt uns noch. Daher beschließen wir den Busausflug nach Cu Chi, weit außerhalb Saigons. Die Besichtigung des Tunnelsystems ist für den folgenden Tag geplant. Weltweite Berühmtheit erlangte der Ort durch seine unterirdischen Gänge, die der Vietkong in akribischer Arbeit zur Befreiung Vietnams angelegt hatte. So glich der Eroberungsfeldzug der Amerikaner in der Umgebung Saigons einem Kampf gegen Windmühlenflügel, wobei der Widerstand den verunsicherten Amerikanern das Fürchten lehrte.

Wir buchen den Halbtagsausflug für den Nachmittag

am nächsten Tag, dann gehen wir ins Hotel und machen uns frisch, um danach nach einem passablen Speiselokal Ausschau zu halten. Doch bevor wir das finden, treffen wir zum zigsten Mal auf den Engländer mit seiner Frau, doch das zum allerletzten Mal, denn sie werden am kommenden Morgen die Heimreise antreten. Es war das erste richtige Gespräch, das wir mit ihnen geführt hatten.

Aber für mich war's das dann an dem Tag. Ich zolle meinem Alter Tribut. Momentan reicht mir der aufreibende Rummel. Ich will eine Kleinigkeit essen und dabei ausspannen. Als wir zwei Plätze gefunden zu haben glauben, ziehen wir wegen der Geruchsbelästigung eines Straßenstandes weiter. Der strenge Geruch getrockneten Tintenfisches verdirbt mir den Appetit. Aber Vietnamesen lieben diese Snacks. Sie essen sie nebenbei, so wie wir in unseren Breitengraden die Erdnüsse in uns hineinschaufeln. Doch mit etwas Geduld finden wir zwei neue Plätze mit der Aussicht auf den Trubel. Und weil uns die Lokalität gut gefällt, nehmen wir dort auch unsere Gutenachtdrinks zu uns.

Früh am Morgen eilen wir zu Fuß zum Präsidentenpalast, in dem man das Ende des Vietnamkrieges besiegelt hatte. Seinerzeit wurde in dem Geschichte geschrieben, denn unter den strengsten Vorsichtsmaßnahmen gingen die wichtigsten Staatsmänner seinerzeit im Palast ein und aus. Und das taten sie, bis ihre Unterschrift unter die Dokumente zur Beendigung des Krieges getrocknet war. Danach hatte sich der Präsident Südvietnams, Diem hieß der Mann, in allerletzter Sekunde mit einem Hubschrauber ausfliegen lassen. Dem Verbrecher wurde nie der Prozess gemacht. Später lebte er in Boston, wo er von den Amerikanern streng bewacht wurde, denn die vermuteten ein Attentat.

Die Architektur und die Inneneinrichtung des Palastes sind mir nicht nachhaltig in Erinnerung geblieben. Ich bin durch viele vorherige Paläste etwas übersättigt. So verbringen wir einige Minuten im Videoraum, der uns eine politische und geschichtliche Aufarbeitung ermöglicht. Natürlich durch die Brille der jetzigen Machthaber. Daneben interessiert uns die bombastische Küche in den Kellerräumen. Die Präsidentenclique hatte sich, während um sie herum die Menschen wie die Fliegen starben, auf deren Kosten ein verschwenderisches Luxusleben gegönnt.

Und den Palastbesuch beendet, essen wir zwei Kuchenstücke in unserer Lieblingsbäckerei. Zwei weitere Käseteilchen packen wir ein, denn der Bus nach Cu Chi wartet. Wir sind höllisch gespannt auf das Tunnelsystem, denn durch das Studium ausreichender Literatur wissen wir, dass der Vietkong den Amerikanern durch die Gänge erbitterten Wiederstand entgegengesetzt hatte, und sie in den Wahnsinn trieb.

Durch die verstopften Straßen bringt uns der Bus vor die Tore Saigons. Unsere Reisegruppe besteht aus fünfzig Personen verschiedenster Nationalitäten, darunter einige Deutsche. Wir steigen aus und werden einem Führer zugeordnet. Der leitet uns durch die Attraktionen, dabei klettern wir in Erdlöcher und schauen uns Bodenfallen an, in denen der Gegner aufgespießt wurde. Aber auch unterirdische Räume, die dem Aufbereiten von allerlei Kriegsgerät dienten, gewähren uns tiefe Einblicke in die Kriegsstrategie der Vietkong. Ein von einer Mine zerstörter Panzer steht wie zufällig als Spielzeug herum.

Der Anfang ist gemacht, deshalb legen wir eine Pause am Schießstand ein. Für eine Menge Moos schießt man auf eine Zielscheibe, wovon ausgerechnet zwei junge

Amerikanerinnen regen Gebrauch machen. Ob das ausgerechnet für zwei Amerikanerinnen vertretbar ist, das ist zumindest diskussionswürdig. Die ohrenbetäubenden Donnergeräusche, hergerührt durch die Salven aus früher geläufigen Schnellfeuerwaffen, demonstrieren die brutale Grausamkeit des Krieges. Ich wäre als Mitwirkender verrückt geworden.

Aber der Höhepunkt des Besuchs ist das Kriechen durch Bereiche der Tunnelanlage, wobei man sich wegen der Enge zwischen einem kurzen oder einem längeren Teilstück entscheidet. Meine Frau und ich wählen die vierzig Meter Strecke, die Hartgesottenen wollen hundert Meter in gebückter Haltung zurücklegen. Und obwohl ich eher kleingewachsen bin, ist mir nicht wohl in meiner Haut. Werde ich Platzangst bekommen?

Das durch den Gang kriechen ist anstrengend und die Dunkelheit darin angsteinflößend. Ich versuche mich zu beeilen und meine Frau macht es mir nach. Als mich das Tageslicht anstrahlt, bin ich erleichtert. Im Vergleich zu uns Europäern sind die Vietnamesen von zierlicher Statur, dadurch waren sie wie gemacht für den Aufenthalt in den Tunnelgängen unter der Erde.

Es ist fünf Uhr. Der Kraftakt ist überstanden und der Aktionstag abgeschlossen. Wir verlassen das Gelände, welches viele Berichte über die Kriegszustände verständlicher gemacht hat. Dass sich derartige Kriegszustände nie wiederholen dürfen, das war zwar schon vorher unsere Meinung, aber durch den Besuch in Cu Chi ist das noch selbstverständlicher geworden.

Als uns der Busfahrer gegen sieben Uhr im Backpackerviertel aussteigen lässt sind wir froh, dass wir uns auf den Spuren des Vietnamkrieges befunden hatten. Wir bereuen es nicht, schließlich hat er unser politisches Leben seit seiner Entstehung begleitet. Aber war's das jetzt von den Schauplätzen des Krieges?

O nein, denn in Kambodscha steht die grausame Pol Pot Epoche auf dem Besichtigungsbogen. Vorher jedoch ist das Thema Schonung eine gute Idee, schließlich habe ich die sechzig Jahre weit überschritten.

Wir essen wie am Vorabend, und beim Trinken eines Cocktails als Gutenachttrunk ergötzen wir uns an dem Vielvölkergemisch, das lässig an uns vorbeistolziert und ein abendfüllendes Betätigungsprogramm darstellt. Das Kapitel Großstadt haken wir mit den Gedanken an Phu Quoc ab, denn wir sehnen uns nach dem betulichen Inselleben. In einer Hängematte vor einem Strandbungalow wollen wir viel lesen und das Reisetagebuch vervollständigen. Auch das gelegentliche Sonnenbaden werden wir nicht verachten. Das versprechen wir uns von der bis dato unbekannten Insel vor der Küste Kambodschas im Golf von Thailand. Die Flugtickets haben wir im Rucksack. Höchstens ein Flugzeugabsturz könnte unseren Besuch verhindern.

*

Inzwischen ist der 31. Januar angebrochen. Das bedeutet, uns sind seit unserer Abreise aus Deutschland vier lange Monate wie Zucker durch die Finger zerronnen. In denen haben wir das perfekte Gespann als Globetrotter abgegeben, das sich salopp durch die Weltgeschichte bewegt. Und trotz der Durchfallprobleme haben wir keine Sekunde bereut, denn wir sind putzmunter, dazu gerüstet für neue Erfahrungen.

In dementsprechender Stimmung verabschieden wir uns im Hotel von dem freundlichen Personal mit dem Hinweis, dass wir am 5. Februar wieder auf der Matte stehen werden, denn ich hatte die Rezeptionsfrau beauftragt, sie möge für den 7. Februar zwei Plätze im Überlandbus nach Phnom Penh für uns buchen, wozu wir ihr Einverständnis eingeheimst hatten. Jetzt bleibt Zeit, um uns kurz an den Computer zu setzen, dabei fällt uns auf, dass die Mail, die wir an unsere Freundin Heidrun in Hoi-An geschickt hatten, nicht angekommen ist. Wie kann das sein? Jedenfalls geht das aus einer eingegangenen Mail Heidruns hervor. Okay, wenn's so passiert ist, dann ist es so. Wir werden ihr von der Insel einen Sachstandbericht senden, mit dem wir ihr mitteilen, dass sich an unseren Thailandplänen nichts geändert hat, und wir weiterhin beabsichtigen, sie in Khao Lak zu treffen. Das Treffen ist nicht gefährdet, werde ich ihr schreiben.

Dann sind wir soweit. Wir verschwinden mit dem Taxi zum nationalen Terminal und fliegen zwei Stunden mit der Vietnam Airline auf die Sonneninsel Phu Quoc, von dessen Flugplatz uns ein Taxifahrer in die vorgebuchte Strandanlage am Long Beach bringt. Es ist heiß in der Mittagszeit, als wir unseren Bungalow in phänomenaler Lage zugewiesen bekommen, der tatsächlich nur fünfzig Meter vom Strand entfernt liegt.

Das Häuschen besteht aus einem spartanisch eingerichteten Wohnraum und der obligatorischen Nasszelle mit Dusche. Aber der Clou ist die riesige Terrasse zum Meer, die unendlich viel Charme versprüht, außerdem stehen bequeme Sitzmöbel bereit, und als Zugabe hat man eine hübsche Hängematte installiert, die grenzenlose Entspannung garantiert. Ein ähnliches Ambiente hatten wir uns erhofft, sodass ich ins Schwärmen gerate: „Wir werden uns wie in Abrahams Schoß fühlen."

Nach dem Erfreuen an unserer Hütte, eröffnen wir die Badesaison auf der Insel mit einem Sprung ins Wasser, denn das hatte mir in Saigon gefehlt. Danach leeren wir die Rollkoffer und richten uns häuslich ein. Und damit kann die Inselbesichtigung beginnen. Wir ziehen leichte Klamotten für einen Marsch am Strand entlang an, denn es ist knackig heiß, aber es weht eine angenehme Meeresbrise. Gegen das Verbrennen der Haut schmieren wir sie mit dem Rest der Sonnencreme ein, und zum Schutz meines kahlen Hinterkopfes habe ich die Kappe aufgesetzt. Unser Ziel ist die Inselhauptstadt. In der werden wir Sonnenmilch finden, egal welche.

Duong Dong ist gewöhnungsbedürftig wegen seinem monumentalen Hafengelände. In dem wimmelt es an Fischerbooten. Zu viele für die Insel, doch die Menge wird zur Versorgung des Nachtmarktes gebraucht. In Aquarien schwimmen Krusten und Schalentiere, die man in den Abendstunden an ellenlangen Tischreihen zum Verspeisen anbietet. Ich schätze mal, da tanzt der Bär.

Aber wer sagt es denn. Es ist wie in einem Märchenbuch, denn wir finden bei unserer Schatzsuche eine Tube Sonnenmilch. Doch zu früh gefreut, da dessen Haltbarkeitsdatum seit fünf Jahren abgelaufen ist. So heißt es weitersuchen. Und tatsächlich werden wir in einem Ramschladen fündig, denn in dem strahlt uns eine Tube Sonnenmilch mit dem Schutzfaktor fünfzig an. Die kostet elf Euro, also einen stolzen Preis. Aber haben wir eine Wahl? Wir schlagen zu, denn vor unserem Abmarsch hatten wir die Sonnenmilch aus der Heimat aufgebraucht. Damit müsste die Sonnenmilch für Vietnam ausreichen, so können wir uns im gleichen Laden nach einem Fahrradverleih erkundigen. Und den gibt es gegenüber dem Hotel Blue Lagoon. Na ja, die Fahrräder sind zwar keine Schrottteile, aber als gut stufe ich sie nicht ein. Trotzdem bestellen wir zwei der Exemplare für den nächsten und übernächsten Tag.

Okay, das ist erledigt und der Ankunftstag war ergiebig.

Einem erholsamen Aufenthalt sehe ich wohlwollend entgegen. Wir waten durch das Wasser am Strand entlang heimwärts und sind fünf Uhr wieder am Bungalow, wo wir erst schwimmen und anschließend faulenzen bis zum Sonnenuntergang. Unser Weg zum Abendessen beträgt zwanzig Meter, denn wir essen im zur Anlage gehörenden Restaurant, direkt vor unserer Terrasse.

Ich esse ein Mie-Nudelgericht, das mich an Bali erinnert. Meine Frau ist wagemutiger, denn sie genehmigt sich den Tunfisch vom Grill. Danach beenden wir den Abend auf unserer Terrasse mit einer Flasche Cola und einem Fläschchen Napoleon. Wir mixen das Zeug zu mehreren Gläsern Cuba Libre, alles wie gehabt. Kann ein Tag harmonischer zu Ende gehen?

Doch in der Nacht überraschen uns raschelnde Geräusche im Dachbereich. Meine Frau tippt auf Mausbefall, ich auf Eidechsen, obwohl das Rascheln für einen Gekko zu laut ist. Leider reagieren wir übertrieben auf die Geräusche, denn die Nächte in fremden Betten haben uns hellhörig gemacht. Ein paar Verschleißerscheinungen gehören zum Leben eines Globetrotters, ansonsten fühlen wir uns ausgeschlafen und fit. Wir frühstücken bei herrlichem Sonnenaufgang in dem Strandrestaurant direkt vor unserer Nase, wobei die Romantik überwiegt, obwohl das Brot langweilig schmeckt, dafür ist der Kaffee genießbar. Den Honig muss ich extra bestellen, was kein Problem darstellt. Anschließend er-gibt sich ein Plausch mit zwei jungen Chemnitzerinnen, die im Bungalow nebenan wohnen. Eine von den beiden ist redselig, die Andere zurückhaltend, immerhin besteht eine entfernte Verbindung zwischen den Frauen und mir, da ich aus Sachsen Anhalt stamme. Ich bin als Kind mit der Mutter aus der DDR geflüchtet, quasi sind wir Landsleute. Gern tausche mich mit den Frauen über meine fast in Vergessenheit geratene Heimat aus, auf die ich nicht stolz bin. Das betrifft deren rechtsradikale Gesinnung, die bei jeder Wahl in den Vordergrund rückt.

Nach dem Gespräch legen meine Frau und ich uns in den Sand am Wasser. Der Tag ist ideal für das Lesen eines Krimis, was wir ausgiebig in die Tat umsetzen. Da Angela das Faulenzerleben genießt und ich meinen Krimi langweilig finde, begebe ich mich allein auf einen Strandspaziergang. Zeit meines Lebens bin ich ein Bewegungsmensch. Aber was ist das? Ein Monstrum von Frau kommt mir entgegen. Ist das wahr? Ich sehe wohl nicht richtig? Es ist eine Russin mit riesengroßen Brüsten, die sie ohne Bikinioberteil zur Schau trägt. Solch kolossale Möpse hat die Welt noch nicht gesehen und ich fühle mich angeekelt. Sie lässt sie auf ihren Armen ruhen, als wären sie ihre Babys.

O Gott, was macht sie denn jetzt? Sie läuft auch noch hinter mir her. Wie kann ich mich unsichtbar machen? Ich atme erst auf, als sie ins Wasser geht und ihre Mammutbrüste dem Spiel der Wellen preisgibt.

Wieder zurück am Bungalow, geselle ich mich zu den Chemnitzerinnen. Die Redselige erzählt von ihrem Aufenthalt im Mekong Delta und gibt mir ein Kärtchen mit der Anschrift einer Thailänderin. „Bei der Frau könnt ihr preiswert übernachten", schwärmt die Lebhafte. „Die ist entgegenkommend und veranstaltet Ganztagestouren mit ihren Gästen zu den schwimmenden Märkten. Besucht sie unbedingt."

Und auch die Schüchterne taut auf und nennt mir den Grund für das Verlassen ihres Bungalows: „Morgen ziehen wir in eine Nobelanlage um. Den Spaß gönnen wir uns, denn die hat zum Abschluss der Saison die Preise gesenkt und der Pool dort ist toll."

Zusätzlich drückt sie den Umzugsgrund drastisch aus: „Ich habe Bammel vor den Quallen."

„Okay", antworte ich. „Ihr ergreift nicht vor uns die Flucht?"

„Quatsch." Sie lacht herzhaft. „Warum sollten wir? Nettere Nachbarn hatten wir nie auf der Reise."

Ihr Argument mit den netten Nachbarn schmeichelt mir. Aber die Vorstellung, dass ihnen unsere Nasen nicht passen könnten, wollte mir eh nicht in den Kopf. Und ihre Furcht vor den Quallen ist so eine Sache. Einen echten Umzugsgrund ergibt der nicht, denn wie an der Küste Australiens existiert auch vor unserem Strandteil ein Schutznetz.

Am Abend gehen die jungen Frauen zum Essen in die Stadt und meine Frau gönnt sich die Seafood-Platte vom Grill im Strandlokal. Ich bleibe bei einem Reisgericht mit Limonen Gras und Chili. Auch das schmeckt hervorragend. Danach machen wir es uns mit einem Glas Radler auf der Terrasse gemütlich, dabei beobachten wir das Treiben im Lokal, zu dessen Familie wir irgendwie schon gehören.

Nachts rumort es abermals im Strohdach. Fünf Uhr beginnt das Rascheln für zehn Minuten, danach herrscht Ruhe, trotzdem misslingt mein Versuch einzuschlafen. Was sind das für Krawallmacher, die meine Nachtruhe stören? Das werde ich viel später durch eine Hütte in einem Nationalpark in Thailand erfahren.

Die Zeiger stehen auf acht Uhr, als wir aufstehen. Es ist die beste Zeit, um beim Frühstücken im Strandlokal den Sonnenaufgang mitzuerleben. Eine Stunde später verabschieden sich die Mädel aus Sachsen mit dem Tipp: „Bestellt euer Frühstück an der Rezeption. Das ist billiger und wird euch zum Bungalow gebracht."

„Danke, und weiterhin viel Glück", wünschen wir den beiden, die mit riesigen Tourenrucksäcken aufbrechen. Ich mache ein Foto von ihnen, denn es hat mich gefreut, die sympathischen Landsleute getroffen zu haben, die den Rechtsruck im Osten ins wahre Licht gerückt haben. Leider kenne ich nicht mal ihre Namen.

Zehn Uhr begeben wir uns zum Fahrradverleiher. Wie erwähnt sind die Räder nicht die Besten, so wird es eine kurze Radtour, die uns hinaus aus der Stadt an einen Strand führt. Der bietet keine Ansichtskartenidylle, eher mit dem Blick auf den sich auftürmenden Dreck in den Schlund zur Hölle. Imponierend ist nur die ankernde Fischfangflotte.

Tja, schaut man hinter die Kulissen der Insel, dann sind die Verhältnisse ärmlich und dreckig. Man braucht nur das touristische Strandstück verlassen, schon wirkt alles verwahrlost. Ich sehe einen kleinen Jungen, der seinen Kampfhahn mit einem nassen Tuch aufmotzt. Hahnenkampf hat auch hier auf Phu Quoc Tradition. Dann sehe ich Kühe, die den Müll nach Nahrung durchwühlen, und eine Schneiderei im Freien, die sich auf einer Kreuzung angesiedelt hat. Bei deren Anblick erinnere ich mich an Bali. Meine geflickte Hose hält übrigens immer noch.

Wir haben die Lebensgewohnheiten der Inselbevölkerung durch unsere wenigen Tage ausreichend studiert. Deren Leben verläuft nicht anders ab, als auf dem Festland oder wie überall in Asien. Die Menschen sind an bescheidene Verhältnisse gewöhnt. Sie sind arm, aber fleißig. Und selbstverständlich schicken sie die Kinder in die Schule, denn in dem kommunistischen Staat herrscht Schulpflicht. Bei mir hinterlassen die Vietnamesen einen ausgeglichenen und strebsamen Eindruck.

Und nun zu den Fahrrädern, denn die sind schlecht. Wir haben das quälende Sitzen auf dem Sattel satt. Uns tut fürchterlich der Hintern weh, denn man braucht eine Elefantenhaut. Und was macht man da? Wir stellen die Räder ab und machen eine Pause in dem Cafe, das uns beim ersten Stadtbummel aufgefallen war. Ich trinke ein Vanilleeismilchgetränk, und meine Frau einen frisch gepressten Orangensaft. Mit den Getränken löschen wir den Durst und sie schmecken. So sind drei Stunden vergangen, als wir die Räder abgeben, wobei ich auf einen Preisnachlass poche. Doch ich habe mich geirrt, denn der Typ will die Summe für einen ganzen Tag, was ich letztendlich akzeptiere.

Während der Pause hatten wir uns Gedanken über die Fortsetzung der Reise gemacht. Wir haben zu spät erkannt, dass es voreilig war, den Rückflug nach Saigon zu buchen. Man lernt nie aus. Es wäre ideal, von hier nach Sihanoukville in Kambodscha weiterzureisen. Die Stadt liegt zum Greifen nahe. Leider schlägt der Versuch in einem Reisebüro fehl, den Rückflug stornieren zu lassen. Gebucht ist gebucht, erklärt man uns lapidar.

Ich knurre erbost: „Scheiße", denn viel Aufwand für unser Anliegen hat das Reisebüro nicht betrieben.

Erwähnung verdient auch, dass es sich bei Phu Quoc um einen Zankapfel zwischen Vietnam und Kambodscha handelt. Wegen der Nähe zu Kambodscha dürfte die Insel nicht zu Vietnam gehören, worauf die Kambodschaner pochen. Nur nützt das nichts. Wie überall auf der Welt zählt die Macht des Stärkeren, und hier in Ostasien ist das Vietnam. Ich befürchte: „Irgendwann taucht das Thema in unseren Tagesthemen auf, und das unter der Rubrik: Krieg vor der Küste Kambodschas."

Am nächsten Morgen erinnere ich mich an den Tipp der Chemnitzerinnen und bestelle das Frühstück in der Rezeption, doch der Vorgang ist eine Farce. Erstens dauert die Anlieferung ewig, zweitens ist die Qualität des Frühstücks miserabel. Immerhin funktioniert der Computer in der Rezeption, mit dem wir ein Zimmer in Phnom Penh buchen. Hoffentlich klappt die abgesprochene Buchung des Überlandbusses nach Phnom Penh durch unser Hotel in Saigon? Kann man dem Hotelpersonal vertrauen? So selbstverständlich finde ich das gar nicht.

Ansonsten erleben wir eine Randerscheinung, zum Beispiel den ersten Regen in Vietnam. Doch der ist kurz. Unliebsam dagegen ist die neuerliche Durchfallerkrankung meiner Frau, deren Auswirkung so einengend ist, dass wir keinen Strandmarsch oder Ausflug unternehmen können, stattdessen träumen wir auf der Terrasse in den Tag hinein und bewegen uns nicht vom Bungalow und somit von der Toilette weg. Die Schuldfrage am Durchfall bleibt ungeklärt. Angela geht von verdorbenem Seafood aus, aber das bleibt eine Vermutung.

Und was tut sich in unserer Umgebung? Für die Chemnitzerinnen sind neue Nachbarn eingezogen. In ihrem Bungalow wohnt jetzt ein Engländer mit zwei knackigen Thaimäuschen. Daneben hat sich ein Paar aus Russland mit Kleinkind eingenistet. Mit dem Völkergemisch beweist Phu Quoc seine Internationalität, was uns gefällt, solange es sich nicht um Chinesen handelt. Um meinen Magen zu schonen, esse ich am Abend eine Portion Spaghetti Napoli, Angela begnügt sich mit einem Süppchen, obwohl der Grillmeister, er stammt übrigens aus München, für seine Leckereien wirbt. Inzwischen mache ich den bayrischen Depp für den Durchfall meiner Frau verantwortlich.

Als ich am 5. Februar unsere Rechnung bezahle, eine astronomische Summe mit zweihundertachtzig Euro, bekomme ich unsere Pässe zurück. Danach nehmen wir unser Frühstück wieder im Strandrestaurant zu uns, und das bei Sonnenaufgang, wie wir es lieben. Doch der Durchfall bleibt Angelas hartnäckiger Reisebegleiter, dennoch ist unsere Stimmung heiter, was uns den rührenden Abschied erschwert. Es waren tolle und geruhsame Tage auf der Insel, die den Entspannungseffekt nicht verfehlt haben. Mit dieser Einstellung will ich mir die Empfehlung nicht verkneifen: Besuchen Sie die Insel. Sie ist eine Perle Ostasiens.

Ausgeruht und voll Tatendrang bestelle ich das Taxi, das uns umgehend zum Airport bringt. Dort hebt die Maschine der Vietnam Airline pünktlich von der Startbahn ab und landet eine Stunde später in Saigon, wo wir nach einstündiger Taxifahrt unser Hotel erreichen, und diesmal ein Zimmer im vierten Stock beziehen. Oben packen wir unsere Rollkoffer für die eine Nacht gar nicht erst aus, stattdessen streife ich mir ein frisches T-Shirt über. Aber was machen wir mit den verbleibenden Stunden?

Erst einmal etwas essen. Doch bevor wir in die Bäckerei aufbrechen, bezahlen wir die Rechnung. Die enthält, neben den zweiundzwanzig Dollar für das Zimmer, auch die achtstündige Busfahrt nach Phnom Penh. Der Bus kostet achtzehn Dollar pro Person, und das ist okay.

Nach dem Besuch der Bäckerei bummeln wir ein letztes Mal durch die uns vertrauten Gassen, die wir inzwischen in und auswendig kennen. Und das Essen am Abend ist dem Durchfall geschuldet. Meine Frau begnügt sich mit einem Süppchen und ich esse eine Portion Spaghetti Bolognese, was wir in einem mexikanischen Restaurant mit einer Großbildleinwand tun. Und was strahlt die für ein Fußballspiel aus? Die Borussen aus Dortmund spielen gegen den FC Augsburg. Und die Schwarzgelben verlieren das Spiel doch glatt mit 0:1, was meinen Sohn sicher schockiert hat.

Aber danach wird's andächtig, weil wir uns von Ho Chi

Minh Stadt in dem Park verabschieden, den wir zwischendurch zum Ausharren genutzt hatten. Wir sprechen über die spannenden Wochen, in denen uns das spektakuläre Vietnam ans Herz gewachsen ist, und über die Personen, die unseren Weg gekreuzt hatten. Nebenbei bewerte ich die Endwicklung der Touristikbranche, denn in der Sparte ist Vietnam das vielversprechendste Land Ostasiens. Strahlend frage ich meine Frau: „Erinnerst du dich an Claudia und Katrin? Und daran, wie wir auf die Freundschaft mit ihnen angestoßen haben?"

Worauf meine Frau prompt antwortet: „Und ob ich mich an die Zwei erinnere. Die waren sehr nett. Aber dir hatte es eins der Mädel aus Chemnitz angetan. In eine warst du total vernarrt."

Und weiter reden wir über die angenehmen Strandtage in Hoi-An, über die vielen Museumsbesuche, über das Mausoleum Ho Chi Minhs und über das Tunnelsystem bei Cu Chi. „Mensch, das war gruselig in dem Gang", betont Angela. „Unsere Freundin Almut wäre aus Platzangst eingegangen oder hätte das Weite gesucht."

Als wir zu Bett gehen, haben wir viele Hochs, aber auch Tiefs aufgearbeitet, worunter unsere Reiselust nicht leidet. Und wie bei allen bisher bereisten Ländern, stellt sich uns die Frage nach einer Rückkehr in das befriedete Vietnam. „Was meinst du, meine Liebste?", frage ich meine Frau. „Kehren wir irgendwann nach Vietnam zurück?"

Angela schaut mich lange an, dann antwortet sie: „Ich weiß es nicht. Über Vietnam habe ich mir noch kein abschließendes Urteil gebildet. Aber wunderschön ist das Land."

Am Abreisetag stehen wir früh auf und frühstücken, und siehe da, dieses Mal klappt es sogar mit den Eiern, dann verabschieden wir uns von der Hotelcrew und der Boy bringt uns zum Bus. Der wartet unweit des Hotels an der Hauptstraße auf uns, wegen unserer für den Autoverkehr gesperrten Gasse.

Nach dem Einsteigen schaue ich wehmütig auf die Erlebnisse in Saigon zurück. „Nur nicht sentimental werden", sagt meine Frau zu mir. „Denke an Kambodscha und die Zukunft."

Der Überlandreisebus ist ein deutsches Fabrikat. Man sieht es an den Hinweisschriftzügen überall im Businneren verstreut. Alles in allem ist er in einem ordentlichen Zustand. Er ist nicht neu, aber bequem. Gut ist, dass er nicht ausgebucht ist, so bleibt durch die freien Plätze einiges an Spielraum.

Und ein letztes Mal schlängeln wir uns durch den Stadtverkehr, der einem Horrorroman entnommen sein könnte, dann erreicht er nach anderthalb quälenden Stunden die Grenze zu Kambodscha. Dort steigen wir aus und gehen in ein Kontrollgebäude, in dem man uns eine unendlich vorkommende Warterei zumutet, bis die Grenzformalitäten erledigt sind, beispielsweise das Abstempeln der Reisepässe. Während des Wartens müssen wir die Aufdringlichkeit der Geldwechsler über uns ergehen lassen, die wie ein Schwarm Heuschrecken über uns herfallen. Doch wir sind durch die vielen Grenzübertritte abgebrüht und verzichten auf zwielichtige Umtauschgeschäfte. Die Gerüchte, die sich um die Ehrlichkeit der Geldumtauschgauner ranken, schrecken uns ab.

Jedenfalls vergeht irrsinnig viel Zeit, dann erst können wir das Gebäude verlassen und uns in den Bus setzen. Aber es ist geschafft, denn wir befinden uns auf kambodschanischen Boden.

Kambodscha

Endlich sind wir in Kambodscha, also in dem Land, das ich weit oben auf meinem Wunschzettel notiert habe. Die beeindruckende Nation hat eine inspirierende Zukunft, aber auch schockierender Vergangenheit. Hervorzuheben ist die Faszination, die von den Tempelanlagen in Angkor ausgeht. Von dem Reich der Götter, in dem die Spiritualität, der Symbolismus und die Symmetrie perfekt miteinander harmonieren. Seit wir die Bilder von Angkor Wat in der Reisezeitschrift GEO bewundert haben, fesselt uns diese Kulturgewalt. Diesem Traum an Monumentalbautechnik wollen wir mehrere Tage nachgehen.

Bedauerlicherweise beheimatet Kambodschas Hauptstadt Phnom Penh die menschlichen Abgründe an Grausamkeit, wofür die Namen Pol Pot und Tuol Sleng stehen. Die ehemalige Schule legt Zeugnis ab über die Verbrechen der Roten Khmer, und zieht mit seinen Widersprüchen die Besucher aus aller Welt in seinen Bann. Der Genozid begann im April 1975 mit dem Einmarsch der Roten Khmer in Phnom Penh und endete durch die Befreiung der vietnamesischen Armee vier Jahre später. Heute sieht man dem warmen Herz Südostasiens, wie man Phnom Penh nennt, seine schlimme Vergangenheit nur noch ansatzweise an. Zurzeit ist die Hauptstadt, mit seiner weltstädtisch ausgerichteten Innenstadt, ein regelrechter Besuchermagnet.

Aber erst einmal sitzen wir im Reisebus und bewegen uns auf einer Hauptverbindungsstraße vorwärts, auf der sich eine Baustelle an die andere reiht. Die Bezeichnung Straße hat die Schotterpiste nicht verdient, denn in absurdem Zustand führt sie uns vom Grenzübergang bis in die

Hauptstadt Phnom Penh. Kein Wunder also, dass sich der Pendlerverkehr in Grenzen hält. Wenn überhaupt, dann befinden sich uralte, verrostete und klapperige Lastkraftwagen auf der Rampe, von der sie eine Menge Staub aufwirbeln. Aber auch die Landschaft ist keine Offenbarung. Sie ist karg und monoton. Man vermisst die im Reiseführer vielgepriesene smaragdgrüne Wildnis. Die landwirtschaftlich genutzten Flächen, auf denen sich die Erntearbeiter abrackern, bringen nur geringen Ertrag und werfen keine Gewinne ab, was die flächendeckende Armut Kambodschas erklärt.

Als der Bus das erste Mal anhält, stehen wir auf einer Fähre zur gegenüberliegenden Seite des Mekong, der wie bei unserer Flussfahrt einen niedrigen Wasserstand vorweist, denn die monsunartigen Regenfälle gibt es von Juli bis September. Auf der Fähre bieten Frauen eigenartige Imbissvariationen auf Holzschalen an. Bei Einer erkenne ich aufgespießte kleine Vögel, die man anscheinend gegrillt hat. Und das, was die anderen Frauen auf dem Kopf tragen, sieht nicht sonderlich appetitlich aus. Wir verzichten gern und essen wenig, um die Bordtoilette nicht benutzen zu müssen, denn der Durchfall hat nicht nur meine Frau im Griff. Für das kleine Geschäft machen wir später eine Rast an einem Imbisslokal. Aber wie sind die Menschen in Kambodscha? Die Alten hatten unter der Herrschaft der Roten Khmer die Hölle auf Erden erlebt, doch aufgrund ihres nicht zu brechenden Lebensmutes und ihrem Optimismus, haben sie sich ihre Herzlichkeit und Wärme bewahrt.

Und eben diese Wärme schlägt uns nach acht Stunden Busfahrt beim Aussteigen entgegen. Nach der Kühle im Bus durch die Klimaanlage kommt uns die Hitze besonders extrem vor. Ein Motorradriksча Fahrer strahlt uns aus treuen Augen an. Er scheint eine Seele von Mensch zu sein. Wir steigen zu ihm in sein klappriges Gefährt, und er fährt uns langsam, aber sicher, zum vereinbarten Hotel, und setzt uns dort ab. Für den nächsten Tag verabreden wir sogar eine Fahrt zum Toul-Sleng Museum. Der Mann tut uns leid, denn das große Geld macht er nicht mehr mit seiner verrosteten Zweiradkarre.

Nachdem wir ihn bezahlt und wir uns verabschiedet haben, gehen wir in das Hotel mit seinem endtäuschenden Innenleben. Das im Reiseführer ausgewiesene zwanzig Quadratmeterzimmer misst nicht mal deren fünfzehn, und die Toilette und die Dusche sind vorsintflutlich, außerdem riecht es muffig. Der ansehnliche Komplex ist in die Jahre gekommen. Okay, es gibt schlimmeres. Wir haben kein Luxushotel gebucht.

Zuerst ruhen wir uns aus, anschließend ziehen wir uns frische Klamotten an, dann beginnt der Gang zu etwas Essbaren. Ein kambodschanisches Gericht traue ich mir wegen des Durchfalls nicht zu. Ich bleibe bei den leichtverdaulichen Spaghetti Bolognese, Angela wagt sich an ein Gemüsegericht mit Reis heran, das ihr hoffentlich bekommt. Und es hat ihr gemundet.

Als wir gemütlich auf der Suche nach einer Eisdiele die Straße am Tonle Sap entlang flanieren, nähern wir uns einem Highlight unserer Reise, denn urplötzlich höre ich meinen Namen aus einem Stimmengewirr heraus.

„Hey, Klaus", ruft eine mir bekannte Stimme.

Wer ist das? Kambodschaner mit dem Namen Klaus wird's nicht viele geben, vermute ich. Demnach muss die Stimme mich meinen.

„Hey, Klaus", ruft die Stimme abermals.

Ich drehe mich um. Und wer sitzt im Bereich des Eingangs zu einem Restaurant?

Ja natürlich, es ist Richard, der Exfreund der Schwester meiner Frau aus Berlin. Mindestens zwanzig Mal haben wir zusammen das Weihnachtsfest im Kreis der Familie meiner Frau in Meppen gefeiert.

„Hey, Richard", jubele auch ich. „Was machst du denn hier?

„Kommt her. Lasst euch drücken", sagt Richard.

Mein Gott, wie klein die Welt geworden ist. Das Zufallstreffen kommt einer Sensation gleich. Wer rechnet damit, einen Freund wie Richard ausgerechnet in Phnom Penh wieder zu treffen?

Als wir uns zu ihm an den Tisch setzen, merke ich ihm seine Unsicherheit an. Er weiß nicht, wie er sich Angela gegenüber verhalten soll, denn für sie ist der Grund seiner Trennung von der Schwester noch ungeklärt. Er hat mit Angelas Schwester eine gemeinsame Tochter, aber wie er mit Lara umgeht, darüber weiß Angela nichts.

Aber das Trennungsgedöns ist Schnee von gestern, denn beim Gesprächsmarathon stellt sich heraus: Der gute Richard ist schwer erkrankt, was man an dem an seinem Hals prangenden Geschwulst sieht. Es ist eine faustdicke Beule. Morgen früh beabsichtigt er weiterzufliegen, denn er befindet sich in Phnom Penh nur auf der Durchreise zu einem Krankenhaus in Bangkok, welches das Beste in Ostasien sein soll.

Oh, oh, es steht schlimm um ihn. Seine Beule gefällt uns ganz und gar nicht, und was er über die berichtet, das hört sich gefährlich an. Nebenbei beichtet er uns seine Lebensgeschichte. Demnach war der Trennungsgrund eine thailändische Frau, was uns nicht sonderlich überrascht. Doch die neue Frau in seinem Leben und deren Familie hat den Tölpel über den Tisch gezogen, wie man's oftmals über Beziehungen zu Thaifrauen hört. Durch sie hat er eine Menge an Ersparnissen eingebüßt, was ihn total frustriert, und seit einem Jahr lebt er an Kambodschas Südküste.

„Der Kontakt zu meiner Tochter ist okay", erklärt er uns, obwohl wir ihn nicht danach gefragt hatten. „Ich sehe Lara zwei, dreimal im Jahr, aber von den Frauen habe ich die Schnauze voll."

Das ist irgendwie verständlich, oder nicht?

Früher hatte er gern einen über den Durst getrunken, dabei hatten wir viel gelacht. Er war ein lebenslustiger, aber auch leichtsinniger Mensch. Seine ungesunde Lebensweise war nicht zu übersehen, und die Frage nach der Verantwortung für seinen Körper hatte er milde weggelächelt. Er war ein Bruder Leichtfuß, und das ist er anscheinend geblieben. O je, Richard, mit dir nimmt es ein bitterböses Ende.

Nachdem wir zwei Radler getrunken haben, tauschen wir die Mail-Adressen aus, dann verabschieden wir uns mit endlosen Umarmungen von dem schwer angeschlagen Richard. Er hat bereits sieben große Gläser Bier und mehrere Schnäpse intus, als er den nächsten Schnaps bestellt. Es ist elf Uhr dreißig, und mein Bedarf an Alkohol ist gedeckt, denn es ist Zeit fürs Bett.

Die Nacht war unruhig, denn ich verspüre ein Kratzen im Hals. Durch die Klimaanlage im Bus habe ich mir eine Erkältung eingefangen. Und besser geht's mir auch nicht nach dem kargen Frühstück. In Kambodscha ist es zeitbedingt brüllend heiß, da die Sonne zuverlässig auf den Beton und Asphalt knallt. Wir steigen in das vor dem Hotel wartende Motorradtaxi mit dem treuen Fahrer, der uns zum Hotel gefahren hatte, und lassen uns von ihm zum Toul-Sleng Museum bringen.

Nach der Eroberung durch die Roten Khmer hatte der geistesgestörte Pol Pot die Klassenzimmer der einstigen Toul-Svay Schule umgehend von seinem Sicherheitsdienst in Folterkammern umwandeln lassen. wurden täglich hundert Menschen umgebracht. Wie die Nazis hielten auch die Roten Khmer ihre Gräueltaten minutiös fest. Jeder Insasse wurde fotografisch registriert. Als Phnom Penh durch die Armee Vietnams befreit wurde, das war am Anfang des Jahres 1979, da hatten die Quälereien nur eine Hand voll Häftlinge Er nannte seine Tötungsanlage Security Prison 21. Zeitweise überlebt. Es waren die besonderen Fähigkeiten wie das Malen oder Fotografieren, die ihnen den sicheren Tod erspart hatten. Heute sind auf langen Fluren die bewegenden Fotos der Opfer ausgestellt, deren Gesichter die verheerende Vergangenheit widerspiegeln. Wie war es nur möglich, dass Menschen an anderen Menschen diese Schweinereien begehen konnten?

Ich beobachte eine Gruppe Asiaten beim Anblick der Gräuelbilder. Und die lachen dabei. Das kann nicht wahr sein, denke ich. Träume ich? Mein Gott, was sind die Asiaten abgebrüht.

Zu dem Thema eine Anmerkung: Wir haben auf der Reise durch Ostasien alle erdenklichen Schrecken der Kriege in uns aufgenommen. Zuerst durch das Foltermuseum der Franzosen in Hanoi, danach im Kriegsreste-Museum in Saigon und jetzt durch das Toul-Sleng Museum in Phnom Penh. Das reicht allemal. Unser Bedarf an Scheußlichkeiten ist gedeckt. Killing Fields, vierzehn Kilometer vor den Toren der Hauptstadt, wo der Großteil der Insassen hingerichtet wurde, müssen wir uns nicht antun. Unsere Entdeckungsreise durch Kambodscha gilt der Schönheit des Landes, außerdem die Lebensweise der Menschen in uns aufzunehmen.

Wir schütteln die Abartigkeiten ab und machen uns zu Fuß auf den Weg in die Innenstadt, dabei kommen wir am großen Unabhängigkeitsdenkmal vorbei, das von einem Kreisverkehr um das Monument herum eingerahmt wird. Es wirkt eindrucksvoll, aber auch steril. Zum Thema Unabhängigkeit hätte ich mir eine wachrüttelnde Ausstrahlung gewünscht. Danach lassen wir uns in dem Lokal nieder, in dem wir Richard verabschiedet hatten, denn wir sind groggy. Das Herumlatschen bei der Hitze hat die Wirkung eines Langstreckenlaufs. In dem Zusammenhang denke ich an Richard. Ist er im Krankenhaus in Bangkok angekommen? Wie beeinträchtigt die Beule sein weiteres Leben? Ist das Geschwulst gutartig oder bösartig? Wird er in Thailand überhaupt gebührend behandelt?

Wir werden den Kontakt zu ihm pflegen. Die gemeinsamen Weihnachtstage verbinden, ob's der Schwester meiner Frau gefällt, oder nicht.

Nach dem Besichtigen ins Hotel zurückgekehrt, besetzen wir den Hotelcomputer und buchen ein Zimmer in Siem Reap, dabei entscheiden wir uns für den Lonely Planet Tipp. Jetzt macht mir meine handfeste Erkältung richtig zu schaffen. Bereits in der Nacht hatten mich die Halsschmerzen gequält, und nun läuft die Nase. In dem Zustand schmeckt mir das Abendessen nicht und ich schlafe noch schlechter, als in der vorherigen Nacht.

Nach dem Frühstück, über das ich mich ärgere, müssen wir den vor dem Hotel wartenden Fahrer mit seiner Motorradriksha abwimmeln. So leid er uns tut, denn er ist wahnsinnig nett, aber er ist für die kurze Wegstrecke zum Königspalast unnötig. Und ob Sie's jetzt glauben oder nicht, der wusste sogar noch den Namen meiner Frau.

Das Besichtigen des Königspalastes mit Umfeld hätte ich mir schenken sollen. Der Besuch ist für mich eine Qual, denn ich gehöre mit den Auswirkungen der Erkältung ins Bett. Aber ich erfülle das Pflichtprogramm und schleppe mich durch die Ansammlung an Tempelbauten mit all dem Pomp, nebenher schaue ich mir das Modell des Tempels Angkor Wat mit großem Interesse an.

Als wir nach dem ausgiebigen Rundgang am Palastmuseum ankommen, streikt meine Wahrnehmung. Ich bin erschöpft. Außerdem ist darin das Fotografieren verboten, was nicht nachvollziehbar ist. Weshalb macht man das? Ein paar Fotos machen nichts kaputt. Meine Frau geht allein hinein, während ich mich zu einer Trinkpause auf einer Bank niederlasse.

Auf dem Nachhauseweg ins Hotel, erzählt sie mir alles Wissenswerte über die Museumseinrichtung, doch ich kann ihrem sprudelnden Wortschwall kaum folgen, so hundsmiserabel geht es mir. Und zurück im Zimmer, lege ich mich sofort aufs Bett und schlafe tatsächlich ein.

Erst am Abend rappele ich mich auf. Da gehe mit Angela zur Promenade am Tonle Sap Fluss. Wir bummeln durch das Straßenstück, das den Mittelpunkt des allabendlichen Trubels und Treibens darstellt. Hier treffen sich Jung und Alt, aber auch die Armen. Eine Bettlerin wäscht gerade ihr nacktes Kleinkind mit dem Wasser aus einer Plastikflasche. Als ich beabsichtige, den Waschgang im Bild festzuhalten, will ein junger Mann Geld von mir. Ich drücke ihm ein paar Riel in die Hand, daraufhin zischt er ab.

Mich noch über den Vorfall wundernd, kommen wir zum Nachtmarkt, auf dem ich ein T-Shirt für mich erhandele. Es ist das siebte Erinnerungsstück, und es kostet zwei Dollar. Für meine Frau springt eine Hose für acht Dollar heraus. Mein T-Shirt ist grau und es schmückt ein dezentes Elefantenmotiv. Ich werde es in Siem Reap in einer ähnlichen Preislage an vielen Verkaufsbuden der Nachtmärkte wiedersehen.

Etwas Wichtiges hätten wir beim Bummeln fast vergessen, nämlich die Bustickets für die Weiterreise nach Siem

Reap am nächsten Tag zu kaufen. In der Nähe des Nacht-marktes ist die Haltestelle für Überlandbusse, an der holen wir es schleunigst nach und kaufen an einem Schalter unsere zwei Tickets, was problemlos klappt. Touristisch ist keine Hochsaison, so hat das Busunternehmen Kapazitäten frei. Wir bekommen zwei Sitze hinter dem Fahrer, wo uns die Klimaanlage nicht ins Gesicht bläst, und die uns eine gute Sicht auf die Umgebung garantieren. Nur sechsunddreißig Dollar kosten die Tickets für die Buspassage, was angemessen erscheint.

Wundern Sie sich über das Bezahlen in der Dollar-Währung? Das brauchen Sie nicht, denn der Dollar ist das am häufigsten benutzte Zahlungsmittel in Kambodscha. Die Riel benutzen wir bei kleineren Einkäufen oder für Spenden an die Bettler, die sich in großer Zahl in Phnom Penh niedergelassen haben.

Und nun zu mir. Mir geht es durch den Spaziergang besser. Langsam kehren meine Lebensgeister zurück. Mich stört nicht mehr der Nebeneffekt, dass es heiß ist und eine hohe Luftfeuchtigkeit herrscht. So spricht nichts dagegen, meinen Wagemut herauszufordern. Und ich beweise Mut. In dem ich bei einem Inder ein sauscharfes Curry-Gericht bestelle, diesmal mit rotem Curry. Und das ist richtig, denn es bekommt mir ausgesprochen gut.

*

Der Abreisetag aus Phnom Penh fällt auf den 9. Februar. An dem Tag ärgere ich mich ein letztes Mal über das Frühstück, denn das ist eine Frechheit. Ich will Sie nicht mit Frühstücksquerelen und Unzulänglichkeiten beim Verlassen der Unterkunft langweilen, aber das Personal verdient eine Erwähnung. Der Kellner ist ein Stinkstiefel, doch das kann ich verschmerzen, nur warum er uns das

Frühstück verweigert, welches er uns an den Tagen zuvor widerspruchslos serviert hatte, nämlich zwei stinknormale Eier, vier Scheiben Toast und dazu Marmelade, das bleibt sein Geheimnis. Es stünde so nicht auf der Speisekarte, schnauzt er in schlechtem Englisch, stattdessen bringt er uns zwei Scheiben Toast.

So gut, so schlecht. Und auch das Checkout mit der Schlüsselabgabe bringt Wirrwarr. Zuerst bestätigt man uns, dass wir die Hotelrechnung mit der Kreditkarte beglichen hätten, was korrekt ist, doch dann die Retourkutsche, angeblich hätten wir nicht bezahlt.

„Nein, liebe Leute. So geht das nicht", schimpfe ich in Deutsch, was natürlich niemand versteht. Ich will mich nicht beruhigen, denn ich bin höllisch geladen. Und mein Zustand verschlimmert sich, als wir warten müssen, bis das Zimmer einer Kontrolle unterzogen wurde.

Um nicht zu explodieren, lasse ich meine Frau allein an der Rezeption zurück und gehe hinaus zum Motorradtaxi. Ich lade die Koffer ein und setze mich hinein. Von dem unfähigen Personal lasse ich mir den quicklebendigen Aufenthalt in Phnom Penh nicht vermiesen, lieber lenke ich meine Gedanken zu unserem Freund Richard. Ob seine Behandlung im Krankenhaus Früchte getragen hat? Wird er kerngesund und kann aus Bangkok an die kambodschanische Küste zurückkehren? Diese Fragen werden wir ihm mit einer Mail in der Hoffnung auf seine Antwort stellen.

Meine Frau kommt kräftig den Kopf schüttelnd aus dem Hotel, aber auf das Ärgernis will sie nicht mehr eingehen. Letztendlich erreichen wir rechtzeitig den Bus, der mit Verspätung abfährt. Und der kommt, wegen der schlechten Straßenzustände, nur schleppend voran, denn erneut besteht die Verbindungsstraße nach Siem Reap aus einer unendlichen Baustelle. Daran sieht man, wie weit Kambodscha hinter dem internationalen Standard hinterherhinkt. Für mich steht es auf einer Stufe mit den afrikanischen Ländern. Gleichwohl ist die Busfahrt aufschlussreich, denn zum zweiten Mal sammeln wir unverfälschte Eindrücke über die landschaftliche Beschaffenheit und die Lebensumstände der Bevölkerung.

An einer Raststätte bietet man uns das übliche Fastfood Zeug an, aber keine gegrillten Vögelchen, wie auf der Fähre. Stattdessen ernähren wir uns von abgepackten Kuchenteilchen, die zur Reiseverpflegung gehören, neben genügend Wasser. Der Service im Bus ist perfekt. So sind wir nicht hungrig, als wir nach acht Stunden Fahrt in Siem Reap aussteigen. Da ist es fünf Uhr nachmittags.

Ohne lange zu überlegen, krallen wir uns ein Motorradtaxi, mit dem wir die Kurzstrecke zum gebuchten Hotel zurücklegen. Ich bezahle, statt der geforderten drei Dollar, nur zwei, was der Fahrer akzeptiert. Und abermals ein herzliches Willkommen, diesmal in Siem-Reap.

Und was schreibt der Reiseführer über die Stadt? Sie hat das wohl furioseste Comeback Ostasiens hingelegt und sich als Epizentrum des modernen Kambodschas neu entdeckt. Mittlerweile beherbergt Siem-Reap erstklassige Bars und Restaurants, sowie viel mehr Pensionen und Hotels, als es Tempel in der Stadt gibt. Tief in seinem Herzen ist Siem Reap ein charmanter Ort, dessen Stadtbild von urwüchsigen französischen Geschäftshäusern und Alleebäumen dominiert wird. Es sind die attraktiven Überbleibsel der Vergangenheit, während internationale Hotels die glamouröse Zukunft repräsentieren.

Nun gut, ob das vorteilhaft Angepriesene alles stimmt, das werden wir erkunden. Warten wir's ab. Auf den ersten Blick ist unser Hotel, wie so oft im Lonely-Planet-

Reiseführer, wenig glamourös. Der gesamte Einrichtungskram wirkt improvisiert, dazu ungemütlich. Auch das Zimmer weist Mängel auf. Um die zu korrigieren, verschieben wir den Hängeschrank und ich beseitige das Quietschen der Tür zum Bad, indem ich die Scharniere mit der Handcreme meiner Frau schmiere. Merken Sie sich den Trick und beherzigen sie ihn. Danach besichtigen wir den ausreichend großen Pool und checken den Fahrradverleih. Die Liegen sind okay, dagegen ist die Wahl der Räder Glückssache, doch da wir keine E-bikes erwartet haben, stellt uns das Angebot zufrieden.

Attraktiv ist der von schattenspendenden Palmen und anderen Gewächsen eingerahmte Frühstücksbereich, den man geschmackvoll hergerichtet hat, und der mit seinem kostspieligen Bewuchs einmalig ist, schließlich sind wir nicht auf einer Ferieninsel wie Ibiza oder Mallorca.

„My Home Tropical Garden Villa", nennt sich die Oase des schönen Geschmacks. Darüber steht folgendes im Reiseführer: Die empfehlenswerte Bleibe bietet Hotelstandart zu Pensionspreisen. Zur Ausstattung gehören Seidenvorhänge, geschmackvolle Möbel und ein Leseraum. Nun ja, mit Abstrichen kann ich der Umschreibung zustimmen, also buchen wir das Zimmer für fünf Nächte. Eine eventuelle Verlängerung schließen wir nicht aus.

Schnell haben wir unsere Koffer entleert und uns eingerichtet, danach wandern wir zum Abendessen ins Zentrum. Das sind zu Fuß sieben Minuten. Wir setzen uns in eine Pizzeria mit dem Namen „Little Italy", das Lokal gibt es übrigens auch in Aachen, in dem bestelle ich das magenfreundliche Spaghetti-Bolognese Gericht, und für meine Frau eine Pizza Diavolo. Beides schmeckt tatsächlich wie beim Italiener. Danach bummeln wir durch die Vergnügungsmeile und spenden einer seltsam anmutenden Musikgruppe einige Riel. Einem der Musiker fehlen die Arme, einem anderen die Beine, irgendein körperliches Gebrechen durch den Frevel der Anwendung von Landminen haben sie alle, nichtsdestotrotz ist es erstaunlich, wie sie ihre volkstümlichen Stücke mit erstaunlicher Musikalität feilbieten. Die Geschädigten berühren unser Herz.

Deren Musik haben wir bei der Suche nach ansehnlichen Ansichtskarten noch im Ohr, doch die sind nicht zu finden. Aber okay, das Schreiben hat Zeit. Außerdem haben wir für einen Anreisetag eine Menge gesehen und erlebt, mehr schafft man nicht in den wenigen Stunden, so gönnen wir uns vor einem pulsierenden Lokal unser Gutenachtgetränk. Ich bestelle mir ein Glas Radler, und meine Frau lässt sich einen Cocktail servieren. Das war's dann für den Abend.

Vor dem Schlafengehen gratulieren wir der Freundin meines Sohnes telefonisch zum Geburtstag, den sie in unserer Wohnung feiert. Zurück kommt eine WhatsApp mit dem Foto von der Feier. Und was stellen wir fest? Unsere Wohnung ist toll. Wir haben unser Reich lange nicht gesehen, deshalb bewundern wir sein Ambiente, als würde es sich um ein Werbeprospekt handeln. Außerdem sind wir erleichtert, weil die Kinder nicht die Sau rauslassen. Unsere Räumlichkeit sieht nur unwesentlich verwüstet aus. Und damit ist wirklich Schluss. Wir haben eine beschwerliche Anfahrt und das erste Beschnuppern der Stadt in den Knochen, was Aufregung pur bedeutet hatte. Wie ein Stein im Tempel, so leblos fallen wir ins Bett.

Die Nacht war okay, trotz des Kikerikis der Hähne und dem Hundegebell. Nicht so berauschend finden wir das Frühstück. Es ist ähnlich spartanisch wie das in Phnom Penh und hinterlässt ein Loch im Bauch. Beunruhigend ist die Nachricht meines Sohnes, dass unsere Heizung tropft. Wir geben das sofort an die über uns wohnende Freundin mit dem Auftrag weiter, dem Heizungsmonteur Bescheid zu geben, damit er den Schaden behebt. Hinterher gehen wir von der zufriedenstellenden Beseitigung des Fehlers aus.

Und abermals geht es mir durch die Busfahrt schlecht. Zum Unbehagen hat sich der Husten gesellt, was bei den Hitzegraden ungewöhnlich erscheint. Doch die Reiseapotheke zu beanspruchen kommt nicht in Frage. Nicht bei solch einer Lappalie. Zur Schonung legen wir uns auf die Liegen am Pool, dabei lesen wir und schwimmen auch ein paar Runden.

Dann ist es der Hunger, der uns in die Stadt treibt. Wir finden und kaufen in einem Supermarkt diverse Kuchenstücke. Die sind zwar ungesund, aber sie sättigen, und krank fühle ich mich eh. Wir essen das süße Zeug auf einer mit bequemen Bänken ausgestatteten Brücke über den Fluss. Die ist überdacht, wodurch es schattig ist, denn momentan ist es ekelhaft heiß. Zu heiß für einen Mann in meinem Alter. Danach besuchen wir einen der Märkte. Auf dem ersteigere ich für meine Liebste eine North-Face-Umhängetasche, dabei handele ich wieder nach dem Motto, zahle nur die Hälfte von dem, was die Händler verlangen. Im Endeffekt kommt ein Preis von fünf Dollar heraus.

Und den Markt verlassen, ist es für das Abendessen zu früh. Wir gehen ins Hotelzimmer und lesen auf dem Bett im Kobo. Als ich aufstehe und mich im Spiegel betrachte, finde ich, dass mir die gebräunte Gesichtsfarbe gut steht. Meinen Infarkt sieht man mir nicht an. Das bestätigt mir meine Frau, die mich lobt: „Für einen Sechsundsechzigjährigen siehst du wie das blühende Leben aus.“

Es ist spät geworden. Wir gehen ins Zentrum und schauen beim Italiener vorbei, doch bei dem sind alle Plätze besetzt. Uns bleibt nichts anderes übrig, als eine Runde durch die Partymeile zu drehen. Für die Khmer Küche bin ich nicht bereit, obwohl die Essensangebote gut aussehen, so landen wir nach dem Rundgang abermals beim Italiener, denn bei dem ist inzwischen ein Tisch frei geworden. Diesmal esse ich eine Pizza Diavolo, und Angela Penne in Tomatensoße. Beides hat gut geschmeckt.

Als wir danach weiterbummeln, finden wir sogar einen Laden mit Ansichtskarten, bei dem ich zuschlage, nebenbei kaufe ich mir ein Schreibheft für meine Tagebucheintragungen. Dann setze ich mich in die Partyzone, von wo Angela loszieht, um Briefmarken zu besorgen.

Während ihrer Abwesenheit unterhalte ich mich mit einem in den USA lebenden Deutschen über dies und jenes. Er durchreist Kambodscha mit einer Reisegesellschaft im Schnelldurchgang. Wirklich Erquickliches kommt während des Gesprächs aber nicht ans Tageslicht. Als Angela zurück ist und sich neben mich setzt, steht er auf und geht. Was hat er gegen meine Frau?

Also trinken wir unsere allzeit beliebten Gläser Radler ohne ihn, danach gehen wir heim, wo ich vor dem Zubettgehen Ansichtskarten schreibe und mein Tagebuch vervollständige.

Der 11. Februar ist der erste große Angkor Wat Besichtigungstag. Vor dem Hotel warten mehre Motorradtaxis. Wir schnappen uns einen sympathischen Fahrer und eröffnen den Angriff auf die Tempellandschaft.

Es geht mir deutlich besser, obwohl das Kleinkind der französischen Nachbarn in der Nacht fürchterliche Randale gemacht hatte. Ich kann mich nicht daran erinnern, wie ich eingeschlafen bin und ob ich durchgeschlafen habe, aber in meinem Alter und seit ich nicht mehr arbeite, komme ich mit wenig Schlaf aus.

Mit dem Fahrer des Motorradtaxis vereinbaren wir fünfzehn Dollar für den Tagesausflug. Damit steht er uns den kompletten Tag zur Verfügung. Solch ein Luxus ist nur in Kambodscha möglich. Er hält an einer Zahlstelle, an der wir den Angkor-Pass für insgesamt vierzig Dollar erwerben. Damit haben wir drei weitere Tage freien Eintritt zu allen Sehenswürdigkeiten auf dem weiträumigen Gelände. Und wo führt uns der Motorradkutscher hin?

Natürlich zum beliebtesten Touristenanziehungspunkt Kambodschas, und das ist die Tempelanlage Angkor Wat. Das Weltwunder taucht in der flachen Landschaft auf, wie eine Erscheinung. Bei dessen Anblick laufen mir ehrfürchtige Schauer über den Rücken, so gebannt sind wir von dem Monument. Man nennt es Gänsehaut-Feeling, das mich durch die atemberaubende Architektur des Bauwerks übermannt. Das ist solch ein Tag, der einer Reise die Krone aufsetzt.

Während sich der Fahrer zurückzieht und unter schattenspendenden Bäumen auf uns wartet, gehen wir über ein kunstvoll gestaltetes Brückenbauwerk auf das Tempelgelände. Diese Brücke ist einhundertneunzig Meter lang, genauso wie der Wassergraben breit ist, den die Khmer-Herrscher zum Schutz des Tempels gegen Angreifer bauen ließen. Dann stehen wir mit vielen anderen Touristen vor einem berauschenden Monument. Wir bewundern das mit einer großen Zahl an Opfern aus dem Boden gestampfte Prachtbauwerk mit den drei herausragenden Türmen und den in den Stein gemeißelten Reliefs. Den Begriff achtes Weltwunder hat sich der Paradetempel redlich verdient.

Ich zitiere den Reiseführer: Die Tempel von Angkor sind die ultimative Verbindung aus kreativem Ehrgeiz und spiritueller Hingabe, und für die Khmer eine Quelle der Inspiration, bzw. des tiefen Stolzes. Kein Besucher entgeht der außergewöhnlichen Schönheit und Ehrfurcht einflößender Pracht. Der Anblick von Angkor Wat ist nur mit so erlesenen Stätten wie Macchu Picchu oder Petra vergleichbar. Damit gehören die Tempel zu den weltweit eindrucksvollsten Stätten des Altertums.

Dem kann ich zustimmen, denn wir sind hingerissen von der gewaltigen Baukunst und der schönen Bilderkette, die als perfekte Bildhauerarbeiten aus den Flächen rund um das Gebäude herausgemeißelt wurden. Unbeschreibliche Wandreliefs spiegeln das Drama um die Geschichte des Tempels in all seiner Schönheit wider. Meine Frau verliebt sich unsterblich in die feingliedrige und kunstvolle Handwerkskunst einer bewegenden und lebendig wirkenden Vergangenheit.

Auf eigenen Wunsch lassen wir uns vor dem Eingangsportal von einem Touristen mit unserem Handy knipsen. Die Stange für ein Selfie besitzen nur die zahlreich vertretenen Chinesen. Aber auch wir halten die Palette an Einzigartigkeit der Baukunst mit der Digitalkamera im Bild fest. Wir durchstreifen die dunklen Gänge und schauen in jede Nische, dabei bleiben wir unermüdlich. Jede abgelegene Ecke des Tempels bietet unbeschreibliche und erlesene Kostbarkeiten. Danach stärken wir uns mit einer Kokosnuss, die außerhalb des Tempels angeboten wird.

Als wir zum wartenden Motorradtaxi zurückgekehrt sind, fährt uns der Fahrer in die gegen den Verfall ankämpfende Festung Angkor Thom. Aus der ragt der hypnotische Haupttempel Bayon heraus. Dem legendären König Jayavarman dem VII ist es mit der Tempelanlage gelungen, sein kreatives Genie, aber auch sein aufgeblasenes Ego in den Mittelpunkt zu rücken, denn die vierundfünfzig Türme schmücken über zweihundert kalt lächelnde Gesichter, die eine erstaunliche, aber gewollte

Ähnlichkeit mit dem Erbauer aufweisen. Aus allen Blickwinkeln schaut das Konterfei des Herrschers auf den Betrachter herab. Die Gesichter strahlen Macht und Kontrolle aus, gepaart mit einer Portion Menschlichkeit.

Diese Mischung aus Mensch und Macht war nötig, um über das riesige Reich zu herrschen. Sie manifestierte, dass sich die verschieden gearteten und weit über das Land verstreuten Untertanen dem Willen des edelmütigen Monarchen beugten. An der viele Meter langen und pompösen Prachtstraße zum Bayon stehen die unterschiedlichsten Figuren aus dem Alltag im Kambodscha des 12. Jahrhunderts. Das bombastische Szenario unterstreicht die Wirkung der abertausend außergewöhnlichen Flachreliefs, die an Ausstrahlung denen Angkor Wats in nichts nachstehen. Herz, was willst du mehr.

Mit dem Besuch des Tempels erleben wir einen weiteren, vielleicht den imponierendsten Höhepunkt der Reise, dessen phänomenale Größe und Gestaltung uns verhext. Wir treiben uns stundenlang in den Oasen der Glücksseligkeit herum, inspiriert vom Zauber, der die Altertümer umgibt. Normalerweise bin ich kein Tempelfreak, aber hier in Angkor vollzieht sich in mir ein Umdenken. Ich bin geradezu vernarrt in jedes kleine, unbedeutende Tor, das uns zu einer der unzähligen Attraktionen führt.

Diese Ergriffenheit spürt unser Fahrer, als wir an seinem fahrbaren Untersatz eintreffen. Der lächelt wohlwollend, dann fährt er mit uns zu einem Getränkestand, an dem wir unseren Durst löschen. Danach bringt er uns, obwohl die Sonne vom Himmel brennt, zur Terrasse der Elefanten, um dort abermals abzutauchen.

So spazieren wir eine Stunde über eine massive Steinbühne, die einer Terrasse ähnelt, an den in den Stein gemeißelten, strammstehenden Elefanten vorbei. Diese

Bühnenanlage hatte seine angsteinflößende Pracht bei öffentlich veranstalteten Zeremonien des Herrschers und bildete das Fundament für seine prächtige Audienzhalle. Steht man auf der Terrasse, dann kann man sich in die Verschwendungssucht des Khmer-Reiches auf dem Höhepunkt hineinversetzen. Der König beherrschte mit einer mächtigen Infanterie und Kavallerie entfaltet, wodurch er mit den Königen der Tiere, den majestätischen Elefanten, seine ihm treu ergebenen Untertanen nach Belieben zwingen konnte, ihn zu huldigen. Bei den farbenprächtigen Umzügen vor der jubelnden Menschenmasse marschierten die Elefanten in der vordersten Linie über den zentralen Platz.

Irgendwann erleide ich einem Hitzschlag, befürchte ich, denn ich bin müde vor Erschöpfung und schwitze nicht mal mehr. Die aufopferungsvolle Besichtigungsorgie hat die letzten Tropfen Schweiß aus mir herausgepresst. Glücklicherweise eilt uns der Fahrer entgegen und bringt uns mit einem Zwischenstopp an einem Supermarkt in unser Hotel zurück. Wir bezahlen die vereinbarten fünfzehn Dollar und legen noch einen Dollar als Belohnung drauf, womit er zufrieden ist, und wir natürlich auch. Danach bin ich noch lange euphorisiert von dem Ausflug uns springe nach einem Stück Kuchen und einer Cola ins kalte Nass des Pools. Es waren Besichtigungen der Superlative gewesen, die man nie vergisst.

Da uns der Aufenthalt in Siem Reap und besonders in Angkor wahnsinnig gut gefällt, verlängere ich die Zimmerbelegung an der Rezeption um weitere acht Tage. Und als wir auf dem Marsch in die Stadt an einem Reisebüro vorbeikommen, buchen wir die Flüge über Bangkok nach Phuket, denn das Treffen in Khao Lak mit Heidrun ist das erklärte Reiseziel. Doch beim Preis für die Flüge zieht es mir die Latschen aus, denn die sind richtig teuer.

Ich löhne fünfhundertdreißig Dollar für uns zwei und das ist wahrlich kein Pappenstiel. Der respektable Flugpreis erklärt sich durch die Flugstrecke von Siem-Reap nach Bangkok, denn die ist die meistbenutzte Touristenroute in der Region. So ist es unvermeidbar, dass unser Reisebudget schrumpft. Ein Klacks dagegen sind die vierzehn Dollar für die Portionen Lasagne inklusive Getränke beim Italiener. Auch die Gutenachtgetränke, bestehend aus den Gläsern Radler, die wir uns in der Pub-Street gönnen, sind papperlapapp.

Am darauffolgenden Morgen versuchen wir am Hotelcomputer eine Bleibe in Khao Lak zu finden, doch das ist nicht einfach. Ein Häuschen im Green-Beach Ressort, in dem Heidrun mit ihrem Begleiter absteigt, ist nicht zu bekommen. Die Anlage ist ausgebucht. Weiter anzufragen wäre aussichtslos, steht in der Homepage. Die eventuelle Alternative, das Banana-Resort, scheidet wegen seiner schlechten Lage aus, obwohl es preiswert wäre. Nun gut, da ist das letzte Wort noch nicht gesprochen. Noch ist der Flug nach Thailand Zukunftsmusik, daher schnappen wir uns die Fahrräder und fahren nach Angkor.

Und dort angekommen, führt uns eine asphaltierte Straße nach Sra Srang, zum königlichen Badesee. Majestätisch liegt das überdimensionierte Planschbecken des Herrschers vor uns, das damals der Inbegriff eines Swimmingpools war, wahrscheinlich der erste auf dem asiatischen Kontinent. Welche Mühen müssen erforderlich gewesen sein, um dieses Becken auszuheben und mit der ausreichenden Menge Wasser zu füllen?

Mir als Ingenieur machen derartige Gedankenspiele viel Spaß. Wunderbar ist auch das ziellos mit den leicht gängigen Rädern durch das tolle Areal zu düsen. Bei dem kommt man aus dem Staunen nicht heraus. Gut ist auch, dass wir nicht an ein Motorradtaxi gebunden sind, und gesund ist das Radfahren allemal. Während einer Kokosnussrast bekommen wir Kontakt zu bettelnden Kindern, mit denen wir unsere mitgeführten Waffeln teilen. Dabei bin ich angetan von einem netten, ursprünglichen Mädel, das ich knipse. In ihren Augen entdecke ich das unverdorbene und wahrhaftige Kambodscha. Auch die Kühe, die im Müll herumwühlen, halte ich im Bild fest. Sie bilden einen natürlichen Kontrast zu der phänomenalen Tempellandschaft.

Nach der Rast fahren wir durch einen gewaltigen Korridor nach Preah Khan. Das ist ein endloser Spiegelpalast, der den Göttern Buddha, Brahma, Shiva und Vishnu geweiht ist. Doch danach naht der Höhepunkt unseres Ausflugs, denn wir erreichen Ta Prohm. Der Spitznamen Tomb Raider Tempel aus Indiana Jones, passt zu dieser Tempelanlage. Überall wuchert die Natur, bestehend aus uralten Bäumen mit ihrem Wurzelwerk, über die dem Verfall preisgegeben Mauern. Viele der Steinmonumente und ehemalige Wachtürme sind von körperdicken Baumwurzeln umklammert. Mehrere Szenen aus dem Film mit Angelina Jolie wurden rund um den Tempel aufgenommen. Sie spielt die Rolle der Lara Croft. Ich habe den Film nicht gesehen, weil ich auf derartige Filme nicht sonderlich stehe, aber das bereue ich jetzt, denn die Tempelaufnahmen sind sicher grandios.

Doch da ich selbst anwesend bin, fotografiere ich mich dumm und dämlich. Tausende Details, eins imposanter als das andere, verleiten uns zu einem langen Verweilen. Aber mit und mit wird es spät. Bei Einbruch der Dunkelheit wollen wir zurück in Siem Reap sein. Also nehmen wir uns vor, die Anlagen Ta Prohm und die Tempel von Angkor Thom ein zweites Mal aufzusuchen, so gut haben uns die Schatzkisten der Tempellandschaft gefallen. Wir werden uns niemals satt sehen an den gigantischen Stätten der größten religiösen Bauwerke der Welt. Und dafür nehmen wir uns Zeit, denn wenn ich eins gelernt habe auf der Reise, dann ist es sich nicht abzuhetzen. Alles Gute braucht Muße.

Fünfzehn Kilometer beträgt der Heimweg, bei dem wir am Postgebäude vorbeikommen, wo ich die Ansichtskarten an die Freunde in den Briefkasten werfe, mit denen ich nicht in Kontakt stehe. Später werden wir tolle Ausflugsbilder per WhatsApp an die Kinder versenden. Die sollen an unserer Freude durch die Sehenswürdigkeiten teilhaben.

Das Abendessen wird zünftig, denn wir speisen in dem vom Lonely Planet Reiseführer empfohlenen Khmer-Restaurant. Und das ist gut, denn die Küche ist hervorragend. Das bestätigen uns zwei Backpacker, die uns an ihren Tisch gelotst haben. Und deren Beurteilung stimmt mit der unsrigen überein. Mein Gericht mit Ingwer ist dazu preiswert, denn es kostet nur zwei Dollar fünfzig, worüber ich nicht die Nase rümpfe, sondern mich für unsere Reisekasse freue.

Und mit dem Besuch einer Folklore-Tanzvorführung, bei der Angela die farbenfrohen Kostüme imponieren, schließen wir den Abend ab. Dazu gehören auch zwei Cocktails. Es ist mittlerweile elf Uhr. Die Rockkneipe heben wir uns für den nächsten Abend auf.

Ein fauler Tag hilft dabei, die Gedanken zu ordnen und weitere Abläufe zu sortieren. Am Hotelcomputer buchen wir für Khao Lak einen nahe am Strand gelegenen Bungalow in einem ansprechenden Resort. Per Mail teilen wir Heidrun den Namen Cousin Resort als Adresse und Treffpunkt mit, damit ist das Wiedersehen geregelt. Dem Banana Resort erteilen wir eine Absage, da es zu weit weg vom Strandleben liegt.

An dem wie gesagt faulen Tag wird der Pool unser Tagesdomizil. Auf einer bequemen Liege lese ich in einem Buch, das meine Frau in einem Regal mit abgelegten Büchern aufgestöbert hatte. Es handelt von der Weltreise einer Familie mit zwei Kindern aus Leverkusen auf einer für uns interessanten Route. Die führt sie über Indien, Thailand, Laos, Kambodscha, Australien, Neuseeland, die Fidschi Inseln, Los Angeles, Panama und Florida. Von dort fliegen sie zurück nach Düsseldorf. Ein Jahr dauert deren Reise und die Erlebnisse fesseln mich, außerdem ist die Story hervorragend geschrieben. Sie liest sich vorzüglich.

Eingeleitet vom Hungergefühl ist der Abend nahe, weswegen wir uns essensfein machen. In meinem Fall ziehe ich ein sauberes T-Shirts an, dann die kurze Jeans und meine australischen Lederlatschen. In Ostasien, so auch in Kambodscha, bin ich mit der legeren Zusammenstellung zweckorientiert angezogen. Hochmoderne Kleidung braucht man nicht. Nur waschen sollte man die Sachen ab und an, denn sie sind schnell verschwitzt.

Zuerst bummeln wir über den Nachtmarkt, denn wir suchen eine Recyclingtasche, die das Kampfgewicht des Gepäcks bei dem anstehenden Inlandflug unter fünfzehn Kilo drückt, mehr dürfen unsere Rollkoffer nicht wiegen. Wir werden diverse Klamotten aus den Koffern in diese Tasche stopfen und die als Handgepäck mit in den Flieger nehmen, dann ist das Problem gelöst. Der Zweck heiligt die Mittel. Aber wir können uns nicht zum Kauf einer bestimmten Tasche durchringen, denn die Auswahl mit Kambodschamotiven ist groß.

Macht ja nichts, nehme ich es gelassen, wir schlagen eben ein anderes Mal zu. Warum auch immer, bin ich an diesem Abend nicht zum Handeln aufgelegt. Mir tun die

Leute leid, denen ich mit der Schacherei den bescheidenen Gewinn vermassele. Stattdessen sind wir zufriedene Kunden im Khmer-Restaurant. Die Gerichte ähneln denen der Thaiküche und die hat sich bekanntlich in Europa einen Namen gemacht.

Den abendlichen Menschenbeobachtungsposten beziehen wir vor einem Lokal in der Pub-Street. Wir trinken unsere Radler und versuchen eine interessante Situation zu beurteilen. Der Trick eines minderjährigen Mädchens mit einem Baby ist uralt. Das Mädel stürzt sich mitleidheischend auf ein Touristenpaar und hofft damit, eine für kambodschanische Verhältnisse horrende Geldsumme abzustauben. Jedenfalls drückt sie der Frau ihr Baby in die Arme und redet händeringend auf sie ein. Und es funktioniert, denn die Touristin ist hin und hergerissen. Sie will das Baby gar nicht mehr hergeben, so vernarrt ist sie in das Würmchen. Alles weitere bleibt uns verborgen. So zum Beispiel, was die Mutter des Babys mit der Touristin vereinbart hat? Geht es um eine Patenschaft? Es müssen sehr viele Dollar im Spiel sein, denn es wechseln einige Scheine den Besitzer. Eine viertel Stunde später steht die Mutter mit dem Baby erneut für ihre Schnorrerei bereit. Und wieder stürzt sie sich auf ein Touristenpaar und das gleiche Spiel beginnt von neuem.

Wie erwähnt ist Kambodscha ein bitterarmes Land. Es kommt nur langsam auf die Beine. Darüber kann seine Tempelpracht nicht hinwegtäuschen. Es soll Familien geben, die ihr Kind verkaufen, weil es für dessen Lebensunterhalt nicht ausreicht. Wie grausam das ist, das brauche ich nicht hervorzuheben. Dazu passt die Darbietung mit dem Baby und sie geht uns nahe, weshalb wir nachdenklich unser Hotel aufsuchen. Ich organisiere frische Handtücher, da der Service schludert, danach verleben wir eine traumreiche Nacht.

Wir fühlen uns ausgeschlafen, als wir uns am 14. Februar vor den Computer setzen. Und das Ding in Betrieb gesetzt, freuen wir uns königlich über eine Mail von den Freunden Maren und Harm. Wir antworten prompt und fügen der Mail einen Link mit einigen kambodschatypischen Fotos bei.

Danach schwingen wir uns auf die Räder und radeln nach Chong Kneas. Das ist die Anlegestelle für die Boote zum schwimmenden Dorf Floating Village. Die Landkarte weist für die Radstrecke elf Kilometer aus, doch trotz der Affenhitze schreckt uns die Anstrengung durch das Abstrampeln nicht ab, denn das Gelände ist einfach und die Räder rollen vielversprechend. Es sind zwar keine Tourenräder, wie wir sie zuhause benutzen, aber die hiesige Qualität reicht in dem flachen Terrain für solche Spritztouren.

Nach dem Stadtgebiet sehen wir heruntergewirtschaftete Häuser, die schäbigen Baracken gleichen. Hinter denen stapelt sich der Müll. Es stinkt unbarmherzig zum Himmel, was die Lebensqualität der auf dem Land lebenden Menschen zur Farce werden lässt. Das Bewusstsein für das Abfallproblem ist nicht bis zu den Armen vorgedrungen. Es zählt: Woher nehme ich das Notwendigste um zu essen? Nichts anderes. Dagegen wirken ein paar neugebaute Häuser außerhalb der Stadt wie ein Schlag ins Gesicht. Woher stammt der Reichtum? Womit verdient sich mancher Kambodschaner das erforderliche Geld?

Es gibt in Kambodscha eine Oberschicht, also ein drastisches Gefälle zwischen arm und reich. Durch diese Missstände überwiegt der Anteil an Armen. Aber der Unterschied zwischen den Bettelarmen auf dem Land und den Städtern ist gering, denn durch die hohen Mieten nagen die Städter ebenfalls am Hungertuch. Trotz allem habe ich mich in Kambodscha verliebt. Meine Faszination für das Land ist ungebrochen, und das liegt an seiner Ursprünglichkeit in allen Facetten.

Als wir den Anlegesteg zum schwimmenden Dorf Floating Village erreichen, staunen wir über die Preisvorstellungen der Ausflugsbootbetreiber. Was steht da an der Anzeigetafel? Die Forderung beläuft sich auf zwanzig Dollar für einen zweistündigen Trip auf den See hinaus. Das kann doch nicht wahr sein. Der Preis ist des Wahnsinns fette Beute.

O nein, den Spuk machen wir nicht mit. Schon gar nicht mit einer Horde angekarrter Chinesen auf einem Schiff, denn eine Busladung nach der anderen ergießt sich über den Bootssteg. Nicht grundlos schimpfen einige Holländer über die unverschämten Preise in Siem Reap. Aber das Ausflugsgeschäft ist nur ein Beispiel für den Nepp, von dem im Reiseführer die Rede ist, denn das trifft nicht auf alle Ausflugsangebote zu, wie wir bald feststellen werden. Vorerst machen wir uns genervt vom Acker und erkunden mit den Rädern das Sehenswerte der Umgebung, zu dem ein Tempel gehört.

Vor dem treffen wir eine Gruppe Heranwachsender, denen meine Frau englische Sprachfetzen entlocken will, sie ist schließlich Englischlehrerin. Aber die Burschen sprechen nur ein paar Brocken, dominiert vom „How are you", und das war's. Stattdessen drücken sie Angela einige Dollarscheine in die Hand, die echt aussehen, dabei lächeln sie uns an. Woher haben sie das Geld? Kennen sie nicht dessen Wert? Der Vorgang ist mysteriös.

Diese Szene, wie überhaupt den kompletten Ausflug, halten wir fotografisch fest, denn im ungezwungenen Umgang mit den Kindern, spürt man das wahre und herzliche Leben in einem der ärmsten Länder dieser Welt.

Uns ist es ein Bedürfnis, die vorherrschende Natürlichkeit zu entdecken, den Überlebenskampf mit all seinen Erschwernissen. Den Pauschaltouristen bietet man die Sehenswürdigkeiten an, doch nur selten die wahren Zustände in dem atemberaubenden Land.

Und nun zu Ihnen. Haben Sie das Gefühl, dass Sie sich mit uns auf einer lohnenden und erlebnisreichen Reise befinden? Das würde mich freuen, denn dann ist es mir gelungen, Sie mit meiner Erzählweise zu fesseln.

Es ist vier Uhr, als wir im Hotel die Fahrräder abstellen. Meine Frau legt sich an den Pool, und ich gehe aufs Zimmer. Ich beabsichtige ein Telefongespräch mit meinen Kindern zu führen, doch leider erreiche ich meinen Sohn nicht, deshalb spreche ich ihm meine Glückwünsche über den Sieg seiner Dortmunder Borussen auf Band. Aber der Kontakt zur Tochter klappt wunschgemäß. Und schon beim ersten Satz meines Töchterchens falle ich aus allen Wolken. Habe ich richtig gehört? Miriam ist schwanger? Ja, gibt's das?

Da bereise ich die halbe Welt, um hier in Kambodscha von der freudigen Nachricht eingeholt zu werden. Seit Jahren basteln Miriam und Tom am überfälligen Nachwuchs, und nun hat es geschnackelt. Ihre Überraschung ist brutal gelungen. Was tun die zwei mir an? Verdammt noch mal, die machen mich zum Opa, und das wird man nicht so nebenbei. Daneben kann mich die Tatsache, dass sie sich ein Haus in der Provinz gekauft haben, nicht sonderlich überraschen.

„Kommt bald zurück", sagt meine Tochter zum Abschluss und lacht herzhaft, als sie ergänzt: „Du willst doch meinen Babybauch sehen. Außerdem wirst du als Opa gebraucht."

Und auch ich mache einen Scherz: „Okay, mein Töchterchen. Ich bin schon unterwegs."

Als ich bei meiner Frau am Pool ankomme, bin ich noch außer Rand und Band vor Glück, so kann ich die wunderbare Nachricht nicht verbergen, denn ich strahle wie der Sonnenball am Himmel.

Angela sieht mir an meinem glühenden Kopf das freudige Ereignis an. „Ich ahne es", sagt sie, dabei reibt sie sich die Nasenflügel. „Miriam bekommt ein Kind."

So bewahrheitet sich, was ich immer wusste: Gemeinsame Freude ist das Schönste in einer tristen Welt, aber meine Welt ist garniert mit einem Rosenspalier.

Drei Tage vor der Abreise beginnen wir unsere Aktivitäten am Pool. Für den Nachmittag ist ein Ausflug nach Kompong Pluk geplant. Dann erst wollen wir mit einem Minibus ein kambodschanisches Pfahldorf kurz vor dem Ton de Sap besuchen. Es ist der größte See mitten in Ostasien. Die Kosten des Trips: Achtzehn Dollar pro Person. Wie kommt der günstige Preis zustande? Das bleibt mir ein Rätsel.

Eine Rumpelpiste schüttelt unsere inneren Organe kräftig durch. Die prüft sie auf Herz und Nieren. Der Ausflug mit dem Kleinbus nach Kompong Pluk erscheint uns wie ein Ausflug in die Hölle. Wir fahren durch üppige Reisfelder und an riesigen Entenscharen vorbei (die Ente ist eine Hauptspeise der Kambodschaner) zu einem Anlegesteg. Und uns erholt von der Durchrüttelei, steigen wir in einen mir wenig vertrauenserweckenden, weil morschen Kahn um. Der bringt uns zum Ausflugsziel, vorbei an spielenden und fischenden Kindern, die uns zuwinken. Wir sind eine internationale Reisegruppe. Die besteht aus dem Guide, dann aus uns, einem holländischen Ehepaar, zwei philippinischen Frauen, zwei Chinesen und einem Malaien.

Bei Niedrigwassers kommen wir zum anvisierten Stelzendorf Kompong Pluk eher langsam voran. Andauernd muss der Bootsführer um Hindernisse herumkurven, zum Beispiel an Fischfangnetzen oder selbstgebastelte Reusen vorbei. Denen weicht er mit fahrerischem Geschick aus. Als wir nach einer Stunde am Ziel sind, bin ich begeistert, denn mich beeindruckt das malerische Dorf mit den Pfahlbauten und dem ganzen Drumherum. Wie mag es hier bei Hochwasser aussehen?

Nachdem wir angelegt haben, gehen wir gemeinsam durch das Dorf, begleitet von zwei jungen Frauen, die uns ihre Waren anbieten. Sie sind freundlich, aber dezent aufdringlich. Wir kommen zu einer Lernstunde für die Kinder in Englisch. Die wird abgehalten zwischen den Stelzen eines der Bauten, und die fesselt meine Frau. Gern übernimmt sie eine Unterrichtsstunde.

Wir hatten eine ordentliche Summe für neue Schulmaterialien gespendet, deshalb darf Angela beliebig viele Fragen in Englisch an die Kids stellen. Trotz des chinesischen Einflusses auf Kambodscha ist die Bedeutung der englischen Sprache durch den Tourismus ein zwingendes Muss. Das gilt für die hintersten Zipfel des Landes, also auch für diesen herzerfrischenden Ort. Die Zahl der Bewohner ist nicht zu erfahren, aber es ist ein Dorf wie aus dem Bilderbuch. Eine harmonischere Dorfgemeinschaft haben wir nie auf unserer Reise so intensiv wahrgenommen und wir sind monatelang in Ostasien unterwegs. Wir sind angetan von der freundlichen Atmosphäre und dem Miteinander zwischen der jungen und der alten Generation. Deren alltäglichem Treiben zuzusehen ist ein Hochgenuss, und frisst sich mir tief ins Herz. Ich mache wundervolle Aufnahmen von den liebevoll geschmückten Häusern, wobei sich kein Widerspruch bei den Besitzern rührt. Durch die Fotos bleiben wir immerfort mit dem kleinen Dorf verbunden.

Als uns der Guide nach einer Stunde eingesammelt hat, fahren wir mit dem Kahn hinaus auf den Ton de Sap, wie erwähnt ist er der größte See in Ostasien. Doch der ist nur riesig in der Hochwasserperiode, wenn die Wassermassen das Dorf überschwemmen und sich die Wichtigkeit der Stelzen erweist. Als wir in einem schwimmenden Cafe Station machen, unterhalten wir uns mit den unfreundlichen Holländern. Sie kommen aus Limburg. Das bedeutet: Wir sind quasi Nachbarn. Trotzdem sind sie nicht unsere Wellenlänge, das heißt, sie sind anders geartet. Die Sorte „zugeknöpfter Mensch" gibt es überall, auch unter den Kambodschareisenden. Aber mit Hinz und Kunz warm zu werden, das müssen wir nicht.

Begeistert sind wir von dem Sonnenuntergang allerbester Güte. Den serviert uns der charmante Guide wie auf einem Präsentierteller. Mit ihm haben wir den Besten der Welt erwischt. Wäre meine Frau dreißig Jahre jünger, dann hätte sie sich in ihn verliebt.

Die letzten zwei Tage in Siem Reap brechen an. Ich lasse mir in einer Schneiderei zwei ärmellose T-Shirts kürzen, weil sie total ausgeleiert sind, dabei mache ich Druck auf die sofortige Umsetzung meines Wunsches, denn ich habe das Erlebnis in Padang Bai im Hinterkopf. Hinterher bezahle ich das schneidernde Mädel so gut, dass ich es zu meiner guten Tat für den Tag deklariere. Mit mir zufrieden, unternehmen wir die allerletzte Fahrt mit den Rädern durch Angkor, dabei stoßen wir auf eine aus den Niederlanden stammende Fahrradgruppe, die den Abschluss ihrer Kambodscharundfahrt feiert. Das tut sie mit einer Großzahl an Luftballons in der holländischen Nationalfarbe, also in orange. Na ja, wenn das Brimborium nötig ist, dann soll's uns recht sein. Wir dagegen versuchen uns an einer Abkürzung und radeln mit Elan durch eine verwilderte und unwegsame Landschaft, dabei verlieren wir die Orientierung. Irgendwann bleiben wir stehen, weil wir nicht wissen, wo es weitergeht, sodass ich unke: „Verdammter Mist. Ohne eine gescheite Landkarte finden wir hier nie wieder raus."

Durch die Abkürzung haben wir uns in ein kambodschanisches Naturschutzgebiet manövriert. Wir bewegen uns abseits der Durchreisewege, also durch ein Gebiet, das kein Tourist zu sehen bekommt. Wir atmen erst auf, als wir die imponierenden Türme von Angkor Wat in der Ferne erkennen. Und zurück in der Zivilisation, machen wir eine Pause an einem Getränkestand, denn wir haben uns durch die Unwegsamkeit müde gestrampelt. Um zu Kräften zu kommen, kaufen wir uns eine Kokosnuss, dann trinken wir den kalten Saft mit einem Strohhalm, wonach wir uns von der Einmaligkeit der Tempellandschaft verabschieden. Ich verdrücke ein paar Abschiedstränen, dann strampeln wir heim ins Hotel.

Eine Stunde verbringen wir am Pool, dann ist es Abendessenszeit, doch wir sind nicht hungrig, also stolzieren wir in den Ort und erwerben auf dem Nachtmarkt die überfällige Recyclingtasche mit dem Elefantenmotiv. Anschließend setzen wir uns vor ein mexikanisches Lokal, wo meine Frau mehrere Ansichtskarten schreibt, die ich zum Briefkasten bringe. Und von dem kurzen Spaziergang zurückgekehrt, bestellen wir uns Tortillas, die eine willkommene Alternative zu den Khmer-Gerichten darstellen. Auf die wunderbaren Teigtaschen entwickele ich hemmungslosen Heißhunger, dabei beobachtet uns ein Gast. Ich schätze den vermutlich Deutschen auf etwa fünfzig Lenze. Aber weshalb trinkt er einen Margaritha nach dem anderen? Als wir fertig gegessen haben, spricht er uns an und erzählt uns, dass er seit acht Jahre in Siem

Reap lebt und die rasante Entwicklung zu einer Hochburg der Touristenströme miterlebt hat. Mittlerweile seien die Mieten unbezahlbar für den Normalverdienenden, daher hausen sie zu Mehreren in unzumutbaren Minizimmern, was die Zustände untragbar macht. Aber das ist Siem Reap und die Einheimischen hätten sich an schlimmeren Kummer gewöhnt.

Weiter erzählt er uns, dass die ehemaligen Schotterpisten von asphaltierten Straßen abgelöst wurden, was durch die sprudelnden Geldeinnahmen im Tourismusbereich möglich war. Doch die sind sowohl Fluch wie auch Segen, weil sie zur Unbezahlbarkeit der Unterkünfte für die breite Masse geführt hat. Wie in Deutschland werden die Reichen immer reicher, und die Armen dafür ärmer. Er sehe das Anwachsen Siem Reaps zur Großstadt mit gemischten Gefühlen.

Aber wovon er lebt und was er treibt, das hätte mich interessiert, aber darüber schweigt er sich leider aus. Nur, dass er nie wieder von hier wegwolle, vertraut er uns an. Als sich ein Engländer zu ihm an den Tisch setzt und sich der Deutsche einen weiteren Cocktail bestellt, frage ich mich: Wenn es ihm so gut gefällt, warum säuft er dann wie ein Loch?

Wir unterlassen das Saufen, auch als uns am späten Abend eine kambodschanische Rockband unterhält. Und die ist eine Wucht. Besonders die Sängerin versetzt eine Gruppe aus dem Land der Mitte in Dauerekstase. Der verwegene Feger macht mit den betrunkenen Chinesen eine Polonaise durch das tobende Lokal. Und was spielen die hervorragenden Musiker? Die von uns heiß verehrten Oldies.

Unser Abreisetag beginnt mit dem Besichtigen Siem Reaps. Mit dem Sehenswerten der Stadt hatten wir uns bisher nur am Rande beschäftigt. So zum Beispiel hatten wir eine innerstädtische Tempelanlage ausgelassen, obwohl wir oft an ihr vorbeigeradelt waren.

Und das Versäumte schleunigst nachgeholt, hätten wir uns den Tempelkram besser geschenkt, denn wir sind zu verwöhnt, außerdem ist uns das Gewusel an Göttern in der Anlage zu kitschig. Auch sonst hält der Tempel dem Vergleich mit den Monumentalbauten in Angkor nicht stand. Immerhin erweckt der Stadtkern weiterhin unser Interesse, und da vor allem die Eigenarten der Kambodschaner, deren Gewohnheiten wir stundenlang beobachten. Erwähnt gehört der Tick der Tuk-Tuk Fahrer, die ihre Kisten als Rolls Royce oder als Batman Fahrzeug herausputzen. Witzig dabei ist, wieviel Liebe in jedem Detail ihres Geschosses steckt. Sie verhätscheln ihre Karren regelrecht. Nun ja, sie sind ihr Kapital und damit ihre Lebensgrundlage.

Wir gehen zum Hotel zurück, dabei plätschert unsere gute Stimmung den Bach runter, denn mit Siebenmeilenstiefeln eilt der Aufenthalt in der unterhaltsamen Stadt dem Ende entgegen. Wir haben viele tolle Städte auf unserer Reise kennengelernt, doch Siem Reap war neben Luang Prabang die bemerkenswerteste Station. Mit seinem rauen Charme war Siem Reap der absolute Renner unserer Ostasientour, so intensiv empfinde ich das im Nachhinein, denn nicht umsonst habe ich hier die frohe Botschaft der Schwangerschaft meiner Tochter erhalten, durch die ich Opa werde.

Doch nun Schluss mit den Sentimentalitäten, denn die Rollkoffer und auch die Recyclingtasche gehören abreisefertig gemacht, dabei verstecke ich meine kaputten Sommerschuhe im Schrank. Damit will ich verhindern, dass man sie mir hinterherträgt. Als Gewichtseinsparung habe ich meine lange Jeans und die gewichtsintensiven

Wanderschuhe angezogen. Damit bin ich zwar zu warm angezogen, aber an der Prämisse des Gewichteinsparens führt nun mal kein Weg vorbei.

Also machen wir es kurz und verabschieden uns per Händedruck vom hilfsbereiten Personal, dabei werfen wir einen wehmütigen Blick auf den Pool, der für unsere Entspannung verantwortlich war. Dann krallen wir uns einen der wartenden Fahrer und rauschen mit ihm durch die Straßen zum Airport, wobei Traurigkeit mitschwingt. Doch die hält nicht lange vor, denn schon vor dem Flug sind wir wieder obenauf. Das Flughafenpersonal fertigt uns beim Einchecken problemlos ab, und ich nehme meinen Rucksack und die Recyclingtasche als Handgepäck mit in unsere Sitzreihe, dann ist auch unsere siebte Reiseetappe als eine wunderbare Geschichte abgehakt. Wir werden gern und oft an Kambodscha denken, denn die Götterstation hatte uns einen hochemotionalen und von viel Freude geprägten Aufenthalt garantiert.

Thailand

Nach einem unruhigen Flug nehmen wir einen Imbiss im Flughafengebäude Bangkoks zu uns. Für den muss die Institution Burger King herhalten. Ab und zu bestelle ich mir eine Portion Chicken Wings, aber heute würge ich mir einen Cheesburger hinunter, das geht schneller, dazu gibt es Fritten, und als Getränk einen Kaffee.

Als der Fraß verdaut ist, eilen wir zum Abflugterminal, wo wir eine Stunde auf den Aufruf der Weiterbeförderung warten, bis der ertönt. Nun sehen wir zuversichtlich der Ankunft in Phuket entgegen, und dort landen wir mit einer zwanzigminütigen Verspätung.

Voller Vorfreude eilen wir an das Abholband für nationale Flüge und fischen unsere Rollkoffer herunter. Wir freuen uns, denn wir haben die Schmuckstücke ohne nennenswerte Beschädigungen zurückbekommen, was uns erleichtert. Und das sind wir umso mehr, als draußen das Taxi des Feriendomizils bereitsteht, mit dem wir die neunzig Kilometer bis Khao Lak in einer Stunde zurücklegen, dann checken wir uns an der Rezeption der aus netten Häuschen bestehenden Anlage ein.

Die thailändischen Besitzer weisen uns den Bungalow Eins zu. Der liegt am Anfang des Resorts und entpuppt sich mit seinen vierzig Quadratmetern als komfortabel, außerdem hat er eine Terrasse. Die Wahl der Unterkunft ist ein Glücksfall, denn die Anlage hat einen ansehnlichen Pool, aber da es spät ist, verzichte ich auf das Schwimmen, stattdessen platzieren wir unsere Sachen im Kleiderschrank und gehen durch die Dunkelheit in ein nahegelegenes Restaurant. Aber unser Glück in Thailand ist überschaubar, denn wir werden von einem Gewitter überrascht. Es schüttet wie aus Kübeln auf das Blechdach des Lokals, sodass es alsbald an die Belastbarkeitsgrenze stößt und wir an einen trockenen Tisch wechseln müssen. Und weil nach dem Essen an einen Aufbruch nicht zu denken ist, nehmen wir unser Gutenachtgetränk vor Ort zu uns. Anscheinend verfolgt uns in Thailand ein Regenfluch. Wo wir auftauchen, da regnet es. Geht das hier in Khao Lak so weiter? Darauf sind wir gespannt.

Als der Regen in ein Nieseln übergeht, steht das Wasser knöcheltief in den Straßen, sodass wir mit den Latschen in der Hand barfuß zu unserem Bungalow zurückrennen. Doch weil die Nächte warm sind, trocknen unsere Klamotten relativ schnell, und auch die Terrasse ist ruckzuck getrocknet. Wir setzen uns mit einem weiteren Schlummertrunk auf die Selbige in gemütliche Sessel, dabei raucht Angela eine Zigarette.

Während des Sonnenaufgangs schwimme ich etliche Runden im Pool, anschließend frühstücken wir im Zur Anlage gehörenden Restaurant. Ich genieße meine zwei Eier, und Honig gibt es ebenfalls. Für die Mittagszeit hat sich unsere La Gomera Wanderbekanntschaft Heidrun mit ihrem Reisebegleiter Martin angekündigt. Auf die warten wir auf der Terrasse.

Das Hallo ist riesengroß, denn alte Bekannte aus der kalten Heimat in der Ferne zu treffen, das ist eine willkommene Reiseabwechslung. Man kann stundenlang über die gemeinsame Vergangenheit plaudern, wozu wir uns ins nahegelegene Strandrestaurant setzen. Die Sonne knallt erbarmungslos auf den Sonnenschirm, unter dem wir Schutz vor ihr finden, dabei bewundern wir den breiten und einladenden Strand.

Dann ratschen wir hemmungslos was das Zeug hält und hauen uns Anekdoten über feuchtfröhliche Abende auf der Ferieninsel La Gomera um die Ohren, die für eine ausgelassene Stimmung sorgen. Leider trägt Martin wenig zur Belustigung bei. Er ist eine Spaßbremse, dazu ist er ein großer Schweiger vor dem Herrn.

Um nicht einzurosten, wandern wir zwei Stunden am breiten Sandstrand entlang, dann trennen wir uns, doch nicht ohne uns zu einem gemeinsamen Abendessen zu verabreden. Ursprünglich wollte Heidrun mit uns durch Vietnam und Kambodscha reisen, doch es traten unverständliche Irritationen auf. Wir hatten viel Herzschmerz in die Planung investiert, aber wir konnten uns zu keiner gemeinsamen Route durchringen. Wegen unerklärlicher Lappalien machte Heidrun einen Rückzieher, doch die wahren Gründe für ihren Ausstieg hat sie uns verschwiegen. Nun gut, es war ihre Endscheidung. Dass sie mit Martin nach Thailand kommt, das hatte sie uns mit einer lange existierenden Freundschaft erklärt.

Im verabredeten Restaurant isst Angela Gemüse süßsauer. Und man sieht ihr an, dass es ihr schmeckt. Was dann folgt, können sie sich denken. Das Gewitter kehrt zurück. Wir wechseln die Tischgruppe, da sich unsere Überdachung als undicht erweist. „Ja Herrgott sakra", meckere ich. „Wo sind wir denn hier? In England ist es trockener."

Ich bin angesäuert, denn um ein Regenspektakel zu erleben, dafür muss man nicht den asiatischen Kontinent aufsuchen. Das Sauwetter erlebt man auch daheim zuhauf. Langsam glaube ich an einen Fluch, der unseren Aufenthalt in Thailand verwässert. Aber das Meckern bringt nichts. Irgendwann höre ich damit auf, denn mit meiner Schimpferei kann ich nichts beeinflussen. Und diese Einsicht verarbeitet, hört es auf zu regnen.

Nach dem Essen begleiten wir die Freunde in ihr Green Beach Resort, in dem sie einen Bungalow bewohnen.

Von dort bestellen wir per Handy ein Taxi, mit dem wir in unsere Anlage zurückkehren, nicht ohne im Seven Eleven eine Flasche Brandy und eine Cola einzukaufen. Beides gehört zu dem Gutenachtgetränk auf der Terrasse, denn die Tageshitze hat ihre Spuren hinterlassen. Trotz allem führt der Ausklang des Abends zu einem mittelschweren Besäufnis, sodass wir taumelnd ins Bett fallen. Dass wir den Ohrenschmaus in der Kneipe verpassen, in dem die thailändische Band hervorragende Oldies spielt, ist uns egal.

Um meinen Brummschädel zu bekämpfen, schwimme ich im Pool, dann frühstücken wir ausgiebig. Die Tagesplanung sieht vor, dass wir einem von mir lange gehegten Wunsch nachkommen wollen, und das ist ein Besuch des Tsunami-Museums. Der soll zu einem wichtigen und einprägsamen Mosaikstein der Reise werden, denn damit schließt sich der Kreis um ein trauriges Kapitel meiner Vergangenheit. An Khao Laks Küste waren zwei Mitbewohner meiner Aachener Hausgemeinschaft gestorben, während sich der Tsunami über ihrer Anlage ausgetobt hatte. Marlene und Peter waren ein wunderbares Paar. Man konnte Pferde mit ihnen stehlen, außerdem hatten uns viele Gemeinsamkeiten verbunden.

Als wir das unscheinbare Haus an der Durchgangsstraße, in dem das Museum untergebracht ist, gefunden haben, ist es zehn Uhr. Beim Betreten der Räumlichkeit läuft allerlei authentisches Filmmaterial, ausnahmslos Dokumente der damals anwesenden Amateurfilmer, die diese Szenen des Schreckens mit ihrer Kamera festgehalten hatten. Ich bin ergriffen, denn meine Erschütterung ist nicht in Worte zu fassen, schließlich kann ich die Tränen nicht zurückhalten und ich weine bitterlich.

Die Freunde waren zwei herzallerliebste Menschen von

großer Ehrlichkeit und Aufgeschlossenheit. Bildlich sehe ich unsere Treffen im Gemeinschaftsraum vor mir, in die Welt verbessernde Diskussionen verstrickt. Die alternative Politik war unser Steckenpferd, aber der Zufall hatte grausam Schicksal gespielt, denn das Familientreffen mit dem Sohn und dessen Freundin in Khao Lak endete im Chaos. Die jungen Leute konnten sich aus der Katastrophe retten, doch Marlene und Peter wurden nie gefunden. So haben zwei gute Menschen ihr Leben an Thailands Küste eingebüßt. Sie sind die tragischen Verlierer, Angela und ich mit der Reise die Gewinner. Ist das gerecht? Wir tragen uns in ein Kondolenzbuch ein, dann gehen wir zum Katastrophenmahnmal für die Getöteten. Es ist ein Polizeiboot, das von der Monsterwelle bis weit ins Landesinnere getragen wurde. Dort verabschieden wir uns ein zweites Mal von den Menschen, zu denen ich eine innigliche Beziehung tief in meinem Herzen trage.

Doch der Tod soll unsere Reise nicht beeinträchtigen, daher richten wir unsere Blicke in die Zukunft. Marlene und Peter hätten es nicht anders gewollt. Wie wir waren sie die geborenen Weltenbummler. Längere Auslandsaufenthalte an Schulen in Mexiko City und in Singapur sprechen eine deutliche Sprache.

Wir kaufen uns auf dem Heimweg ein paar Kuchenteilchen und gehen damit in unsere Anlage, dort essen wir sie am Pool, dabei wühle ich in meinen Erinnerungen. Doch unsere Zeit für die Gedankenspiele ist begrenzt. Wir sind mit Heidrun und Martin vor ihrem Bungalow verabredet. Von uns aus ist es ein Fußmarsch von einer Stunde am Strand entlang.

Als wir aufbrechen, da ist es vier Uhr, aber wir haben die Länge der Strandabschnitte unterschätzt, denn durch das Überqueren zweier ins Meer mündender Wasserläufe mit hohem Wasserstand, ist die Strecke äußerst zeitaufwendig. So kommen wir eine halbe Stunde zu spät zu ihrer Strandhütte Aber welche Rolle spielt schon die Zeit an einem Strand in Thailand.

Beide sitzen in ihren Liegestühlen auf der Terrasse und warten. Sie bewohnen einen geschmackvoll eingerichteten Bungalow, der kleiner, aber witziger ist als unserer. Leider ist der Strand vor ihrer Haustür durch Algenbewuchs verunreinigt, wodurch er keinen großen Badespaß verspricht. Wir sind aber nicht zum Baden hergewandert, nein, wir wollen das tun, was man abends macht, nämlich gut essen in einem geschmackvollen Strandrestaurant. Und das gelingt uns, dabei bestelle ich die gelben Nudeln, die tatsächlich gelb sind, entgegengesetzt zu dem Khmer-Gericht in Siem Reap.

Nach dem Essen ratschen wir über den Verlauf unserer gemeinsamen Reise, dabei genießen wir einen beispiellosen Sonnenuntergang. Doch immer, wenn ein Abend am schönsten ist, muss man aufbrechen. Heidrun leiht uns ihre Taschenlampe für den Heimweg, da die Dunkelheit zu Vorsichtsmaßnahmen rät, aber die entbehren jeder Grundlage, denn der gleißend helle Mond strahlt mit solch einer Leuchtkraft vom Himmel, dass er die Nacht zum Tag macht. So geleitet er uns wohlbehalten zurück in unsere Region.

Aber war da nicht noch was? Ach ja, der Nachtmarkt. Als wir den aufsuchen, ist es zu spät, denn die Stände werden abgebaut. Dagegen herrscht in der Musik-Kneipe Remmidemmi. Eine buntgemischte Schar Thai-Rocker mischt die Lokalität kräftig auf. Die wilde Horde verehrt den Sänger Axl Rose, der nicht mit mir verwandt ist, denn als die Band den gewünschten Song „Sweet Child o' Mine", anstimmt, stürmen sie mit ihren Kutten auf die

Bühne. Es ist das beliebteste Stück der Band Guns n'Roses, das sie stimmgewaltig mitgrölen. Damit verwandeln sie das Lokal in eine Arena, wie man sie nur von Fußballspielen kennt, bei denen die Sicherheit auf der Kippe steht. Wir fühlen uns, als wären wir in einen Aufmarsch an Hooligans geraten, der imstande ist, eine Schlacht vorzubereiten.

Das Spektakel ist nicht jedermanns Sache, anderseits gefällt es uns in der Spelunke. Wir wollen gar nicht weg. Derart chaotisch vorgetragene Musik-Events haben uns oft gefehlt. Seit Bali verfolgt uns dieser Trend und auf heimischen Partys sorgen fetzige Ohrwürmer für die Hochstimmung, so auch hier. Trotz allem ermahne ich mich zur Besinnung. Nur nicht dem Alkohol zu stark zusprechen. Lieber sich mäßigen, denn es war ein Tag der tragischen Momente.

Als die Band eine längere Pause einlegt, nutzen wir die zum Abmarsch und gehen leicht angetrunken Arm in Arm in unser Zuhause. Geben zwölf Uhr machen wir die Schotten dicht.

Vier weitere Tage in Khao Lak verlaufen nach gewohntem Muster. Tagsüber ist es heiß, mindestens fünfunddreißig Grad im Schatten, was sich in der Sonne wie vierzig Grad anfühlt, so ist meine Kreislaufzuverlässigkeit gefordert. Dass sich der Stent in meinem Herzen tummelt, das habe ich verdrängt. Und da es sich nachts nicht abkühlt, schwitze ich enorm, was für die Jahreszeit normal ist. Ich schlafe wie Gott mich schuf, alles andere regele ich wie die meisten Thailandurlauber. Morgens schwimme ich im Pool, danach baden wir im Meer und dann sonnen wir uns ausgiebig. Wir machen ellenlange Strandmärsche, ich schreibe Kurzromane auf die obligatorischen Ansichtskarten, die ich den Freunden und Verwandten versprochen hatte, und wir genießen das hervorragende Wetter. Der Regenzwischenfall ist vergessen, denn ab dem dritten Tag nach der Ankunft bleibt die Sonne unser zuverlässiger Verbündeter.

Heidrun und Martin machen Motorradausflüge, von denen wir die Finger lassen. Seit unserem Rollerunfall auf der Insel Lesbos, bei dem sich Angela den Ellenbogen gebrochen hatte, und an dem ich schuld war, ist das Motorrad ein verwunschenes Objekt. Wir hatten keine fünf Minuten auf dem Geschoss gesessen, da rutschte das Hinterrad in einer Kurve auf Splitt weg und das Unglück war perfekt. Ich kam glimpflich davon, aber Angela zog sich den erwähnten Ellenbogenbruch zu. Im Krankenhaus der Insel wurde ihr Arm eingegipst und nach der Heimkehr im Aachener Klinikum mit einer Schiene versehen. Das alles ist traurig, denn meine Unachtsamkeit hat uns manche Unternehmung geraubt, weshalb ich mir noch heute mit Schmackes in den Arsch beißen könnte. Aber ich akzeptiere ihre Ängste, außerdem sind wir auch ohne das Zweirad prächtig zurande gekommen.

Sind die Freunde von ihren Touren zurückgekehrt, speisen wir zusammen in diversen Restaurants, wobei wir die Thaiküche auf Herz und Nieren prüfen und für gut befinden. Ich esse gern thailändisch, besonders dann, sind die Gerichte schön scharf und die Küche authentisch. Jedenfalls fällen wir an einem der Abende den tollen Beschluss zur Weiterreise in den Khao Sok Nationalpark. Martin hatte bei einer seiner Reisen den Nationalpark aufgesucht und sich für ihn begeistert. Das war sein bester Vorschlag, für den ihm mein Dank gebührt. Er wird ein Taxi bestellen, mit dem wir in das Resort Morning Mist fahren werden. Per Internet mieten wir uns für vier Nächte ein, denn wenn das eintrifft, was Martin verspricht, wird es ein fantastischer Aufenthalt.

Ich schwimme wie ein Delphin, dann frühstücken wir mit Ruhe und Gelassenheit, denn die Zeit drängt nicht. Erst zwölf Uhr holen uns die Freunde mit dem Taxi ab. Und siehe da, es ist eine Taxifahrerin, was man nicht alle Tage in Thailand erlebt.

Nach dem Bezahlen an der Rezeption, verabschieden wir uns mit der üblichen Dankesgeste, denn unser Aufenthalt war überragend. Durch das gute Ambiente hat es uns an nichts gefehlt. Das Bett wurde täglich frisch bezogen und wir bekamen saubere Handtücher. Das ist in anderen Regionen Asiens nicht selbstverständlich. Hinterher kann man sagen: Wir haben viel Glück mit unseren Unterkünften gehabt, bis auf die Ausnahme am Mekong. Doch vorerst genießen wir die Vorfreude auf die Taxifahrt zum Nationalpark, bei der wir das Hinterland durch die Autoscheiben eines Taxis kennenlernen.

Nach einer schweigsamen Fahrt erreichen wir Morning Mist. Wir bekommen einen mit Bambus und Schilfgras erbauten und mit Stroh bedeckten Bungalow zugewiesen, so wie wir ihn gebucht haben. Sein Anblick versetzt uns in romantische Schwingungen, und das ist keine Übertreibung. Wir sind hellauf begeistert. Heidrun und Martin ziehen in ein Steinhaus, fünfzig Meter von unserer Behausung entfernt, doch sie müssen sich ihr neues Zuhause mit einem anderen Paar teilen. Angela und ich richten uns hurtig ein, dann setzen wir uns in das Anlagenrestaurant, in dem ich mein Lieblingsgetränk zu mir nehme, einen Milchshake. Anschließend beginnen wir unseren Spaziergang in die Wildnis. Und das ohne Heidrun und Martin, denn die sind verschwunden. Nun gut, das macht ja nichts.

Am Parkeingang bezahlen wir dreihundert Bhat pro Person Eintritt, der auch für den nächsten Tag gilt, dann sind wir zwanzig Minuten an einem Gebirgsbach entlang unterwegs, da kommen uns die Verschollenen entgegen, die sich auf dem Rückweg befinden. Was sollte der blödsinnige Alleingang? Ich bin angesäuert, denn seit Tagen bin ich nicht sonderlich gut auf Heidrun zu sprechen, aber ich lasse mir meine Verärgerung nicht anmerken. Wir reden ein paar belanglose Worte mit ihnen, dann gehen wir weiter. Und weshalb bin ich sauer? Warum stimmt die Chemie zwischen Heidrun und mir nicht mehr?

Total grundlos hatte sie mir die Bemerkung untergejubelt, ich wäre nicht selbstständig genug und von meiner Frau abhängig. Angela würde alles für uns regeln. Ohne sie wäre ich ein Nichts. Aha, aber was sie damit meint, das sagt sie mir nicht. Hatte sie berücksichtigt, dass sie mit ihrer Kritik keine Jubelstürme bei mir auslöst? Das glaube ich nicht. Jedenfalls war die beleidigende Anspielung starker Tobak. Mit solchen Herabwürdigung macht man sich keine Freunde. Aber wo drückte ihr der Schuh? Vielleicht ist sie neidisch auf die harmonische Aura, die meine Frau und mich umgibt? Eine andere Erklärung wäre, dass Heidrun unter einer gescheiterten Beziehung leidet und mich mit dem Mann in Verbindung bringt. Ihr Verhalten öffnet der Vermutung Tür und Tor, dass sie die Folgen der Trennung nicht verdaut hat. Doch muss sie ihre Endtäuschung an mir auslassen?

Aber woran es auch liegen mag, es ist mir egal, denn ihre Begleitung ist nicht das, wonach ich mich auf einer Reise sehne. Gottlob ist unsere Gemeinsamkeit in drei Tagen vorbei, denn dann trennen sich unsere Wege. Dass meine Frau alles im Griff hat, das ist voll in Ordnung und ich genieße es. Mit ihrer Gabe schlichten zu können, hat sie manchen Zank und Streit verhindert. Sie wird von den Freunden für ihr feinfühliges Händchen gerühmt, außerdem steht ihr Name für das Kanalisieren fehlgeleiteter

Gefühlsausbrüche, genauso wie für das aus der Welt räumen von zwischenmenschlichen Ungereimtheiten.

Doch nun wieder zur Wanderung zurück. Bei der kommen auch wir an dem Tag nicht weit, da die Dunkelheit naht. Also machen wir kehrt und treffen unsere Mitreisenden beim Abendessen. Als zwei Bekannte Martins sich zu uns an den Tisch setzen, überzeugen sie uns von der Wanderung bis zum Wasserfall.

Nun gut, dann machen wir den Wasserfalltrip, beschließen meine Frau und ich, denn uns passt der Vorschlag hervorragend ins Konzept, da sich der Ausflug zum Khao Sok See um einen Tag verschiebt. Der Grund ist Teilnehmermangel. Und als Heidrun ihre Teilnahme verweigert, freuen sich Angela und ich umso mehr darauf. Wir sind begeisterte Wanderer, und ich habe aus Frust eine Adrenalinspritze nötig.

Nach dem Frühstück brechen wir auf. Das Wetter ist wunderbar. Nicht ganz so heiß wie in Khao Lak, trotzdem entblöße ich meinen Oberkörper, denn der Schweiß rinnt in Strömen, außerdem ist die Tour anstrengend mit ihrem hohen Schwierigkeitsgrad. Aber wir verausgaben uns nicht, ja wir finden sogar eine Stelle im Bachbett, an der das Schwimmen problemlos möglich ist.

Als wir weitergehen kreuzt ein Wildhüter unseren Weg. Er hat eine Flugechse gefangen und zeigt uns deren bunte Flügel, indem er sie weit ausbreitet. Die Farbkomposition der durchsichtigen Flügel ist einmalig. Ich versuche weit zurückzudenken, doch vor meinen Augen erscheint kein farbenprächtigeres Tier. Verlässt man die Touristenhochburgen am Strand, dann steckt Thailand voller Wunder und Überraschungen. Wir genießen den Ausflug, den ich mit unseren Wanderungen in Neuseeland vergleiche, worin ich mit meiner Frau übereinstimme. Ein größeres Kompliment kann ich dem Nationalpark nicht machen.

Als wir in unsere Anlage Morning Mist zurückgekehrt sind, teilt man uns mit, dass der Tagesausflug am nächsten Morgen steigt. Ein Bravo den Veranstaltern. Wir erfahren, dass die Zahl der Teilnehmer angestiegen sei und damit ausreicht. Aber anstatt die Freudenbotschaft zu feiern, gehen wir früh zu Bett.

Programmgemäß soll der als Sahnehäubchen vorgesehene Ausflug zum großen Khao Sok See inmitten des Nationalparks starten. Halb acht stehen wir auf und machen uns frisch. Dann beeilen wir uns beim Frühstücken, denn wir sind unter Druck geraten, weil ein Minibus des Veranstalters vorgefahren ist. Auf dessen Empfehlung nehmen wir unsere Wanderschuhe mit.

Die Teilnehmerzahl hat sich sprunghaft vergrößert, und die Besetzung ist international. Sogar eine Russin mit ihrem Baby wagt den Trip. Ich habe bei der Sitzvergabe Pech, denn ich sitze unbequem zwischen dem Fahrer und dem Guide eingeklemmt, und das eine Stunde. Hinterher kann ich meine Beine nicht bewegen. Angela, Heidrun und Martin saßen nebeneinander auf der Bank hinter mir. Und kaum raus aus der Kiste, besteigen wir mit fünfzehn Teilnehmern ein Longtailboot. Als wir die Schwimmwesten angelegt haben, geht's hinaus auf den See. Die Fahrt führt zu einer wunderbaren Karstfelsenansammlung mit Ansichtskartencharakter. An der Stelle hält das Boot und bietet die Möglichkeit, etwas für die heimische Fotowand zu tun, quasi die Auswahl der Bilder für Vorführabende zu bereichern. So nutze ich die Chance und halte die Felsformation im Bild fest. Da der Wasserspiegel glatt ist wie ein Kinderpopo, ist keins der Bilder irgendwie unscharf oder verwackelt. Doch als das Boot wieder Fahrt aufnimmt, wird die See ungemütlich. Ich werde mit Seewasser überschüttet, da ich weit vorn am

Bug sitze. Aber ich grummele nicht, denn das Erlebnis hat Spaßcharakter.

Nach einer Stunde legen wir in einer Bucht an und ich wechsele mein Schuhwerk. Statt der Latschen trage ich jetzt die Wanderschuhe, was sich als totaler Quatsch herausstellt, denn der Streckenabschnitt ist ungefährlich und gleicht einem Spaziergang. Unser Guide führt uns durch ein Waldstück in eine weitere Bucht, von der wir auf einem Floß über den See zu einer Höhle fahren wollen. Doch bevor die Floßfahrt losgeht, werden uns als Imbiss leckere Frühlingsrollen serviert. Doch der Snack hat einen geringen Sättigungsgrad, sodass wir hungrig bleiben. Währenddessen legt die Russin ihr Baby an die Brust. So wird wenigstens der Säugling satt und bleibt friedlich.

Zur Weiterfahrt hat man zwei Bambusflöße vorbereitet. Mit notdürftig aneinandergebundenen Stangen wirken die Fahrzeuge imposant, aber auch unzuverlässig. In mir macht sich leichter Schauder breit. Wir besteigen die Rohrgeflechte in zwei Gruppen, dann beginnt eine wilde Fahrt, angetrieben von einem Außenbordmotor, zu einer Höhle, der wir einen Kurzbesuch abstatten. Der Höhlenboden ist nicht trittsicher, denn er ist glitschig, so ist Vorsicht geboten. Gegenüber der Höhle in der Ha Long Bucht oder der Marmorhöhle, beide bedeutend größer, ist die hier im Nationalpark klein und unscheinbar, dennoch hat sie ihren Reiz. Um den besser genießen zu können, verteilt der Guide kleine Taschenlampen, mit denen wir in der Höhle herumschlendern. Niedliche Statuen, die in Nischen stehen, oder auf die Höhlenwand gekritzelte Ornamente, animieren zum Zücken der Kamera. Alles wirkt auf mich anstatt schaurig, eher witzig, aber im Endeffekt hat uns das Höhlenforschergedöns Freude bereitet und Sehnsucht nach mehr geweckt.

Nach der Rückkehr zum Floß ziehe ich die Wanderschuhe aus, denn die Sonne knallt auf den Bergsee, so ist es heiß. Die luftigen Latschen sind für solche Temperaturen besser geeignet. Sie bewähren sich während der Weiterfahrt zu einem Hüttendorf mitten im See, bei der wir der Sonne schutzlos ausgeliefert sind. In den Hütten könne man sogar übernachten, erklärt uns der Reisebegleiter. Wir bekommen frischen Fisch vorgesetzt und anschließend ein deftiges Chicken Curry serviert. Das ist von der Menge mehr als ausreichend, also essen wir uns satt. Danach wandern wir auskundschaftend zwischen den Holzbuden herum, andere Teilnehmer schwimmen im See und vertreiben sich so die Zeit.

Während der Höhlenwanderung habe ich mich mit einem Ehepaar aus Bayern angefreundet, das in der Nähe Tarragonas ein Ferienhaus besitzt. Ich unterhalte mich mit ihnen über München, weil ich in der Landeshautstadt meine Hippiephase verbracht hatte. Das Paar wohnt wie wir im Morning Mist, wo wir das begonnene Gespräch vertiefen wollen, was mich freut, denn auf mich macht das Paar einen aufgeschlossenen und aufgeweckten Eindruck. Sehr gute Gesprächspartner sind sie allemal.

Aber der Ausflug geht nicht ohne Querelen über die Bühne. Das wäre auch zu schön gewesen. Und wer trägt daran die Schuld? Unser Guide. Der teilt uns zum Erstaunen der meisten Teilnehmer mit, dass sich die teure Tour um zwei Stunden verkürzt. Warum das? Die Nachricht überrascht uns. Wir schauen ihn mit großen Augen an. Die jungen Leute schimpfen. Sie wollen nicht aus dem Wasser. Ist das mit der Verkürzung korrekt?

Der Guide hatte drei Teilnehmern versprochen, sie rechtzeitig an einem Knotenpunkt abzusetzen, von dem sie den Linienbus nach Krabi erwischen würden, in den sie umsteigen wollen. Dem Wunsch der Umsteiger will der Guide Rechnung tragen, gegen die breite Mehrheit. Auch wir sind nicht erfreut.

Täterätä, die Extrawürste haben sich durchgesetzt, denn bereits fünfzehn Uhr geht die Bootsfahrt in Richtung Anfangssteg weiter, an dem wir eine halbe Stunde später anlegen. Ich eile voraus und stürze mich in den wartenden Bus, denn ich will einen angenehmeren Sitzplatz ergattern, was mir mit etwas Drängeln gelingt. Zu erwähnen wäre noch, dass sich auf der Heimfahrt die Wogen glätten. Das Donnergrollen hat sich verzogen. Die Extrawürste werden herzlich verabschiedet, woran man abermals sieht, wie schnelllebig die Zeit sein kann.

Wieder in der Anlage. beraten wir mit Heidrun und Martin, wie es weitergehen soll. Die Zwei wollen nach Ko Pha Ngan weiterreisen, wo wir bereits während des ersten Thailandaufenthaltes waren. Doch da schau einer an, denn dieser Martin entpuppt sich als Tausendsassa, der für Überraschungen gut sein kann. Ich habe ihn verkannt und revidiere meine Negativbeurteilung. Stattdessen ziehe ich den Hut vor seinen Qualitäten, denn er gibt uns den Ratschlag, auf die Inseln Ko Lanta und von dort nach Ko Phi-Phi zu schippern. Er hätte beide Inseln in sehr guter Erinnerung behalten.

Als wir uns ins Bett begeben haben, denken wir darüber nach, dabei wird die alkoholgeschwängerte Nacht sehr lärmintensiv. Eine Gruppe Abschied feiernder Russen haut rücksichtslos über die Stränge. Im Suff kennen die kein Pardon. Ihr Gesang ähnelt dem Grölen einer Horde wildgewordener Paviane. Wegen der Randale haben sogar die Streifenhörnchen unser Strohdach verlassen und die Flucht ergriffen. Die hatten uns nächtelang mit ihrem Rascheln genervt. Deren Geräusche erinnerten mich an unseren Bungalow auf Phu Quoc.

Der letzte Tag wird ruhig. Zuerst legen wir uns an den Pool, in dem ein Schwede mit seinen zwei Kleinkindern herumplanscht. Heidrun und Martin bekommen wir nicht zu Gesicht. Die Eigenbrödler sind zu einer Tour mit dem Moped aufgebrochen. Sollen sie doch, denn bisher haben sie sich nicht als ein Gewinn für eine gemeinsame Tagesgestaltung herauskristallisiert. Die schmoren, da sie keine Rücksicht auf andere zu nehmen, im eigenen Saft. Für mich ist das der Schwachpunkt der Alleinlebenden, denn er macht sie beziehungsresistent. Hat sich diese Meinung durch die Endtäuschung über Heidrun entwickelt?

Meine Frau und ich machen einen Abschiedsrundgang durch die Umgebung, bei der durchwandern wir eine Kautschukplantage. Die sieht ungenutzt aus, obwohl die Auffangbehälter an den Bäumen neu wirken. Danach lasse ich meine Beine andächtig ins glasklare, aber kalte Wasser eines Gebirgsbaches baumeln, dabei knabbern winzige Fische an meinen Füßen herum. Hinterher bewundern wir einige Baumhäuser, die wurden ideal an den Fluss gebaut. Weshalb denke ich bei deren urigem Aussehen an Robinson Crusoe? Im Nationalpark sind sie für Kleinfamilien vorgesehen, die den Einklang mit der Natur suchen. Und den aufkommenden Hunger bekämpfen wir mit einer Portion Bananen, die gebraten eine Delikatesse darstellen. Das muss als Snack reichen.

Den Ausflug beendet Angela am Pool und badet, ich gehe in unseren Bungalow. Dort ziehe ich mir frische Klamotten an. Dann lege ich mich in den Liegestuhl auf der Terrasse und lese in der Illustrierten „Der Spiegel", die Heidrun aus dem fernen Deutschland eingeschleppt hatte. Mein Verlangen nach der deutschen Presse ist gedämpft, denn ich will abschalten und der Weltpolitik die kalte Schulter zeigen. Die Krisen werden mich nach der Heimkehr wieder einholen. Doch bis dahin verschaffe ich mir einen freien Kopf und gewinne an Neutralität. Einen Wiedereinstieg in die Politik schließe ich aus. Mein Infarkt soll sich nicht wiederholen.

Am Abend treffen wir uns mit Heidrun und Martin im Restaurant, prompt gesellen sich die Bayern aus Tarragona zu uns. Wir sind zwar auf verschiedenen Wellenlängen, aber mich interessiert deren Blickwinkel. Da ich nicht hungrig bin, esse ich nur eine feurige Thaisuppe. Die gebratenen Bananen sind noch nicht verdaut.

Es dauert nicht lange, dann verabschiedet sich Heidrun. Als auch Martin still und heimlich verschwindet, ist es für uns das Signal, uns ebenfalls zurückzuziehen. Heuchele ich, wenn ich mir der Abschiedsabend bewegender vorgestellt hatte? Ein Besäufnis musste es ja nicht werden, aber wenigstens so was wie aufkommende Trauer konnte ich erwarten. Aber wir sind nicht auf La Gomera, zudem befinden wir uns in einem Stimmungstief. Und passend zu dem beschämenden Abschied erleben wir ein mordsmäßiges Katzengeschrei.

Am letzten Morgen frühstücken wir allein, denn Heidrun und Martin sind nach Ko Pha Ngnan unterwegs. Uns holt das Klappergestell von einem Minibus ab, der uns in zwei Stunden nach Krabi zu einem Verteilerbahnhof bringt. Dort geht alles blitzschnell. Man klebt uns den Aufkleber Ko Lanta auf die Rollkoffer und weiter geht die Fahrt mit einem Tuk-Tuk zum Pier, dabei fällt mir auf, dass ich meinen Frieden mit der Taxiinnung geschlossen habe. Ich drücke dem Fahrer ein großzügiges Trinkgeld in die Hand, dann steigen wir aus und landen auf einer total überladenen Fähre. Die bietet das Höchstmaß an dem von uns nicht gewünschtem Nervenkitzel, denn der Kapitän des Schiffes hat eine kriminelle Ader, anders ist sein Fehlverhalten nicht erklärbar. Bewusst nimmt er das Absaufen seinen Kahn durch die unübersehbare Überkapazität an Passagieren in Kauf. Also passe ich auf wie ein Luchs, wobei mir der Angstschweiß im Gesicht steht. Aber auch die Bullenhitze auf der Fähre ist außergewöhnlich. Hilflos bin ich auf dem Hauptdeck der Sonne ausgeliefert.

Angela hat einen Sitzplatz im Bootsinneren ergattert, derweil bewache ich unsere Rollkoffer. Die sind in Gefahr, denn während der Fahrt zu unserer Insel erlebe ich waghalsige Aktionen beim Umsteigen und Umladen des Gepäcks. Kleinere Zwischeninseln werden nicht direkt angefahren, deshalb vollzieht man den Umsteigevorgang in kleine Abholboote auf See.

*

Wir waren zwei Stunden unterwegs, als die Fähre im Hafen der Insel Ko Lanta anlegt, wo uns ein eigenwilliges Motorrad-Transportmittel zu einem Resort mit dem Namen Bee-Garden bringt. Doch wie der Zufall so spielt, gibt es zwei Anlagen dieses Namens. Und wo landen wir? Natürlich in der Falschen. Das sind die Unwägbarkeiten des von uns favorisierten Reisens.

Daher hopp, hopp, und die Chose zurück. Wir hatten vorher keine Karte mit der Lage unseres Resort gesehen, demnach haben wir es verfehlt, praktisch sind wir nichtsahnend an unserer Anlage vorbeigefahren. Als wir am richtigen Standort aussteigen, sorgen wir für Gelächter.

„Eine derartige Odyssee ist selten auf Ko Lanta", sagt man uns. Und wir lachen aus Verlegenheit mit, womit wir uns gut einführen, denn wir wollen sechs beschauliche Tage in der Anlage verbringen. Das scheint auf den ersten Blick möglich zu sein.

Wir richten uns in einem orangefarbenen Häuschen ein,

da stellt sich heraus, dass das Kühlaggregat nicht funktioniert. „Scheiße", fluche ich meinen Unmut heraus, aber das Ding ist schlichtweg kaputt.

Dass das stimmt, erfahre ich bei der Nachfrage an der Rezeption, weshalb wir gute Gründe für einen Umzug hätten. Wir aber akzeptieren den uralten Deckenventilator, der als Ersatz einspringt. Damit wäre das Problem mit der Kühlung geklärt. Sich nach einer anderen Anlage umzusehen, darauf haben wir keine Lust. So nehmen wir es, wie es ist.

Ko Lanta hat die schlanke Form eines Strandhüpfers. Die längste der über fünfzig Inseln des Archipels präsentiert sich als idyllisches Ferienparadies, denn was die Strände anbelangt, da macht die Küste eine gute Figur. Außerdem ist die Insel ein Schmelztiegel verschiedenster Kulturen. Der muslimische Einschlag wurde uns während der Irrfahrt an einer mit seinen grünen Kuppeln herausgeschmückten Moschee vor Augen geführt. Aber es verstecken sich auch thailändische Tempel hinter den grünbraunen Ästen knorriger Mangroven.

Unser Abendessen in der Anlage ist gut, dagegen stören uns unsere direkten Nachbarn. Anscheinend sitzen sie den lieben langen Tag und auch die Abende auf der Nachbarterrasse. Intimsphäre können wir vergessen, und eine Unterhaltung kann man mit den stupiden Zeitgenossen nicht führen. Schert euch zum Teufel, denke ich beim Anblick des Kettenraucherehepaars, das anscheinend aus Skandinavien kommt. Von der Sorte Urlauber aus dem hohen Norden wimmelt es auf Ko Lanta. Nach dem aufreibenden Anreisetag trinken wir ein Glas Brandy mit Cola, alles im gegenüberliegenden Seven Eleven gekauft, dann verabschieden wir uns von den Nachbarn und gehen früh zu Bett.

Der März hat begonnen und meine Frau schläft noch,

als ich mich mit dem Smartphone und den Sportinfos beschäftige. Leverkusen hat gewonnen und ist Vierter in der Tabelle. Na wunderbar. Das gefällt mir. Und mein EHC München ist Zweiter in der Eishockeyliga DEL. Was will ich mehr. Der Abstecher in die Welt des Sports hat sich gelohnt, denn meine Lieblinge schwimmen auf einer Welle des Erfolgs.

Als meine Liebste aufwacht, frühstücken wir in einem überdachten, aber nach allen Seiten offenen Strandhäuschen, dabei ist es weiterhin unbändig heiß. Danach cremen wir uns dick ein, denn die Intensität der Sonne ist nicht zu unterschätzen, anschließend legen wir uns in den Schatten eines Baumes auf eine der Anlage gehörenden Liege. Ab und an springen wir zur Abkühlung ins Meer, danach duschen wir uns das Salzwasser ab.

Spät nachmittags machen wir uns fertig für den Hauptort. Doch bevor wir aufbrechen, buchen wir am Computer der Nachbaranlage eine Überfahrt auf die Nachbarinsel Ko Phi-Phi. Und weiter bekommen wir per Internet heraus, dass die beste Lösung um nach Bangkok zu kommen, eine Flugverbindung von Krabi in die Hauptstadt ist. Diese Flugbuchung werden wir am Abend in einem Reisebüro im Ortszentrum vorantreiben. Das ist die sicherste Methode.

Danach sind wir abmarschbereit, so wandern wir mit nackten Füßen an einem der schönsten Strände der Welt entlang, dabei ist es eine Wohltat, sich vom Sand und dem Meerwasser die Füße massieren zu lassen. Noch besser wäre natürlich ein leckeres Eis. Als Sonnenschutz trage ich meine Kappe, die schützt mich vor einem Sonnenstich. Dennoch verlieren wir die Orientierung durch das schlechte Kartenmaterial. Das ist unbrauchbar für Neuankömmlinge. Erst bei Dunkelheit erreichen wir den Ort, dessen Name mir partout nicht einfallen will. Wir

buchen die Flüge, dann bummeln wir durch das Gassengewirr um den Hafen, dabei checken wir eine Menge an
Schiffsrestaurants, die einladend aussehen, nur können
wir uns nicht entscheiden. Deshalb führen wir uns die
Verkaufsbuden zu Gemüte, ohne einen Einkauf zu tätigen, bis es uns reicht. Also gehen wir unverrichteter
Dinge an den Strand. Unser Ziel ist das Restaurant des
Schweizers mit dem Namen Hans, das als Geheimtipp
gehandelt wird. Dessen Qualität hat sich in Urlauberkrei-
sen herumgesprochen, so finden wir nur mit Mühe einen
freien Tisch. Dass der Tipp heiß ist merken wir an den
zischenden Speiseplatten, die man auf dem Tisch anzün-
det, uns so flambiert. Das Spektakel ist perfekt.

Auf dem Rückweg spekulieren wir auf einen Drink in
einer originell gestalteten Strandbar, an der wir auf dem
Hinweg vorbeigekommen waren, doch alle Plätze sind
besetzt. Wir merken uns den Besuch für den nächsten
Abend vor, dann kaufen wir eine Cola zur vorhandenen
Flasche Brandy im Seven Eleven, und setzen uns auf unsere Terrasse. Die qualmenden Nachbarn schlafen anscheinend, denn ausgegangen sind die sicher nicht.

Der folgende Tag führt uns in den Norden der Insel. Wir
überqueren ungezählte Klippen und durchwaten das
Meerwasser hinter bewaldeten Buchten. Ich will eine auf
dem Rücken liegende Krabbe retten, doch es ist zu spät.
Sie ist hinüber. Und das ähnliche Ende droht auch uns,
denn völlig erschöpft und kraftlos erreichen wir die
zweite Bee-Garden Anlage, obwohl ich zur Abkühlung
ins Wasser gesprungen war und ich mich nicht abtrock-
nen musste, denn das hatte die Sonne erledigt.

Mehr aus Neugier bewundern wir abenteuerliche Hütten
in der namensverwandten Anlage. Alles wirkt improvisiert und verspielt, als hätte ein Inselkünstler Hand an-

gelegt. Mein Gott, denke ich, so schlecht wäre unsere Unterbringung hier gar nicht gewesen. Die Gäste sind sicher ähnlich alternativ angehaucht wie wir, was zwangsläufig zu vielversprechenden Kontaktaufnahmen geführt hätte, die wir nach dem Intermezzo mit Heidrun und Martin vermissen. Der Nachteil der urwüchsigen Anlage ist: Der Strand ist reich an Algen, außerdem ist er mit glitschigen Felsplatten übersät. Er kann sich mit dem vor unserer Haustür nicht messen, und die Betreuung in unserer Anlage ist hilfsbereit. Als Beispiel stellt uns der Besitzer sein Kanu kostenlos für Paddelausflüge zu Verfügung, was wir ohne schlechtes Gewissen ausnutzen. Eigentlich stören nur die Nachbarn, doch mit der Situation kommen wir zurecht.

Am Abend zieht es uns erneut in den Ort. Dort essen wir in einem Restaurant, das gleichzeitig als Büchershop dient. Vor dem Essen stöbern wir im Literaturangebot herum, doch der sich anschließende Genuss der Gerichte will sich nicht einstellen und bleibt bescheiden. Nicht so der Shopping-Rundgang, denn bei dem erweitert meine Frau ihr Kleidersortiment. Und daran anschließend fährt uns ein Moslem-Mädel, erkennbar an ihrem Kopftuch, mit ihrem Tuk-Tuk nachhause. Gibt es auf Ko Lanta radikale Strömungen? Hegt die islamgläubige Bevölkerung Sympathien für die Mörderbrut des IS?

Diese junge Frau hat mit Fremdenfeindlichkeit nichts im Sinn. Sie ist freundlich, aufgeschlossen und unkompliziert. Parolen des IS gehen ihr sicher am Arsch vorbei. Meine Frau macht ein Foto, auf dem mich das Mädel zum Abschied drückt. Dieses Bild ist dazu angetan, jegliche Feindbilder wirkungsvoll zu bekämpfen, denn zeige ich es in der Heimat, dann wird die Islamfeindlichkeit noch unverständlicher. Kein normaler Mensch kann die Entgleisungen verstehen, die das Sammelbecken an Verrückten unter der IS-Flagge anrichtet. Diese Irren leben ihre perverse Neigungen ungehemmt aus, zum Beispiel mit Enthauptungen und Steinigungen. Ich dagegen werfe Fremde in unserem Land nicht in einen Topf mit Vergewaltigern und Massenmördern. Das zu tun zeugt von schwach ausgeprägter Toleranz.

Leider fruchtet die fremdenfeindliche Hetze der AfD in unserem Land, was von großer Dummheit zeugt und einem Skandal gleichkommt. Immerhin ist die in Deutschland praktizierte Willkommenskultur ein sicheres Zeichen von noch vorhandener Intelligenz und stimmt mich hoffnungsfroh. Bitte verzeihen Sie mir meinen Gefühlsausbruch, aber diese Kritik gehört an die Frau und den Mann gebracht.

Damit der Abend gutgelaunt ausklingt, gehen wir zum Indianer und besetzen beim ihm zwei freie Plätze. Der mit einem imponierenden Federschmuck kostümierte Thailänder besitzt das Strandlokal mit dem größten Zulauf, denn die Songs der Band Creedence Clearwater Revival laufen bei ihm rauf und runter. Ich erwähne mit Proud Mary, Bad Moon Rising oder Fortunate Son nur drei der berühmtesten Ohrwürmer. Wir sind überrascht, wie viele Hits die Truppe gelandet hatte. Mit seiner Musikauswahl hat der Indianer den Zeitgeist getroffen und seine Bar zu einer poppigen Szenekneipe entwickelt. Und genial ist, wie er in seiner Indianerkluft die Gäste bezirzt. Auch wir schlagen zu und trinken zwei Cocktails. Angela ihre Margaritas und ich gönne mir den Cocktail Swimmingpool, dann hat uns Ko Lanta einen wunderbaren Tag beschert, von dem wir in der Heimat bei unseren Bildvorträgen schwärmen werden.

In unaufgeregtem Trott, entgegengesetzt der Geschwindigkeit eines Thallis, bewegen wir uns die weiteren Tage über das friedliche Eiland. Wir genießen das Flair am

Strand in vollen Zügen. Inzwischen bin ich picke backe braungebrannt, und mein Gesundheitszustand bietet für Beanstandungen keinen Raum. Vermeide ich Stress und lebe weiterhin so reiseintensiv, dann ist es keine Utopie, dass ich die einhundert Jahre Schallmauer durchbrechen werde. Okay, ich bin ein Scherzkeks, aber zu optimistisch finde ich die Prognose keineswegs.

Jedenfalls geht bei mir die Post ab. Im Moment durchlebe ich weder Schwankungen, noch bin ich instabil. Mich belastende Einflüsse habe ich auf den Mond geschossen. Doch die Zeit bleibt auch in Ostasien nicht stehen. So naht unausweichlich der 5. März, unser Abreisetag nach Ko Phi-Phi.

Es ist ein Samstag. Wir frühstücken ohne Eile, denn uns verbleibt viel Zeit bis zur Abreise. Für zwölf Uhr ist der Transporter auf Motorradbasis bestellt, um uns abzuholen, also gehen wir ein letztes Mal zum Strand und waten durch die Wellen. Auf dem Rückweg in unser Häuschen spricht mich ein Deutscher aus einem anderen Bungalow an. Mit dem hatte ich vorher kein Wort gewechselt. Er drückt mir seine gelesenen Illustrierten in die Hand. „Für unterwegs", sagt er und wendet sich ab. Danach verabschieden wir uns vom Besitzer der Anlage und seiner Crew, um anschließend mit dem Tuk-Tuk-Geschoss zum Hafen zu brausen.

Die Passage nach Ko Phi-Phi dauert eine Stunde. Sie ist nervig. Das Geschrei eines Kleinkindes erinnert mich daran, dass ich Opa werde. Da das Boot unterbesetzt ist, bietet es Bewegungsspielraum. Ich beneide die Landsleute, die sich die Zeit lautstark lachend mit ein paar Partien Poker totschlagen.

*

Schon von weitem sehen wir die Umrisse eines Traumschiffes, das vor Ko Phi-Phi ankert. Unser Fährschiff mogelt sich an dem riesigen Pott vorbei, dann legt es an und lässt uns aussteigen. Doch a la Bor Noir, was stellen wir mit Verwunderung fest? Die Insel ist autofrei. Wir sehen kein einziges Auto, und sogar die Mopeds hat man aus den Gassen verbannt, was uns die Insel sympathisch macht. Alle Gegenstände zum täglichen Gebrauch werden mit Handkarren von Hü nach Hot transportiert. Wir jedoch brauchen kein Transportmittel, denn wir sind bei Kräften und gut zu Fuß. Da unsere Anlage nicht weit vom Anleger entfernt liegt, finden wir sie leicht. So stehen wir alsbald an der Rezeption, wo uns die Hotelfachfrau auf ein niedliches, rosafarbenes Häuschen hinweist. Es liegt gegenüber dem Haupthaus an einem Sportplatz.

„Your home", sagt sie und lächelt.

Bei der Besichtigung des Winzlings vermissen wir einen Kühlschrank. Die Hütte hat auch keinen Schrank, genauso wenig einen Tisch, auch keinen Spiegel im Duschtrakt, und auf der Terrasse stehen zwei abgewetzte Plastikstühle. Der Standard ist unterirdisch. Immerhin ist das Frühstück im Preis inbegriffen.

Wir sind sprachlos. Aber etwas Luxus verspricht das Häuschen, denn höre und staune: Es besitzt eine Klimaanlage. Und noch toller ist: Die Wohnanlage hat einen Außenpool, der allen Gästen zur Verfügung steht.

Zu dem gehen wir, denn wir sind von der Überfahrt verschwitzt. Wir schwimmen ein paar Runden im lauwarmen Wasser, was keine Abkühlung bringt, dann duschen wir uns kalt ab und ruhen uns auf einer superweichen Liege aus. Als eine Stunde rum ist, kleiden wir uns an und gehen zum Abendessen in die Restaurantmeile am Wasser. Dort essen wir, trotz der Menge an unangenehm in Erscheinung tretenden Chinesen, in eben einem ihrer Restaurants. Mir serviert man ein Gemüsegericht, das ich mit Sojasoße und Sambal Olek nachwürze, so schmeckt es hervorragend. So könnte also alles bestens sein, wäre da nicht das chinesische Paar mit dem Kleinkind am Nebentisch, das ihrem Sprössling jede Frechheit durchgehen lässt. Sicherlich eine Negativfolge der Ein-Kind Politik.

Ko Phi-Phi ist das Starlet an der Andamanen-Küste. Seine Popularität liegt an den prächtigen Stränden und der eigenwilligen Inselstruktur mit großem Waldreichtum. Jeder Tourist will ein Stück vom atemberaubenden Ambiente abhaben. Die Menschenmassen mögen es im azurblauen Meer zu planschen. Ihnen gefallen die verwegenen Boottrips, die sie durch Klippen zu benachbarten Stränden und auf Nachbarinseln führen, wo sie ihre Fotos schießen können. Die Partyinsel ist wie gemalt für die junge Generation, denn an der Ostseite der Insel sind die Lokale der Feuerakrobaten beheimatet. Zu stampfenden Rhythmen zaubern sie ihr Showprogramm aufs umlagerte Parkett. Auch wir schauen zu, prompt stürmt ein ehemaliger Schüler meiner Frau auf uns zu und begrüßt Angela überschwänglich.

Als der Schüler mit seinen Freunden weiterzieht, da ist meine Frau gerührt. Die Überraschung hat ihr die Sprache geraubt. Aber auch die Feuerdarbietungen tun das Ihrige. Ich finde den Umgang mit dem Feuer verantwortungslos. Die knackig eingeölten Jongleure lassen ihre Feuerstäbe kreisen und schmeißen sie atemberaubend hoch in die Luft, wobei die Verletzungsgefahr groß ist. Oft landet ein Stab unkontrolliert im Publikum, was zu einem unglücklichen Verlauf führen kann. Wer kommt für einen Schaden auf? Eine Versicherung?

Ein Regenschauer überrascht uns auf dem Heimweg.

Derartige Duschen von oben sind für uns nicht neu. Als der Regen aufhört, kommen wir bei der Elite der Feuerkünstler vorbei. Ein Jimmy Hendrix Verschnitt zündet drei Freiwilligen auf ihren Stühlen mit kreisenden Feuernäpfen deren Zigaretten an, die sie im Mund halten.

O nein, bei so viel Waghalsigkeit bleibt einem das Herz stehen. Mich könnte niemand zum Mitmachen bei dem Spektakel überreden, denn ich bin nicht lebensmüde und schätze die Gefährlichkeit des Treibens richtig ein. Für die beliebten Auftritte muss man Leichtsinnige oder gar Dumme finden, die es anscheinend gibt.

Zu der Klientel gehören wir nicht. Und weil das so ist, verzichten wir auf den Gutenachttrunk in einer der Feuer-Arenen, stattdessen genießen wir die Wirkung unserer Klimaanlage, durch die sich das Häuschen angenehm abgekühlt hat. In dem Sinne, eine gute Nacht.

Am zweiten Tag auf Ko Phi-Phi wollen wir einen Ausflug zum Long Beach machen. Vorher setzen wir uns in ein kleines Restaurant, das zur Anlage gehört, und frühstücken. Das Frühstück ist ansprechend. Ich esse sogar ein Müsli mit Jogurt. Hinterher passt nichts mehr in meinen Bauch hinein.

Unterwegs zum Long Beach müssen wir durch eine Baumhüttenanlage klettern, dann erreichen wir ihn, den Magnet unter den Badeständen. Wir fühlen uns, als wären wir auf einer Wolke in den Himmel geschwebt, denn das Strandstück ist paradiesisch. Jeder Von uns breitet seinen Sarong unter den überstehen Ästen der Mangroven aus, denn es gilt das oberste Gebot: Schütze dich vor der Sonnenbestrahlung. Ich creme mich ein, dann gehe ich ins glasklare Wasser, dabei bewundere ich, auch ohne Schnorchel-Ausrüstung, die bizarren Zebrafische, die in ausreichender Anzahl um meine Beine herumschwirren.

Danach döse ich vor mich hin, dabei schweife ich in meinen Gedanken in die nahe Zukunft ab: In sechs Wochen ist die mit unschätzbaren Erlebnissen ausgestatte Reise vorbei. Dann ist das Glanzstück gelebter Geschichte ein Teil meiner Vergangenheit. Aber was erwartet mich bei der Rückkehr?

Dass ich Opa werde ist Fakt. Außerdem gehe ich von der Hochzeit meines Sohnes aus. Darauf freue ich mich. Wann werde ich weitere Enkelkinder bekommen? Geht mein Wunsch nach einem weiteren Reiseabenteuer in Erfüllung, zum Beispiel durch Südamerika?

Wenn es so käme, dann wäre ich ein Glückspilz. Aber mit Glück allein hat mein Lebenswerk nichts zu tun, denn es liegt in meiner Hand. Für eine spannende Zukunft habe ich die richtige Partnerin ausgewählt, mit der ich mein Fernweh konserviere. Und da ich kein Angsthase bin, traue ich mir noch eine Menge zu. Jawohl, so soll es sein. Viele Mitmenschen denken an ein erfülltes Leben, aber sie handeln nicht dementsprechend. Doch das ist bei mir anders, denn ich gehöre zu den aktiven und lebensbejahenden Zeitgenossen

Ich schrecke aus meinen Gedanken auf und wische sie weg. Erst einmal haben wir spannende Tage auf Ko Phi-Phi vor der Brust und danach steigert sich die Spannung, denn wir werden die große Unbekannte erobern, nämlich das von märchenhaften Sagen eingerahmte Indien. Und wie gehe ich mit der zu befürchtenden Armut um? Mein Gott, wir werden die Slums meiden. Und schlimmer als die Armut in Kambodscha wird es nicht werden, obwohl wir Gegenteiliges gehört haben.

Das Wasser hat sich zurückgezogen. Es ist Ebbe. Die Longtailboote liegen auf dem Trockenen. An denen vorbei wandern wir zu unserer Hütte zurück. Der Hinmarsch zum Long Beach war ein Rauf und Runter durch eine

Hüttenansammlung, und diese Plackerei bleibt uns am Traumschiff vorbei erspart. Tja, das Monstrum ist immer noch präsent. Hier vor Ko Phi-Phi macht es einen längeren Stopp, was für die Attraktivität der Insel spricht. Es wird bald ablegen, denn eine Masse an Menschen wälzt sich an Bord. Wir allerdings würden mit keinem Paar auf solch einem Monsterschiff tauschen

Beim Blick auf den Berg, der majestätisch über die Insel wacht, kommt uns die Idee, ihn zu besteigen. Ich brauche Aktionismus. Die Schwimmerei genügt nicht als Tagesprogrammfüller. Will ich meine gewagte Altersprognose wahrmachen, dann gehört ein strammes Bewegungsprogramm dazu. Aber zuvor stürzen wir uns in die Welt der Ausflugsboote, und buchen einen Half-Day-Trip mit einem Langboot für den morgigen Nachmittag. Ziel ist das Umrunden der Nachbarinsel mit der berühmten Maja Bucht, bestens bekannt durch den Film „The Beach" mit Leonardo de Caprio. In dieser Bucht wurden die meisten Filmszenen gedreht, wodurch die Bucht lange Zeit in aller Munde war.

Um zu Abend zu essen, setzen wir uns in ein Lokal an der Uferpromenade. Von unserem Tisch beobachten wir vorbeitreibende Typen jeglicher Couleur. Wir lieben diese Macke. Habe ich das erwähnt? Und nach dem einverleibten und leckeren Yellow-Hähnchen Gericht besuchen wir nochmals die beste Feuershow der Insel, diesmal findet sie in der Hippie-Bar statt. Meine Frau filmt mit dem Handy, beispielsweise die Zigarettennummer, mit dem Ebenbild des von uns verehrten Jimmy Hendrix, denn der Wuschelkopf ist der Star der Szene. Und gegen elf Uhr gehen wir in unser Häuschen, werfen die Klimaanlage an, dann wünschen wir uns eine gute Nacht.

Nach dem Frühstück setzen wir uns in ein Internet-Cafe.

Zuerst bucht Angela ein Zimmer in Bangkok, danach schreibe ich eine Mail an Richard, denn mich interessiert wahnsinnig, wie's gesundheitlich mit ihm weitergeht. Danach haben wir Zeit bis zum Ausflug und retten uns mit einem Stück Kuchen über die Runden, außerdem erwerbe ich ein weißes T-Shirt mit schwarzen Fischen darauf, wobei der Gag ist, dass ein Fisch rot ist und in die entgegengesetzte Richtung schwimmt. Ich bin von dem Fischmotiv hellauf begeistert, denn wie der entgegengesetzt schwimmende Fisch fühle ich mich oft auch. Das Einzige, was mich an Ko Phi-Phi stört, das sind die horrenden Preise. Durch die Einstufung als ein Weltwunder ist die Attraktivität enorm, was die Insel entsetzlich teuer macht, nicht nur die Getränke und das Essen. Im Vergleich zu den Preisen auf Ko Lanta entbehren sie hier jeder Grundlage.

Wir sind pünktlich am Anlegesteg, trotzdem müssen wir uns fünfundzwanzig Minuten gedulden. Erst als die Verpflegungsration an Bord ist, beginnt das Spektakel, denn ohrenbetäubend laut legt das Longtailboot mit seiner internationalen Besetzung vom Pier ab. Wir teilen uns das Boot mit vier Deutschen, es sind vermutlich Berliner, dann mit Franzosen und Thais. Alle zusammen sind wir zwanzig Personen. Mit einem Mann aus Kanada unterhält sich Angela, doch der kann nur flüstern, denn er hat eine Kehlkopfoperation hinter sich, was die Verständigung kolossal erschwert.

Zuerst halten wir an einem Affenfelsen und werden beim Aussteigen fürchterlich nass. Ich hätte mich bis auf die Badehose ausziehen sollen. Meine Frau ist clever und hat ihren Bikini an. Die Affen machen einen überfütterten Eindruck. Kein Wunder, bei der Menge an Booten, die bei ihnen Station machen. Und der darauffolgende Halt ist eine Piratenhöhle. Der Bootsführer, ein cooler

Typ, verteilt die mitgenommenen Snacks, dann wirft er Brotreste ins Wasser, sodass wir beobachten, wie sich Fische in den tollsten Farben um die Nahrung balgen. Es ist ein aufregendes Bild. Überfischt scheinen die Gewässer um Ko Phi-Phi nicht zu sein.

Danach erfrischen wir uns durch ein Bad in einer Lagune, denn es ist unmenschlich heiß, und schon kommen wir zum letzten Haltepunkt des Trips, und das ist die weltberühmte Maja Bucht, die unter Naturschutz steht. Bei Niedrigwasser klettern wir von Bord und waten über große, glitschige Steinbrocken an Land, dabei gehen wir Hand in Hand, um nicht ins Wasser zu fallen. Den Eintritt für eine Besichtigung der Requisiten zu diversen Filmaufnahmen haben wir mit der Bootstour bezahlt. Danach nutzen wir die zwei Stunden Aufenthalt für einen Rundgang durch ein kleines, aber schmuck zurechtgemachtes Gehege. Und mit einem Sonnenbad endet der besinnliche Ausflug in die Welt des Films.

Als wir aufbrechen wollen, fehlt eine junge Frau. Wo steckt sie? Das Gelände ist überschaubar. Verirren kann man sich darin nicht. Auch ein Unfall ist auszuschließen. Warum also verpasst sie den Abfahrtstermin?

Der Sachlage auf den Grund gehend, macht sich der Guide auf die Suche, doch er kommt bald mit zuckenden Schultern zurück. „No little Women", krächzt er.

Die Situation ist entmutigend, denn wir können ohne die junge Frau nicht ablegen. Uns bleibt nur übrig zu warten und das dauert.

Nach einer Stunde taucht sie endlich auf. In ihren Augen spiegelt sich die Angst, wir könnten ohne sie die Insel verlassen haben. Doch wo hatte sich die Verwirrte herumgetrieben? Warum hatte sie die Abfahrtszeit verpeilt? Das verrät sie nicht. Jedenfalls nehmen wir viel zu spät, doch bei noch ausreichendem Wasserstand, wieder Fahrt auf. Und gerade noch rechtzeitig, bevor der Wasserstand zu niedrig ist, legt das Longtailboot im akzeptablen Anlegebereich auf die Hauptinsel an. Der Ausflug hat wahnsinnig hungrig gemacht, so lechze ich nach einem ausgiebigen Essgelage in einem Restaurant an der Fressmeile, aber vorher machen wir uns auf den weiten Weg zu unserem Häuschen.

Noch unterwegs richte ich die nicht unwichtige Frage an meine Frau: „Was essen wir heute?"

Und die antwortet: „Ich habe da eine Idee."

Angela rollt vielsagend mit den Augen, aber was das für eine Idee ist, das erfahre ich nicht, denn darum macht sie ein großes Geheimnis. Also duschen wir am Pool und ziehen uns frische Klamotten an, dann gehen wir zum Abendmahl in die Restaurantmeile, wo meine Frau endlich mit der Idee herausrückt.

„Wir machen einen italienischen Abend", schwärmt sie und entscheidet sich für eine Pizzeria, in der unsere Meeresfrüchtepizza wahnsinnig lecker duftet.

An diesem Abend fallen die Aktivitäten bezüglich Feuerzauber aus. Stattdessen kaufen wir in einem Lädchen ein Fläschchen Brandy und dazu eine Familienflasche Cola. Die Getränke nehmen wir mit auf unsere Miniaturterrasse, auf der es sich ein Schmusekätzchen bequem gemacht hat. Ich streichele das Tier ausgiebig, dann machen wir uns fertig für die Nacht.

Vor dem Frühstück schlucke ich meine Tablettenration und lasse mir von Angela den Text von Richards Mail vorlesen. Er sei in Bangkok und seine Untersuchungen seien abgeschlossen, schreibt er. Im Moment sei er nach Ko Phan Ngan unterwegs.

O Gott, fährt mir durch den Kopf, was bist du leichtsinnig, du alter Knabe. Richard schreibt weiter: Er stehe in aussichtsreichen Verhandlungen mit der Krankenkasse über einen operativen Eingriff.

Nun, ja, aufschlussreich ist das nicht gerade, denn wie zwingend der Eingriff ist, das schreibt er nicht. Und ob es überhaupt stimmt, auch darin sind wir uns bei ihm nicht sicher. Jedenfalls hat sich unser beabsichtigtes Treffen in Bangkok erledigt. Vielleicht treffen wir ihn beim Besuch seiner Tochter in Berlin?

Ich richte Richard per Mail die besten Genesungswünsche aus, dann schieben wir das Kapitel erst einmal auf die lange Bank. Und den Kopf frei, gehen wir das Besteigen der imposanten Erhebung zum New Point beherzt an. Wir wählen die etwas längere und waldreiche Variante, die oft Schatten garantiert, dennoch wird der Aufstieg eine schweißtreibende, aber lohnende Angelegenheit. Doch als wir das Plateau der Bergkuppe erreicht haben, sind wir nicht allein, denn der Aussichtspunkt ist ein Rummelplatz, dennoch ist der Ausblick genial.

„Für solche Momente haben wir uns auf die Reise begeben", philosophiert meine Frau. „Sie sind die Leckerbissen in eine fantastische Inselwelt."

Wir machen sehenswerte Fotos von der Insel in seiner Gesamtheit und ich belohne mich für die Plackerei mit einem Eis an einer Verkaufsbude, bevor wir den verkürzten Abstieg wählen. Der besteht aus etwa tausend Stufen, die uns in der prallen Sonne in den Ort zurückführen. Trotz Kopfbedeckung schramme ich knapp an einem Sonnenstich vorbei. Doch dem entronnen, kaufen wir beim Bäcker leckere Kuchenstücke und am Gemüsestand eine Tüte Weintrauben.

„Heute gönnen wir uns was Gutes", hebe ich den Kauf übertrieben hervor, als ob wir sonst schlecht leben würden. „Trauben sind nicht so kalorienreich", ergänze ich.

„Der Ballast, der sich in meiner Bauchregion angesammelt hat, muss weg."

Mit der Begründung gehen wir an den Long Beach. Ich will mir das Übergewicht von den Rippen schwimmen. Doch das Wasser am Strand ist unruhig, noch dazu ist unser Liegeplatz besetzt. Immerhin ist ein Ausweichplatz sonnentauglich.

Nach einer ausgiebigen Schwimmeinlage und einer einstündiger Liegedauer, brechen wir das Faulenzerdasein ab und kehren in unsere Anlage heim. Wir duschen am Pool und schreiben Ansichtskarten, bis uns der Hunger in die Fressmeile treibt. Das 4 Seasons Restaurant bewirtet uns ausgezeichnet. In dem esse ich wie vor zwei Tagen das süßsaure Gericht, das mir ausgezeichnet gemundet hatte. Und die Feuershow rundet das Abendvergnügen ab, bei der sich der göttliche Jimmy Hendrix besonders intensiv ins Zeug legt. Eine bessere Show durften wir, trotz der Darbietungen auf Ko Tao, auf unserer Reise nie bewundern. Ein letztes Mal filmt Angela die herausragenden Sequenzen für unseren Freund Ayram auf La Gomera, denn der soll sich von der Qualität der Darbietung eine kräftige Scheibe abschneiden.

Das war's, guter Jimmy. Du bist eine Granate.

Mit einem Gespräch über ihn schlendern wir wie ein frischverliebtes Paar zu unserem Häuschen, dort schreibe ich im Tagebuch die Tageserlebnisse nieder. Als die Klimaanlage ihr kühlendes Werk vollbracht hat, legen wir uns ins Bett und Angela liest mit dem e-book Reader.

Der letzte Tag auf Ko Phi-Phi beginnt mit dem Schwimmen meiner Runden im Pool. Anschließend wasche ich mir die Haare unter der Dusche und danach meine Reiseshorts. Die trocknet hier in wenigen Stunden. Dann schnappe ich mir das Smartphone und lese unter der

Rubrik Kicker die Fußballergebnisse. Heutzutage wird man überall auf der Welt mit den Ergebnissen versorgt. Ich lese, dass Leverkusen 3:0 in Paderborn gewonnen hat und die Bayern als Gegner im DFB-Pokal gezogen haben. Es kommt demnach zu dem Knüller Bayer gegen Bayern. Okay, das ist machbar, denke ich. Und wenn nicht, dann bin ich an Kummer gewöhnt.

Nach dem Frühstück mit dem bewährten Müsli, gehen wir ins Reisebüro. In dem buchen wir die Fährfahrt nach Krabi und die Weiterfahrt mit dem Taxi zum Flughafen. Tausendeinhundert Bhat kostet der Kleinkram, umgerechnet dreißig Euro. Und fertig gebucht, mieten wir ein Kajak am Nordstrand. Der Vermieter verlangt einhundertfünfzig Bhat, das sind drei Euro, nachdem er die Verhandlungen mit dreihundert Bhat eröffnet hatte. Ich habe das Handeln nicht verlernt.

Nach einer Stunde intensiven Paddelns passiert mir bei der Abgabe des Kajaks ein Malheur. Ich klettere aus dem Boot und strauchele, dabei falle ich ins Meer. Nur mit viel Akrobatik kann ich die Kamera über Wasser halten, sonst wäre sie unter die Wasseroberfläche geraten und das Bildmaterial wäre futsch. Meine Frau schlägt wegen meiner Ungeschicklichkeit die Hände über dem Kopf zusammen. Und ich darf mir nicht ausdenken, wie ich mit dem Verlust sämtlicher Reisebilder hätte umgehen sollen. Das hätte mich am Boden zerstört.

Auf dem Heimweg kaufen wir zwei Donuts beim Bäcker und Obst an einem Gemüsestand. Meine Trauben schmecken hervorragend, Angelas Früchte ohne Namen sind nicht nach meinem Geschmack. Zudem ist es wie an jedem Tag superheiß, daher legen wir uns am Pool auf die Liegen unter einen Sonnenschirm, der Schatten spendet. Ich lese in einer aus Ko Lante übriggebliebenen Illustrierten, obwohl sie ein Wurstblatt ist, und ich den skandalträchtigen Schreibstil nicht mag. Trotzdem bleiben wir bis sechs Uhr, dann dusche ich und mache mich ausgehfertig. Angela folgt mir einige Minuten danach.

Das Abschiedsessen findet im Restaurant 4 Season statt. Nur das mit dem Gutenachtgetränk klappt nicht wie gewünscht. Das Vanilleeismilchgetränk, das ich mir als Floh in den Kopf gesetzt hatte, ist nicht zu bekommen. Trotz intensivsten Suchens finden wir kein Lokal, das mir den Wunsch erfüllen kann, doch zu guter Letzt werden wir in einer Pizzeria fündig, in der wir wegen eines Regenschauers Unterschlupf gesucht haben.

Und den restlichen Schnaps und die Cola vernichten wir vor dem zu Bett gehen auf der Terrasse, denn der Flug nach Bangkok ist gewichtslimitiert, so wie wir's gewohnt sind.

*

Die Nacht war unruhig, da die Abreise ansteht. Wir stehen früh auf, packen unseren Krempel ein, und eilen zum Frühstückstisch. Nachdem wir gegessen haben sind wir die Ersten, die gehen und den Room-Check veranlassen. Dann hole ich das Pfand für den Hausschlüssel an der Rezeption ab, und wir machen uns auf die Socken. Unterwegs kaufen wir Kuchenstücke in der Bakery, die das Hungergefühl bis zum Abendessen in Bangkok unterdrücken werden. Das war's dann auf Ko Phi-Phi.

Und die Überfahrt verläuft reibungslos, bis ein Mann aus Deutschland total neben sich steht. Man hat ihm auf der Fähre die Tasche mit den Wertsachen und Papieren geklaut. Nun ja, wenn man unachtsam ist, wird man bestraft. Ich empfinde wenig Mitleid mit dem Miesepeter, und das umso mehr, als er seine Frau als Schlampe betitelt. Sie sei schuld daran, weil sie nicht aufgepasst hätte.

Als ob die arme Frau was für deine Schludrigkeit kann, denke ich, und schon bedaure ich sie. Wie konnte sich die attraktive Frau auf den Mann einlassen, denn mit dem Typ hat sie die Arschkarte gezogen. Aber unsere Trauer ist überschaubar, als wir das Paar aus den Augen verloren haben.

Der bestellte Taxifahrer steht bereit. Trotz einigem Herumkurven bringt er uns im normalen Zeitrahmen zum Airport. Auch die Gepäckaufgabe ist von Erfolg gekrönt. Ich bleibe knapp unter dem erlaubten fünfzehn Kilo Maximum. Ein Bravo für mich, denn ich habe das Gewicht perfekt abgeschätzt, demnach richtig eingepackt.

Nach einer Stunde Wartezeit steigt der Flieger in den Himmel hinauf und landet etwas holprig auf der Rollbahn in Bangkok. Ich bin kribbelig. Der wievielte Flug war das? Beim Überlegen versuche ich zu zählen, aber ich bekomme die Anzahl der Flüge kopftechnisch nicht mehr gekramt.

Nach dem Gepäckabholen stellen wir uns am Taxisstand an, wie wir's gelernt haben. Dann bringt uns das zugewiesene Taxi für fünfhundert Bhat zum Hotel. Wir bevorzugen dieses Mal ein Zimmer der etwas teureren Preisklasse, aber ebenfalls in der Altstadt. Und der Fahrer macht seinen Job gut, denn er findet die Unterkunft ohne Navigationsgerät. Dafür auch ihm ein Bravo. Das Zimmer ist klein, aber sauber und damit okay. Nur in den Abensstunden könnte es Geräuschentwicklungen geben, erklärt man uns an der Rezeption. Doch das nicht wegen dem Gekreische einer Nutte. O nein, diesmal könnte es eine Belästigung durch ein Speiselokal im Dachgeschoss über uns geben. Aber das ist typisch für Bangkok. Irgendwas stört immer.

Wir packen die Koffer nicht aus, sondern begeben uns auf die Suche nach einem Reisebüro, denn den Flug von

Bangkok nach Mumbai haben wir zwar durch das Around the World Ticket sicher in der Tasche, aber nicht den Flug von Mumbai nach Goa. Und ein Reisebüro gefunden, hat es keine Flüge diverser Billiganbieter im Anbot. Da ist nichts zu machen. So stillen wir erst einmal unseren Hunger, doch das nicht bei dem Franzosen, bei dem wir vor Wochen gegessen hatten, denn bei dem ist kein Platz frei. Als Ersatz setzen wir uns in das Imbisslokal direkt nebenan, dort essen wir einen Teller Penne Arrabiata. Doch da die Portionen klein sind, werde ich nicht satt. Noch hungrig, gönne ich mir an einem Stand ein Hot Dog, dann suchen wir in einem Flohmarktbereich der Khao San Road nach einem Goa-Reisführer, zumindest einen für Südindien.

Als die Suche nicht zum Erfolg geführt hat, finden wir ein Lokal, welches den von mir heißgeliebten Vanillemilchshake auf der Speisekarte hat. Ich trinke zwei große Gläser, sodass mich eine gewisse Zufriedenheit befällt. Mit der bin ich mir sicher, dass die Suche nach den Goa Flugtickets und dem Reiseführer am nächsten Tag von Erfolg gekrönt sein wird. Es ist elf Uhr, als mich die Lebensgeister verlassen. Wir gehen auf unser Zimmer und ich schlafe ein, während Angela ihren E-book Reader eingeschaltet hat.

Wir frühstücken im Restaurant direkt nebenan, denn das im Dachgeschoss macht tagsüber dicht. Hundertfünfzig Bhat kostet die einfache Version mit Marmelade, aber ohne Speck und Ei. Das sind vier Euro und es ist teuer für thailändische Verhältnisse. Anschließend setzen wir uns an den Hotelcomputer und erledigen die anstehenden Buchungen. Zum Beispiel den Flug von Mumbai nach Goa mit der Billigfluglinie Goa Air für elftausend Rupien. Man sieht, es geht auch ohne Reisebüro.

Auch ein Zimmer in Flughafennähe in Mumbai für vierzig Euro inklusive Frühstück ist mit Booking.com schnell gefunden, und auch ein Zimmer für drei Nächte in Anjuna. Das ist der bekannteste Hippie Ort in Goa. Und da die Bestätigungen umgehend eintrudeln, beseelt uns das mit großer Genugtuung.

Danach schicken wir eine WhatsApp mit mehreren Bildern an die Familie, und eine an unsere die Blumen pflegende Freundin. Auf denen sieht man uns auf dem Floß im Khao Sok Nationalpark, und ich stehe vor dem Mahnmal in Khao Lak. Meine Kinder haben die verstorbenen Marlene und Peter gut gekannt, da wir zusammengewohnt hatten, und sie mit ihrem Sohn aufs Gymnasium gegangen sind.

Durch die Buchungen haben wir den Kopf für andere Dinge frei, zum Beispiel das Suchen. Daher spazieren wir ins Viertel um die Khao Sok Road und machen uns auf die Pirsch nach dem Reiseführer für Indien. Und siehe da, wir haben Dusel, denn wir finden das Objekt in einem unscheinbaren Gebrauchtbuchladen. Als ich zwischen den Büchern herumstöbere, halte ich plötzlich den Reiseführer über Südindien von Stefan Loose in den Händen, und das sogar in Deutsch. Heute ist unser Glückstag, denke ich, und fange an zu handeln.

Die Händlerin will sechshundertachtzig Bath für das Werk, also fünfzehn Euro, was nach viel klingt.

„Hui", stöhne ich. Das ist mir zu viel, daher setzte ich dem mein Angebot von dreihundert Bath entgegen.

„No, no", sagt die Verkaufsfrau. Sie ist clever und bleibt bei ihrem Preis, denn sie hat bemerkt, wie scharf ich auf die Rarität bin.

Ich aber tue so, als ob mich der Reiseführer nicht interessiert und biete vierhundert Bath, doch der Schachzug ist meiner unwürdig und keine Meisterleistung. Schauspieltechnisch besteht bei mir Nachholbedarf, denn das Handeln hat während der Reise schon mal besser geklappt. Ich kann nur hoffen, dass ich lernfähig bin, denn in Indien ist das Handeln wichtig und hat einen großen Stellenwert.

Als ich es mit fünfhundert Bath versuche, lacht die Frau und lässt mich abblitzen, sodass Angela schmunzelt. Schlussendlich bin ich froh, den Reiseführer überhaupt gefunden zu haben und bezahle die geforderten sechshundertachtzig Bath, denn ohne ihn wären wir in Indien aufgeschmissen gewesen. Außerdem ist der Kauf ein Schnäppchen, sieht man ihn durch die neutrale Brille.

Mit dem frisch erworbenen Reiseführer setzen wir uns zum Essen in die Khao San Road. Ich gönne mir ein mich anstrahlendes Stück Käsekuchen, Angela ein Stück Apfeltorte. Käsekuchen ist und bleibt meine Lieblingsorte. Und das Ganze tun wir, obwohl wir an dem Tag viel Geld berappt haben, denn die Flüge von Mumbai nach Goa sind teuer. Auch das Hotelzimmer in Mumbai und der Sammeltransport zum Flughafen sind nicht ganz ohne, den Reiseführer nicht mal hinzugerechnet. Die Ausgaben sind das Eine, der lockere Umgang mit dem Geld die andere Seite der Medaille.

Nichtsdestotrotz ist es an der Zeit in billige Refugien aufbrechen. Nötige Einsparungen versprechen wir uns vom bitterarmen Indien. Dort sind die Preise moderat. Doch Schluss mit der Jammerei, denn viel wichtiger ist: Mir geht es gesundheitlich hervorragend, obwohl wir finanziell am Krückstock gehen.

Oje, der Fotoapparat ist voll. Die letzte Aufnahme hat der Speicherchip verweigert. Wir gehen ins Hotelzimmer und wechseln die Speicherkarte. Zweitausenddreihundertfünfzig Fotos haben wir in den letzten sechs Monaten geschossen, das sind im Vergleich zu anderen Langzeitreisenden eher wenige. Wir zählen nicht zu den Knipswütigen, und das zurecht, denn zu viele Bilder im Fernseher vorzuführen ist einschläfernd. Wer tut sich diesen Marathon an?

Als sich der erfolgreiche Tag dem Ende zuneigt, befolgen wir den Ratschlag der Frau an der Hotelrezeption, die uns ein Spitzenrestaurant empfiehlt, das wir leider nicht finden. Wenn es so gut sein soll, warum liegt das Ding total versteckt? Die Wegbeschreibung ist für Europäer schwer nachzuvollziehen. Und was jetzt?

Als Ersatz bietet sich ein Grieche an, doch unser Gastspiel wird zum Flop. Weil ich beim Griechen daheim auf die Fleischspieße mit Kräuterbutter stehe, bestelle ich eine Portion, und was bekomme ich? Drei undefinierbare Hähnchenstücke, zwei lauwarme Pitta-Brote und einen gemischten Salat. Immerhin ist das Brot halbwegs genießbar und auch der Salat bietet nicht viele Gründe zur Beanstandung. Doch trotz des Missgeschicks fühlen wir uns auch am letzten Abend sauwohl in der Backpackerszene. Wir sind zwar nicht mehr die Jüngsten, aber wir werden von den mehrheitlich jungen Leuten akzeptiert. Bis auf die Ausnahme am Mekong haben wir durchweg positive Erfahrungen mit ihnen gemacht.

Dann ist die Zeit reif für unseren Schlummertrunk. Und wonach lechze ich? Natürlich nach einem Vanillemilchshake. Sonst habe ich eher wenige Marotten. Aber damit ich das Getränk bekomme, müssen wir das Lokal finden, in dem ich am Vorabend fündig geworden war. Und das klappt. Als wir uns an einen Tisch gesetzt haben, kann ich mich erneut nicht bremsen, denn ich trinke zwei Gläser Milchshake, Angela trinkt einen Cocktail, danach brechen wir auf. Der uns in guter Erinnerung gebliebene Musiker sitzt an dem Abend nicht an seinem Platz. Und der für ihn eingesprungene Ersatzgitarrist kann ihm nicht ansatzweise das Wasser reichen, was schade ist. Sein Vorgänger hatte uns total begeistert, doch auf die musikalischen Abläufe auf der Rummelmeile Khao San Road haben wir keinen Einfluss.

Blende ich die wenigen unschönen Gegebenheiten aus, dann waren es abwechslungsreiche Wochen in Thailand, die man nicht überall erlebt, denn das Land ist ein Traum für fast jeden Urlaubertyp. Das gilt für das vielseitige Festland mit Bangkok, sowie für die unbeschreibliche Inselwelt. Wir haben einen Bruchteil der Inselpalette bereist und beeindruckende Erlebnisse gesammelt, die sich einen Platz in unserem Herzen erworben haben, und die uns niemand aus dem Gedächtnis reißt.

Es ist noch nicht allzu spät, als wir zu Bett gehen, denn früh am nächsten Morgen wollen wir zum Flughafen und damit nach Indien aufbrechen. Für das letzte und unberechenbarste Reiseziel sollten wir ausgeschlafen sein.

Indien

Das Sammeltaxi ist überpünktlich, deshalb brechen wir unser Continental Frühstück ab, das eh nicht der große Sattmacher ist. Dann holen wir unsere Rollkoffer aus dem Zimmer und bedanken uns für die freundliche Unterbringung. Und umgehend rauschen wir mit drei weiteren Fahrgästen zum Airport, vorher habe ich noch unser Hotel geknipst.

Der viereinhalbstündige Flug nach Mumbai mit einer Zwischenmahlzeit verläuft unspektakulär. Serviert bekommen wir ein indisches Reisgericht, dazu Nudelsalat, Jogurt und einen Pudding. Auf unseren Flügen ab Lüttich auf die Kanaren, mit einer belgischen Billigfluglinie, werden wir nicht so verwöhnt. Und voller Neugier auf der Landebahn unseres Zielflughafens gelandet, beginnt ein unvorstellbares Drama.

Unser Visum im Reisepass meine ich nicht. Das ist in Ordnung. Auch das Geldziehen am Automaten funktioniert reibungslos, doch mit der Taxifahrt zum Hotel beginnt das Grauen. Erstens zieht man uns das Fell über die Ohren, denn der von uns bezahlte Preis von neunhundert Rupien ist eine Frechheit. Zweitens findet der Fahrer unser gebuchtes Shubhangan-Hotel nicht. Ist das wirklich so schwierig?

Wegen der fragwürdigen Ortskenntnisse des Fahrers kurven wir eine Stunde in einer düsteren Gegend umher, obwohl wir ein Hotel in unmittelbarer Nähe des Flughafens ausgewählt hatten. Es ist nicht zu fassen. Er bleibt andauernd stehen und fragt x-beliebige Leute, doch das ist zwecklos, denn es bringt uns dem Ziel nicht näher. Wir haben viele Horror Geschichten über die Frechheiten der Taxifahrerinnung gelesen. Steht uns ein ähnliches Kapitel bevor? Landen wir in der Walachei und werden ausgeraubt? Immer wieder hält der Fahrer an. Von dem Hotel weit und breit nichts zu sehen, stattdessen wird er dreist und will mehr Geld. Sein Chef hätte das angeordnet. Mit dem stünde er in telefonischem Kontakt.

Aha, wir haben richtig vermutet. Die Abzocke ist Programm. Ich bin stinksauer, trotzdem wundere ich mich: Wie kann meine Frau so ruhig bleiben? Ich dagegen bin aus einem anderen Holz geschnitzt. „Nichts da, mein Freundchen", gebe ich dem Fahrer in Englisch zu verstehen. Er solle gefälligst sein Taxi in Gang setzen und uns zum Hotel bringen, dann würden wir weitersehen.

Als der Gauner merkt, dass er bei mir auf Granit beißt, setzt er die Suche fort und gabelt unterwegs einen Typ auf, der zu uns einsteigt und mitfährt. Und es geschieht ein Wunder, denn durch dessen Mithilfe stehen wir kurze Zeit später vor dem Hotel. Na bitte, es geht doch, Sicherlich ist Mumbai ein Schmelztiegel der übelsten Sorte, aber das ist keine Entschuldigung für das krasse Fehlverhalten des Taxifahrers. Gerade er sollte sich im Straßenlabyrinth Mumbais auskennen.

Erleichtert laden wir unsere Koffer aus, dann drücke ich dem Helfer hundert Rupien in die Hand. Ob er sich die Belohnung mit dem Fahrer teilt, das ist seine Sache. Dem Fahrer werfe ich noch einen bösen Blick zu, aber das ohne ein Wort des Abschieds, dann gehen wir in das Hotel mit einer erstaunlichen Qualität. An der Rezeption erledigen wir die Formalitäten, und sofort schnappt sich ein Boy unsere Koffer und trägt sie ins Zimmer hinauf, dafür bekommt er hundert Rupien. Das ist zu viel, aber kleiner habe ich es nicht. Anschließend machen wir einen Sprung in die Umgebung, die fremdartig, aber auch gefährlich daherkommt, was am Verhalten der Männer liegt. Deren unergründlich glühenden und tiefdunklen Augen erzeugen in mir beklemmende Gefühle. Kommen wir für die Inder aus einer feindlichen Welt?

Ich kann mir das nur durch unser europäisches Aussehen erklären, denn aus Unwissenheit sind wir im ursprünglichen Mumbai abgestiegen. Abseits der Reisezentren sind Touristen selten. In den ärmlichen Gassen ist das Gefahrenpotenzial förmlich mit den Händen zu greifen, da man auf sich allein gestellt ist. Man sieht mir an, dass mir die Angst im Nacken sitzt, denn diese Ablehnung hatte ich in den anderen asiatischen Ländern nie so bedrückend empfunden. Hier wird meine blonde Frau wie ein Fabelwesen begafft. Es fehlt nur noch, dass man rücksichtslos nach ihr grabscht. Ich denke unwillkürlich an die häufig auftretenden Vergewaltigungen.

Wegen der chaotischen Gegebenheiten kaufen wir an einem Getränkestand zwei Flaschen Bier und eine Limo, die wir mit in unser Hotelzimmer nehmen, das sogar eine Sitzecke für uns bereithält. Mit den Zahnputzbechern trinken wir unser Gemisch, wodurch sich unser Stress abbaut. Bei Tageslicht werde ich Fotos von den bitterarmen Verhältnissen rund um das Hotel machen. Zwar befinden wir uns in keinem Slum, aber weit entfernt von den Zuständen sind wir mit unserer Übernachtungswahl nicht.

Das Frühstück nehmen wir in einem komfortablen Salon zu uns. In dem ist eine Tafel aufgebaut, an der man sich bedienen kann. Es gibt Kaffee so viel wir wollen, auch Honig, und sogar ein Glas mit Müsli wird angeboten. Ein Kellner vertreibt sich die Zeit mit seinem aufdringlich um uns Herumzuschleichen, wovon er sich ein stattliches Trinkgeld erhofft.

Wir tun ihm den Gefallen, dann gehe ich auf die menschenleere Straße hinaus und knipse die beabsichtigten Fotos. Meine Frau ordert an der Rezeption das Taxi zum

Airport, mit dem wir durch eine riesige Slum-Ansiedlung fahren, die rund um den Flughafen entstanden ist und deren Größe gewaltige Schockzustände in uns auslöst. Als uns der Fahrer nach zehn Minuten vor der Abflughalle absetzt, verlangt er kein Geld. Er erklärt uns: Die Taxifahrt sei im Unterbringungspreis enthalten.

Oha, es gibt auch Ehrlichkeit im Taxigewerbe. Ich bin darüber dermaßen erfreut, dass ich ihm ein respektables Trinkgeld regelrecht aufzwinge.

Da wir viel zu früh am Airport eingetroffen sind, setzen wir uns gemütlich in den Schalterbereich, doch in dem sind wir falsch. Als Goa-Air Bucher gehören wir in den für uns zuständigen Wartebereich. Das hätten wir erkennen können, doch die Abfertigungshalle ist riesig. Es ist schwer sich in der problemlos zu orientieren. Aber das Einchecken mit der Kambodscha-Tasche klappt ohne Beanstandung, so steht der Start in das von Erwartungen hochstilisierte Goa bevor.

Als junger Mann wollte ich auf dem Landweg in die mystische Welt Indiens reisen. Zeitweise trug ich sogar rote Kleidung, denn mich zog es in einen Ashram des Sexgurus Bhagwan nach Poona, weil mich die fernöstliche Bewusstseinslehre faszinierte. Auf den Keks ging mir die Hare-Krishna Bewegung, deren Anhänger in den siebziger Jahren unser Stadtbild bereicherten. Mich hatte da mehr die freie Liebe überzeugt, deshalb wollte ich aus der kleinbürgerlichen Welt aussteigen, anders als es viele Rockstars taten, ich denke da an den Beatle John Lennon, um nur ein Beispiel zu nennen. Doch wo war ich gelandet? Leider nur in Marokko und Griechenland, aber auch diese Länder waren damals total angesagt.

Der Flug nach Goa dauert die angegebene Stunde. Zum ersten Mal setze ich meine Füße auf die Schwelle zum Reich meiner Träume. Doch was sehe ich? Das soll das gelobte Land sein? Ich reibe mir die Augen, denn mein erster Eindruck ist ernüchternd. Das Landschaftsbild hat nicht die Faszination, wie ich sie mir ausgemalt hatte, es wirkt eher gewöhnlich und unscheinbar, immerhin wartet das reservierte Taxi.

Wir hätten lieber einen Bus benutzt, doch da wir neu in Goa sind, kennen wir keine Busverbindung nach Anjuna. So beginnt eine halsbrecherische Hatz mit dem Taxi, die über eine Stunde dauert. Womöglich kommt uns Unerfahrenen der Trip auch nur so lang vor. Aber was ist aus Anjuna geworden? Ist der Ort aus der Mode gekommen? Gegenüber Beschreibungen wirkt er aus der Zeit gefallen. Er ist nicht mehr der Ort, über den die partywütigen Hippies in Horden herfallen. Das Bild prägen alte portugiesische Häuser und weißgetünchte Kirchen hinter dem langen goldenen Sandstrand. Ähnlichkeit mit früher hat nur die drogengetränkte Atmosphäre in einigen Lokalitäten mit einem hohen Ausmaß an Missbrauch. Und ein anderer Nachteil ist der berühmte Flohmarkt. Jeden Mittwoch überschwemmt eine Unmenge an Touristen aus der Umgebung den Olivenhain am Ortsrand.

Nun gut, das war ein kleiner Vorgriff auf das, was uns erwartet und was wir erleben werden.

Erst einmal sind wir heilfroh, als uns das Taxi wohlbehalten vor dem Sunny Cow absetzt, wo wir erwartet werden. In der Anlage, sie besteht aus fünf Wohneinheiten, bekommen wir ein wunderschönes Zimmer mit einer aus bunten Stickereien bestehenden Oberdecke auf dem Bett, in die man winzig kleine Spiegel kunstvoll eingeflochten hat. Doch das Glanzstück ist das große Bad mit der unter freiem Himmel installierten Außendusche. Die Aufmachung ist auf Hippie getrimmt. Leider riecht es muffig in der Behausung. Wir lüften kräftig durch, indem wir Durchzug erzeugen, außerdem ist es brütend heiß in dem Gemäuer. Goa nähert sich der Sommerzeit und damit der Schmerzgrenze, aber vorerst sind die Hitze und Luftfeuchtigkeit auszuhalten.

Wir werfen uns in luftige Klamotten und gehen ins nahegelegene Restaurant, das einen netten Eindruck macht. Dort essen wir eine Portion gebratene Bananen, und ich trinke einen Bananenshake dazu. Mich stärkt das Milchgetränk, wodurch ich wieder bei Kräften zum Erkunden der Umgebung bin. In der stoßen wir auf ungefähr zwanzig heilige Kühe, die mitten auf der Straße liegen. Man stolpert fast über die Viecher, außerdem wimmelt es von Verkaufsbuden. Doch was dann folgt ist ein nicht einkalkuliertes Negativerlebnis. Eine Horde alkoholisierter Inder schlendert auffallend nah an meiner Frau vorbei, dabei stieren sie Angela begehrlich von oben bis unten an, als könnten sie sie mit ihren Blicken bis auf die Haut ausziehen. Wie erwähnt ist Angela blond, daher die verlangenden Blicke.

Die Männer sehen nicht gut aus, eher abstoßend. Auf keinen Fall entsprechen sie dem indischen Schönheitsideal, dafür sind sie zu dick. Das Fett wabert ihnen über den Bund der Unterhose, die sie als Badehosenersatz nutzen. Mich an die Gesellen gewöhnen zu müssen, das wird mir nicht leicht fallen. Und dann der Strand. Der ähnelt einem Rummelplatz, obwohl sich die Badesaison dem Ende zuneigt. Der Aufmarsch an Männern, die Abwechslung zum Alltag suchen, ist eine Folge des steigenden Wohlstands und damit dem Wochenendtourismus. Uns verdirbt er die Laune auf ein Bad in den Wellen. Wir verschieben es auf den nächsten Tag.

Auf dem Rückweg sehen wir brachliegende Maisfelder. Ein paar ungenutzte Maiskolben, ein gefundenes Fressen für die Kühe, regen unseren Appetit auf das Abendessen an, dabei entwickele ich große Lust auf Kebab Spieße.

Die locken uns in das Restaurant, in dem wir die gebratenen Bananen gegessen hatten. Und wir werden belohnt, denn die Spieße sind scharf gewürzt und schmecken ausgezeichnet. Man hat in Senf eingelegt, sagt man uns, doch den schmecke ich nicht heraus.

Und der Besuch am Abend in der prall gefüllten Kneipe mit Live-Musik rundet den turbulenten Tag ab. Ein auf der Hippie-Welle schwimmender Gitarrist (er ist total zugewachsen) spielt mit seiner Band Trance-Musik. Für mich ist das zwar entspannend, aber auch einschläfernd, schließlich war die Anreise anstrengend. Leider stimmen die Preise nicht mit dem Reiseführer überein, denn ich finde sie gesalzen. Für einen Tequilla-Sunrise und ein Bier mit Sprite, berappe ich sechshundert Rupien, umgerechnet fünf Euro. Für Indien ist das kein Pappenstiel.

Als wir in unser Wohnparadies heimkehren, herrscht Finsternis im Bad. Die Leuchte ist kaputt. Nun ja, das werde ich während des Frühstücks reklamieren, und eine neue Glühbirne in die Fassung schrauben.

Unser Frühstück nehmen wir in der Hocke zu uns. Das Matratzenlager, von hübschen indischen Tüchern eingerahmt, zwingt uns zu der nicht magenfreundlichen Sitzhaltung. Eine freche Katze leistet uns Gesellschaft. Sie bekommt einige Happen von Angelas Rührei ab. Der Hausbesitzer reicht mir eine neue Glühbirne, damit ist das Problem Finsternis beseitigt.

Wir packen die Badeutensilien ein und gehen an den unzähligen Verkaufsbuden vorbei zum Strand. Unterwegs wundern wir uns über die mageren und im brennenden Müll herumstochernden Kühe. Auch die heiligen Kühe sind hungrig. Die Viecher gehören niemandem und suchen aus Futtermangel wegen der Dürre zwischen den Häusern nach Essbarem. Eine indisch gekleidete Frau fasst einer Kuh an den Kopf und sich danach an die Stirn. Das Ritual ist ein unbesiegbarer Aberglaube.

Am Strand angekommen, waten wir durch die Brandung bis ans Ende der Bucht. Dort legen wir uns vor eins der berühmten Partylokale auf eine Liege. Die Lokalität steht in jedem Reiseführer und hat noch vor Wochen die wildesten Exzesse erlebt. Ausreichenden Schatten spendet ein Sonnenschirm. Wegen der Nachsaison bleiben viele Liegen frei, außerdem sind sie kostenlos, wenn man ein Getränk bestellt, doch bei der Hitze muss man eh eine Kokosnuss kaufen um den Durst löschen. Jedenfalls ist das Meer herrlich für meine Badeaktivitäten, deshalb lasse ich mich nicht zweimal bitten und koste das Vergnügen weidlich aus. Für einen Imbiss setzen wir uns in das Lokal, dabei quatscht meine Frau mit einer jungen Inderin, die neben ihr sitzt. Meine Frau ist Englischlehrerin und die Inderin ist des Englischen mächtig, daher ist die Verständigung ausgezeichnet. Sie erzählt uns, dass sie aus Mumbai stamme und viele Wochenenden zu einem Trip nach Goa nutze. Goa ist quasi das Mallorca der Inder.

Bis auf das Anglotzen, woran ich mich gewöhne, passiert auf dem Heimweg nichts Aufregendes. Und den Abend verbringen wir auf dem Nachtmarkt in Supasa, wohin wir uns in einem Tuk-Tuk für hundertfünfzig Rupien fahren lassen. Wir staunen, denn der Markt ist bis ins letzte Detail durchorganisiert. Sogar die Eingänge sind überwacht. Aus dem Sprachgewirr hört man hauptsächlich Russisch heraus, da sie Goa wie eine Flutwelle überschwemmen und die Verkaufsbuden auf Kommerz getrimmt wurden, aber bezahlbare Accessoires sind eine Seltenheit. Und das Essen ist unverschämt teuer. Meine Frau bezahlt für das Tellerchen Paella dreihundertfünfzig, und ich für mein Hot Dog zweihundertfünfzig

Rupien. Die Preispalette grenzt an Wucher, wodurch uns der Spaß am Markt schnell vergeht und wir unseren Besuch abbrechen.

Doch die Rückfahrt gestaltet sich schwierig, denn die Fahrerinnung solidarisiert sich gegen mich und verlangt dreihundert Rupien, was ich nicht akzeptiere. Auf der Hinfahrt hatten wir den halben Preis bezahlt. Doch die Taxigilde schätzt ihre Machtstellung aus jahrelanger Erfahrung gut ein und beharrt auf den Nachtzuschlag. Stockschwere Not, ohne einen fahrbaren Untersatz kommen wir nicht in unsere Anlage zurück.

Etwas abseits des Abfahrtsplatzes verhandele ich weiter und finde einen Fahrer, der uns für zweihundert Rupien zu unserem Ausgangspunkt zurückbringt, was uns nicht reicher macht. Noch dazu ist es atemberaubend, wie dieser Verrückte über die schlechte Straße brettert. Um uns von der Tortur zu erholen, setzen wir uns in unser Restaurant, und trinken zwei Radler, dann gehen wir heim und wollen uns Schlafen legen.

Bei unserer Ankunft hüllt sich die Anlage in Finsternis, denn Goa wird von einem Stromausfall heimgesucht. Das ist keine Seltenheit in Indien. Aber trotz der Totalfinsternis ist mir kein Schlaf gegönnt, denn das Hundegebell stört, außerdem fetzen sich die Katzen. Ich bin total übernächtigt, als ich mich am Morgen aus dem Bett schäle.

Es ist ein Sonntag. Die Mitte des März ist erreicht. Beim Frühstück haben wir uns zu einer eintägigen Verlängerung des Aufenthaltes durchgerungen. Morgen wollen wir der Hauptstadt Panjim einen Besuch abstatten und eventuell einen Abstecher nach Old Goa machen. Unser Vermieter ist mit der Verlängerung des Mietverhältnisses einverstanden. So gehen wir abermals an unseren bevorzugten Strand, denn an dem die Schwimmqualität nicht zu überbieten. Nach der schrecklichen Nacht brauche ich einen regenerativen Schub durch einen beschaulichen Tag. Und den gewährleisten uns die zwei Liegen des ersten Strandtages, dabei trinke ich eine Cola, meine Frau eine frische Kokosnuss, dann baden wir ausgiebig und lesen. Auch ich habe meinen eBook-Reader mit an den Strand genommen.

Am Nachmittag stürzen wir uns auf einen riesigen Obstsalat, der köstlich schmeckt. Für eine Aufheiterung sorgt der Fallschirmspringer, dessen Schirm sich im Restaurantdach verheddert. Es gleicht einer Sisyphusarbeit, wie er sein Fluggerät aus der altersschwachen Dachkonstruktion befreit. Eine weitere Abwechslung bietet eine Frau mit ihren drei Kindern. Die stellen zwei Stelzen in den Sand und spannen ein Seil darüber. Die älteste Tochter balanciert auf dem Seil, dabei jongliert sie mit allerlei Geräten, zum Beispiel mit einem Reifen oder einem Ball. Wir sind angetan von der Vorführung und spenden der einsammelnden Kleintochter einen ansehnlichen Betrag. Stören tun allerdings die Haschischdealer, sowie die sich im Whisky ertränkenden Tagesausflügler. Ich kann uns die Dealer nur mit Drohungen vom Hals halten. Dagegen in Ordnung ist die Beschallung durch die Trance-Musik, die permanent über der Bucht liegt.

Trotz allem kehren wir ausgeruht in unsere Anlage zurück, und buchen über den Vermieter ein Taxi für den nächsten Morgen. Das soll uns in die Hauptstadt Panjim bringen. Als Abendessen gibt es die Kebab Spieße, wonach wir in die Musik-Kneipe umziehen und einigen Blues-Stücken lauschen. Der Sänger imitiert die Stimme Joe Cockers fast originalgereu, sodass er uns an Maren erinnert, die wir vom Laos Aufenthalt kennen. Durch das gelungene Bühnenprogramm wird es zwölf Uhr, dann machen wir uns auf den Heimweg. Sogar die Hunde und

Katzen zeigen Verständnis für unser Schlafbedürfnis.

Wir frühstücken diesmal an einem normalen Tisch, denn das indische Paar mit dem Hund Juno, das den Tisch für sich beansprucht hatte, ist abgereist. Gott sei's gedankt. Der Köter hatte unser liebgewonnenes Kätzchen vertrieben. Doch kaum ist sie wieder aufgetaucht, kann sie nervig werden. Und überpünktlich ist das georderte Taxi, aber darin sitzen zwei Fahrer. Warum? Die vereinbarte Gage von siebenhundert Rupien für die Fahrt in die Hauptstadt scheint lukrativ zu sein, sodass sie einen gemeinsamen Einkaufsbummel beabsichtigen.

Panjim selbst ist unscheinbar. Der breite Fluss ist in seiner Wirkung verschenkt. Nur drei Spielcasinoschiffe lockern das Bild positiv auf. Wir sind durstig und suchen eine Möglichkeit, uns an den Fluss zu setzen, um etwas zu trinken, doch es gibt kein Lokal. So kommen wir ohne Getränk und nach längerem Fußmarsch ins portugiesische Viertel, das viel Charme ausstrahlt. Goa stand Jahrzehnte unter der Herrschaft der Portugiesen, denn der Landstrich war als Kolonie lukrativ. Profitiert davon haben die Portugiesen und die in Goa lebenden Inder, denn die schmucke Bebauung zeugt von einem außergewöhnlichen Reichtum.

In den Gassen finden wir einen versteckt liegenden Kramladen, der hat Wasser und Eis im Sortiment. Wir kaufen uns ein Eis, was sündhaft teuer ist. Meine Frau meint: „Wenn ich an deinen Eiskonsum zuhause denke, dann wäre Indien kein Land für uns."

Nach dem Eis trinken wir einen Schluck Wasser, dann stecke ich die Flasche in den Rucksack. Danach schließen wir das Besichtigen der verwinkelten Gassen ab und steigen die einhundert Stufen zum Wahrzeichen der Stadt hinauf. Das ist eine Kirche mit schneeweißer Barockfassade, die man der Frau der unbefleckten Empfängnis gewidmet hat. Sie wurde von den 1541 eintreffenden portugiesischen Seeleuten errichtet.

Leider ist die Kirche verschlossen, so kraxeln wir wieder hinunter und sind bereit für eine Nahrungsaufnahme. Ich fühle mich entkräftet, denn ich habe meine Belastbarkeitsgrenze erreicht. Das liegt an der Affenhitze, die mir zu schaffen und Goa wie eine Käseglocke zudeckt.

Fündig bei der Restaurantsuche werden wir in einer Nebengasse, und zwar durch einen Imbiss für Einheimische. Wahrscheinlich kehren wir als erste Europäer in die bescheidene Hütte ein, dermaßen interessiert beäugt man uns. Ich esse das Byriani-Gericht und bin überrascht, wie groß die Portion ist und wie ordentlich das indische Nationalgericht in einem Imbiss schmeckt. Angela isst das indische Brot mit einer grünen Soße. Auch nicht schlecht, vor allem preiswert. So wenig haben wir eine Ewigkeit nicht mehr bezahlt, trotz allem sind wir pleite. Der Inhalt unserer Geldbörse reicht für die Heimfahrt und der Geldautomat spuckt keine Rupie aus, daher verschieben wir das Geldziehen, denn in Anjuna hängt ein Automat in der Nähe unserer Unterkunft.

Einen Streit unter Taxifahrern hätte ich fast vergessen. Ich hatte die Rückfahrt für siebenhundert Rupien mit einem Fahrer am Taxistand vereinbart, bevor wir zum Imbiss gegangen waren. So gut, so schön. Aber bei unserem Eintreffen am Taxistand kommt es zu heftigen Handgreiflichkeiten, weil ein anderer Fahrer die Absprache nicht akzeptieren will. Ist das Geschäft so mies? Beharken sich zwei Inder, dann fliegen fürchterlich die Fetzen. Doch da man sich wieder besinnt, geht das Handgemenge glimpflich aus.

Den Abend verbringen wir in unserem Stammlokal, in

dem trällert ein Gitarrist melancholisch angehauchte Weisen. Der Junge schickt mich in heimatlich getränkte Träume, flugs bin ich gedanklich bei meiner Tochter. Wie geht es ihr während der Schwangerschaft? Und weiter beschäftigt mich: War der beabsichtigte Hauskauf ein Glücksgriff? Bei dem hätte ich sie und ihren Mann gern beraten. Hoffentlich ist das Haus gut zu erreichen und liegt nicht weit vom Schuss? Ich fahre mit dem Fahrrad, da meine Frau das Auto für den Schulweg benutzt. Aber warum mache ich mich verrückt? Das Haus wird okay sein, und alles andere bekommen wir in den Griff, außerdem ist es Zukunftsmusik. Wichtig ist, dass Miriams Schwangerschaft ohne Komplikationen verläuft.

Auf dem Heimweg bietet man uns Mariuhana an, ich habe nicht gezählt, wie oft uns das passiert ist. Hier in Goa richtet sich das Angebot nach der Nachfrage. So funktioniert das Geschäft, was ich nachvollziehen kann. Trotzdem lehne ich dankend ab, denn ich bin fertig mit dem Kiffen. Von der Jugendsünde habe ich mich verabschiedet. Wegen meines Infarktes habe ich das Rauchen sogar gänzlich eingestellt. Nur meine Frau konsumiert gelegentlich eine Zigarette, wenn auch selten, doch beim heutigen Angebot überlegt sie: Soll ich wenigstens daran schnuppern? Sie sondiert ihr Verlangen im Kopf und verzichtet. Und immerfort staunen wir über die heiligen Kühe, die sich mitten auf der Straße breit machen. Bis auf wenige Auto- oder Mopedfahrer, die tatsächlich hupen, fahren die Verkehrsteilnehmer brav um die Kühe herum. Entweder schlafen die Viecher, oder sie schwadronieren in kleinen Gruppen durch den Ort. Das Phänomen der heiligen Kühe bleibt uns unerschlossen.

Als wir in unser Refugium zurückgekehrt sind, stellen wir mit Entsetzen fest: Wir haben neue Nachbarn. Und unser Unbehagen verstärkt sich, als die sich als sauffreudiges russisches Pärchen herauskristallisieren. O nein, alles durfte passieren, nur keine Russen. Das Glück ist uns nicht hold, aber es musste ja passieren, weil die Russen das größte Kontingent an Goa-Besuchern stellen. In der Regel halten die ihre Saufgelage bis nachts vier Uhr ab, dann erst kippen sie sturzbetrunken aus den Latschen.

*

Wir stehen früh auf, denn geschlafen haben wir kaum. Nach dem Frühstück soll unsere Reise weitergehen. Der zweite Aufenthaltsort in Goa wird das in Hippie-Kreisen hochgeschätzte Arambol sein.

Vor der Abreise frühstücken wir mit einer wütenden Engländerin, denn der wurde die Unterwäsche geklaut, die auf der Trockenleine hing. Sie ist außer sich. Ihr bleiben zwei Bikinihosen, die sie als Unterhosen benutzen will. Trotz des Stromausfalls und den saufenden Russen war es eine ansprechende Bleibe. Wir hatten alles in allem gutgefühlt, denn die Wirtsleute waren äußerst zuvorkommend. Und eben dieser Hausherr ruft uns ein Taxi, das uns für sechshundert Rupien nach Arambol bringt, was wiederum den üblichen Rahmen sprengt und mir wegen der Kurzstrecke etwas unverschämt vorkommt.

Der Küstenort im hohen Norden Goas ist traditionell eine Hochburg der Hardcore-Hippies und zieht die Traveller magisch an, die meistens die gesamte Saison in einfachen Gästezimmern, in Hüttencamps und in kleinen Häuschen hinter dem wunderbar weißen Strand verbringen. Leider bestimmt eine große Anzahl an Russen das Geschehen, aber auch die spirituell gesinnten Gäste aus Nordeuropa, die lange die Hauptbesuchergruppe ausgemacht hatten, sind stark vertreten. Das Abendprogramm bietet Live-Musik. Es gibt Esslokale und Ausgehkneipen, außerdem Gelegenheiten, um neue Yoga-Übungen zu erlernen. Das Strandleben ist relaxt, außer am Wochenende, denn da fallen auch hier die trinkfreudigen Tagesausflügler aus dem Hinterland in Massen in ihren Geländewagen ein. Unser Besuch fällt in die Nachsaison, weshalb wir kein Zimmer reserviert haben.

Die anstehende Zimmersuche verspricht Spannung. Wir setzen uns zum Erholen von der Taxifahrt mit dem Gepäck in eine israelische Kneipe, und ich trinke ein Glas Mineralwasser, dann mache ich mich auf die Suche. Das Hotel nebenan hat ein Doppelzimmer für tausendachthundert Rupien. Das ist mir zu teuer, immerhin hat es eine Klimaanlage. Die haben wir uns wegen der Bullenhitze in Goa in den Kopf gesetzt. Ich drehe eine Runde durch den Ort, und lande unter Kiffern. Und der Preis für das Mini-Häuschen: vierhundert Rupien pro Nacht, nicht mal sechs Euro.

Der Preis wäre okay, ansonsten nein danke, der ewige Haschisch Geruch ist nichts mehr für mich. Stattdessen besichtige ich weitere Unterkünfte, die schäbig sind und keine Klimaanlage besitzen, deren Preis beträgt fünfhundert Rupien. Das Zimmerpreisniveau liegt weit unter dem Anjunas, aber wer will in den Löchern wohnen? Bedaure, dass muss nicht sein. Ein schlechtes Gewissen habe ich allerdings gegenüber einer alten Frau, die das Geld sicher gut gebrauchen konnte, und dem Besitzer eines heruntergewirtschafteten Hotels. Der Mann wird mir mit seinem mürrischen Blick andauernd über den Weg laufen.

Als ich zu meiner Frau zurückkehre, hat sie sich ein Hotelzimmer für tausendachthundert Rupien pro Nacht angeschaut, das sind achtundzwanzig Euro. Mein Gott, es ist Saisonende, dafür ist es zu teuer. Also schaue ich mir das bisher unbeachtete Hotel gegenüber unseres Lokals genauer an. Von dem komme ich mit einem Angebot von tausendzweihundert Rupien ohne Klimaanlage zu meiner Frau zurück.

Wir beraten und fällen die Entscheidung, uns die Klimaanlage zu gönnen, und das Tausendachthundert Rupien Angebot anzunehmen, denn die Qualität des Zimmers ist akzeptabel. Der Zustand hat uns überzeugt, aber über den Preis besteht Verhandlungsbedarf. Letztendlich klappt es mit einer Ermäßigung, denn wir bekommen das Zimmer für zweiundzwanzig Euro, leider ohne Frühstück. Trotz allem nehmen wir unsere Koffer und ziehen ein, obwohl uns das stinkfaul herumlümmelnde Personal verwundert. Um uns für die Sucherei zu belohnen, folgen wir der Stefan Loose Empfehlung und essen bei einem Chinesen.

Ob es dann am Essen liegt, oder an sonst was, ich weiß es nicht. Fakt ist, urplötzlich hat mich die Reisekrankheit „Montezumas Rache" erwischt, denn mir ist flau im Magen. Wegen des dazugehörigen Durchfalls verliere ich unser Klo nicht aus den Augen. Nebenbei ist heute ein alkoholfreier Tag. Es darf kein Schnaps und Wein in Goa verkauft werden, nicht mal ein Bier. Auf Erlass der Regierung wurde der alkoholfreie Tag eingeführt, denn die Inder saufen wie die Löcher.

Und was mache ich? Ich begnüge mich mit Mineralwasser und will Ansichtskarten kaufen, doch die Suche in der näheren Umgebung verläuft grottenschlecht. Nur fünf Karten mit annehmbaren Motiven finde ich, und die sind veraltet, außerdem auch noch langweilig. Anscheinend gibt es keine gescheiten Fotografen im Norden des Landes, worüber ich mich ärgere, weil es die letzten Karten von unserer Reise werden sollen.

Obwohl wir gut geschlafen haben, bin ich beim Frühstück vor Appetitlosigkeit von der Rolle. Ich versuche mich an einem Brötchen mit Honig und trinke einen Schluck Kaffee, prompt muss ich zur Toilette sausen und eine Totalentleerung durchführen. Dann gehe aufs Zimmer und bleibe dort. Wo führt das hin? Der Aufenthalt steht unter einem ungünstigen Stern. Erst am Nachmittag versuche ich mich an einem Strandspaziergang bis zum Ende der Bucht und zurück, was mir bekommt. Dann legen wir uns unter einen Sonnenschutz, und ab und zu kühle ich mich im Wasser ab, doch das Hinausschwimmen verbietet mir der hohe Wellengang. Und nun alle erwähnenswerten Erlebnisse im Zeitraffer.

Das Wichtigste vorneweg: Es geht mir bald besser. Und weiter zu nennen ist die Abendgestaltung. Ich bin begeistert von den sich abwechselnden Bands in der letzten geöffneten Kneipe. Die skurrilen Musiker gehören zu den Besten in Goa. So herzerfrischend habe ich mir die Musikszene vorgestellt. Der Sänger und Gitarrist einer Band ist der absolute King für die Schar an weiblichen Groupies. Zu dieser Rockband gehört auch der Schlagzeuger aus Anjuna, der anscheinend in Arambol wohnt.

Aber zurück zu dem Frauenschwarm. Auf seine Ausstrahlung stehen die hübschen Russinnen. Von großen Mengen Schnaps umnebelt, holt er sich die Schönheiten auf die Bühne, wo sie tanzen und als Begleitsängerinnen fungieren, was den feierwütigen Russen gefällt. Mein Sitznachbar spendiert der Band mehrere Runden, wovon auch ich mit einem Schnaps profitiere. Seine Spendierfreudigkeit wird ein Vermögen verschlingen. Tja, so sind die Russen. Sie sind entweder rebellisch, oder besoffen, was auf das Gleiche hinausläuft.

Weil es mit der Verdauung wieder problemlos klappt, unternehmen wir eine Shoppingtour durch den Ort, dabei entsorge ich die Ansichtskarten im Briefkasten der abgelegen Post, danach verfallen wir in einen Kaufrausch.

Angela ordert einen mit hübschen Verzierungen versehenen Sarong als Tagesdecke, ich schlage bei niedlichen Babyschühchen und einem Mini T-Shirt mit Elefantenmotiv zu. Auf solche Ideen kommt man als angehender Opa.

Zwischendurch wird meine Frau von einer heiligen Kuh angerempelt, die mutterseelenallein durch den Ort trottet und sich auf ihrem Weg behindert fühlt. Die Attacke endet unbeschadet. Dass wir unentwegt andauernd auf das Müllproblem stoßen ist unvermeidbar. Die Leute sind nicht in der Lage, ihren Müll in den neben ihnen stehenden Abfallbehälter zu werfen. Sie lassen jeden Quatsch einfach fallen wo sie gerade stehen. Was ist das? Ist es Engstirnigkeit? Nun ja, es gehört zum alltäglichen Leben der Inder, was sie nur bedingt sympathisch macht. Allerdings haben wir die Angst vor der Männerwelt abgelegt. Deren Feuer in den dunklen Augen gehört zum Naturell. Hervorzuheben sind allerdings die heilsamen Aufenthalte auf den Sonnenliegen am Strand.

Am letzten Tag vor der Abreise ist das Müsli schwer verdaulich, aber es stopft und beruhigt die Magenwände. Ich besorge Geld am Automaten, bezahle das Zimmer und ordere ein Taxi zum Bahnhof in Margaos für den nächsten Morgen. Währenddessen reserviert Angela mit dem Handy ein Zimmer in einer Ayurveda-Anlage in der Pilgerhochburg Gokarna. Es ist eine Stadt südlich hinter der Landesgrenze, etwa eine Stunde Zugfahrt von Margaos entfernt. Der Reiseführer sieht in Gokarna einen kulturellen Leckerbissen.

Als alles für die Abreise erledigt ist, machen wir uns für den Strand fertig und genießen die Sonne und das Meer, heute mit einem gemäßigten Wellengang. Dann verabschieden wir Reisnomaden uns ohne Tränenorgie, denn uns ereilt das Schicksal aller Abreisenden, die es zu neuen Ufern zieht. Doch zuvor landen wir abermals beim Italiener, der uns gut gefallen hatte. Bei dem esse ich ein Nudelgericht, womit ich den Durchfall zu den Akten lege. Danach ziehen wir um in der Rockkneipe, in der eine wundervolle Band auftritt, deren Musik aus hörenswerten Reggae-Stücken besteht, die sie perfekt spielen. So wird es elf Uhr und wir sind reif für das Bett. Die Klimaanlage lassen wir über Nacht laufen, denn durch dessen Kühlwirkung habe ich in der vorherigen Nacht wenigstens zeitweise durchgeschlafen.

*

Der Frühstücksablauf sieht diesmal anders aus, denn ich esse kein Müsli, stattdessen Spiegeleier auf Toast. Dann schnappen wir uns unseren Krempel und machen uns auf den Weg zum Taxistand. Let's go. Packen wir's an.

Es wird ein zweistündiger Höllenritt nach Margaos mit einem wildgewordenen Taxifahrer. Der rast ohne Rücksicht auf Verluste durch die verwilderte und vielseitige Pampa, als hätte er Hummeln im Hintern. Hinterher ist Angela nicht mehr zu gebrauchen. Sie muss sich von den Qualen der Fahrt erholen. Doch das gelingt ihr, da uns bis zur Abfahrt des Zuges eine Stunde bleibt. Während sie wartet, löse ich die Zugtickets, dann setzen wir uns auf eine Bank, dabei bohrt in mir die Ungewissheit. Nehmen wir den richtigen Zug? Alle Infos sind vage und unverbindlich.

Sechzig Minuten sind vergangen, dann hält ein Zug am angegebenen Bahnsteig, so muss es der Richtige sein. Wir steigen ein, aber warum fährt er nicht ab? Die Decke des Wagons hängt voller Ventilatoren, wovon nur wenige funktionieren, aber warum setzt sich der Zug nicht in Bewegung? Ich bin ratlos. Doch da, na endlich, es ruckelt.

Der halbvolle Zug beginnt mit einer satten Stunde Verspätung seine Fahrt zu unserem Zielort. Jetzt verstehe ich auch den Sinn der Ventilatoren. Sie sollen in den oft lange stehenden Zügen die Zahl der Hitzeopfer so gering wie möglich halten.

Und wieder stöbere ich im Reiseführer. Was schreibt Stefan Loose über Gokarna? Die Kleinstadt im Staat Karnataka liegt an einem weißen Sandstrand vor der Kulisse bewaldeter Ausläufer der Westghats, sechs Busstunden nördlich von Mangalore entfernt. Der Ort ist eine Pilgerhochburg und beherbergt in der Funktion ein reizvolles Heiligtum des Staates Indien. Seit mehr als zweitausend Jahren ist Gokarna ein Zentrum der Shaivas. Erst anfangs der neunziger Jahre zogen die Neo-Hippies auf der Flucht vor Goas zunehmender Kommerzialisierung an die wunderschöne Küste, dennoch übersteigt die Zahl der Hindu-Wallfahrer die vor dem Winter flüchtenden Ausländer bei weitem. Gott sei Dank hat der Ort seinen ureigenen Charakter weitestgehend gewahrt.

So gut, so schön. Nach zwei Stunden Zugfahrt steigen wir am Bahnhof weit außerhalb des Ortes aus. Wir chartern ein Tuk-Tuk, doch der Fahrer bezweifelt die ihm von uns genannte Adresse der Anlage mit dem wohlklingenden Namen Arta Ayurvedic Center. Er irrt lange umher, bis wir schließlich am Hang zum Kudle-Beach landen, was richtig ist, denn an dem Traumstrand liegt laut Taxifahrerangaben unsere gebuchte Anlage. Mit der billigen Entschuldigung, die falsche Adressenangabe sei ein Versehen, windet sich das Vermittlerportal, dessen Namen ich oft erwähnt hatte, bei unserer Nachfrage heraus.

Am Hang warten einige Träger. Aus denen pickt sich Angela einen für ihren Rollkoffer heraus, ich aber bin dämlich und buckele mich mit meinem Koffer in der brüllenden Hitze einen Steilhang hinab, dann ziehe ich ihn durch den Sand hinter mir her, sodass die Räder steckenbleiben. Als wir ankommen, bin ich erledigt. Aber unser Zimmer entschädigt mich für die erlittene Pein, denn es ist nett und sauber. In dem lässt es sich aushalten. Und da Essenszeit ist, verschieben wir das Auspacken und testen im Restaurant die Ayurveda-Küche.

Ich bin schlecht informiert und deshalb schockiert, denn anstatt Cola oder Limonade bekomme ich nur ein Zitronengetränk ohne Zucker serviert. Pfui Teufel, ist das sauer. Das Essen ist rein vegetarisch. Die Gerichte werden aus frisch geerntetem Gemüse zubereitet, ohne Salz, nur mit gesunden Gewürzen. Leider verstehe ich nicht, was ich da esse. Das Gericht ist mir fremd. Tja, so lerne ich auf meine alten Tage die asiatische Form der gesunden Ernährung kennen, und ich sage mir: Warum nicht? Man ist nie zu alt um dazuzulernen.

Anschließend nehmen wir ein Bad im Meer, dann ziehen wir uns auf die zum Zimmer gehörende Terrasse zurück, dabei begegnen wir unserer Nachbarin. Wir unterhalten uns intensiv mit ihr, denn sie ist sympathisch. Sie besucht ihren Sohn, der in Mangalore für ein deutsches Bauunternehmen arbeitet. Er hat eine Inderin geheiratet und sie hat nach der Hochzeit zwei Wochen Ayurveda-Kur drangehangen. „Die Kur bekommt mir sehr gut", sagt sie, sodass meine Frau die Ohren spitzt und fasziniert zuhört. Sie wird doch nicht auf die Idee kommen...?

Am nächsten Morgen frühstücke ich zwei Pancakes mit Honig auf ayurvedisch, doch da ich nur halbwegs satt werde, schiebe ich einen Obstsalat nach. Danach sieht der Programmablauf einen halbstündigen Fußmarsch ins geschichtsträchtige Gokarna vor. Bei dem begegnen wir zwei heiligen Kühen. Eine hat zwei unterschiedlich bemalte Hörner, einer anderen hat man eine hübsche Kette als Halsschmuck umgehängt. In der Aufmachung sehen die Tiere lustig aus. Die hier lebenden Freaks scheinen bester Laune zu sein. Warum sonst haben sie sich diesen Scherz erlaubt?

Und nun zu Gokarna. Der Ort besteht aus einer Häuseransammlung um einen Basar. Die Fassaden der Häuser sind aus Holz, die Dächer aus Terrakotta. Seine Hauptstraße führt nach Westen zum Stadtstrand und ist ein sakraler Ort. Begebe ich mich auf die Ebene der Hindu-Mythologie, dann wurde dort Shiva durch das Ohr einer Kuh aus der Unterwelt wiedergeboren, demnach beherbergt die Stadt den Pranalingram, in dem der mächtigste Shivalinga Indiens aufbewahrt wird. Den hatte der teuflische König von Lanka in Gokarna abgestellt, nachdem er ihn aus Shivas Heimstatt auf dem Berg Kallash entwendet hatte. Als wunderträchtig gilt der Tempel Shri Mahabaleshwar. Ein Blick genügt, um sich von seinen Sünden reinwaschen zu können, sogar vom Mord an einem Bramahnen. Die Pilger rasieren sich den Kopf kahl, dann beginnt die Wallfahrt traditionellerweise am Strand, gefolgt vom Puja im Tempel Shri Mahaganpati, um dem elefantenhäuptigen Gott Genash Achtung zu erweisen. Da flegelhafte Ausländer die Anstandsregeln im Tempel verletzt hatten, wird den Touristen der Zutritt verwehrt. Seither ist dessen Eingang streng bewacht.

Da uns das Wissenswerte über Gokarna geläufig ist, gehen wir an den besagten Strand und setzten uns auf eine Bank mit einer schattenspendenden Überdachung. Aus respektvoller Entfernung beobachten wir das rituelle Baden im Meer. Es ist wahnsinnig heiß, deshalb trinken wir Wasser aus einer Flasche. Die Teilnehmer, hinter bunten Tüchern versteckt, ziehen sich aus und reinigen ihre Seelen im schmutzigen Meerwasser, Männer und Frauen getrennt.

Plötzlich hält ein Pilgerfahrzeug nicht weit von uns, und eine Horde Inder springt heraus und rennt auf uns zu. Was haben die vor? Wie schütze ich meine Frau vor der Meute? Mir schwant eine Menge Ungutes, als mich deren Anführer auffordert aufzustehen. Warum das? Sonst ist meine blonde Frau das Objekt der Begierde.

Nach längerem palavern stellt sich heraus: Die Angst vor dem bitteren Kelch eines Übergriffs ist unbegründet. Die Männerriege ist nur scharf auf Fotos, worauf man sie selbst, dann Angela und mich sieht, weshalb ich erleichtert lache und wir ihnen den Gefallen tun. Sie nehmen uns in die Mitte und knipsen wild drauflos. Für die Pilger aus dem Hinterland sind wir eine Attraktion, besonders solch eine Exotin wie meine Frau.

Schwein gehabt, denke ich, denn ich war davon ausgegangen, dass wir die Privatsphäre der Pilger durch unser Beobachten der sich Reinigenden verletzt haben und uns eine Strafe droht. Aber Pusteblume, alles bleibt harmlos. Übrigens ziehen sich die Fotowünsche wie ein roter Faden durch den Indienaufenthalt. Hoffentlich hebt meine Frau nicht ab und fühlt sich wie ein Filmstar?

Den Männern entronnen, bummeln wir in den Ort. Ein Mann auf dem Weg zum Tempel im Büßergewand wird böse und beschimpft mich, als ich ihn knipsen will. Ich entschuldige mich für mein voreiliges Handeln, obwohl ich das Bild unbedingt wollte. Dafür mache ich ein Foto von einem ärmlich aussehenden Passanten im Kontrast zu einem Inder aus einer höhergestellten Kaste. Auch von einem Trommelhersteller will ich ein Bild machen, doch den frage ich vorher, worauf er freundlich einwilligt und in meinen Fotoapparat lächelt. Dann gebe ich einem Bettler zwanzig Rupien. Und der läuft summend durch den Ort, denn meine Spende hat ihn glücklich gemacht. Nicht nur deshalb gefällt mir Gokarna. Die Atmosphäre ist angenehm beschaulich, und die Preise liegen unter denen in Goa, daher kaufe ich mir ein gebatiktes T-Shirt, auf das ich schon lange scharf war. Die zweihundert Rupien bezahle ich gern.

Als ich eine Taschenlampe käuflich erworben habe, machen wir uns auf den Heimweg. Eine Beleuchtung auf dem Weg zum Kudle-Beach gibt es nicht, daher die Taschenlampe. Und abends essen wir ayurvedisch. Ich salze den Reis nach, dann schmeckt das Gericht erträglich. Ein Fan der Ayurveda-Küche, wie die am Kurs teilnehmenden Frauen, übrigens nur noch fünf an der Zahl, werde ich nie. Dann quatschen wir noch bis spät in die Nacht mit der Nachbarin, denn uns verbindet so allerhand.

Heute bestimmt ein Besuch des „Om-Beach" den Tagesablauf. Dafür esse ich ein kräftigendes Müsli, wobei ich die Milch nachbestelle, danach führt uns ein Pfad über einen Bergrücken, bei fast unerträglicher Hitze. Auch am Om-Beach überfällt uns eine Horde Inder mit dem Fotowunsch. Und dem nachgekommen, wird es ein matter Tag. Wir schwimmen und sonnen uns, aber meist bleiben wir im Schatten der Mangroven, denn die Sonne brennt enorm. Nach drei Stunden setzen wir uns in das Restaurant am Anfang des Strandes, wo wir den Indern bei einem Volleyballturnier zusehen. Ich esse eine aromatische Suppe und Angela ein Pancake mit Obst, bei dem ich ihr helfe, denn die Portion ist überproportional. Und den Heimweg bewältigen wir abermals zu Fuß, obwohl mehrere Motorrikschas auf Kundschaft warten.

Vor unserer Anlage treffen wir unsere Nachbarin, die ein Abschiedsbad im Meer genommen hat. Nach etwas Smalltalk verabschieden wir uns, denn sie reist zu ihrem

Sohn nach Mangalore, und das in einem Nachtbus, obwohl ihr Eva, die deutsche Leiterin der Anlage, wegen der Gefährlichkeit davon abgeraten hatte, doch das ohne Erfolg. Anschließend gehen wir fremd, denn ich lechze nach Fleisch. Wir essen Kebabs in einem mäßig besuchten Restaurant. Aber was heißt mäßig besucht? Die Saison steht vor dem Ende. Remmidemmi gibt es nicht mehr am Kudle-Beach. Auch unsere Anlage schließt in einer Woche, weshalb unsere Leiterin eine Bootstour mit uns Gästen und dem Personal unternehmen will. Es ist eine hervorragende Idee, das finden alle. Eva reist nach dem Anlagenschluss für ein halbes Jahr nach München. Wenn der Monsun tobt, dann wohnt sie in Schwabing, worüber ich mich als Ex-Münchner ausführlich mit ihr unterhalte.

Es ist mitten in der Nacht, als Angela aufsteht und den Deckenventilator ausschaltet, daher wird es unerträglich warm im Zimmer. Die heiße Luft steht förmlich und das Atmen fällt mir schwer. Ich gehe hinaus und lege mich auf die unbequeme Terrassenbank, wo ich ein Opfer der Mücken werde. Dann doch lieber schwitzen, sage ich mir, und gehe wieder hinein, um mich nackt aufs Bett zu legen, allerdings mache ich den Ventilator wieder an. Mit dem kreisenden Fan überstehe ich eine der schwülwärmsten Nächte der langen Reise.

Am Frühstückstisch erfahren wir, dass für zwei der Frauen ihr Cleaning Day angebrochen ist, an dem die Darmflora gereinigt wird. Deren Teilnahme am Ausflug ist durch das häufige Benutzen der Toilette gefährdet. Doch Eva besteht darauf, trotz der Einwände der Betroffenen, dass der Bootsausflug drei Uhr am Nachmittag steigt. Sie hat die Entscheidungsgewalt. So bleiben uns nur einige Stunden, um nach Gokarna zu gehen, denn wir

brauchen neue Sonnenmilch und müssen uns nach Zug-
verbindungen zurück nach Goa erkundigen. Unsere letzte
Station vor Mumbai soll der Strandort Palolem an Goas
Südküste werden. Dafür wäre eine Aufbesserung an Rupien am ATM geboten, also an einen Geldautomaten.

In Gokarna angekommen, bekommen wir heraus, dass
der Zug zehn Uhr abfährt, und die Sonnenmilch, eine
Empfehlung unserer abgereisten Nachbarin, finden wir
auch, leider nur mit dem Sonnenschutzfaktor fünfzehn.
Für mich reicht der vollkommen, so tiefbraun wie ich inzwischen bin. Auch das Auffinden des Geldautomaten
klappt nach langem Suchen und intensivster Fragerei,
denn der liegt versteckt und weit außerhalb am Ortsrand,
dazu ist er der Einzige im Ort. Als Proviant kaufen wir
zwei Stücke Käsekuchen, womit man in Indien nichts
falsch macht, dazu eine Tüte roter Trauben, dann machen
wir uns auf dem Heimweg.

Um drei Uhr treffen wir uns am Ausflugsboot. Wir, das
sind zwei Kursteilnehmerinnen, Angela und ich, dann
Vera, und mehrere Frauen aus der Küche. Die kommen
so gut wie nie in den Genuss eines Ausfluges. Wir klettern auf das gecharterte Boot und tuckern mit ihm an der
Küste entlang, dabei zeigt uns Vera einige zerstörte Hip-
pie-Camps, die von der Polizei abgefackelt wurden, aber
über das Warum kann sie uns nicht aufklären, sodass wir
heftig bis zu unserem Ziel, einem Fischereihafen darüber
diskutieren. Und den erreichen wir mit Verspätung, außerdem stinkt es bestialisch. Den Fischgestank ertragen
zu müssen, grenzt an Selbstvernichtung. Die auf einer
Fläche zum Trocknen ausgebreiteten Fische sind ein gefundenes Fressen für die Seevögel, die sich scharenweise
über den trocknenden Fisch hermachen. Ich schieße viele
Fotos, aber als ich eine alte Frau und einen Hund knipsen

will, die sich an einem Abfallhaufen um einen Fisch balgen, streikt die Kamera. Was ist los? Ist der Akku leer?

„Scheiße, ausgerechnet jetzt", schimpfe ich, denn das Bild der Armut hätte ich daheim gern gezeigt, anderseits hätte ich mir mit dem Elend bei empfindsamen Gemütern einige Feinde gemacht.

Auf dem Rückweg halten wir am Om-Beach. Vera verspürt Lust auf ein Bad im Meer. Angela und ich waten an Land und leisten uns eine Kokosnuss mit Strohhalm. Mit der setzen wir uns in den weißen Sand und träumen. Wie wir so dasitzen und ich voller Melancholie auf das Meer hinausblicke, sehe ich vor der untergehenden Sonne die Silhouette einer heiligen Kuh auf einem Felsen. Es ist ein tolles Motiv, denn auf deren Rücken hat es sich eine Schar Raben bequem gemacht. „Verfluchter Mist", fluche ich, denn jetzt bin ich richtig sauer, weil ich das seltene Schauspiel nicht im Bild festhalten kann. Dass ich in Zukunft ein derartiges Missgeschick vermeide, sollte ich mir hinter die Löffel schreiben.

Bei der Heimankunft bezahlen wir für den Ausflug fünfhundert Rupien pro Nase an die Organisatorin, die Vera fairerweise von ihrem Personal nicht kassiert, dann verabschieden wir die nette Crew des Bootes. Ich bedanke mich bei Vera für das Erlebnis und springe kurzerhand ins Wasser, um den Fischgestank samt Schweißgeruch vom Körper zu bekommen, schon bin ich wieder putzmunter.

Es ist der vorletzte Tag und mir geht es körperlich sehr gut, aber meine Frau leidet unter Rückenschmerzen. Auf das Anraten Veras, die einen starken Einfluss auf Angela ausübt, unterzieht sie sich einer Massage, da das naheliegend ist. Wenn nicht hier in der Anlage, wo dann? Wir wohnen schließlich an der Gesundheitsquelle. Also verschwindet Angela in den Massagegefilden und kommt nach einer Stunde runderneuert zurück. Achthundert Rupien hat sie berappt, für den Betrag legt in Deutschland niemand die Hand an deinen Körper.

Während sie weg war hat das aufmerksame Personal einen Sonnenschirm an den Strand gestellt, unter dem ich allein bin. Ich habe vor zu Baden, denn die Höhe der Wellen schreckt mich nicht ab. Also kämpfe ich mich zur Abkühlung durch die Fluten, bis Angela hinzukommt. Da klappen wir den Schirm ein und stillen erste Hungergelüste im Restaurant. Als Zwischenmahlzeit genieße ich eine Zwiebelsuppe, Angela eine Gemüsesuppe. Doch da wir nicht satt geworden sind, teilen wir uns als Nachspeise einen Pfannkuchen. Und den gegessen, gehen wir auf die Terrasse, auf der ich in meinem Reisetagebuch schreibe, derweil meine Frau ihren Krimi zu Ende liest.

Den Abschiedsabend verbringen wir mit Vera und einer der verbliebenen Frauen, die aus Kärnten stammt. Dass ich dabei abermals ayurvedisch esse, das ist mittlerweile selbstverständlich, da ich die Vorzüge der Küche erkannt habe, denn die aus frischem Gemüse zubereitete Nahrung entschlackt, weshalb besonders Frauen die Einrichtungen zum Abbau ihrer Pfunde, also als Schlankmacher aufsuchen. Alle Menschen, die uns hier über den Weg gelaufen sind, sahen gesund und vital aus. Dick oder gar fett war niemand.

*

Und wieder einmal heißt es Abschiednehmen. Wir frühstücken früh, danach bringt uns der Fahrer in Begleitung zweier Träger, die unsere Rollkoffer schleppen, zu einem hinter der Anlage stehenden und ihr gehörenden Geländewagen. Auch Vera nutzt den Trip zum Bahnhof und will im Ort einkaufen. Als wir vor dem Bahnhof ausgestiegen sind, drücken wir Vera kräftig zum Abschied, dann haben wir viel Zeit, weil der Schalter nicht geöffnet ist und der Zug die in Indien übliche Verspätung hat. Ob Minuten oder Stunden, das erfahren wir nicht, da es keine Anzeigetafel gibt.

Der Zug fährt nach vierzig Minuten vor. Wir steigen ein und erstaunlicherweise wird die Zugstrecke nur von wenigen Fahrgästen genutzt. Unter ihnen sind Bettler mit Behinderung, die durch die Gänge robben. Ich spende reichlich, aber das ist nur ein Tropfen auf den heißen Stein. Nach gut einer Stunde kommen wir nach Canacona, von dort bringt uns ein Tuk-Tuk nach Palolem, wo uns der atemberaubend lange und breite Sandstrand ins Auge sticht, denn er übertrifft alle bisher aufgesuchten Strände in Goa. Wir sind überwältigt von den farbenfrohen Strohhütten und den sie überragenden Kokospalmen. Ein ähnliches Palmenmeer habe ich vom Besuch auf den Seychellen in Erinnerung. Uns begeistert jede Kleinigkeit, denn alle passen wunderbar in die Umgebung. Die Bucht beschreibt einen Halbmond aus goldenem Sand und zieht sich von einer Ansammlung riesiger Felsblöcke nach Norden bis hin zu den Sahyadri Hills, die inmitten dichtem Wald ins Meer auslaufen. Palolem ist der beliebteste Ferienort Goas, aber auch ein verlorenes Paradies. Das aber nur wegen der Masse an Urlaubern in der Hochsaison.

Zum Saisonausklang haben wir keine Bleibe vorgebucht. Das hielten wir für unangemessen. Also setzen wir uns in ein nobles Speiselokal mitten im Ortszentrum, in dem ich mir eine Zwiebelsuppe bestelle, denn die ist preiswert und schmeckt mir immer besser. Angela gönnt sich einen Obstsalat mit Eis. Mit dem Imbiss ist der Anfahrtsstress abgebaut und wir sind richtig angekommen.

Die Sucherei nach einer Bleibe kann beginnen.

Zuerst erkundet Angela das Palolem-Beach-Resort gegenüber. In dem gibt es ein Häuschen mit Aircondition, aber leider nur für fünf Tage, berichtet sie mir nach ihrer Rückkehr. Das Angebot wäre schon mal gut, denke ich, dann grase ich den rechten Strandabschnitt nach einer passablen Bleibe ab. Die schlichten Hütten bewegen sich in der Preiskategorie um achthundert bis tausendachthundert Rupien. Doch allen Unterkünften fehlt die Klimaanlage. Wir jedoch suchen eine Hütte mit solch einem Ding, dazu mit Wohlfühlcharakter, denn die Temperaturen steigen.

Also sehe ich mir das von meiner Frau besichtigte Häuschen in Ruhe an und komme zu dem Schluss: Palolem ist teuer, aber die Nachfrage bestimmt den Preis. Wohl oder übel werden wir mehr Geld als gewöhnlich für das Wohnen in die Hand nehmen müssen. Also handele ich dreitausend Rupien am Tag für ein orangefarbenes Häuschen mit Terrasse aus, aber inklusive Frühstück, was den Preis relativiert, dennoch stellen wir mit den vierzig Euro einen Rekord für Indien auf.

Und wir sind kaum eingezogen, rieche ich den Makel, denn es stinkt durch den Kanalanschluss aus dem Duschabfluss. Den verstopfe ich mit einem Lappen, zusätzlich behelfen wir uns mit den mitgeführten Räucherstäbchen. Die übertünchen den unangenehmen Geruch. Dann kramen wir die Klamotten in einen Schrank und bekämpfen den Hunger im zur Anlage gehörenden Restaurant. Und anschließend machen wir einen Spaziergang am linkseitigen Strandstück. Das malerische Bild, das sich vor uns auftut, ist ein Hochgenuss. Der Anblick der kunterbunten Hütten, dann die originellen Restaurants, und die aus dem Wasser gezogenen und auf dem Sand bereitstehenden

Ausflugsboote, das alles zusammen raubt uns den Verstand. Hier zeigt sich Goa von einer liebenswerten Seite, sodass man aus dem Schwärmen nicht herauskommt.

An einer Palme hängt das Hinweisschild auf einen Kochkurs. „Oh ja, den machen wir", beschließt meine Frau, ohne mich zu fragen, woraufhin sie ihr Anliegen erläutert: „Ich bin begeistert von der Kochkunst der Inder. Jetzt nutze ich die Chance, um sie zu erlernen. "

Und vom Spaziergang zurück, dient unser Anlagenrestaurant als Nahrungsspender. In dem essen wir bestens zubereitete Kebab Spieße. Dass es uns schmeckt erkennt der Kellner an den spiegelblank leergegessen Tellern. Und um den Tag abzurunden, gehen wir, trotz Angelas aufkeimender Rückenschmerzen, zu einem Krämerladen und kaufen Cola, Schnaps und Erdnüsse für einen romantischen Abend ein. Die dafür benötigten Gläser leihe ich im Restaurant aus, das liegt den erwähnten Katzensprung entfernt. Wir trinken zwei Gläser Cuba-Libre, aber alt werden wir nicht. Die Müdigkeit lockt uns in unser sauberes und mit Moskitonetz versehenes Bett.

Das Frühstück im Restaurant ist fantastisch, wie erwähnt ist es im Mietpreis inbegriffen. Man serviert uns eine Kanne Kaffee, zwei Spiegeleier, zwei Scheiben Toast, ein Glas Marmelade und Cornflakes mit einem Kännchen Frischmilch dazu. Die Tischgestaltung ist ein Gedicht. Als Krönung bestellen wir zwei Gläser frisch gepressten Orangensaft. Magen, was willst du mehr?

Anschließend eilen wir in den Ort und tragen uns für den Kochkurs in zwei Tagen ein. Dann frischen wir den Wasservorrat auf und kaufen leckere Trauben. Und die essen wir, als wir zwei der Anlage gehörende Liegen besetzt haben. Anschließend vertieft sich Angela in ihren Krimi und ich habe bei den abgelegten Büchern einen

Roman des Autors Peter Handke gefunden. Die linkshändige Frau, so heißt das Machwerk. Und obwohl ich Handke menschlich ablehne und seinen Schreibstil nicht sonderlich schätze, fesselt mich seine Story.

Aber unter dem Sonnenschirm wird es heiß. Als ich zur Abkühlung ins Wasser gehe und vom Schwimmen zurückkehre, bietet sich mir ein lustiges Schauspiel. Mehrere heilige Kühe haben es sich hinter den Liegen bequem gemacht und genießen den Schatten der Sonnenschirme. Meine Frau ist eingeschlafen und hat von all dem nichts mitbekommen. Als ich sie aufwecke, staunt sie über das freche Verhalten der Kühe.

„Solange sie nicht hinter die Liegen scheißen, stören sie mich nicht", sagt sie lachend. Für die Einheimischen sind die Kühe eine Randerscheinung, doch der Koch des Restaurants füttert sie gelegentlich.

Nach dem Mittagsimbiss, ich hatte eine Hühnersuppe gegessen, die kräftig gewürzt war und edel geschmeckt hatte, wogegen sich Angela einen auf die griechische Art zubereiteten Salat munden ließ, gehen wir wieder zu unseren Sonnenliegen. Wir hatten sie vom Tisch im Blick. Und auf denen zur Ruhe gekommen, beobachten wir das kunterbunte Treiben am Meer.

Tja, so ist das an den Wochenenden. Es wimmelt von Indern, denn wir befinden uns in der Hochburg des Wochenendtourismus. Die Menschen aus dem Hinterland baden in voller Montur oder fahren hinaus in einem Boot, das auf Eisenbahnschwellen ins Wasser geschoben wird.

Und da komme ich zu einem Problem, denn ich rege mich über den Vorgang berechtigterweise auf, weil die Schwellen mit einer ölig stinkenden Masse eingeschmiert werden, was sie gleitfähig macht. Und wo landet das ätzende Zeug? Natürlich im Meer.

„Den Umweltschutz haben diese Banausen nicht auf

dem Schirm", meckere ich, doch meine Frau relativiert meinen Wutausbruch: „Die Inder sind bettelarm", sagt sie. „Für die zählt nur das Geld, das sie mit ihren Bootstouren einnehmen können."

Und darin verstehe ich sie, denn mit ihren Gegensätzen zwischen arm und reich sind die Inder ein Volk voller Widersprüche.

Sechs Uhr vertreibt man uns mit viel Respekt von den Sonnenliegen. Das Personal räumt sie weg, weil man Tische und Stühle für das Abendessen auf dem Sanduntergrund aufstellen will. Wir aber haben uns für eine andere Lokalität endschieden. Da unser Reiseetat sowieso überschritten ist, gehen wir in das Lokal, von dem wir unsere Unterkunftssucherei begonnen hatten. In dem steht der beste Koch Goas am Herd, so steht es im Reiseführer, aber was ist das Geschreibsel wert? Grundsätzlich gar nichts, da die Kebab-Spieße alles andere als überragend schmecken. In unserem Anlagenrestaurant waren sie besser. Vielleicht verdient der Koch anderswo mehr und ist abgewandert.

Nach dem Essen gehen wir zur Strandpromenade, aber Angela missfällt das andauernde Gehen, wegen ihrer Rückenschmerzen, und gescheite Musik dringt aus keinem der Lokale an unsere Ohren. Das ist schwach. Das Angebot in vorherigen Strandstationen war ergiebiger. Und was tun wir in der verqueren Situation? Wir kaufen die Zutaten für unsere Cuba-Libre und eine Nussmischung, dann setzen uns auf die Terrasse, dabei genießen wir den Sternenhimmel.

Es ist der 29. März, aber erst am 9. April verlassen wir Indien, daher bleiben wir noch einige Tage in Palolem, bevor wir uns auf den Schmelztiegel Mumbai einlassen.

Und weil das so ist, frühstücken wir ohne Hast. Das Personal spendiert uns sogar eine zweite Kanne Kaffee. Doch da Angela die Beeinträchtigungen im Rückenbereich noch spürt, wiederholen wir den Strandtag auf den Sonnenliegen.

Die Wochenendgäste sind heimgereist, was für eine Wohltat, aber nicht einladend ist die Höhe der Wellen. Zwar nicht so dramatisch wie im Atlantik vor La Gomera, aber hinausschwimmen scheidet aus. Stattdessen begebe ich mich auf die Suche nach einer neuen Hütte. In drei Tagen müssen wir umziehen. Unser Häuschen ist anderweitig vergeben, deshalb habe ich einige Lonely Planet Empfehlungen auf dem Spickzettel, aber die Hütten sind zu teuer. Eine davon kostet viertausend Rupien, inklusive Frühstück, für die Nächste verlangt der Besitzer dreitausend Rupien, immerhin bietet er beim sofortigen Anmieten zehn Prozent Rabatt. Trotzdem ist sie kein Sonderangebot, außerdem haben beide keine Klimaanlage. Da ist guter Rat gefragt.

Zum Glück muss ich mich nicht sofort endscheiden und denke: Es wird noch anderweitige Angebote geben. So verschiebe ich eine Zusage auf später, denn wir haben noch etwas Luft bis zum Umzug und der Kochkurs am Abend steht an. Auf den freut sich Angela wie ein kleines Kind. Mal sehen, was der uns bringt.

Beim Mittagsimbiss in unserer Anlage sitzen einige Wohlstandsinder am Nebentisch. Mein Gott, wie essen die denn? Das ist kein Essen, das ist Fressen. Sie sind fett und schaufeln große Mengen mit den Fingern in sich rein. Für europäische Augen sieht das eklig aus. Man weiß, dass das Übergewicht zu großen Problemen im modernen Indien führt. Wenn man das sieht, verwundert es nicht. Meine Frau und ich sind gertenschlank. Uns schert die Problematik Diabetes wenig. Auch der Kochkurs wird daran nichts ändern, zu dem wir uns mit zwei englischen Paaren und natürlich dem Kochlehrer in seiner Schulungsküche treffen.

Das erste Gericht ist ein Chicken-Massala, und die Weiteren werden mit Käse, Gemüse und Pilzen zubereitet, alle auf identischer Soßenbasis. Dazu backen wir Fladenbrot und kochen herzhaften Basmati-Reis. Sobald man die Gewürzmischung kennt, sind alle Gerichte einfach. Hinterher setzen wir uns um einen großen Tisch und lassen uns das Zusammengebrutzelte schmecken. Zuhause wollen wir einen indischen Abend mit dem Erlernten veranstalten, deshalb gibt Angela dem Kochlehrer unsere Mail-Adresse. Und der verspricht ihr, die Rezepte zuzuschicken, dadurch sind wir mit dem Erfolgserlebnis zufrieden und verlassen den Kochkurs um eine Erfahrung reicher.

Den Abend verbringen wir in dem Lokal, wo ich das Häuschen für viertausend Rupien besichtigt hatte. Und ähnlich wie auf Bali spielt ein spanischer Gitarrist. Aber leider ist das Ambiente unbefriedigend und die Bedienung unfreundlich und arrogant, sodass wir die Idee, dass teure Häuschen zu mieten, ohne es groß zu bedauern verwerfen.

Der letzte Tag im Beach-Resort ist angebrochen. Am nächsten Tag steht der Umzug an. Am Frühstückstisch verzaubert mich, wie an jedem Morgen, der Blick auf das azurblaue Meer. Da ich nie wieder mit solch einer schönen Aussicht frühstücken werde, gönne ich mir zwei gekochte Eier.

Gesättigt gehen wir in ein Internetcafe und buchen die Rückflüge nach Mumbai. Inzwischen sind die, wegen des späten Zeitpunkts der Buchung, richtig teuer geworden, sogar bei der Billig-Airline. Einen Tag vorher hätten die

Flüge statt der fünfzehntausend nur zehntausend Rupien gekostet. Wer pennt, der wird bestraft. Anders verhält es sich beim Mieten eines Zimmers in Mumbai. Achtunddreißig Euro sind der absolute Glücksfall. Und das Glück haben wir auch bei der Suche nach der passenden Hütte am Strand. Sie kostet tausendzweihundert Rupien, und besitzt einen ordentlichen Deckenventilator. Witzig ist eine Palme, die mitten im Zimmer steht und durch das Dach hinausragt. Das Häuschen wurde um den Stamm der Palme herumgebaut. Ein anderer Vorteil ist, dass die Hütte in einer Luftzufuhrschneise liegt, denn durch die Lage wird die Hitze in erträglichen Grenzen gehalten. Mit dem Besitzer einer anderen Hütte konnten wir uns nicht einigen. Er verlangte zweitausend Rupien und hatte unser tausendfünfhundert Rupien Angebot abgelehnt. Dumm für ihn gelaufen, kann man dazu sagen.

Wir belohnen uns für unsere Wahl in dem zur Hütte gehörenden Restaurant mit einer Suppe, dann machen wir einen Einkaufsbummel durch die Hauptgeschäftsgasse, um Mitbringsel für die Lieben daheim zu kaufen. Eine originell aussehenden und geschäftstüchtige Budenbesitzerin, der ein Stand unter Tausenden gehört, und die von ihrer Menge an Schmuck am Körper fast erdrückt wird, macht Eindruck auf mich. Bei der kauft Angela mehrere Tücher, eins schöner als das andere. Eins bekommt die Freundin, die unsere Blumen versorgt, eins ist für meine Schwester, eins schenken wir meiner Tochter, eins meiner Ex-Frau und eins ist für die Freundin meines Sohnes vorgesehen. Als angehender Opa erwerbe ich eine Höschen und ein Mini-T-Shirt für mein Enkelkind. Schon beim Aussuchen merke ich, dass mir die Rolle des Opas liegen wird. Meine Tochter kann sich auf mich als einfallsreichen Kumpan ihres Sohnes freuen, denn die Rolle des Opas spiele ich gern. Übrigens soll der kleine Mann

Milan heißen. Später werde ich mit ihm die Spielplatz-welt unsicher machen. Mein Leben wird nie langweilig, stecke ich mir kleine Ziele, und darin bin ich unübertrof-fen. Für die vielen Tücher bezahlt Angela fünftausend Rupien, das sind sieben Euro. Es ist zu viel, aber ich will die mit Schmuck behangene Frau unbedingt fotografie-ren, deshalb lege ich für die Babysachen fünftausend Rupien drauf. Diese Mal schachere ich nicht und akzep-tiere ihren geforderten Preis.

Am Abend ziehe ich mich früh von der Terrasse ins Bett zurück, denn mich fasziniert meine neue Lektüre aus dem unerschöpflichen Fundus der Anlage. Das Meisterwerk stammt aus der Feder Roger Willemsens, der leider viel zu früh verstorben ist. Er hatte seine selbsterlebten Ge-schichten in einem Taschenbuch zusammengefasst, das 2004 ein Spiegel-Bestseller wurde. Der begnadete Roger hat es Deutschlandreise genannt.

Wir verabschieden uns vom Palolem-Beach-Resort und schleppen die Rollkoffer am Strand entlang zu unserem angemieteten Häuschen. Die Räder setzen sich mit Sand zu und drehen sich nicht mehr. Als ein junger Mann mei-ner Frau zu Hilfe eilt, schickt sie ihn weg. Sie hatte nicht geschnallt, dass er zum Besitzerpersonal gehört. Also kommen wir schweißgebadet an der Hütte und ziehen ein, leider fehlen das Moskitonetz, ein frisches Bettlaken und die Handtücher. Das fängt ja gut an, denke ich, doch der für die Ausstattung Zuständige verspricht Besserung. Aber erst als unsere Pässe kopiert sind kommt Leben in die Kiste. Da erst bekommen wir all das, was zum Stan-dard der Hütte gehört. Doch der schludrige Umgang hat die für Goa typischen Gründe, denn die für unser Häus-chen zuständigen Burschen sind träge. Die überarbeiten sich gewiss nicht. Aber als wir sie näher kennenlernen, stellen sie sich als nett und hilfsbereit heraus.

Jeden Morgen kommt ein Junge vorbei und bringt die Zeitung. Das ist ein Service, der uns an daheim erinnert. Nun sind wir über ein halbes Jahr unterwegs und es geht uns gut. So machen wir einen fußläufigen Ausflug in eine Nachbarbucht zum Nachdenken über die Machenschaften der Besserverdiener anregt.

Im Hinterland der Bucht wurde die einzige Nobelanlage Goas errichtet, trotz der Proteste der Bevölkerung. Ein Anwohner erzählt uns, dass für eine bevorstehende Glamourhochzeit der komplette Strand beansprucht wird, wegen einer mordsmäßigen Bühne, die man dort aufbaut, mit unzähligen Tischgruppen davor. Ein Vergleich zu Hollywood ist vertretbar, denn der Aufwand fällt aus dem Rahmen. Er ist untypisch an einem Strand mit malerischen Hütten, denn das besondere Strand-Feeling geht vor die Hunde. Nur schnell weg hier, denke ich. Wer da heiratet, das interessiert mich nicht. Mein Leben geht auch ohne das zu wissen in die Endphase der Reise.

Ein anderer Ausflug führt uns mit dem Tuk-Tuk nach Agonda, unweit unserer Bucht und zu Fuß unmöglich zu erreichen. Der Strand ähnelt unserem, ist aber einsamer. Im zentralgelegenen Restaurant treffen wir auf junge Leute aus Deutschland. Um ihnen zuzuhören, setzen wir uns an den Nebentisch, dabei essen wir einen Obstsalat. In ein Gespräch mit ihnen kommen wir nicht, denn die Mädchen sind zu albern, wodurch sie die Lehrerin in meiner Frau nerven. Daher bezahlen wir und fahren mit dem Tuk-Tuk zurück, um den sich anschließenden Abend in einer Fischerkneipe zu verbringen.

In der Kneipe wird mir mulmig, denn Angela ist die einzige Frau weit und breit. Doch meine Angst ist unbegründet. Die Männer, alles ortsansässige Fischer, benehmen sich höflich, wie's sich gebührt. Schlimm für uns

374

ist, dass sich immer mehr Russen in Palolem breitmachen, so hat sich ein saufendes Pärchen in das Nebenhäuschen einquartiert. O Gott, die Brut war mir schon beim Italiener in Arambol unangenehm aufgefallen, als der Wirt ihrem Musikwunsch partout nicht nachkommen wollte. Die Mischpoke führte sich auf, als hätte sie Goa wie die Krim annektiert.

Diese Russen saufen den lieben langen Tag in unserem Restaurant, dabei treffen sie sich mit anderen Russen und geben sie sich die Kante, denn größtenteils kreist die Schnapsflasche. Uns widert das Treiben an, obwohl uns die Saufnasen nicht belästigen, trotz allem werden wir mit der Situation klarkommen müssen.

Am zweiten Abend kommt es zum Eklat, was vorhersehbar war. Wir haben uns hingelegt und wollen schlafen, doch das Unterfangen ist aussichtslos, denn nebenan toben die Russen in schier unerträglicher Lautstärke.

„Soll ich aufstehen und sie um Ruhe bitten?", frage ich meine Frau, obwohl ich nichts davon halte, mich mit Besoffenen anzulegen, denn dabei kann ich nur schlecht abschneiden. Was also tun?

Angela nimmt sich ein Herz. Woher nimmt sie den Mut? Sie geht hinaus und bittet die Russen, ihre Feier zu beenden. O ha, meine Frau hat ein sanftes Machtwort gesprochen. Und was passiert?

Ihr Eingreifen zeigt Wirkung. Die Russen schnappen sich ihre Schnapsvorräte und ziehen ab. Wahrscheinlich gehen sie anderen auf den Sack, was uns egal sein kann. Doch das wirklich Sensationelle geschieht am nächsten Morgen beim Frühstück, denn die Russin kommt zu uns an den Tisch. Ich traue meinen Gehörgängen nicht. Hat sie sich für die Entgleisungen endschuldigt?

Es war tatsächlich eine Entschuldigung. Das ist sensationell. Das Verhalten der Frau reicht zwar nicht für eine deutschrussische Freundschaft, aber die erwarte ich auch nicht. Immerhin haben die Russen in der Skala meiner Wertschätzung einen Sprung in die Höhe gemacht, und das Erlebnis sollten wir uns einrahmen

Tja, so ist das mit den Russen. Trotz ihrer Existenz in Palolem kommen wir phantastisch mit den Gegebenheiten zurecht, deshalb machen wir einen weiteren, diesmal zweistündigen Ausflug. Es zieht uns an das nördliche Strandende, zu einem von Mangroven gesäumten Binnensee, der ins Meer mündet.

Wegen unserer Abschiedsstimmung haben wir uns eine Bootsfahrt zum Spring Rock Felsen in den Kopf gesetzt, die wir mit einer Plaudertasche als Bootführer angehen. Ganze fünfhundert Rupien kostet uns das einzigartige Vergnügen, bei dem wir eine vielfältige Vogelwelt bestaunen, die ich fotografiere. Der geschwätzige Lenker entpuppt sich als freundlicher Geselle. Er kennt jede der reichhaltig vorhandenen Vogelarten und manövriert uns wie ein Gondoliere mit einer langen Stange durch das Gewässer. Mit seinen authentischen Erzählungen macht er das hautnahe Erleben der unbeschädigten Natur zu einer Sternstunde.

Dieser Ausflug und das sich anschließende Essen im Restaurant unserer Anfangstage, das vor Melancholie nur so trieft, runden wir den Abend des Abschieds ab. Mit strahlenden Augen, die von Heimweh zeugen, erzählt uns der nette Kellner, dass er am nächsten Tag nach Mumbai zu Frau und Kindern heimkehre, die er ein halbes Jahr nicht zu Gesicht bekommen habe. Er freue sich wie ein Lottogewinner. Leider könne er nur als schlecht bezahlter Kellner in Mumbai weiterarbeiten, doch so ginge es Vielen. Für ihn sei die Saison hier abgeschlossen, was auch für uns gilt. Das Gespräch bildet den würdigen Abschluss für den vielseitigen und von Sympathie getragenen Aufenthalt in Goa.

*

Am Abreisetag sitzen wir acht Uhr am Frühstückstisch. Beim Lesen der Goa-Zeitung, die uns der zuverlässige Junge gebracht hat, warten wir auf das verabredete Taxi, doch das mit einem faden Beigeschmack. Uns geistert die Horrorvision von einer zweistündigen Taxifahrt durch die Köpfe, dazu ein Preis von zweitausend Rupien, denn diese Angaben wären verdammt happig. Ich hatte mich am Vorabend erkundigt, da hatte man mir die Fahrt für tausenddreihundert Rupien angeboten.

„Nichts wird so heiß gegessen, wie's gekocht wird." Der Spruch erlangt Gültigkeit, denn wir bezahlen tausendfünfhundert Rupien und sind in einer Stunde am Airport. In dieser Zeit hat es das Taxi locker geschafft, denn der Hokuspokus mit den falschen Angaben hat den Fahrer nicht nervös gemacht.

Wir steigen in den Flieger der Fluggesellschaft Goa-Indigo und sind in einer Stunde über Mumbai, wo wir vor der Landung das ausufernde Slumgebiet aus der Luft betrachten können, das sich um den Airport ausgebreitet hat. Große Teile des unüberschaubaren Wirrwarrs an Wellblechhütten hätte man längst abgerissen, könnten sich die Bewohner teuren Wohnraum leisten, doch das ist nicht so, deshalb bleiben sie in ihren ärmlichen Behausungen. So oder ähnlich habe ich es in der Zeitung gelesen.

Die Inder, die im Wohlstand leben, meiden die Statussymbole der Armut. Weiterhin werden die Menschen der unteren Kasten geächtet. Die Gesellschaftsschicht in den Slums ist für alle Zeit gebrandmarkt. Muss das in der heutigen Zeit noch so sein? Die Probleme des Landes machen mich fassungslos. Ich bin gespannt, wie ich mit dem Elend in der Großstadtmetropole umgehen werde.

Nachdem wir in Mumbai gelandet sind, ist unser Dusel mit Händen zu greifen, denn unsere Rollkoffer rumpeln vorneweg über das Band der Gepäckausgabe. Die Fahrt zum Bentley-Hotel als Ziel haben wir diesmal an einem anderen Taxischalter gebucht, da man aus Schaden klug wird. Und der geordnete Taxifahrer erfreut uns durch seine hervorragenden Ortskenntnisse, denn entgegengesetzt zur ersten Ankunft vor vier Wochen, verläuft die Taxifahrt zum vorgebuchten Hotel wie geschmiert. Wir erreichen über eine Schnellstraße, nur an einer Mautstation aufgehalten, das für uns relativ sichere Viertel in einer Stunde, und die sechshundertfünfzig Rupien, zuzüglich sechzig Rupien Aufpreis für die Maut, sind ein wohltuender Witz. Gegenüber der damaligen Fahrstrecke ist die heutige zehnmal so lang. Ein dreifaches Hoch auf die Ehrlichkeit des Taxifahrers. Ich belohne ihn mit hundert Rupien Trinkgeld, denn für mich grenzt seine Aufrichtigkeit an ein Wunder.

Aber Wunder gibt es in Indien nicht zuhauf, denn speziell in Mumbai lebt man in einer aufstrebenden aber auch hinterherhinkenden Welt. Und zu solch einer Welt gehört das eigenartige Hotel an der Seite zum Arabischen Meer. Es ist eine Riesenwohnung im dritten Stockwerk eines in die Jahre gekommenen Altbaus, doch der Service ist bemerkenswert. Wir haben kaum geklingelt, prompt werden unsere Rollkoffer in die Hoteletage hinaufgetragen, denn die Arbeitskräfte sind in Indien spottbillig. Und nach einer kurzen Wartezeit händigt uns der Hotelinhaber den Zimmerschlüssel aus, dann lässt er die Rollkoffer hineintragen und das war's. Wir schauen uns kritisch um, doch das Zimmer bietet alle Bequemlichkeiten, die der

Reisende braucht.

Obwohl es spät ist, ziehen wir die verschwitzten Klamotten aus und frische Sachen an. Die Koffer lassen wir samt Inhalt stehen. Dann gehen wir hinab auf die Promenade am Meer, wo sich uns durch den Sonnenuntergang ein beeindruckendes Schauspiel bietet. Das Spiel der Sonne mit den Wassermassen vor der Skyline der Weltstadt zieht uns in den Bann. Aber nicht nur uns begeistert das Spektakel, sondern auch andere Schaulustige, und wir sind mittendrin. Dass man uns auch in einer Weltstadt wie Mumbai misstrauisch angafft, das hatten wir nicht erwartet, aber auch hier stellen die Europäer eine Rarität dar, nichtsdestotrotz wollen wir uns an diese Unsitte einfach nicht gewöhnen. Total ungewohnt für uns ist das viele Wachpersonal. Vor jedem Hotel, vor jedem Restaurant oder größerem Laden, steht ein Bewaffneter in Uniform. Und eine weitere Erfahrung machen wir, als uns der Hunger in eins dieser besseren Restaurants manövriert, „Salt Water", heißt das Ding.

Als wir bemerkt haben, dass wir in ein Speiselokal für die Wohlstandsinder geraten sind, ist es zu spät, so wird das Essen das teuerste Essen auf unserer langen Reise. Zweitausend Rupien (fast vierzig Euro) knöpft man uns für unser Gegessenes und Getrunkenes ab, wobei allein die Getränke siebenhundert Rupien kosten, und das alles zuzüglich Steuern. Auf diese Weise kann man sein Geld blitzschnell loswerden. Aber zur Ehrenrettung des Lokals muss ich erwähnen, dass mein Hähnchen in einer Pfeffersoße, dazu Pilze und die sehr gut zubereiteten Fritten, eine leckere Abwechslung für unserem asiatisch geprägten Gaumen bedeuteten.

„Wir verkraften den finanziellen Totalschaden", sagt meine Frau, wobei sie lächelt. Und damit ist das Thema vom Tisch.

Wann und in welchem Land wir über unsere Verhältnisse gelebt haben, das ist nebensächlich. Bisher hat das DKB-Konto die benötigten Rupien widerstandslos ausgespuckt, deshalb in Panik zu verfallen ist total unnötig. In Mumbai leben viele Menschen unter der Armutsgrenze. Gegenüber den armen Schluckern schwimmen wir geradezu im Geld.

Auf geht's, Mumbai will gelebt werden.

Bei dem sich anschließenden Spaziergang bekomme ich Durst und versuche eine Dose Cola aufzutreiben, doch das vergeblich. Mumbai hat achtzehn Millionen Einwohner, aber in dem Viertel, in dem wir uns bewegen, gibt es abends keinen geöffneten Imbissstand, auch keine Tankstelle oder einen Kiosk. So schleppe ich mich durstig durch die Straßen der Millionenmetropole und hoffe auf ein Wunder, und das wäre ein Burger Laden. Stattdessen wimmelt es an allen Ecken und Plätzen von Obdachlosen und Bettlern. Überall wird das grenzenlose Elend sichtbar und es geht mir nahe, denn gegen den deprimierenden Eindruck bin ich machtlos.

Als ich einer bettelnden Frau ein paar Rupien spenden will, wobei ich meine Geldbörse zücke, denke ich im selben Moment: Das war ein Fehler. Ohne Kleingeld zur Hand darfst du deine Spendenbereitschaft nicht durch das Zücken einer Geldbörse demonstrieren. Du musst vermeiden, dass sich die bettelnden Horden mobilisieren und eine Hatz auf dich veranstalten, was in dem Fall mit uns geschieht.

Und was nun? Wie wurstele ich uns aus der Bedrängnis? Mir steht der Angstschweiß im Gesicht. Wie endkomme wir den nach uns grabschenden Menschen?

Da mir nichts Geistreiches einfällt, ergreife ich mit meiner Frau die Flucht, und wir retten uns gerade noch in unser Hotel, bevor uns die Bettler ausrauben. Bettelnden ein Almosen geben, das will gelernt sein. Das sollte ich mir hinter die Ohren schreiben. Und was lerne ich daraus? Gutmütigkeit gegenüber den Bettlern ist in manchen Situationen fehl am Platz.

Wir beruhigen uns und legen uns ins Bett, dabei wird mir die rückständige Bauweise des Gemäuers bewusst. Mir kommt es vor, als bestünden die Trennwände aus Pappmasche. Der Geräuschpegel erzeugt das dumme Gefühl, der Nachbar liegt mit im Bett. Und dieser Nachbar ist speziell, denn er schaut fern bis in die Puppen, dabei kotzt er sich durch seinen Raucherhusten die Lunge aus dem Hals. Ich werde wütend und wünsche mir, er würde endlich abkratzen. Nicht nur mancher Inder, auch ich kann schweinisch sein.

Nach dem Anruf meiner Frau an der Rezeption, bringt man uns das Frühstück aufs Zimmer, denn das Hotel hat keinen Frühstücksraum. Das Personal ist sehr bemüht. Es serviert uns Spiegeleier mit Toast, Butter und Erdbeermarmelade, dazu eine Kanne Kaffee. In unserer Sitzecke frühstücken wir richtig gemütlich, so gut wie lange nicht mehr. Danach sind wir schnell bei Kräften und kramen in unserer Entdeckerlust nach Ideen. Heraus kommt, dass wir das sich vor uns ausbreitende Touristenviertel erkunden wollen, und natürlich zu Fuß, trotz der Affenhitze.

Nicht weit ist es bis ins Zentrum Colaba, wohin wir schnurstracks marschieren. Und auf was stoßen wir unterwegs? Auf viele heilige Kühe, die offensichtlich gut versorgt werden. Auch ein uns aus Filmen über Indien bekannter Mahlzeitenzusteller mit den Behältern auf dem Kopf kreuzt unseren Weg.

Zuerst schauen wir uns das älteste Warenhaus Mumbais an, welches heruntergewirtschaftet wirkt. Sein Warenbestand ist auf ein Minimum geschrumpft. Als ich die den

Innenraum beherrschende Ghandi-Statue fotografieren will, wird mir das untersagt. Nach anderthalb Stunden erreichen wir das Wahrzeichen, den Gateway of India. Wir bestaunen ein Monument, das in seiner Bauweise an einen europäischen Triumphbogen erinnert. Unangenehm an der Situation sind nur die professionellen Fotografen, die uns wie lästige Fliegen umlagern. Die bedrängen uns mit ihren Angeboten, was bedeutet, sie wollen uns mit dem Denkmal fotografieren, um uns das ausgedruckte Bildmaterial zu verkaufen. In jeder Nische hocken meist junge Männer mit batteriebetriebenen Druckern herum. Es ist eine störende Nebenerscheinung, dennoch übt das imposante Gebäude eine magische Anziehungskraft auf uns aus.

Wir haben uns auf kein Geschäft eingelassen und gehen zum Hotel Taj Mahal hinüber. Das steht unweit des Triumphbogens. Das Hotel ist das Wahrzeichen für den indischen Widerstand gegen die koloniale Unterdrückung, dazu ist die Außenfassade des Prachtbaus von unsagbarer Schönheit. Auffällig ist die große Polizeipräsenz im Hotelbe-reich, die auf den bewaffneten Anschlag im Jahr 2008 zurückzuführen ist. Mit einer Gewaltorgie hatten die Attentäter aus Pakistan das Taj Mahal überzogen und die Menschen darin in Angst und Schrecken versetzt. Die religiösen Eiferer veranstalteten eine dreitägige Mord und Zerstörungsorgie. Alle Terroristen, viele Hotelgäste und auch Angestellte fanden den Tod. Seither ist die Polizei in Mumbai auf eventuelle Anschläge vorbereitet.

Ein junger Bursche labert Angela in Englisch an. Sie fühlt sich geschmeichelt, ich aber will ihn abwimmeln, denn ich ahne, worauf das Gequatsche hinausläuft, doch meine Frau sieht es anders. Mit mürrischem Gesichtsausdruck folge ich den beiden in ein Büro für Ausflüge durch

Mumbai und in die Slums. Also lag ich richtig, denn seine Absichten waren voraussehbar. Diese Masche verfolgt uns, seit wir den asiatischen Kontinent betreten haben. Ich will mich nicht als intelligenter hinstellen, als ich es bin, aber mir war sein plumpes Anbaggern von Anfang an suspekt.

Jedenfalls haben wir viel Zeit verloren. Also fahren wir mit dem Tuk-Tuk für fünfzig Rupien zur Viktoria-Station. Das Ziel ist der Crawford-Market in unmittelbarer Nähe des Bahnhofs. Dass ich auf der Bahnhofstoilette vor Gestank fast einen Zusammenbruch erleide, sei am Rande erwähnt. Und abermals wollen junge Leute Fotos mit meiner Frau und sich selbst knipsen. Dabei hervorzuheben sind vier Jünglinge, denn die sind besonders scharf auf ein Foto. Aber diesmal drehe ich den Spieß um und nutze den Überraschungseffekt. Frech schicke ich Angela mitten unter die verblüfften Burschen und mache ein Foto von ihnen mit meiner Frau. Die sind dermaßen verunsichert, das sie das Weite suchen. So kann ich stolz auf mich sein, denn der Coup ist mir gelungen.

Der Markt ist allerdings ein Reinfall. Er ist schmutzig und ein Revier nur für Einheimische. Das Gesamtbild bestimmen die Muslime, die uns bedrängen, als trachteten sie nach unserem Leben. Ich verbuche nur den Kauf eines tollen Ledergürtels für meinen Sohn als Erfolgserlebnis. Und was jetzt? Nach dem Restaurantdesaster sättigen wir uns in einem Mac-Donald, der uns in Bahnhofsnähe ins Auge sticht. Das Essen ist sicher nicht indisch, dafür aber preiswert.

Als wir gegessen haben, geht meine Frau auf die Toilette, da spricht mich ein Inder an, der der Deutschen-Sprache mächtig ist. „Ich schreibe für eine Zeitschrift", erklärt er mir und zeigt mir einen Brief, der seine Tätigkeit bestätigen soll.

Nun ja, das Schriftstück ist ordentlich gemacht, trotzdem weit weg von einem Bestätigungsdokument, so bin ich nicht bereit, auf seine Schummelei einzugehen, allerdings lobe ich sein hervorragendes Deutsch. Als Angela zurückkommt, verabschiede ich ihn, denn es war zu offensichtlich, dass er sich als Touristenführer bei uns andienen wollte.

Ich fühle mich einigermaßen gesättigt und reibe mir über den Bauch, obwohl ich nur einen Hamburger gegessen hatte. Aber wir sind ausgeruht, trotzdem benutzen wir ein Tuk-Tuk beim Fahren durch das Gassengewirr des Stadtteils Colaba. Doch die Hitze in dem Gefährt wird unerträglich, so reagieren wir nur mäßig auf eventuelle Besonderheiten im Stadtbild. Was die Baudenkmäler und andere Besonderheiten betrifft, da hat uns das lange Herumreisen inzwischen abgestumpft, aber dem trotzend machen wir einen ausgiebigen Bummel über einen den Stadtteil beherrschenden Flohmarkt.

Und der dauert, prompt sind wir wieder hungrig, also suchen wir nach dem Studentenlokal mit dem Namen Cafe Mondegard, und essen in der Stefan Loose Empfehlung zu Abend. Bemerkenswert an dem Cafe ist, dass darin das Rauchen verboten ist, was wir genießen, auch die phantastische Musik, allerdings geht es tierisch laut zu. Doch da es sich um Oldies der Extraklasse handelt, ist das für uns in Ordnung. Trotz der Lautstärke diskutieren wir das Thema: Warum wird auf den Straßen der Millionenstadt so wenig geraucht? Das ist uns ein Rätsel, denn das Wühlen im Gehirnschmalz verläuft ergebnislos. Im Hippiestaat Goa war das Rauchen an der Tagesordnung. Warum es in Mumbai anders ist, das bekomme ich hoffentlich in naher Zukunft heraus.

Die Gerichte in der Studentenpinte sind von gemäßigtem Preisniveau, deshalb esse ich mit Chicken-Singapur, meine Frau isst vegetarisch. Und wieder sind's die Getränke, die ein Loch im Finanzplan hinterlassen. Zwei große Biere und zwei Sprite, schon sind wir achthundert Rupien los, das sind zwölf Euro. Aber die Preise sind eine Wohltat im Vergleich zum Vorabend. In weiser Voraussicht merken wir uns die Lage des Lokals für den folgenden Tag.

Den Heimweg bestreiten wir als Fußgänger, leider sind wir mit der Umgebung schlecht vertraut, weswegen ein Gefühl der Angst aufkommt, als wir uns in ein Slumviertel verlaufen. Aber den Rucksack fest auf die Brust geschnallt und sich durchgefragt, finden wir den Weg hinaus, dabei erbeute ich an einem Kiosk als Lichtblick eine Dose Cola für die Nacht, denn in der haben wir uns als Grausamkeit auf den ekelhaften Nachbarn einzustellen.

Der 8. April ist auch der letzte Tag in Mumbai. Von nun an werden wir von dem rotzenden Nachbarn verschont, denn eine weitere Übernachtung ist wegen der abendlichen Abreise kein Thema. Von mir aus kann der Fiesling bis in alle Ewigkeit in dem Hotel wohnen bleiben, und in dem Zimmer verrecken. Mein Gott, was kann ich böse sein.

Ein allerletztes Mal frühstücken wir im Zimmer, dann machen wir die Koffer abreisefertig. Es ist zehn Uhr, als wir an der Rezeption auschecken und die Rollkoffer mit dem Einverständnis des Hotelbesitzers bei ihm zwischenlagern. Der Mann hat sich gewandelt. Bei unserem Eintreffen war er unzugänglich aufgetreten, jetzt behandelt er uns höflich und zuvorkommend, wie es sein gesamtes Personal tut. Das hat die auf der Reisen oft registrierte Freundlichkeit ausgestrahlt. Erst am Abend werden wir die Koffer abholen, und uns mit dem Taxi zum Airport fahren lassen. Dann ist auch das ermüdende und doch fesselnde Mumbai Vergangenheit, doch zuvor besuchen wir einen Klamottenmarkt in der Nähe.

Und wie so oft will ein junger Mann mit meiner Frau ein Selfi machen. Geradezu aufdringlich versucht er sie an einen Platz in einer Unterführung zu verfrachten, der mir nicht geheuer vorkommt. Doch was zu viel ist, das ist zu viel. Energisch brummend unterbinde ich seine Bemühungen. Meine Frau mag zwar eine Attraktion sein, aber alles hat seine Grenzen. Nebenbei bemerkt erfreue auch ich mich eines regen Interesses.

Unter einem ausladenden Baum am Rande des Marktes, der bis auf eine Packung grünen Tee als Geschenk für unsere Freundin keine Mitbringsel hergibt, erweckt ein schlafender Junge unsere Aufmerksamkeit. Am Baumstamm sind Wasch- und Zahnputzutensilien für weitere vier Personen befestigt. Teilen sich die Armseeligen den Platz unter freiem Himmel untereinander auf? Der Zustand wird wohl den Tatsachen entsprechen. Und ein Bettler ist ebenfalls präsent. Der alte Mann in seinem vorsintflutlichen Gefährt als Rollstuhl tut mir leid, deshalb gebe ich ihm ein Almosen, worauf er mit lautstark ausgedrückter Freude andere Bettler auf mich aufmerksam macht. Und so wiederholt sich das Gezeter des Vortages, denn ich habe alle Hände voll zu tun, mich der bedrängenden Schar an Bettlern zu erwehren. Dass man mit Almosen möglichst unauffällig umgehen soll, daran erinnere ich mich viel zu spät, denn ich Einfallspinsel habe wenig aus dem Vorfall des Vortages gelernt.

Danach verdeutlicht uns eine zerlumpt herumlaufende sehr junge Frau mit einem Baby im Arm die Fratze der Armut. Das Mädchen, selbst fast noch ein Kind, hängt wie eine Klette an meiner Frau. Als Angela ihr zehn Rupien in die Hand drücken will, gibt uns die junge Mutter zu verstehen, dass sie mehr braucht. Das Baby sei krank und habe Hunger, deutet sie per Zeichensprache auf den Zustand des Kindes hin. Sie ist demnach nicht auf ein paar Rupien aus, sondern sie zieht Angela energisch am Arm hinter sich her. Wo und wie wird die Attacke enden? Wir folgen der Jungmutter in einen Laden, in dem sie eine Büchse Milchpulver für dreihundertzwanzig Rupien bestellt, die Angela selbstverständlich bezahlt.

Das Mädel schnappt sich die Dose und bedankt sich mit einer Verbeugung, danach verschwindet sie in der Menge. War das mit dem Milchpulver ein Trick? Verkauft sie ihre wertvolle Errungenschaft irgendwo? Eine blütenweiße Weste hat sie nicht, vermute ich, denn in Indien weiß man nie, ob die Armut echt oder gespielt ist. Besonders in Mumbai bewegt man sich in einer Grauzone und das erzeugt ein Wechselbad der Gefühle.

Doch während des letzten Ausflugs nach Colaba lenkt uns das Museum Prince of Wales von der Armut ab, vor dem wir unverhofft stehen. In dem erhoffe ich viel über Mumbais Geschichte zu erfahren. Doch es hat nicht sollen sein und wäre zu schön gewesen, denn überzeugt oder gar begeistert bin ich nicht vom dargebotenen Museumsangebot. Die ausgestellten Stücke und die dazugehörigen Geschichten sind unausgegoren und dadurch nicht aussagekräftig. Ich habe detailliertere Informationen erwartet. Anderseits genieße ich die himmlische Ruhe in den Räumen. Ich bin an dem Punkt angelangt, an dem sich mein Körper und Geist nach einem Abschied aus Indien sehnen. Doch bis dahin gilt es noch einige Stunden zu überbrücken. Wir müssen den einen Nachmittag sinnvoll gestalten. Das sind wir Mumbai schuldig.

Hand in Hand, und in wundersame Abschiedsträumereien versunken, bummeln wir erneut durch das Viertel der Moslems, dass sich an den Platz mit dem Gateway of

India anschließt. An der Promenade stinkt es bestialisch, denn das Meer erstickt im Müll. Das Elend der Stadt bedeutet gleichzeitig auch eine Menge Dreck. Das ist eine Weitsicht, die uns bis in die Heimat begleiten wird.

Weil wir unseren Rachen von dem Gestank befreien müssen, gönnen wir uns ein Getränk in einem Lokal mit dem Namen Leopold. Durch meine Lebensphase in München kenne ich das Ambiente der Lokalität, und auch hier in Mumbai ist es tatsächlich auf bayrisch getrimmt. In jungen Jahren war das Lokal in Schwabing eins meiner Stammlokale, woran ich mich nach solch vielen Jahren immer noch gern erinnere. Als wir die Inneneinrichtung bewundern und dabei ein bayrisches Weißbier trinken, zerrinnt Zeit, denn im Nu sind zwei Stunden vergangen. Daher verlassen wir das Lokal und setzen uns zum Abendessen wieder in die Studentenkneipe. Und auch zum zweiten Mal essen wir sehr gut, so sind wir mit dem Ablauf des Tages einverstanden.

Um zünftig Abschied von Mumbai zu nehmen, gehen wir diesmal nicht zu Fuß, sondern wir setzen uns für die Fahrt zum Hotel in ein Tuk-Tuk als fahrbaren Untersatz. Nach den unterschiedlichsten Modellen, die wir auf der Reise benutzt hatten, habe ich mir für die allerletzte Fahrt noch einmal die indische Version gewünscht. Somit ist der Zeitpunkt erreicht, eine Bilanz über den Schmelztiegel Mumbai zu ziehen.

Wegen der kurzen Aufenthaltsdauer kann ich nur zwei Kulturschätze besonders hervorheben, die da wären das Gateway of India und das Taj Mahal Hotel. Andere erwähnenswerte Merkmale haben wir entweder verpasst, oder nur als Splitter gestreift, aber erschreckend oder gar abstoßend, wie Mumbai in den meisten Reiseberichten geschildert wird, habe ich die Metropole der Armut nicht empfunden. Hält man sich von den Slumgebieten fern, dann gewöhnt man sich an die Folgen des Elends, auch wenn das hart klingt. Sie gehören zu Indien wie die Ägäis zu Griechenland.

Die Burschen im Hotel sind auch beim Abschied hilfsbereit. Sie tragen unsere Koffer hinunter und laden sie in das bereitstehende Taxi. Dafür kratze ich mein restliches Kleingeld zusammen und gebe jedem Träger fünfzig Rupien. Danach gleicht die Fahrt für sechshundertsechzig Rupien über die Schnellstraße zum internationalen Airport einem Nachspann oder Abgesang. Und da der sich in die Länge zieht, saugen wir dem Moloch mit Ehrfurcht in unsere Speicherkapazität auf, dann treffen wir am Abflugterminal ein.

Wir steigen aus, schnappen uns unsere Koffer und eilen in die Abfertigungshalle, in der sich am Schalter für den Flug nach Dubai eine Schlange gebildet hat, doch die juckt uns nicht. Unser cleveres Reisebüro hat nummerierte Plätze in der Maschine vorgebucht. Und welches Monstrum ist für unseren Flug vorgesehen? Juhu, ich will es kaum glauben, denn es ist ein Airbus 380. In der bombastischen Flugerrungenschaft haben wir bei unseren bisherigen Flügen noch nie gesessen.

Und unsere Plätze in dem Monstrum eingenommen, dauert der Flug über den indischen Ozean nach Dubai drei Stunden, dann müssen wir uns eine geraume Weile im Terminal des Golfstaates herumtreiben. Aber auch das gelingt uns mit der durch die Reise gewonnenen Ausgeglichenheit, dabei setzt Angela die verbliebenen Rupien in Süßigkeiten um, die wir gierig verschlingen. Monatelang haben wir dem Zuckerzeug wiederstanden und das hat uns weiß Gott nicht geschadet, denn wir haben kein Fett angesetzt und sind schlank wie eine Tanne geblieben. Aber eins ist in Stein gemeißelt: Und das ist, dass sich die Weltreise ihrem Ende nähert, egal ob die Freude oder die Trauer überwiegt.

Jedenfalls steht das letzte Reiseteilstück mit dem Heimflug nach Düsseldorf an, daran ist nicht zu rütteln. Daher besteigen wir eine Boeing 777-300 der Emirate-Flotte, deren Kapazität nicht voll ausgeschöpft ist, und der Abschiedsflug beginnt. Und so kommt es Stunden später zu dem anfangs geschilderten Ernüchterungsschock, als wir bei Sauwetter auf der Landebahn des Flughafens in Düsseldorf landen. Doch anstatt geschockt zu sein, oder gar Trübsal zu blasen, gibt es tausend Gründe zur Freude, denn wir haben die einmalige Reise in die Tat umgesetzt und sie ohne Blessuren vollendet. Und noch wichtiger ist, dass wir an der Herausforderung gewachsen sind, trotz unseres Alters. Deshalb hoffe ich, dass ich Sie mit dem Reiseerlebnis bestens unterhalten habe und Sie sich zur Nachahmung animiert fühlen. Außerdem werden mich die Familienmitglieder und die Freunde wieder in ihrer Mitte begrüßen können, und nicht vergessen darf ich, dass ich bald meinen Pflichten als Opa nachgehen werde.